# 2021 TBC中小企業診断士試験シリーズ

## 速修テキスト

### 2 財務・会計

TBC受験研究会

山口 正浩 [監修]

遠山直幹　筑間 彰　渡邉義一　加藤 匠　井上謙一 [編著]

早稲田出版
WASEDA PUBLISHING

## 本書の使い方

受験校の単科講座をまるごと収録した2021年版速修テキスト！
# 独学合格のための最短合格カリキュラム

　中小企業診断士の1次試験の学習は、本試験の選択肢を判断するために必要な知識を習得する「インプット学習」、応用問題に対応するために数多くの問題を繰り返す「アウトプット学習」の2段階に分かれます。

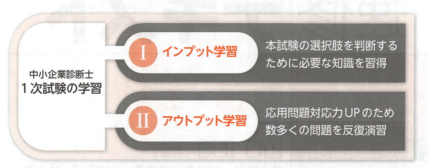

　速修テキストは、受験校の単科講座（テキスト・講義・理解度確認テスト・過去問）をまるごと収録しているため、これ一冊で、一般的な受験校と同様のカリキュラムで取り組むことができます。

本書の使い方も、TBC受験研究会統括講師（NHK「資格☆はばたく」中小企業診断士代表講師、司会進行講師）の山口正浩が動画解説しています。こちらもご参照ください。

# Ⅰ インプット学習の取り組み方

## ■ 第1部　テキスト ＋ 無料講義動画 ＋ 章末問題

　最新の試験委員の傾向を踏まえた第1部のテキストと、プロ講師が解説した無料講義動画を参考にしながら、学習を進めましょう。

【第1部 テキスト】

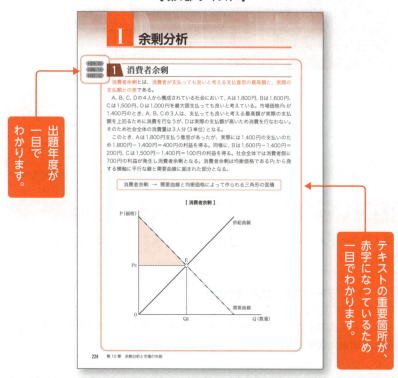

### 合格者に学ぶ！必勝学習法①

　無料講義の中で、**講師が説明する重要ポイントを理解しながら、一緒に学習**しました。苦手な「経済学・経済政策」「運営管理」「企業経営理論」は時間をかけて勉強し、理解できるまで繰り返し動画を見ました。その中でも経済学・経済政策は苦手意識が強く、また理解が必要な科目でもあったため、経済学・経済政策の**講義は3回以上見た**かと思います。

　さらに詳しく！　写真入りの体験談と学習法はこちらをチェック

各章の学習が終了したら、章末問題（理解度確認テスト）で理解度を確認しましょう。

【章末問題】

過去20年間（平成13～令和2年度）の本試験出題の過去問から必須テーマを厳選しています。

## Ⅱ アウトプット学習の取り組み方

第1部のテキストでインプット学習が、ひととおり終了したら、いよいよ応用力の養成です。

### ■ 第2部　テーマ別1次過去問題集

テキスト完全準拠のテーマ別過去問題集は過去10年以上の1次本試験問題から精選した過去問題集です。

### 合格者に学ぶ！必勝学習法②

講義動画の良い所は、スマートフォンがあればどこでもアクセスでき、理解が難しい所を繰り返し視聴することができる事です。移動中などのちょっとした空き時間に繰り返し視聴しました。テキストを読み直す度に講義の記憶が呼び戻され、まるで「テキストが語りかける」感覚があり、試験当日も講義内容が頭に浮かび何度も助けられました。

さらに詳しく！　写真入りの体験談と学習法はこちらをチェック

テキストを学習した後に、過去問を解答することで、試験本番での現場対応力を養成します。

> テキストの各章のテーマとリンクしているため、すぐに、インプットした知識が本試験問題に対応できるかを確認できます。

【 第2部　テーマ別1次過去問題集 】

## ■ TBC受験研究会 統括講師　山口講師より

　紹介したカリキュラムは、一般的な取り組み方です。合格者の方も様々な工夫をされているとおり、ご自身の生活リズムに合わせて、オリジナルの学習スタイルを見つけましょう。頑張ってください！

## Ⅲ 出題マップの活用

　第1部テキスト末尾（p.296〜）の「出題マップ」では、本書の章立てに合わせて、本試験の出題論点を一覧表にしています。最近の出題傾向の把握に活用できます。

■ 出題マップ：経済学・経済政策①（第1章〜第8章）

| 第1章：経済学の基礎 | 令和2年度 | 令和元年度 | 平成30年度 | |
|---|---|---|---|---|
| I 経済学の基礎 | | | | |
| II 国民経済計算の基本概念 | 03-国民経済計算の概念 | 03-国民経済計算 | 05-GDP | 03-GDP |
| III 物価と物価指数 | | | 04-実質・名目と物価指数 | |
| **第2章：財市場（生産物市場）の分析** | | | | |
| I 消費関数の理解 | | | | |
| II 45度線分析 | 05-デフレ・ギャップ | | 07(1)-45度線分析 | |
| III 投資乗数と政府支出乗数の理解 | | 05(2)-均衡GDP | 07(2)-均衡GDP | 04(2)- |
| IV 租税乗数の理解 | | | | |
| V 乗数のまとめ | | 05(1)-乗数効果 | | |
| VI 投資の効率分析 | | | | 08-投資 |
| VII IS曲線の導出 | 04(1)(2)-貯蓄・投資図、06(1)-IS曲線 | | | |
| **第3章：資産市場（貨幣市場・債券市場）の分析** | | | | |
| I 貨幣の需要と供給 | | | | |
| II 貨幣供給量の理解 | 10-貨幣供給 | 06-金融政策 | | 07-マネ |
| III LM曲線の導出 | | | | |
| **第4章：財市場（IS曲線）と貨幣市場（LM曲線）の同時分析** | | | | |
| I IS-LMの同時分析 | | | | 09(1)( |
| II 財政政策 | 06(2)-財政政策 | | | |
| III 金融政策 | 06(2)-金融政策、10-貨幣供給 | | | |
| **第5章：国際マクロ経済学** | | | | |
| I 経常収支と貯蓄・投資バランス | | | 06-貯蓄・投資バランス | |

> 出題論点が多く記入されている箇所は、出題頻度が高くなっています。

本書の使い方　v

# 目 次

本書の使い方 ……………………………………………………………………… ii

# 第1部 速修テキスト …………………………………………………… 1

## 第1章 財務・会計の基本 …………………………………………… 4

### I 財務・会計の概要 6

**1** 財務・会計の学習領域 …………………………………………………… 6
**2** 貸借対照表と損益計算書の関係 ………………………………………… 8
**3** 貸借対照表の概要 ………………………………………………………… 10
**4** 損益計算書の概要 ………………………………………………………… 12

### II 簿記の基礎 18

**1** 簿記の目的と取引 ………………………………………………………… 18
**2** 仕訳のルール ……………………………………………………………… 18
**3** 財務諸表の作成 …………………………………………………………… 22
**4** 簿記の一巡 ………………………………………………………………… 22

## 第2章 財務諸表の知識 ……………………………………………… 26

### I 貸借対照表の知識 28

**1** 貸借対照表の知識①（流動資産） ……………………………………… 28
**2** 貸借対照表の知識②（固定資産） ……………………………………… 37
**3** 貸借対照表の知識③（繰延資産） ……………………………………… 41
**4** 貸借対照表の知識④（流動負債） ……………………………………… 41
**5** 貸借対照表の知識⑤（固定負債） ……………………………………… 43
**6** 貸借対照表の知識⑥（純資産） ………………………………………… 45

### II 損益計算書の知識 47

**1** 損益計算書の知識①（営業損益の部） ………………………………… 47
**2** 損益計算書の知識②（営業外損益の部） ……………………………… 47
**3** 損益計算書の知識③（特別損益の部） ………………………………… 48

### III 決算整理事項 50

**1** 売上原価の算定 …………………………………………………………… 50
**2** 棚卸資産の評価 …………………………………………………………… 51
**3** 減価償却費の計上 ………………………………………………………… 54

**4** 貸倒引当金……………………………………………………………………57

**5** その他引当金に関する知識……………………………………………59

**6** 経過勘定……………………………………………………………………60

## 第3章　会計帳簿の知識……………………………………66

### I　会計帳簿の知識① 68

**1** 主要簿と補助簿……………………………………………………………68

**2** 現金出納帳・当座預金出納帳…………………………………………68

**3** 売上帳・仕入帳……………………………………………………………69

**4** 受取手形記入帳・支払手形記入帳……………………………………70

**5** 売掛金元帳・買掛金元帳…………………………………………………71

**6** 商品有高帳…………………………………………………………………72

### II　会計帳簿の知識② 73

**1** 普通仕訳帳…………………………………………………………………73

**2** 特殊仕訳帳…………………………………………………………………73

**3** 伝票式会計…………………………………………………………………75

### III　決算手続き 77

**1** 試算表………………………………………………………………………77

**2** 精算表………………………………………………………………………78

## 第4章　その他財務諸表に関する知識………………80

### I　株主資本等変動計算書の知識 82

**1** 株主資本等変動計算書の概要…………………………………………82

**2** 株主資本等変動計算書の作成手順……………………………………82

### II　キャッシュ・フロー計算書の知識 84

**1** キャッシュ・フロー計算書の概要……………………………………84

**2** キャッシュ・フロー計算書の作成……………………………………86

### III　税務会計と税効果会計の知識 95

**1** 税務会計の知識……………………………………………………………95

**2** 税効果会計の知識…………………………………………………………96

### IV　連結財務諸表の知識 101

**1** 連結財務諸表の概要………………………………………………………101

目　次　**vii**

**2** 子会社の判定 ······ 102

**3** 関連会社の判定 ······ 103

**4** 連結財務諸表の作成 ······ 105

**5** 連結損益計算書の作成 ······ 108

**6** 持分法 ······ 109

## V その他の会計に関する知識　110

**1** 企業会計原則 ······ 110

**2** 本支店会計 ······ 111

**3** リース会計 ······ 112

**4** 圧縮記帳 ······ 114

# 第5章　原価計算の知識 ······ 118

## I 原価計算の関連知識　120

**1** 工業簿記と原価計算 ······ 120

**2** 原価要素の分類 ······ 121

**3** 各種費用の基礎知識 ······ 123

## II 製造原価報告書　128

**1** 製造原価報告書 ······ 128

**2** 製造原価報告書の作成 ······ 129

## III 原価計算の種類　133

**1** 原価計算の体系 ······ 133

**2** 製品原価計算 ······ 133

**3** 個別原価計算と総合原価計算 ······ 136

**4** 実際原価計算 ······ 138

**5** 標準原価計算 ······ 138

**6** 全部原価計算 ······ 143

**7** 直接原価計算 ······ 144

**8** 全部原価計算と直接原価計算の相違点 ······ 146

**9** 全部原価計算と直接原価計算の損益計算書 ······ 149

**10** 連産品 ······ 149

**11** 活動基準原価計算 (Activity-Based Costing) ······ 150

viii

## 第6章 経営分析の知識 ..................................................... 154

### I 収益性分析　156

**1** 経営分析の概要 ·········································· 156
**2** 収益性分析 ·············································· 156

### II 安全性分析　161

**1** 短期安全性分析 ·········································· 161
**2** 長期安全性分析 ·········································· 162
**3** 資本構成の安全性分析 ···································· 164
**4** その他安全性分析 ········································ 165

### III 生産性分析　167

**1** 生産性分析の概要 ········································ 167
**2** 生産性分析 ·············································· 168

### IV 成長性分析　171

**1** 成長性分析の概要 ········································ 171
**2** 成長性分析の例題 ········································ 171

### V CVP分析　172

**1** CVP分析の概要 ·········································· 172
**2** 損益分岐点分析 ·········································· 174
**3** 限界利益と貢献利益 ······································ 177


## 第7章 利益管理と資金管理の知識 ··································· 180

### I 利益管理　182

**1** 利益管理の概要 ·········································· 182
**2** 差異分析 ················································ 182
**3** プロダクト・ミックス ···································· 183

### II 資金管理　185

**1** 資金管理の概要 ·········································· 185
**2** 資金表 ·················································· 185
**3** 正味運転資金（正味運転資本）···························· 186
**4** 所要運転資金 ············································ 187

# 第8章 投資の意思決定の知識 .......... 190

## I ファイナンスの基礎　192

**1** 経営資源とファイナンス .......... 192
**2** 将来価値と現在価値 .......... 193
**3** 複利と単利 .......... 194
**4** 複利現価係数と年金現価係数 .......... 195
**5** 企業価値の測定方法 .......... 197
**6** 投資の原則 .......... 199
**7** 株主が要求するハードル .......... 200

## II 意思決定　202

**1** 意思決定の概要 .......... 202
**2** 意思決定における比較の基礎 .......... 203

## III 正味現在価値法　206

**1** 正味現在価値法の概要と計算手順 .......... 206
**2** 正味現在価値法の例題 .......... 207

## IV 内部収益率法（内部利益率法）　210

**1** 内部収益率法の概要と計算手順 .......... 210
**2** 内部収益率法の例題 .......... 211

## V 回収期間法（ペイバック法）　213

**1** 回収期間法の概要 .......... 213
**2** 回収期間法の例題 .......... 213

## VI その他投資の意思決定手法　214

**1** 収益性指数法 .......... 214
**2** 会計的投資利益率法 .......... 214
**3** 社債の発行の検討 .......... 215

# 第9章 資金調達の知識 .......... 220

## I 資金調達の形態　222

**1** 資金調達の手段 .......... 222
**2** 貸借対照表をもとにする資金調達 .......... 222
**3** 間接金融と直接金融 .......... 223
**4** 外部金融と内部金融 .......... 224

# 第 10 章　資本コストの知識 ..................228

## I　資本コスト　230

1 資本コストの概要 ..................230
2 加重平均資本コスト ..................231

## II　最適資本構成　233

1 最適資本構成の理論 ..................233
2 最適資本構成（実際） ..................235
3 ペッキングオーダー仮説 ..................236
4 財務レバレッジ ..................236
5 資本コストの算出方法 ..................237

## III　配当政策　241

1 配当政策の概要 ..................241
2 株式を評価する指標 ..................241


# 第 11 章　企業価値の知識 ..................246

## I　企業価値の概要　248

1 企業価値の定義 ..................248
2 企業価値の重要な算定方法 ..................248
3 DCF 法 ..................251

## II　その他企業価値の関連知識　253

1 制度的に定められた方法 ..................253
2 伝統的な方法 ..................253
3 M&A に関する知識 ..................254


# 第 12 章　リターンとリスクの知識 ..................258

## I　リターンとリスク　260

1 リターンとリスクの概要 ..................260
2 リターンとリスクの関係 ..................262

## II　リターンとリスクの指標　263

1 指標化の必要性 ..................263

目 次　**xi**

## Ⅲ リスク管理　265

1 不確実性とリスクの違い ································· 265
2 投資家の選好と期待効用 ································· 265
3 投資家の選好と無差別曲線 ····························· 266
4 リスク移転 ············································· 267
5 デリバティブ ··········································· 268
6 リスクの種類 ··········································· 269

## Ⅳ 為替リスクとリスクの回避　270

1 為替リスクの概要 ······································· 270
2 為替予約 ··············································· 270
3 通貨オプション ········································· 272
4 金利スワップ ··········································· 276
5 ポートフォリオ ········································· 277
6 安全資産を導入したポートフォリオ ··················· 282

## 第 13 章　その他ファイナンスの知識 ··················· 286

## Ⅰ タックス・シールド　288

1 タックス・シールドの概要 ····························· 288
2 タックス・シールドを考慮したキャッシュ・フローの計算 ······· 288
3 タックス・シールドの例題 ····························· 289

## Ⅱ 正味現在価値とリスク　290

1 正味現在価値の大小とリスクの大小 ··················· 290
2 リスクを考慮した正味現在価値の計算方法 ············· 290
3 確実性等価法 ··········································· 291
4 リスク調整割引率法 ····································· 291

## Ⅲ 不確実性下の意思決定　292

1 不確実性下の意思決定の概要 ························· 292
2 デシジョン・ツリー ··································· 292
3 リアル・オプション ··································· 294

出題マップ ················································· 296
参考・引用文献 ············································· 298
索　引 ····················································· 299

## 第 2 部　テーマ別 1 次過去問題集 ····················· 309

**2021年版 TBC中小企業診断士試験シリーズ**

| 速修 | **テキスト** |
|---|---|
| **2** | **財務・会計** |

## 第1部

# 速修テキスト

| 第1章 | 財務・会計の基本 |
|---|---|
| 第2章 | 財務諸表の知識 |
| 第3章 | 会計帳簿の知識 |
| 第4章 | その他財務諸表に関する知識 |
| 第5章 | 原価計算の知識 |
| 第6章 | 経営分析の知識 |
| 第7章 | 利益管理と資金管理の知識 |
| 第8章 | 投資の意思決定の知識 |
| 第9章 | 資金調達の知識 |
| 第10章 | 資本コストの知識 |
| 第11章 | 企業価値の知識 |
| 第12章 | リターンとリスクの知識 |
| 第13章 | その他ファイナンスの知識 |

# 財務・会計の体系図

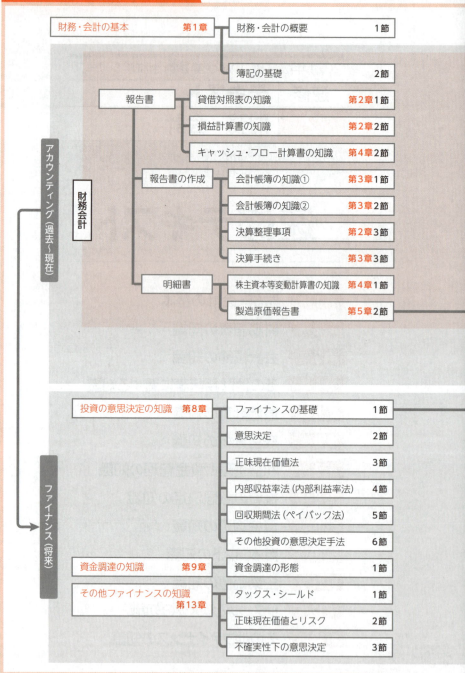

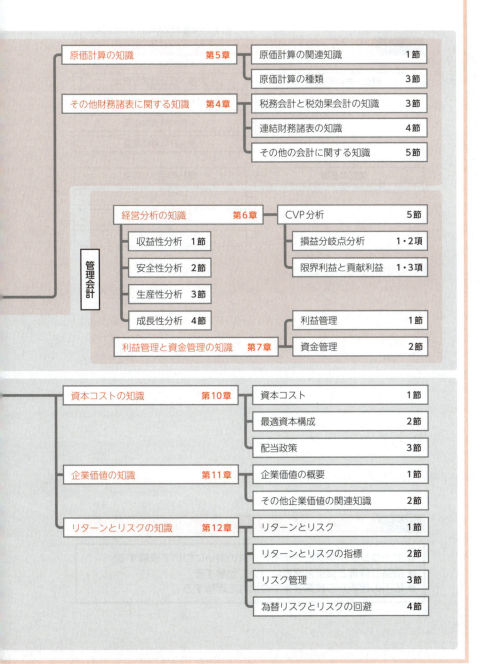

②次 がついた項目は2次試験でも活用する知識です

## 本章の体系図

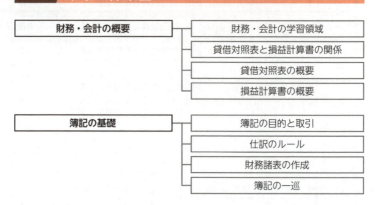

## 本章のポイント

- アカウンティングとファイナンスの違いについて理解する
- 損益計算書と貸借対照表について理解する
- 取引の仕訳から試算表までの流れを理解する

# 第1章

# 財務・会計の基本

**I** 財務・会計の概要

**II** 簿記の基礎

# Ⅰ 財務・会計の概要

## 1 財務・会計の学習領域

「財務・会計」という科目名称は、財務（ファイナンス）という領域と、会計（アカウンティング）という領域の両方から出題されることを意味している。

　財務と会計は、企業経営の内容を貨幣価値に基づいて評価しようとすることは同じだが、さらに細かく見ると両者の役割は異なる。そこで、学習を始める前に両者の違いを確認しておこう。

　なお、一般的には会計のスキルを身につけてから財務のスキルを身につけることが多いので、学習の順番が「会計→財務」になることを基本として説明する。

### (1) 会計 (アカウンティング)

　**会計 (アカウンティング)** とは、企業経営の内容を貨幣価値に基づいて報告する活動である。また、会計は企業外部の利害関係者 (ステークホルダー) へ情報を提供する**外部報告会計**と、企業内部の経営者や管理者へ意思決定や経営管理のための情報を提供する**内部報告会計**とに区分される。一般に、外部報告会計は**財務会計**と呼ばれ、内部報告会計は**管理会計**と呼ばれる。

#### ① 財務会計

　株主、債権者、国・地方公共団体、消費者等の企業外部の利害関係者に対し、経営成績、財政状態、キャッシュ・フローの状態等を報告するための会計活動である。具体的には、損益計算書、貸借対照表、キャッシュ・フロー計算書等の財務諸表等を用いる。

　財務会計は企業外部向けの情報であるから、情報の信頼性や他企業との比較可能性などが必要とされる。そのため、処理方法の統一や表示形式の統一などによる客観性の確保が重要になる。

#### ② 管理会計

　企業内部の経営者や管理者が適切な意思決定や経営管理を行えるようにすることを目的に、会計情報を企業の業績管理に役立てようとする会計活動である。

　会計情報の利用目的に応じ、比較的自由な発想のもとで、財務諸表等以外の情報でも有用と考えられるものは利用する。そのため、合目的であることが重要になる。

**【 財務会計と管理会計の比較 】**

| | 財務会計 | 管理会計 |
|---|---|---|
| 対象データ | 客観性を重視 | 作成目的への関連性を重視 |
| 会計単位 | 企業全体・企業グループ | 部門・プロジェクト・製品別等も可 |
| 測定単位 | 貨幣に限定 | 貨幣以外のものでも可 |
| 期間対応 | 必要 | 必ずしも必要ではない |
| 客観性の程度 | 証拠が必要 | 証拠は必ずしも必要ではない |

### ③ 制度会計

　財務会計を法制度の観点から見た場合、財務会計の活動は、主に①会社法、②金融商品取引法、③税法に基づいていることから、**制度会計**と呼ぶ。

　また、会社法と金融商品取引法では、定めている決算書が異なる（名称も会社法では「計算書類」、金融商品取引法では「財務諸表」と異なる）ことを覚えておこう。

**【 会社法上の計算書類および金融商品取引法上の財務諸表 】**

| 会社法 | 金融商品取引法 |
|---|---|
| 貸借対照表<br>損益計算書<br>株主資本等変動計算書<br>個別注記表 | 貸借対照表<br>損益計算書<br>キャッシュ・フロー計算書<br>株主資本等変動計算書<br>附属明細表 |

## ⑵ 財務（ファイナンス）

　**財務（ファイナンス）**とは、企業経営の内容を貨幣価値に基づいて予測し、主に資金の観点から有利となることを目指す活動である。具体的には、①有望な投資案を選別し、②資金を調達し、③投資と運用を行って、④回収するという活動である。

　中小企業診断士試験では、これらの活動の中で、有望な投資案を選別するための意思決定に関する出題が中心となる。

## ⑶ アカウンティングとファイナンスの違い

　企業の経営資源の4つの要素のうち、「金」を対象とする考え方には、アカウンティングもある。アカウンティングとファイナンスの違いは、時間軸を用いるとわかりやすくなる。

　**アカウンティング**は、損益計算書も貸借対照表もキャッシュ・フロー計算書も「過去」の数値を対象とし、**ファイナンス**は「将来」の数値を対象にする。

　アカウンティングは企業の活動を外部へ適切に報告することが主要な目的である。そのため、「すでに起こってしまった過去」が対象となる。これに対して、ファイナンスは、「まだ起こっていない将来」を定量的に評価する。

　ファイナンスでは将来の数値を評価するため、過去の企業活動の結果としての数値よりも、将来の評価を規定するためのさまざまな理論や手法が展開されている。

第1章　財務・会計の基本　　**7**

ファイナンスの学習の際には、理論・手法の名称と、理論・手法の考え方を理解しよう。

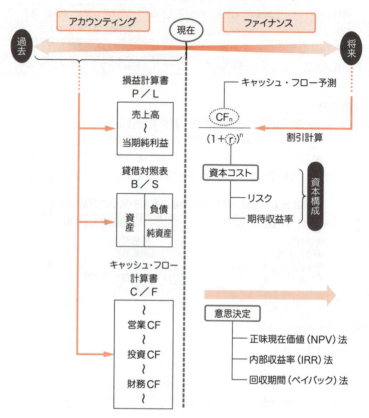

## 2 貸借対照表と損益計算書の関係

　まず、貸借対照表と損益計算書の関連について把握しよう。細かい簿記の知識は深追いしないで、全体構造を捉えることがアカウンティング理解の近道である。みなさんの財布の中から1万円札を取り出してください。この1万円で会社を創ってみよう。

　みなさんは1万円を投資して1月1日に企業を創立した。名前はTBC商事にしよう。創立した時点でTBC商事が所有している財産の状況を見ると、現金1万円、資本金1万円となる。貸借対照表には、左側に現金1万円、右側に資本金1万円が記載されている。

　TBC商事の会計期間は1月1日から12月31日までとする。この場合は1月1日

が期首、12月31日が期末である。

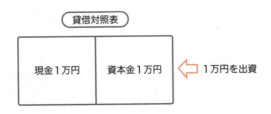

　TBC商事は創立後、商売を始めた。3月1日に現金1万円のうち5千円で電卓を仕入れた。この時点での財産の状況を見ると、現金5千円、商品5千円、資本金1万円となる。
　アカウンティングでは、貸借対照表と損益計算書に記載するとき、「電卓」や「出資された金」といった具体的な名称は使わずに、「商品」や「資本金」といった勘定科目（科目）といわれる表示項目を用いる。

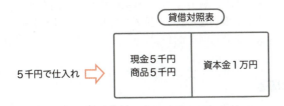

　仕入れた商品5千円を6月30日に1万円で販売し、売り上げの代金は現金で受け取った。このときの財産の状況を見ると、現金が1万円増え1万5千円となり、商品は販売されたため0円となる。
　販売による売上は損益計算書という財務諸表で処理される。TBC商事の売上は1万円であり、売上高として記入される。この1万円は電卓を販売したために受け取った金額である。
　電卓は販売されたためなくなった。なくなった金額5千円は、売上原価として売上高からマイナスされる。

　TBC商事では、販売員にかかる費用や、その他さまざまな費用も税金もかからないと仮定すると、1年間でのTBC商事の経営活動によるすべてのもうけ（利益）は5千円となる。
　12月31日時点で、その他のもうけ（利益）がない場合、TBC商事は損益計算書

の作成を完了し、**当期純利益の分だけ貸借対照表の右側（純資産）は増加する**。

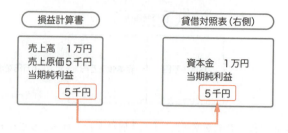

# 3 貸借対照表の概要

## (1) 計算書類

計算書類は会社法上の用語であり、**貸借対照表**、**損益計算書**、**株主資本等変動計算書**、**個別注記表**のことである。**個別注記表**は、重要な会計方針に関する注記、貸借対照表に関する注記、損益計算書に関する注記等を一覧にして表示する財務諸表である。

## (2) 貸借対照表の全体構造

「財政状態」を記入するシートを貸借対照表という。**貸借対照表**は「**一定時点の財政状態**」を示す。また「売り上げやもうけ」を記入するシートを損益計算書という。**損益計算書**は「**一定期間の経営成績**」を示す。

簿記での学習目標の1つは貸借対照表と損益計算書を作成することであるが、簿記の仕訳から始めるのではなく、目標である貸借対照表を先に覚えるとよい。

貸借対照表上の勘定科目の位置は、野球のポジションでファーストの守備位置、サードの守備位置、レフトの守備位置が決まっていることと同じである。貸借対照表の作成では、会社法などにより勘定科目の表示位置が決められている。

## H23-01 (3) 貸借対照表の項目分類

貸借対照表は、**資産の部**、**負債の部**、**純資産の部**に分類される。資産の部は、**流動資産**、**固定資産**、**繰延資産**に分類され、負債の部は、**流動負債**、**固定負債**に分類される。

【 貸借対照表のイメージ 】

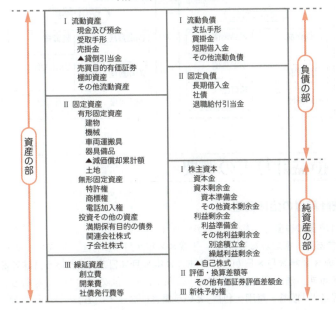

## (4) 貸借対照表の配列方法

貸借対照表の配列方法には、流動性配列法と固定性配列法がある。**流動性配列法**は、資産の部を、流動資産、固定資産、繰延資産の順に配列し、負債の部は、流動負債、固定負債の順に配列する。企業の支払能力を知るために便利で、広く一般の企業で採用されている。支払能力とは手形や借金などの債務をきちんと返済する能力である。

**固定性配列法**は、資産の部を、固定資産、流動資産、繰延資産の順に配列し、負債の部は、固定負債、流動負債の順に配列するが、純資産については負債よりも先に記載する方法と負債の次に記載する方法とがある。固定資産が企業の長期資金によって賄われているかを示すことをねらいとしている。

**【 貸借対照表の配列方法 】**

流動性配列法

貸借対照表

| 流動資産 | 流動負債 |
| 固定資産 | 固定負債 |
| 繰延資産 | 純資産 |

固定性配列法

貸借対照表

| 固定資産 | 純資産 |
| 流動資産 | 固定負債 |
| 繰延資産 | 流動負債 |

# 4 損益計算書の概要

## (1) 損益計算書の全体構造

損益計算書の役割は、「企業の経営成績を示すこと」と「配当できる利益を計算すること」である。損益計算書の「自　平成××年×月×日　至　平成××年×月×日」は、「平成××年×月×日から、平成××年×月×日まで」という意味であり、会計期間を示す。法制度上は、企業は1年間で最低1回の損益の計算を行う。損益計算書を見ると「収益－費用＝利益」という構造になっている。

まず「売上高－売上原価＝売上総利益」の段階と「売上総利益－販売費及び一般管理費＝営業利益」の段階である。この2つの段階を**営業損益の部**と呼ぶ。

次に「（営業利益）＋営業外収益－営業外費用＝経常利益」の段階である。この段階を**営業外損益**の部と呼ぶ。

最後に「（経常利益）＋特別利益－特別損失＝税引前当期純利益」の段階である。この段階を**特別損益の部**と呼ぶ。

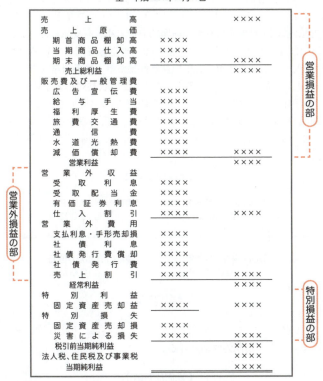

## (2) 収益と費用

　**収益**とは、企業に利益をもたらす原因である。収益には、売上高のほかに営業外収益に含まれる預金などの受取利息や、特別利益に含まれる土地を売却したときの有形固定資産売却益などがある。

　**費用**とは、企業に損失をもたらす原因である。これは売上原価に含まれる商品の仕入代金、販売費及び一般管理費に含まれる給与手当や、営業外費用に含まれる借入金の支払利息などである。

## (3) 収益や費用の計上時点

　損益計算書の構造は「収益－費用＝利益」で成り立っている。利益を増加させたいときには、収益を増やすか、費用を減らすかが必要である。

　企業は利益を会計期間ごとに計算するため、収益と費用をいつの時点で認識し計上するかが重要である。会計では、収益や費用の計上基準に、発生主義と実現主義、現金主義と呼ばれる考え方がある。

### ① 発生主義の考え方

**発生主義**では、現金が支払われていなくても会計期間内に発生したと考えられる費用は、当期の損益計算書に費用として計上する。

たとえば、会計期間が4月1日から翌年3月末日までのA社が、当期の12月1日に社債を発行し、利息を年1回、11月末日に120万円支払うこととした。

利息の支払日は11月末日のため、当期は現金で利息を支払っていない。しかし、A社は社債で調達した現金を元手に、当期の営業活動を行っているため、4ヵ月分の利息40万円を、当期の費用として損益計算書に計上する必要がある。会計では、当期の収益および費用を対応させる考え方を「**費用収益対応の原則**」と呼ぶ。費用収益対応の原則には、**個別的対応**と**期間的対応**という考え方がある。

特定の商品や製品を販売することにより得られた実現収益と、その商品や製品の原価というように、特定の商品や製品の収益と費用を関連づける考え方を**個別的対応**と呼ぶ。

【 個別的対応 】

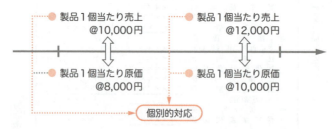

1会計年度を基準にして、その期間に実現した収益と、その期間に発生した費用を関連づける考え方を**期間的対応**と呼ぶ。

【 期間的対応 】

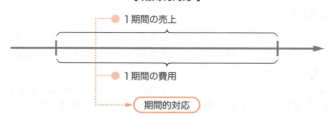

### ② 実現主義の考え方

企業は商品を売り上げると現金や受取手形や売掛金などの**貨幣性資産**を受け取る。**実現主義**では、これらを受け取った時点で収益とする。ただし、**試用販売**のように得意先から買い取りの意思表示があったときに収益の実現を認識する場合もある。

会計において、収益の計上は、費用の計上よりも慎重である。これは「配当できる利益を計算すること」に関連する。

配当ができる利益のことを「**処分可能利益**」と呼ぶ。処分とは「利益を株主へ配当

金として支払ったり、企業に積み立てたり、役員に賞与を支給したりする」ことである。
　たとえば、A社は、当期の売上高が500万円で、費用の合計は400万円とする。みなさんがA社の株主ならば、いくらの配当金を期待するだろうか。
　よくばりな方は100万円を全部もらおうと考える。しかし、A社が配当金を支払うためには現金を必要とする。収益を早く計上するとA社は去年から蓄積している現金を配当金に充てなければならない。費用は発生時に計上するのに対し、収益は実現した時点で計上する。

【 実現主義のイメージ 】

### ③ 現金主義の考え方

　**現金主義**は「現金」を扱った時点、つまり現金の支払いや、代金の回収時点で費用や収益を計上する考え方である。現金主義では、商品が販売されて売掛金や受取手形となった時点では収益として認識されない。
　たとえば、ゆで卵を考えよう。ゆで卵は、「半熟卵」でも「固ゆで卵」でもゆで卵と呼ぶ。実現主義では、「半熟卵」でもゆで卵とみなす。
　実現主義ではA社がB社に5,000万円の商品を販売した時点で、売上高5,000万円を認識する。
　しかし、販売先企業の倒産などで、この売り上げは崩れてしまうかもしれない。現金主義ではしっかりと黄身が茹で上がった「固ゆで卵」しか、ゆで卵と呼ばない。そのため売掛金の5,000万円が現金で回収されるまでは収益としてみなさない。

【 現金主義のイメージ 】

### (4) さまざまな計上基準

#### ① 商品売買

　商品売買では、商品の引渡しと同時に現金などの対価を受け取るのが一般的であるが、同時に行われない場合もある。
　一般的な商品販売については、顧客に商品等を販売した日をもって収益実現の日

とする**販売基準**が適用される。販売基準は、どの時点をもって顧客に商品等を販売したとみなすかによって、商品等を発送した日とする「出荷基準」、商品等を顧客に引き渡した日とする「引渡基準」、商品等を顧客が検収した日とする「検収基準」の3つに分けられる。企業は、3つの基準の中から、売上収益の認識基準に関する会計方針を選択適用する。

【 さまざまな形態の商品販売における売上収益の認識基準 】

| 販売形態 | | 売上収益の認識基準 |
|---|---|---|
| 委託販売 | 委託者が受託者に一定の手数料を支払って商品等の販売を委託する販売形態 | 受託者が委託品を販売した日をもって収益実現の日とする。ただし、仕切精算書が販売のつど送付されている場合、当該仕切精算書が到達した日をもって収益実現の日とみなすことができる(仕切精算書到達日基準)。 |
| 試用販売 | 商品等をあらかじめ顧客に送付して一定期間使用させたうえで、返品か購入かを決定してもらう販売形態 | 顧客から買取りの意思表示があった時に収益を認識する(買取意思表示基準)。 |
| 予約販売 | 商品等を将来引き渡すことを約束したうえで、代金の一部または全部を予約金として前もって受け取る販売形態 | 予約金受取額のうち、決算日までに商品等の引渡しが完了した分だけを当期の収益として認識し、残額は前受金として負債計上して次期以降に繰り延べなければならない。 |

なお、**割賦販売**については、商品を引き渡した日をもって収益を認識する「販売基準」とともに、割賦代金のうち回収した金額だけを収益として認識する「回収基準」や、割賦代金の回収期限が到来した日に収益を認識する「回収期限到来基準」も認められてきたが、「収益認識に関する会計基準」では「回収基準」や「回収期限到来基準」は認められなくなる(企業会計基準適用指針第30号「収益認識に関する会計基準の適用指針」182項)。

### ② **工事契約**

**工事契約**とは、仕事の完成に対して対価が支払われる請負契約のうち、土木、建築、造船や一定の機械装置の製造等、基本的な仕様や作業内容を顧客の指図に基づいて行うものをいう。**受注制作のソフトウェア**についても、工事契約に準じて、同様の会計処理が適用される。

工事契約については、工事の進行途上においても、その進捗部分について成果の確実性が認められる場合には**工事進行基準**を適用し、この要件を満たさない場合には**工事完成基準**を適用する。

成果の確実性が認められるためには、工事収益総額、工事原価総額、決算日における工事進捗度について、信頼性をもって見積ることができなければならない。

## ⑸ 収益認識に関する会計基準

　2021年4月1日以後開始する事業年度の期首から、収益認識に関する会計基準（以下、収益認識会計基準という）が原則適用となり、収益認識の基本原則が「実現主義」から「顧客への支配の移転」へと変わることになる。

　**収益認識会計基準の基本となる原則**は、約束した財またはサービスの顧客への移転を、当該財またはサービスと交換に企業が権利を得ると見込む対価の額で描写するように、収益を認識することである。この基本原則にしたがい、次の5つのステップを適用することにより収益が認識されることになる。

---

① 顧客との契約を識別する。
② 契約における履行義務を識別する。
③ 取引価格を算定する。
④ 契約における履行義務に取引価格を配分する。
⑤ 履行義務を充足した時にまたは充足するにつれて収益を認識する。

---

　たとえば製品の保証付き販売は、それが1つの契約であっても、一定の条件を満たした場合、「製品の販売」と「保証サービスの提供」という複数の履行義務に分けられる。この場合、履行義務のそれぞれに取引価格を配分する必要がある。企業は、約束した財またはサービスを顧客に移転することにより履行義務を充足した時にまたは充足するにつれて、収益を認識する。履行義務のそれぞれが、一定の期間にわたり充足されるのか、または一時点で充足されるのかによって、収益認識の時期が異なってくる。

## ⑹ 消費税の税抜方式経理

R02-09

　仕入・費用の発生や資産取得時に支払う消費税は仮払消費税（資産）で経理処理する。売上・収益の実現や資産売却時に受け取る消費税は仮受消費税（負債）で経理処理する。例えば商品19,800円（内消費税1,800円）を現金仕入したときは、税抜方式で次のように処理する。

　　　（仕入）　　　　　18,000　　　　（現金）　　19,800
　　　（仮払消費税）　　　1,800

第1章　財務・会計の基本　　**17**

# II 簿記の基礎

## 1 簿記の目的と取引

**(1) 簿記の目的**

　**簿記の目的**は、企業の日々の経済活動を記録し、これに基づいて経営成績と財政状態を把握することである。日々の取引は、仕訳の作業によって勘定科目に記号化され帳簿に記載される。

【 取引と記録 】

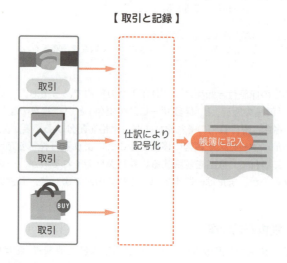

**(2) 簿記上の取引**

　**簿記上の取引**とは、企業の資産、負債、純資産、収益、費用に増減変化をもたらすあらゆる事象のことである。例えば、現金の収支や商品の購入・売却は資産の増減をもたらすので取引であり、また他人から現金を借りたり、返済したりすることも、負債の増減および資産の増減をもたらすので同じく取引である。また、火災や盗難による資産の滅失、減少は、資産の減少をもたらすので、簿記上の取引である。
　一方、賃貸契約の締結のみでは資産も負債も純資産も増減しないので、簿記上の取引ではない。

## 2 仕訳のルール

　**仕訳**とは、取引の内容について、勘定科目（取引の分類項目）および金額を合わせて、借方（左側）と貸方（右側）へ記帳する手続きである。

## (1) 仕訳の原則

　企業の所有している財産は、取引が生じることにより内容が変化していく。簿記では、この変動の結果を明らかにするために、勘定という分類項目を用いて記録し、計算する。勘定を用いた記録では、取引内容によって、左右にわけて記入する。

　現金の増減記録を例に取ると、現金が増加した場合は借方に記入し、減少した場合は貸方に記入する。

**【 勘定記入のパターン 】**

| 借方 | 貸方 |
|---|---|
| 資産の増加<br>負債の減少<br>純資産の減少<br>費用の発生 | 資産の減少<br>負債の増加<br>純資産の増加<br>収益の発生 |

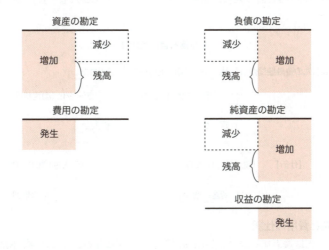

## (2) 仕訳の例

### ① 資産の仕訳

　仕訳によって、それぞれの勘定科目の増減金額が決まる。仕訳では、資産は、借方がプラス、貸方がマイナスとなる。

　たとえば、現金100,000円で事務用の机を購入したときには、（備品）100,000（現金）100,000となる。貸借対照表上での現金の表示位置を思い出してみよう。現金は貸借対照表の左上にあったため、その反対側に記入された勘定科目は金額の減少を、同じ側に記入された勘定科目は金額の増加を意味する。

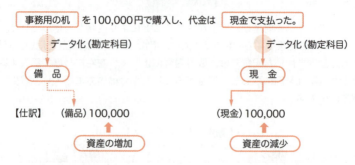

### ② 負債・純資産の仕訳

負債・純資産の仕訳では、借方がマイナス、貸方がプラスとなる。たとえば、銀行から100,000円を借り入れた場合には、（現金）100,000（借入金）100,000となる。

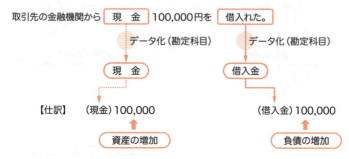

### ③ 収益と費用の仕訳

収益の仕訳は貸方がプラス、費用は借方がプラスとなる。たとえば、商品5,000円を販売し、代金を現金で受け取った場合には、（現金）5,000（売上）5,000となる。

また、従業員に給料を100,000円支払ったときには、（給料）100,000（現金）100,000となる。

仕訳を理解するコツは、まず、仕訳をする取引は、現金が増加するのか、現金が減少するのかを捉え、2つある勘定科目のうち片方を（現金）×××とする。

次に、現金が、減少または増加した理由を考え、原因となる勘定科目を記入する。

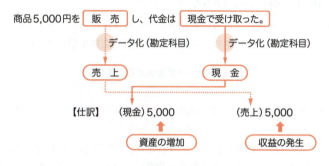

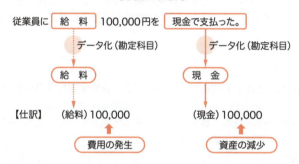

## (3) 総勘定元帳の作成

企業では取引を仕訳した後、どの勘定科目がどれだけ増減しているのかを把握する必要がある。勘定科目の金額を把握するために、金額を集計する帳簿を「**総勘定元帳**」と呼ぶ。

「総勘定元帳」には、企業で使用される勘定科目がすべて網羅され、各勘定科目はページごとに分けて記入される。

勘定口座は、口座ごとに増加側と減少側に分類されている。勘定口座には、増加・減少の記録を日々記入していく。また、仕訳から総勘定元帳に移すことを**転記**と呼ぶ。

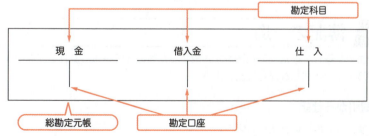

【 総勘定元帳のイメージ 】

第1章 財務・会計の基本　21

## 3 財務諸表の作成

ここでは、先ほど紹介した貸借対照表と損益計算書などの財務諸表を作成するために、日々の取引から財務諸表の作成までの一連の流れを紹介する。

【 取引から財務諸表までの流れ 】

日々の取引をすべて記帳した後に、それらを全部集計し、報告書の形にまとめることが、決算と呼ばれる手続きである。決算により当期の収益・費用が確定し、利益が計算される。決算により企業の経営成績及び財政状態が正確に把握される。決算の手続きでは、定められたルールに従って勘定科目ごとに集計し、口座を締め切る。

### (1) 試算表

**試算表**は、総勘定元帳の記入が正しく行われているかを確認するために作成する表のことである。決算で最初に作成する試算表を**決算整理前残高試算表**と呼ぶ。

当期の費用・収益にすべきでないものや、当期の費用・収益にすべきものなどを調整し、適正な資産・負債、費用・収益にする手続きを行う。この決算手続きで行われる仕訳を、**決算整理仕訳**と呼ぶ。

**決算整理事項**には、①売上原価の算定、②減価償却費の計上、③引当金の計上、④費用・収益の見越しと繰り延べ、などがある。

### (2) 精算表

**精算表**は、決算の見通しを立てるために作成する表である。決算整理前残高試算表をもとに、決算整理仕訳を記入して、貸借対照表と損益計算書を作成する。

### (3) 貸借対照表・損益計算書

決算で作成された貸借対照表と損益計算書が、翌期の株主総会において株主に報告される貸借対照表と損益計算書の基礎となる。

また、上場企業の有価証券報告書に記載される貸借対照表と損益計算書も、ここで作成される貸借対照表と損益計算書が基礎となる。

## 4 簿記の一巡

今まで学習してきた、財務諸表を作成するための簿記一巡の流れを、取引から残高試算表まで作成しながら確認しよう。

### (1) 取引から仕訳

まず、次の取引の仕訳をしよう。

3月1日　山口氏は、現金500,000円を出資して経営教育商店を開業した。
　　3日　TBC商店から商品120,000円を仕入れ、代金は現金で支払った。
　　5日　東京銀行から現金40,000円を借り入れた。
　　7日　TBCS商会に商品を80,000円で売り上げ、代金は現金で受け取った。
　15日　商品陳列棚（備品勘定）を55,000円で購入し、現金で支払った。
　23日　東京銀行に対し借入金の利息2,400円を現金で支払った。
　25日　従業員の給料50,000円を現金で支払った。

【 取引から仕訳 】

| 3月1日 | （現金） | 500,000 | （資本金） | 500,000 |
|---|---|---|---|---|
| 3日 | （仕入） | 120,000 | （現金） | 120,000 |
| 5日 | （現金） | 40,000 | （借入金） | 40,000 |
| 7日 | （現金） | 80,000 | （売上） | 80,000 |
| 15日 | （備品） | 55,000 | （現金） | 55,000 |
| 23日 | （支払利息） | 2,400 | （現金） | 2,400 |
| 25日 | （給料） | 50,000 | （現金） | 50,000 |

## (2) 仕訳から総勘定元帳へ

　仕訳の結果を総勘定元帳に転記しよう。総勘定元帳はT字型で示されるため、T勘定と呼ばれることもある。
　総勘定元帳の現金勘定を見ると、現金が増加する原因となった取引が左側に、現金が減少する原因となった取引が右側に記載されている。貸借対照表と損益計算書の科目のポジションを思い出して理解しよう。

【 仕訳から総勘定元帳 】

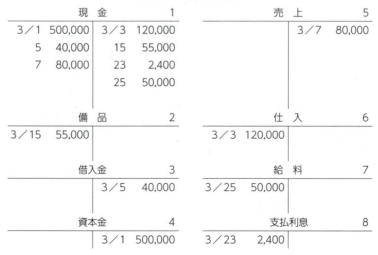

## ⑶ 総勘定元帳から合計残高試算表へ

総勘定元帳の結果から合計残高試算表を作成する。合計残高試算表には、各勘定の借方合計および貸方合計と、各勘定の残高が示される。

**【 総勘定元帳から合計残高試算表 】**

合計残高試算表

平成××年××月××日

| 借方 | | 元丁 | 勘定科目 | 貸方 | |
|---|---|---|---|---|---|
| 残　高 | 合　計 | | | 合　計 | 残　高 |
| 392,600 | 620,000 | 1 | 現　金 | 227,400 | |
| 55,000 | 55,000 | 2 | 備　品 | | |
| | | 3 | 借入金 | 40,000 | 40,000 |
| | | 4 | 資本金 | 500,000 | 500,000 |
| | | 5 | 売　上 | 80,000 | 80,000 |
| 120,000 | 120,000 | 6 | 仕　入 | | |
| 50,000 | 50,000 | 7 | 給　料 | | |
| 2,400 | 2,400 | 8 | 支払利息 | | |
| 620,000 | 847,400 | | | 847,400 | 620,000 |

# 厳選!! 必須テーマ［○・×］チェック ──第1章──

**過去20年間（平成13〜令和2年度）本試験出題の必須テーマから厳選！**

■■■ 問題編 ■■■　　　　　　　Check!!

**問1** (H19-07)　　　　　　　　　　　　　　　　　　　　　[○・×]
　株式会社の会社法上の計算書類には、事業報告が含まれる。

**問2** (H19-01 改題)　　　　　　　　　　　　　　　　　　[○・×]
　当期純損益は、純資産の変動要因である。

**問3** (H22-02)　　　　　　　　　　　　　　　　　　　　　[○・×]
　収益の認識は、一般に、商品等の販売または役務の給付によって実現したことをもって行われるとされている。

**問4** (H21-01 改題)　　　　　　　　　　　　　　　　　　[○・×]
　期末の決算整理前残高試算表と決算整理事項から、当期純損益を計算できる。

**問5** (H29-04 改題)　　　　　　　　　　　　　　　　　　[○・×]
　工事進行基準を適用するためには、工事収益総額、工事原価総額、決算日における工事進捗度について、信頼性をもって見積ることができなければならない。

■■■ 解答・解説編 ■■■

**問1**　× : 計算書類は「貸借対照表、損益計算書、株主資本等変動計算書、個別注記表」である。

**問2**　○ : 当期純利益は純資産の増加要因であり、当期純損失は純資産の減少要因である。

**問3**　○ : 収益の認識基準は、原則として実現主義である。

**問4**　○ : この計算は、精算表で行う。

**問5**　○ : 工事の進捗部分について成果の確実性が認められるためには、この要件が必要である。

第1章　財務・会計の基本　25

## 本章の体系図

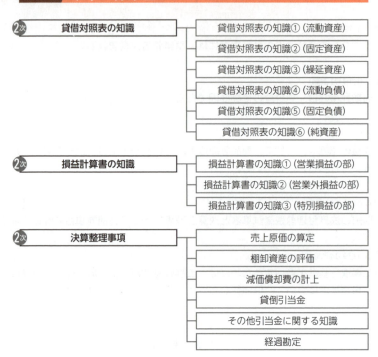

## 本章のポイント

- 貸借対照表の資産・負債・純資産について理解する
- 損益計算書の各損益の部について理解する
- 決算整理事項について理解する

# 第 2 章

## 財務諸表の知識

**I** 貸借対照表の知識

**II** 損益計算書の知識

**III** 決算整理事項

# Ⅰ 貸借対照表の知識

## 1 貸借対照表の知識①（流動資産）

### ⑴ 資産の部の構成

　「資産の部」に表示されている科目は、企業が所有している権利を示している。たとえば、「現金及び預金」や「建物」、「電話加入権」も権利である。別の表現として、調達した資金の「運用形態」を示している。銀行からの借入金で資金を調達し、その資金で建物を購入したら「資産の部」に「建物」と記入（＝記載）される。

### ⑵ 流動資産と固定資産の分類

　流動資産と固定資産の分類方法には、「正常営業循環基準」と「1年基準」がある。まず、正常営業循環過程の資産と負債が、流動資産と流動負債に分類され、それ以外については1年基準が適用される。

#### ① 正常営業循環基準

　**正常営業循環基準**は、企業の正常な営業の循環過程にあるものは流動資産・流動負債とする基準である。正常な営業の循環過程とは、「現金⇒原材料の仕入⇒製品への加工⇒販売用の在庫としてストック⇒売上⇒売掛金⇒現金」の過程である。
　営業用の資産は在庫の期間が1年を超えても流動資産に分類する。たとえば、不動産会社が販売用の土地を2年間保有している場合には、在庫の期間が1年を超えても流動資産に分類される。

#### ② 1年基準（ワンイヤー・ルール）

　**1年基準（ワンイヤー・ルール）**は、貸借対照表作成日の翌日から起算して、1年以内に現金化または費用として流出する資産を流動資産とし、それ以外の資産を固定資産として分類する。

【 正常営業循環基準 】

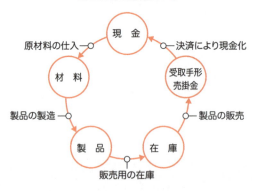

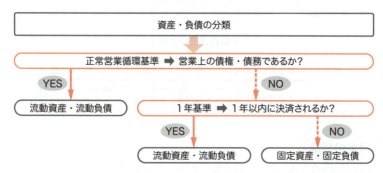

## (3) 現金及び預金

企業の決済には、現金のほかに預金が使われる。銀行の預金には、普通預金、定期預金のほかに当座預金などがある。

小切手は、よくドラマなどでお金持ちの方が「好きなだけ（金額を）書いてくれ」と渡したりする。これは金額を書いた小切手を銀行に持って行けば、いつでも換金してくれるからである。**小切手**は当座預金口座からお金を引き出す際に用いられる紙切れと考えよう。

簿記上では小切手を100万円振り出すと、当座預金を100万円減少させる。他人が振り出した小切手を受け取ったときは、帳簿には「現金」として記載される。これは換金性が非常に高いからである。

【 現金の種類 】

| 現金 | 現金のほかに、ただちに現金に換えられる性格のものも含む |
|---|---|
|  | 【通貨代用証券】他人振出の小切手、送金小切手、郵便為替証書、配当金領収書、期限の到来した公社債利札 |

【 現金預金の基本仕訳 】

- 商品10,000円を仕入れ、小切手を振り出した
  　　（仕　　入）10,000　　　（当座預金）10,000
- 商品10,000円を売上げ、代金は小切手で10,000円を受け取った
  　　（現　　金）10,000　　　（売　　上）10,000

## (4) 金銭債権の評価

まず「債権」について考えよう。「債権」とは相手に対して要求したり、主張したりする権利である。**金銭債権**とは、企業同士の取引の見返りとして、相手から金銭

により回収されることが予定されている債権である。流動資産における金銭債権は図表のように2種類に分類される。

【 金銭債権の分類 】

①営業取引から生じた債権 ➡ 受取手形、売掛金などの商品売買の対価

②営業外取引から生じた債権 ➡ 貸付金、未収入金など

## (5) 売掛金の知識

　企業同士の取引では、契約や商慣習により、決済は一定の期日にまとめてすることが一般的である。

　たとえば、取引先に商品を売り上げたとき、すぐに現金を回収しないで、売掛金として、後日まとめて決済する。もちろん、後日支払う約束を企業間で行うときには信用が必要である。そのため掛取引は信用取引とも呼ばれる。

　**売掛金**は将来現金がもらえる権利を示しており、資産となる。たとえば、取引先がB社しかないA社の帳簿に、売掛金100万円が記載されているときは、取引会社のB社の帳簿には買掛金100万円が記載されている。B社の決済によりA社に100万円が入金されると、A社の売掛金とB社の買掛金の100万円は消滅する。受取手形と売掛金を合わせて**売上債権**と呼ぶことも覚えておこう。

【 売掛金と買掛金 】

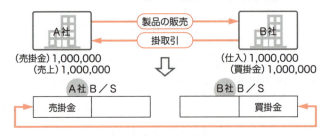

## (6) 受取手形

### ① 約束手形

　企業同士の取引では、商品代金の決済のために一定の期日に支払うことを約束した**約束手形**という証券を相手に渡す。手形を渡すことを「振り出す」という。

　A社がB社から約束手形を100万円受け取ったら「受取手形100万円」と記帳される。

　反対にB社が約束手形を100万円振り出したら「支払手形100万円」と記帳される。手形の振出人（支払人）はB社で、名宛人（受取人）はA社となる。

【約束手形の知識】

## ② 為替手形

約束手形の処理は当事者が2人のときである。取引の当事者が3人のときには**為替手形**を使う。たとえば、同じ期日に、A社の売掛金がB社に対して100万円あり、A社の買掛金がC社に対して100万円あるときである。

A社はB社から100万円を回収してC社に100万円支払うと手間がかかる。そのため、B社からC社へ100万円を支払ってもらうように為替手形を使用する。A社がB社の承認を得て為替手形をC社に振り出すことにより、B社が手形の金額である100万円をC社に支払うことになる。

ここで為替手形の用語を確認しよう。**引受**とは、**為替手形を振り出すときにB社に承認を得ることである**。**振出人**とは、約束手形と同じ**手形を振り出す人**で、A社になる。**約束手形と違う点は、振出人が手形金額を支払わない点**である。

**手形金額を支払う人を名宛人（支払人、引受人）**という。ここではB社である。また、**手形を受け取る人を受取人（指図人）**という。ここではC社である。

次の図表ではA社（振出人）・B社（名宛人）・C社（受取人）の関係と、仕訳の内容を確認しよう。

【為替手形の知識】

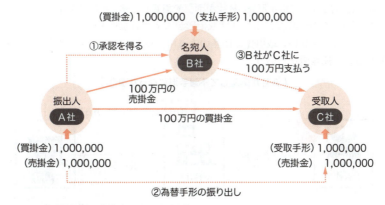

## ③ 割引手形と裏書譲渡

もし銀行の預金口座の金額が不足して、約束手形や為替手形の決済ができないならば不渡りとなる。**不渡りが半年間で2度続くと銀行との取引ができなくなり「取引停止処分」**となり、企業は事実上、倒産となる。

企業では短期的な資金調達のために受取手形を銀行に譲渡して換金するか、受取

手形を取引先の企業に譲渡して買掛金の支払代金とする方法がある。

手持ちの受取手形を銀行に譲渡して換金する手段を**手形割引**という。また、受取手形を買掛金の決済などのために、取引先に譲渡することを**裏書譲渡**という。

割引手形については手形の売却と考え、銀行へ支払う割引料は「**手形売却損**」勘定で処理する。

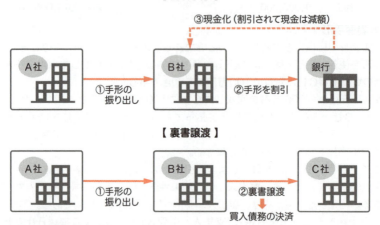

### ④ 手形の遡及義務

取引先企業から決済が受けられなくて、受取手形が不渡りになった場合は、どのように処理するのだろうか。不渡りの場合は「**不渡手形**」勘定へ振り替える。こうなると「不良債権」となり、支払いが長期にわたる。

A社が振り出した支払手形を、B社が割引や裏書した後、A社が倒産して不渡りになった。取引先の倒産などにより受取手形が決済されない場合には、B社は責任を免れることはできない。取引先の倒産のように、将来一定の条件下で起こり得る潜在的な債務を**偶発債務**という。

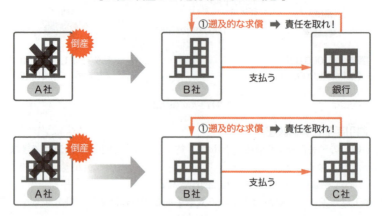

## ⑺ 外貨建資産等

外国通貨、外貨預金、外貨建債権債務などは、企業会計上、原則として決算日に決算時の為替レートで換算する。円換算後の換算差額は、原則として当期の為替差損益として損益計算書に記載する。

たとえば、決算日が3月31日のA社が、海外の企業へ商品2,000ドル分を当期に掛販売し、当期の決算日以降に決済する契約であるとする。販売時の為替レートが1ドル＝100円であったならば、販売時の売掛金の換算額は20万円となる。

当期の決算時の為替レートが1ドル＝90円になったならば、決算時の売掛金の換算額は18万円となる。販売時と決算時の為替レートの差額による換算額の差額2万円分の資産が減少しているため、この2万円が為替差損になる。

**【 外貨建売掛金の換算 】**

## ⑻ 有価証券

有価証券には、国債、地方債、社債、株券などがある。有価証券は保有目的により勘定科目が異なる。保有目的とは有価証券を購入した目的である。

### ① 有価証券の分類

#### （a）売買目的有価証券

**売買目的有価証券**とは、短期間に売買を繰り返してキャピタルゲインを目的とした株式及び社債のことである。たとえば100万円で株式を購入して120万円に値上がりしたとき、キャピタルゲインは20万円となる。

第2章 財務諸表の知識　33

### (b) 満期保有目的の債券

**満期保有目的債券**とは、社債や国債など、債券の満期日までの保有を目的とした債券である。

### (c) 子会社株式・関連会社株式

ある企業を支配する目的で株式を購入した場合は、**子会社株式・関連会社株式**として処理される。

### (d) その他有価証券

今まで挙げたa～c以外の有価証券は、その他有価証券勘定で記載する。一般的には「持合株式」がある。**持合株式**とは、株式会社が相互に株式を保有し合うことである。これは、取引関係・提携関係の維持・強化、安定株主工作等の目的で行われる。

R02-03
H21-03

### ② 有価証券の評価

『金融商品に関する会計基準』により、保有目的ごとに分類され、分類方法により評価方法も異なる。次の図表を参照しよう。

**【 有価証券の分類 】**

| 貸借対照表上の表示区分 | 貸借対照表上の勘定科目 | 売却時の損益表示区分 |
|---|---|---|
| 流動資産 | 売買目的有価証券 | 営業外損益 |
| 固定資産<br>（投資その他の資産） | 投資有価証券<br>子会社株式<br>関連会社株式 | 特別損益 |

※例外として「金額の僅少なものまたは毎期経常的に発生するものは、経常損益計算区分に含めることができる」とある。

**【 評価方法のまとめ 】**

| 金融資産の種類 | 貸借対照表計上額 | 評価差額の処理 |
|---|---|---|
| 売買目的有価証券 | 時価 | 当期の損益 |
| 満期保有目的の債券 | 取得原価 | 原則として生じない |
| 子会社・関連会社株式 | 取得原価 | 原則として生じない |
| その他有価証券 | 時価 | 原則として純資産の部に記載 |

※未上場株式等の市場性のない有価証券は、原則、取得原価で評価する。そのため、評価差額は原則として生じない。

H20-04

### ③ 有価証券の購入

たとえば、A社の株式を1株10万円で購入したとき、証券会社へ手数料を支払う必要がある。株式の購入時に1,000円の手数料がかかった場合、手数料のような費用は損益計算書に計上しないで、株式の取得原価に含めて、有価証券10万1,000円として貸借対照表に記載する。株式の購入価格10万円と、手数料などの付随費用を合わせた金額を**取得原価**と呼ぶ。

34　第1部　テキスト

**【有価証券の購入】**

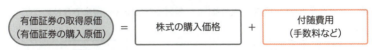

### ④ 有価証券の売却

有価証券を売却するときには銘柄ごとに取得原価を計算する。売却価額との差額でもうけが出たときには**有価証券売却益**として、損したときには**有価証券売却損**として処理する。

TBC社では、A社の株式を8月1日に1株20万円で購入して、9月30日にA社の株式を1株10万円で購入した。このように株式の価格は、同じA社の銘柄でも変動する。そのため何度も購入があった場合は、どの購入時点の株式を売却したのかがわからなくなる。そこで、一般的に有価証券では**移動平均法**と呼ばれる方法で、売却時点の平均単価を算定する。

今回の場合、(20万円＋10万円) ÷ 2 ＝ 15万円が平均単価となる。10月末日に20万円で1株売却したときは、平均単価との差額5万円が売却益となる。

**【売買目的有価証券を売却したときの処理】**

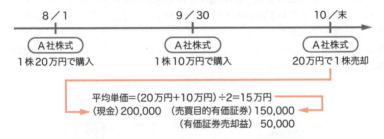

## (9) その他流動資産

貸借対照表に記載される資産には、今まで学習した債権のほかに、次の資産がある。

### ① 前渡金・前払金

取引先から商品を仕入れる際に、前もって現金の一部を支払う場合がある。たとえば、1,000万円の車を購入するときに、前もって押さえておきたいときには口頭での約束だけではなく、10万円ほど内金または手付金として入金する。このような手付金の金額を**前渡金**または**前払金**という。

【 前渡金の処理 】

●A社は商品200,000円を仕入れる際に、手付金を50,000円現金でB社に支払った。

●A社は商品200,000円を仕入れ、手付金を除いた金額を小切手を振り出して支払った。

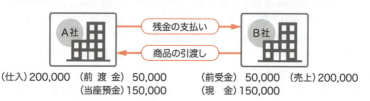

② 未収金・未収入金

売掛金とは売上代金のうち、まだ現金として入金していない債権であるが、小売業を営む企業が、本来の営業目的ではない土地などを売却して、未入金の場合はどのように処理をするのだろうか。

本来の営業取引以外の売買における未回収金額は、売掛金ではなく、**未収金**または**未収入金**として処理する。

③ 貸付金

金銭を従業員や子会社・関連会社などに貸し付けたときには、**貸付金**として処理する。長期の場合には**長期貸付金**として記載する。

⑽ 資産として記載される経過勘定項目（前払費用・未収収益）

会計では、適正な期間損益計算をすることが目的となっている。そのため一括して保険料を支払っても、当期の費用に属さないと考えた場合には、次期に繰り延べて計上する。

また、利息が入金されていなくても、確実に次期に当期の利息が受け取れるなら

ば、収益を見越して計上する。このような手続きにより貸借対照表に資産として計上される科目が**前払費用**、**未収収益**である。

## 2 貸借対照表の知識②（固定資産）

### (1) 有形固定資産

　企業の建物や営業に使う自動車、パソコンなどは固定資産に分類され、固定資産は、有形固定資産、無形固定資産、投資その他の資産に分類される。

　**有形固定資産**とは、建物や自動車などの車両、パソコンやエアコンなどの器具備品、工場の機械や土地などの形のある資産である。

　たとえば、建物3,000万円と土地7,000万円を購入したら、貸借対照表に建物3,000万円、土地7,000万円と計上する。

　購入した土地が荒れていたり、古い家屋が建っていたりして、整地費用に100万円かかった場合はどのように処理するのだろうか。この場合は、整地費用の100万円も土地の取得原価に含めて、貸借対照表に土地7,100万円と計上する。

【有形固定資産の取得原価】

### (2) 無形固定資産

　企業の資産には、形が有るものばかりでなく、形がないものもある。特許権や商標権などである。これらの権利には形はないが、企業の経営にとって重要なものである。そのため、特許権や商標権を取得するときにかかった費用は権利として貸借対照表の資産に計上する。

　たとえば、企業が電話に加入する際に、加入権として4万円支払うと、費用として計上せずに電話加入権4万円として、貸借対照表の無形固定資産に計上する。

### (3) 投資その他の資産

　今まで紹介した以外の固定資産は、投資その他の資産として貸借対照表に記載される。また、1年超の期間がある長期性預金なども含まれる。

**【 固定資産の種類 】**

| | | |
|---|---|---|
| **有形固定資産** | 長期に使用する目的の有形資産で、土地と建設仮勘定以外は償却資産である。<br>貸借対照表には、取得原価から減価償却の金額を控除する形式で記載される。 | |
| **無形固定資産** | 長期に使用する目的の無形固定資産で、特許権や商標権などの法律上の権利と営業権のような経済的な実態がある。貸借対照表には、償却額を控除した未償却残高を記載する。 | |
| **投資その他の資産** | 投　資 | 投資有価証券／関係会社株式／出資金／関係会社出資金／長期貸付金／株主等への長期貸付金／関係会社長期貸付金　など |
| | その他の資産 | 破産債権／更生債権／再生債権／長期前払費用／繰延税金資産　など |

R02-08
H30-05

## ⑷ ソフトウェアの会計処理

ソフトウェアとは、①コンピュータに一定の仕事を行わせるためのプログラム、②システム仕様書、フローチャート等の関連文書であり、コンテンツは含まれない。

ソフトウェアの会計処理は制作目的によって異なり、**受注制作のソフトウェア、市場販売目的のソフトウェア、自社利用のソフトウェア**に分類される。新しい知識を具体化するまでの過程は研究開発とされ、制作活動費が研究開発費として処理される一方、研究開発に該当しない支出は無形固定資産となる。

無形固定資産として計上したソフトウェアの取得原価は、目的に応じて、見込販売数量に基づく償却方法その他合理的な方法により償却しなければならない。

**【 ソフトウェアの会計処理 】**

| | 目的による分類 | 会計処理 |
|---|---|---|
| **自社利用** | 将来の収益獲得または費用削減が確実であると認められる場合 | 無形固定資産に計上<br>（機械等に組み込まれたものは、当該機械等の取得原価に算入する） |
| | 将来の収益獲得または費用削減が確実であると認められない場合または不明な場合 | 費用処理 |
| **市場販売** | 最初に製品化された製品マスターの完成時点までに発生した費用 | 研究開発費として、一般管理費に計上 |
| | 製品マスターの制作原価 | 無形固定資産に計上<br>（制作仕掛品はソフトウェア仮勘定、完成品はソフトウェアなどの勘定科目を用いる） |
| | 製品マスター完成後の制作費 | 原則として、無形固定資産に計上<br>（著しい改良と認められる場合は、著しい改良が終了するまで研究開発費として処理する） |

| 受注制作<br>(無形固定資産に<br>計上されない) | 成果の確実性が見込まれる場合 | 工事進行基準を適用<br>(工事の進捗度に応じて収益・原価を計上する) |
|---|---|---|
| | 要件を満たさない場合 | 工事完成基準を適用<br>(工事が完成し、目的物の引渡しを行った時点で収益・原価を計上する) |

### 【 ソフトウェアの減価償却の方法 】

| 目的 | 償却方法 | 耐用年数 |
|---|---|---|
| 自社利用 | 一般的に、定額法 | 原則として、5年以内 |
| 市場販売 | 見込販売数量(または見込販売収益)に基づく償却額と残存有効期間に基づく均等配分額とを比較し、いずれか大きい額を計上する | 原則として、3年以内 |

R02-05
H29-07
H23-03

## (5) 減損会計

### ① 減損会計の概要

**減損会計**は、企業が保有する資産または資産グループ(以下「資産等」とする)に対する投資が、当該資産等を事業の用に供することで得られるキャッシュ・フローにより回収できるかという回収可能性をチェックするものである。

事業環境の変化や陳腐化の発生などにより、投資が回収できないと判定された場合には、資産等の帳簿価額を回収可能価額まで減額する。

キャッシュ・フローの悪化などの、減損の兆候がある資産等についての減損損失を認識するかどうかの判定は、資産等から得られる割引前将来キャッシュ・フローの総額と帳簿価額を比較し、資産等から得られる割引前将来キャッシュ・フローの総額が帳簿価額を下回る場合には、減損損失を認識する。

減損損失を認識すると判定された資産等は、帳簿価額を回収可能価額まで減額し、当該減額分を減損損失として当期の特別損失とする。

**割引前将来キャッシュ・フロー**とは、原則として資産等の継続使用によって得られると見込まれる将来キャッシュ・フローの額と資産等の使用後の処分によって生ずると見込まれる将来キャッシュ・フローの額を合計したもので、現在価値に割り引いていないものである。**回収可能価額**とは、資産等の**正味売却価額**(時価－処分費用見込額)と**使用価値**(将来キャッシュ・フローの現在価値)のいずれか高い額である。

### ② 減損損失の計上方法

たとえば、次のような場合の減損損失を求めてみよう。

第2章 財務諸表の知識 **39**

- 未償却残高10,000千円の機械に減損の兆候
- 当期末に割引前将来キャッシュ・フローを見積もった結果、割引前将来キャッシュ・フローは、残存耐用年数3年で毎年2,000千円と使用後の残存価額1,000千円であった
- 当該機械の当期末における時価は5,500千円、処分費用見込額は400千円
- 将来キャッシュ・フローの割引率は10%

(a) 減損損失の認識の判定

減損の兆候があるので、割引前将来キャッシュ・フローの総額と帳簿価額を比較して、減損損失の認識の判定を行う。「割引前将来キャッシュ・フローの総額＝2,000千円×3年＋1,000千円＝7,000千円」となる。

帳簿価額と割引前将来キャッシュ・フローを比較すると「帳簿価額10,000千円＞割引前将来キャッシュ・フローの総額7,000千円」となるため減損損失を認識する。

(b) 減損損失の計上

資産等の正味売却価額と使用価値を比較すると、「資産等の正味売却価額5,100千円＜使用価値5,725千円」と使用価値のほうが大きくなるため、回収可能価額は5,725千円となる。計算は次のとおりである。

資産等の正味売却価額＝時価5,500千円－処分費用見込額400千円＝5,100千円

$$使用価値 = \frac{2,000千円}{(1+0.1)^1} + \frac{2,000千円}{(1+0.1)^2} + \frac{2,000千円}{(1+0.1)^3} + \frac{1,000千円}{(1+0.1)^3} \fallingdotseq 5,725千円$$

減損損失を求めると「減損損失＝帳簿価額10,000千円－回収可能価額5,725千円＝4,275千円」となる。

【減損損失計上までの流れ】

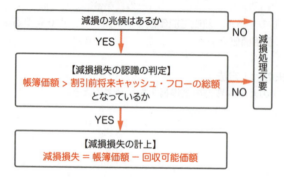

# 3 貸借対照表の知識③（繰延資産）

繰延資産には、創立費や開業費、株式交付費などがある。これらは費用のように考えられるが、貸借対照表に繰延資産として計上する。

たとえば、新しく支店を開設するために、株式を1億円発行したとする。株式を発行するために、株式交付費が180万円かかったとする。

この費用は将来、支店の営業から生じる収益のために支出した費用であるため、当期のみの費用とせずに、貸借対照表の繰延資産に株式交付費180万円と計上する。この株式交付費180万円は、毎年決まった額を取り崩して収益と費用を対応させる。

【 株式の発行と株式交付費の償却 】

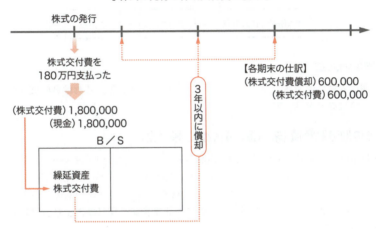

【 繰延資産の種類と償却期間 】

| 種　類 | 償却期間 |
|---|---|
| 創立費 | 会社成立後5年以内 |
| 開業費 | 開業後5年以内 |
| 株式交付費 | 株式交付のときから3年以内 |
| 開発費 | 5年以内のその効果の及ぶ期間（ただし、最長で5年以内） |
| 社債発行費等 | 利息法で月割償却（または、定額法） |

# 4 貸借対照表の知識④（流動負債）

負債の部は、流動負債と固定負債に分かれている。負債とは必ず金銭を支払わなければならない債務のことを示す。

### (1) 支払手形と買掛金

支払手形と買掛金を合わせて**仕入債務**または**買入債務**と呼ぶ。支払手形も買掛金

も、受取手形、売掛金と表裏一体の関係である。たとえば、取引先に対して100万円の売掛金があるということは、取引先の貸借対照表には買掛金が100万円記載されている。

買掛金は仕入とともに発生する。そのため仕入によって買掛金が生じた場合、取引先には、損益計算書に売上高と、貸借対照表に売掛金が計上される。

支払手形は企業の主たる営業取引の過程以外にも生じる。たとえば、①備品などの固定資産を購入して手形で支払った場合である。また、②約束手形を振り出して借り入れる場合もある。このような場合には、その他負債として、**営業外支払手形**や**手形借入金**と記載する。

【 仕入債務 】

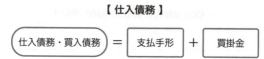

## (2) 短期借入金

**短期借入金**は返済期限が1年以内の借入金のことである。これは金融機関から調達した資金などを示している。

## (3) その他流動負債（未払金、前受金、預り金）

**未払金**は、有価証券や土地の購入取引など主たる営業取引過程以外から生じる金銭債務である。したがって、決算日の翌日から起算して1年を超えて支払われる未払金は、貸借対照表上、固定負債に計上される。1年を超えないものは流動負債に計上される。買掛金は1年を超えるものでも正常営業循環基準により流動負債に計上される。

また、その他流動負債として、受注品などに対する代金の前受け部分である**前受金**や、源泉徴収分の一時的な預りの**預り金**がある。

【 買掛金と未払金 】

### (4) 負債として記載される経過勘定項目（前受収益・未払費用）

会計では、適正な期間損益計算をすることが目的となっている。そのために一括して家賃を受け取っても、当期の収益に属さないと考えた場合には、次期に繰り延べて計上する。

また、利息を支払っていなくても、確実に次期に当期の費用として利息を支払うならば、費用を見越して計上する。このような手続きにより貸借対照表に負債として計上される科目が前受収益と未払費用である。

## 5 貸借対照表の知識⑤（固定負債）

### (1) 退職給付引当金

**退職給付引当金**は、将来の退職給付のうち、当期の負担額を当期の費用として計上したときに生じる。退職給付引当金は、企業が従業員に対して退職一時金や退職年金などの退職給付の支払いを、労働協約や就業規則で約束している場合に生じる。

退職給付の仕組みを①企業、②年金基金、③退職する従業員の関係から理解しよう。①企業は外部の年金資産を運用する年金基金などに対して掛け金を積み立てる。この積み立て分を年金資産という。②年金基金は企業からの掛け金を元手に株や債券、預金などにより運用する。③退職する従業員へは、企業から退職一時金が支払われる。また、年金基金から年金が支払われる。これらが従業員にとっての退職給付となる。

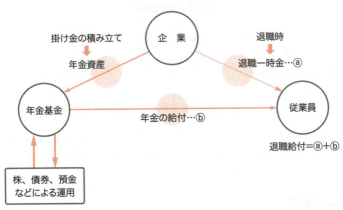

【退職給付の仕組み】

### (2) 社債

**社債**は、企業が多額の資金を調達する目的で債券を発行することにより生じた債務である。たとえば、企業が1億円の機械を購入する場合、購入する資金が1億円

必要である。このようなとき社債を発行して広く市場から資金を調達する。社債では、①**社債の発行**、②**社債の利払い**、③**社債の償還**を理解しよう。

### ① 社債の発行

社債の発行には、平価発行、割引発行、打歩発行の3つがある。**平価発行**では、社債の券面額と等しい価額で発行する。**割引発行**では、社債の券面額よりも低い価額で発行する。**打歩発行**では、社債の券面額よりも高い価額で発行する。

割引発行、打歩発行の場合には、社債の券面額と払込価額との差額を、償却原価法により毎期一定の方法で社債の貸借対照表価額に加減する。

【 社債の発行 】

| 種　類 | 社債の券面額 | | 発行価額 |
|---|---|---|---|
| 平価発行 | 5万円 | = | 5万円 |
| 割引発行 | 5万円 | > | 3万円 |
| 打歩発行 | 5万円 | < | 6万円 |

### ② 社債の利払い

企業が社債を発行したら、利息の支払日に額面金額に利率を乗じた利息を支払う必要がある。たとえば、5万円の券面で利率が2%のときには1年間に「5万円×0.02＝1,000円」を支払う。社債を発行した企業は、損益計算書に費用として社債利息1,000円と計上する。

H26-05

### ③ 社債の償還

社債を発行した企業が、その社債によって調達した資金を社債権者（社債を買った人）に弁済することを**社債の償還**という。たとえば、5年満期の社債で1億円調達した会社は、5年後に1億円を返済する義務がある。

【 社債と直接金融 】

社債の償還方法は、一定期日に償還するか、随時に償還するかによって**定時償還**と**随時償還**に、全額一括して償還するか、分割して償還するかによって**一括償還**と**分割償還**に分けることができる。

R01-07

### (3) 資産除去債務

資産除去の義務を伴う有形固定資産を取得した場合、その資産の除去に要する支出額の割引価値を、貸借対照表日後1年以内にその履行が見込まれる場合を除き、**資産除去債務**として、固定負債の区分に表示する。

# 6 貸借対照表の知識⑥（純資産）

　純資産の部の学習と併せて各種資本と呼ばれるものを整理しよう。まず、**純資産の部と負債の部の合計**を**総資本**と呼ぶ。次に、純資産の部は①**資本金**、②**資本剰余金**、③**利益剰余金**などに分類される。企業は株主のものであるため、純資産の部は**自己資本**とも呼ばれ、負債の部は**他人資本**とも呼ばれる。

**【 純資産の部の表示例 】**

```
  Ⅰ 株主資本
      資本金
      資本剰余金
        資本準備金
        その他資本剰余金
          資本剰余金合計
      利益剰余金
        利益準備金
        その他利益剰余金
          ××積立金
          繰越利益剰余金
            利益剰余金合計
      ▲自己株式
        株主資本合計
  Ⅱ 評価・換算差額等
      その他有価証券評価差額金
        評価・換算差額等合計
  Ⅲ 新株予約権
            純資産合計
```

## (1) 資本金

　**資本金**とは、会社の財産を確保するために基準となる一定の金額である。資本金と資本剰余金を合わせて**払込資本**と呼ぶ。たとえば、企業が資金調達の必要性から1億円を増資したときには、原則、貸借対照表には資本金1億円と記載する。

　しかし、例外的に払込み又は給付に係る額の2分の1を資本金の最低額として、残りを株式払込剰余金とすることができる。その場合、資本金5,000万円、株式払込剰余金5,000万円となる。また、公開会社は会社設立に際し、発行可能株式数の4分の1以上の株式発行が必要である。

## (2) 資本剰余金

　**資本剰余金**とは、会社の利益以外のものを源泉とする剰余金であり、資本準備金とその他資本剰余金からなる。**資本準備金**には、株式払込剰余金と合併差益が含まれる。合併差益は、他の企業を合併吸収したときに生じる。**その他資本剰余金**には、自己株式を処分したときに生じる処分価額と帳簿価額の差である自己株式処分差益

第2章　財務諸表の知識　　45

などが含まれる。

### (3) 利益剰余金

**利益剰余金**は、企業が獲得した利益を源泉とする剰余金である。利益剰余金は、**利益準備金、その他利益剰余金に区分して表示**される。

H27-12 ### (4) 自己株式

企業がすでに発行した自社の株式を取得し、保有している場合に**自己株式**と呼ばれる。保有した自己株式は純資産の部にマイナス表示される。

### (5) その他有価証券評価差額金

持合株式などの評価差額は、貸借対照表の純資産の部に直接計上される。損益計算書に計上されない点に注意しよう。たとえば、A社とB社が相互に株式を保有する関係にあるとする。このとき1,000万円で購入したA社の株式が1,200万円に上昇した場合、200万円が**その他有価証券評価差額金**となる。

### (6) 新株予約権

一定期間内に一定の価格で新株を引き受け、または、自己株式の移転を受ける権利の発行に伴う払い込み金額が計上される。

H27-04
H25-02 ### (7) 剰余金の配当

剰余金の配当をする場合には、その剰余金の配当により減少する剰余金の額に10分の1を乗じて算定した金額を資本準備金または利益準備金として積み立てなければならない。ただし、資本準備金と利益準備金の合計額が、資本金の額の4分の1を乗じた額に達すれば、それ以上は積み立てなくてもよい。

なお、配当の財源をその他資本剰余金とした場合は資本準備金を積み立てる必要があり、配当の財源をその他利益剰余金とした場合は利益準備金を積み立てる必要がある。

H29-03 ### (8) 分配可能額

剰余金の配当や自己株式の取得を行うときには、その帳簿価額の総額に上限額が定められており、その上限額のことを**分配可能額**という。分配可能額の計算は個々の具体的なケースによって異なるが、原則的には、純資産から資本金と準備金を差し引いた額になる。

また、純資産が300万円を下回っている場合、あるいは剰余金の配当によって純資産が300万円を下回る場合は、配当を行ってはならない。

# Ⅱ 損益計算書の知識

## 1 損益計算書の知識①（営業損益の部）

　第1章で紹介した損益計算書のイメージにもとづき、営業損益の部から学習しよう。営業損益の部は、一会計期間に属する売上高と売上原価を記載して売上総利益を計算し、ここから販売費及び一般管理費を控除して営業利益を表示する。

　**営業損益**は企業の主たる営業活動から生じた損益で、企業の本業が自動車メーカーならば、自動車の販売によって生じた損益となる。

### (1) 売上高の算出

H26-02

　**売上高**とは、販売目的で所有する商品の当期販売高である。総売上高から売上戻り、売上割戻引当金繰入、売上値引、売上割戻を控除した金額（純売上高）で表示する。

　**売上値引**は、売上品の量目不足、品質不良、破損等の理由により代価から控除される額である。一定期間に多額のまたは多量の取引をした得意先に対する売上代金の返戻額等の**売上割戻**は、売上値引に準じて取り扱う。**売上割戻引当金**は、当期中の売上高に関して次期以降に行われると見込まれる割戻を、期末に見積計上するものである。引当金の繰入額は当期の売上高から控除する。

### (2) 売上総利益の算出

H27-01

　**売上総利益**は「売上高－売上原価」で計算する。

### (3) 営業利益の算出

　**営業利益**は「売上総利益－販売費及び一般管理費」で算出する。販売費及び一般管理費のうち、**販売費**とは企業の販売業務に関連して発生した費用である。**一般管理費**は全般的な管理業務に関連して発生する。

　販売費及び一般管理費には、商品を運ぶ運搬費、TVのCMにかかる広告宣伝費、役員や従業員の給与手当、社会保険などの福利厚生費、出張や出勤にかかる旅費交通費、電話代などの通信費、水道やエアコン、蛍光灯などの水道光熱費、さらに減価償却費などが含まれる。

## 2 損益計算書の知識②（営業外損益の部）

### (1) 経常利益の算出

　経常損益計算では、毎期経常的に発生し、企業の主たる営業活動以外から生じる営業外収益と営業外費用を、営業利益に加減算して経常利益を表示する。**経常利益**

第2章　財務諸表の知識　**47**

は「経常利益＝営業利益－営業外費用＋営業外収益」で算出する。

**営業外費用**は、企業の資金調達と密接に関係する。企業は社外に流出する利息などを少なくするために、最適な資金調達を考える。営業外費用には、借入金から生じた支払利息、社債から生じた社債利息、**売上割引**や有価証券売却損などが含まれる。

**営業外収益**には、預金から生じた受取利息、社債から生じる有価証券利息、株式から生じた受取配当金、**仕入割引**や有価証券売却益などが含まれる。

## (2) 売上割引と仕入割引

**売上割引**は、売掛金の代金決済が期限より早く行われたことにより、不要になった資金にかかる利息分を取引相手に返戻することである。売上割引は営業外費用に計上される。

**仕入割引**は、買掛金の代金決済が期限より早く行われたことにより、不要になった資金にかかる利息分が取引相手から返戻されることである。仕入割引は営業外収益に計上される。

# 3 損益計算書の知識③（特別損益の部）

## (1) 税引前当期純利益の算出

**税引前当期純利益**は「経常利益＋特別利益－特別損失」で算出する。特別利益と特別損失をあわせて**特別損益**という。

特別損益は「特別」という言葉のとおり、まれにしか生じない損益である。

## (2) 臨時損益

固定資産の売却や災害による損失は、通常の経営をしていれば、毎期発生するものではない。固定資産を残存価額よりも高く売却することができれば、売却益として特別利益に計上される。また、災害による損失が発生したり、固定資産が残存価額よりも低く売却されたりした場合には、災害損失や固定資産売却損として特別損失に計上される。

## 【 固定資産の売却 】

　購入からちょうど3年目に、取得原価30万円、減価償却累計額18万円の備品を10万円で売却し、代金は現金で受け取った。

【仕訳】
(現金)　　　　　　100,000　　(備品) 300,000
(減価償却累計額) 180,000
(備品売却損)　　　 20,000

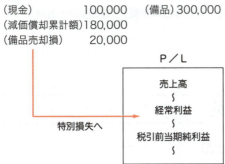

# III 決算整理事項

決算整理事項には、主に次のものがある。
①売上原価の算定（繰越商品勘定・仕入勘定の整理）、棚卸資産の評価
②減価償却費の計上
③引当金の計上
④費用・収益の見越しと繰延べ

## 1 売上原価の算定

### (1) 売上原価の算定方法（三分法）

**売上原価**は、期首の在庫と、当期に仕入れた商品と、期末の在庫から求める。三分法を用いる場合は、期首商品および期末商品を、繰越商品勘定を用いて処理を行う。必ず箱図を書いて考えよう。

たとえば、A社は商品を1個30円で、100個仕入れたとする。前期からの在庫が20個（1個30円）ある。期末に商品を数えると30個残っていた。

今期はいくら売れたのだろうか。答えは、期首在庫20個＋当期仕入数量100個－期末在庫30個＝90個となる。この90個は数量ベースの売上原価である。

これを金額ベースに修正すると、売上原価は90個×30円＝2,700円となる。A社が仕入れた商品を1個50円で販売したら売上総利益は1,800円となる。

【 箱図を用いた売上原価の計算 】

【 売上原価の算出 】

決算整理においては、振替仕訳が行われる。例えば、期首商品棚卸高が1,000万円で期末商品棚卸高が700万円の場合、仕訳は次のようになる（単位：万円）。

| 仕　　入 | 1,000 | 繰越商品 | 1,000 |
| 繰越商品 | 700 | 仕　　入 | 700 |

## 2　棚卸資産の評価

### (1) 棚卸資産の分類

　棚卸資産には、次のものがある。
① 商品・製品：営業活動としての販売目的のもの
② 仕掛品・半製品：販売目的として製造過程中のもの
③ 原材料・部品：生産工程において将来消費されるもの
④ 事務用消耗品：販売活動において消費されるもの
　パソコンを製造して販売している企業には、販売を目的として保有しているパソコンや、パソコンを製造するための材料や部品がある。これらの資産は棚卸資産として貸借対照表に記載される。
　たとえば、期末に販売用のパソコンが100万円あるときは、製品100万円として記載される。未完成のパソコンが50万円あるときは、仕掛品50万円として記載される。製造のために消費される材料が150万円あるときは、材料150万円と記載される。これらの資産は、期末の棚卸しによって金額が確定するため棚卸資産と呼ばれる。

【 棚卸資産の取得原価 】

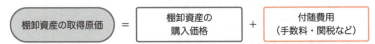

### (2) 期末棚卸資産の評価方法

　期末棚卸資産の評価方法には、先入先出法、総平均法、移動平均法、最終仕入原価法、個別法などの方法がある。
　商品の仕入価格は仕入方法により変化するため、同じ商品であっても価格が異なる。特売のために大量に商品を仕入れた場合には、取引先から売上代金の返戻を受け、仕入原価が低くなる。
　取扱商品が多い小売業などでは、今売れた商品が、いつ仕入れた商品かを判別するのは困難になる。在庫として残っている商品の仕入金額を決定する際には、商品の動向を「古い商品が先に売れる」というように考えて評価する方法や売価還元法などがある。棚卸資産の評価方法は、棚卸資産に含まれる「材料」「仕掛品」「半製品」「製品」にも適用される。

① **先入先出法**
先に仕入れた商品から、売れていったとみなして払出単価を計算する方法である。

【 先入先出法のイメージ 】

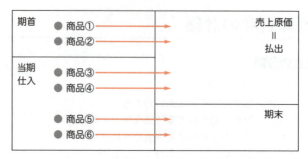

② **移動平均法**
商品を取得するたびごとに、移動平均単価を算出し、これを次の商品の払出しに適用する方法である。

③ **総平均法**
期首商品在庫高と当期商品仕入高の合計金額を、期首商品在庫高の数量と当期商品仕入数量の合計で除した価額を期末商品在庫の単価とする方法である。

【 総平均法のイメージ 】

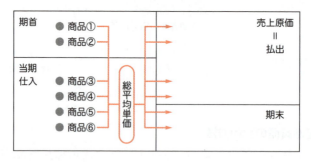

(3) **商品棚卸減耗損の理解**

棚卸資産のある企業では、期末に商品を実際に数え、個数と金額を調査する実地棚卸を行う。実地棚卸により判明した商品の有高を、**実地棚卸高**と呼ぶ。

帳簿棚卸高と実地棚卸高を比較して、実地棚卸高が少ないときは、管理ミスや盗難などで損失が発生しているため、当期の費用として損益計算書に計上する必要がある。商品が管理ミスや盗難などで減少することを**減耗**と呼ぶ。

たとえば、帳簿棚卸高と実地棚卸高を比較して、1個1,000円の商品が10個不足している場合は、1,000円×10個＝10,000円を商品棚卸減耗損として損益計算書に計上し、貸借対照表の商品からは10,000円を減額する。

商品棚卸減耗損を損益計算書に計上する場合、一般的には、売上原価の内訳科目として計上する場合と、販売費及び一般管理費の区分に計上する場合がある。

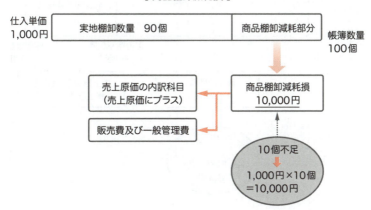

## (4) 商品評価損の理解

　季節性のある商品や衣料品などのように、価格の変動が激しい商品は、在庫として残っていても価値が下落している場合が多い。
　夏物の衣料が冬まで残ってしまった場合には、予定していた価格で販売することが困難になる。そこで、期末時点で、時価まで切り下げて評価する。
　たとえば、30,000円で仕入れた冬物のセーターが、春に半分の価値になったときには、15,000円を損益計算書に損失として計上する。商品評価損15,000円が損益計算書に計上される。

### ① 商品評価損の計算方法

　帳簿数量が100個、原価が100円の商品が、実際に棚卸をしたら数量が90個で、商品の時価が80円となった場合を考えよう。
　まず、商品1個当たりの時価と原価との差額を計算する。すると、100円－80円＝20円となり、20円が商品評価損となる。この1個当たりの商品評価損20円に、実地棚卸数量を乗じて棚卸資産全体の商品評価損を算出する。

### ② 商品評価損の計上

　先ほど計算した1,800円を商品評価損として損益計算書に計上する場合、一般的には、売上原価の内訳科目として計上する。

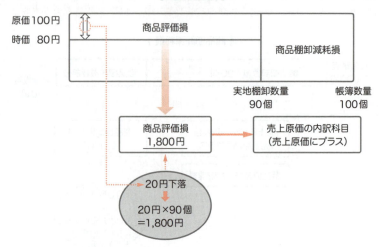

## 3 減価償却費の計上

### (1) 減価償却費の概要

　建物、機械のような有形固定資産は、長期にわたる使用により価値が減少する。もし、廃棄や売却されるまで費用が計上されなければ、廃棄や売却の年に費用が全額計上される。これは、資産の使用とその費用が対応しないため、費用収益対応の原則上、不合理である。そこで、資産の価値減少について一定のパターンを仮定し、価値の減少を計算していく減価償却という方法が採用される。

　減価償却では、価値の減少分を使用開始から耐用年数にわたり期間配分される。毎期計上される減価償却費の累計は、減価償却累計額と呼ばれ、取得時点からの資産価値の減価償却額の累計を示している。

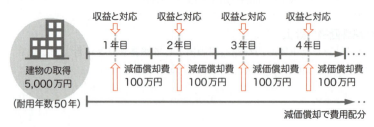

### (2) 減価償却の経済的効果

　減価償却の経済的効果には、「固定資産の流動化」「自己金融効果」がある。キャッ

シュ・フロー計算書にも関連する考え方であるためしっかり理解しよう。

① 固定資産の流動化

**固定資産の流動化**とは、固定資産に投下された資金が、減価償却により貨幣性資産によって回収され流動化する効果である。つまり、固定資産の流動化とは、固定資産の価額が減少し、それに見合う流動資産が増加することである。

【 固定資産の流動化 】

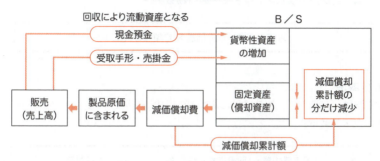

② 自己金融効果

減価償却費は、費用だが、原材料費や労務費と違い支出を伴わない費用のため、減価償却累計額だけ資金が企業内部に留保されることになる。減価償却によって調達した資金は自社内で創出しているため、**自己金融効果**と呼ばれる。

【 自己金融効果 】

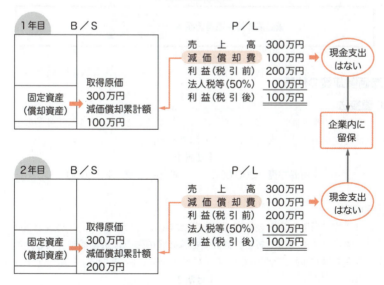

第2章 財務諸表の知識　55

## ⑶ 減価償却費の計算

減価償却費は、取得価額、耐用年数の２要素をもとに計算される。**耐用年数**とはその資産ごとの使用価値が認められる期間である。

### ① 定額法

**定額法**は、毎期同額の減価償却費を計上する方法である。毎期の減価償却費は、取得価額に定額法の償却率を乗じて求められる。

> 減価償却費＝取得価額 × 定額法の償却率※

※償却率＝１÷耐用年数

### ② 定率法

**定率法**は、減価償却資産の簿価に定率法の償却率を乗じて毎期の減価償却費を計算する方法である。

> 減価償却費＝（取得価額－既償却額）× 定率法の償却率

### ③ 生産高比例法

**生産高比例法**は、毎期当該資産による生産または用役の提供の度合いに比例した減価償却費を計上する方法である。

> 減価償却費＝取得価額 × $\dfrac{当期利用量}{総利用可能量}$

## ⑷ 減価償却費の仕訳

### ① 直接法

減価償却費の相手勘定を償却資産そのものとすることで、減価償却資産の期首残高から減価償却費の金額を直接減じる方法である。

**【 仕訳 】**

減 価 償 却 費　200,000　　　機 械 設 備　200,000

### ② 間接法

減価償却費の相手勘定を減価償却累計額とすることで、減価償却資産の残高を取得価額のままとする方法である。減価償却累計額の残高は毎期繰越されるため、減価償却資産の償却後残高は「取得価額－減価償却累計額」となる。

**【 仕訳 】**

減 価 償 却 費　200,000　　　減価償却累計額　200,000

# 4 貸倒引当金

## (1) 貸倒引当金と貸倒損失の概要

売掛金などの金銭債権が取引先企業の倒産等により回収できなくなることを**貸倒れ**といい、貸倒引当金を設定していないときには、当該回収不能額を**貸倒損失**として計上する。

前期に貸し倒れの原因があり、当期になってから貸し倒れが発生したときは、貸し倒れの原因は、当期ではなく前期以前にあるため、すべてを当期の損失として計上すると期間対応の観点からの合理性を欠くことになる。

そこで、金銭債権の前期末残高に対して、貸し倒れが見込まれるときには、貸し倒れの見積額を決算時にその期の費用として、**貸倒引当金繰入勘定**を用いて計上する。このとき、貸倒引当金繰入の相手勘定になるのが、**貸倒引当金**である。

## (2) 貸倒引当金の理解

翌期に貸倒れが発生しそうなため、売上債権100万円の2％を貸倒引当金繰入勘定を用いて費用計上した。この場合には、損益計算書に貸倒引当金繰入2万円が費用計上され、貸借対照表に貸倒引当金2万円が計上される。

翌期に2万円が貸し倒れたときには、貸し倒れ額の2万円に対して、前期末に計上した貸倒引当金2万円を充当する。

**【貸倒引当金を設定しない場合】**

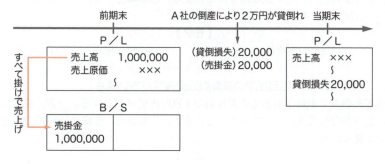

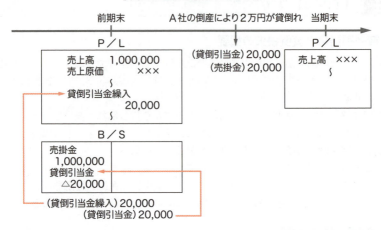

### (3) 貸倒引当金の計上方法

前期末に計上している貸倒引当金の当期末の決算整理前残高と当期計上する貸倒引当金の額を比較し、当期末の決算整理前残高が少なければ差額を追加で計上し、多ければ戻入して計上する。（**差額補充法**）

#### ① 当期見積額よりも当期末の決算整理前残高が少ない場合

当期末時点での貸倒引当金の見積額が1,200円であるとする。一方、貸倒引当金の決算整理前残高が1,000円であるとする。この場合、差額の200円のみを当期末に追加計上する。

【 仕訳 】

（貸倒引当金繰入）　200　　（貸倒引当金）　200

#### ② 当期見積額よりも当期末の決算整理前残高が多い場合

当期末時点での貸倒引当金の見積額が1,200円であるとする。一方、貸倒引当金の決算整理前残高が1,500円であるとする。この場合、差額の300円のみを当期末に戻入れる。

【 仕訳 】

（貸倒引当金）　300　　（貸倒引当金戻入）　300

なお、貸倒引当金の計上は、差額補充法によることを原則とし、法人税法上の洗替法による繰入額を明らかにした場合には、法人税法に規定する洗替法による処理として取り扱うことができる（中小企業の会計に関する指針18項）。洗替法とは、前期末に計上している貸倒引当金の当期末の決算整理前残高を全額戻し入れ、改めて当期分の貸倒引当金を繰り入れる方法をいう。

# 5 その他引当金に関する知識

## (1) 引当金

### ① 引当金の概要

　将来、企業が使用している機械の修繕を計画しているとき、会計上はどのように処理をすればよいだろうか。将来の修繕資金が必要なときには、少しずつ積み立てておくだろう。会計上は修繕引当金繰入額として、前もって少しずつ費用を計上する。

　**引当金**とは、将来の資産の減少に備えて、当期の負担に属する金額を、合理的な見積もりにより、当期の費用または損失に計上した科目である。

　たとえば、将来、従業員の退職のために2,000万円必要なとき、従業員が入社してから退職するまでの期間に、少しずつ費用計上して負債に積み立てると考えよう。

　この2,000万円は会社で何十年間働いたことに対する報酬であるため、少しずつ毎期毎期の費用として計上する。

　会計上の引当金は、評価性引当金と負債性引当金に分類される。**評価性引当金**には貸倒引当金がある。**負債性引当金**には退職給付引当金や修繕引当金、売上割戻引当金などがある。負債性引当金の「負債性」とは、将来予想される支出額を意味している。

### ② 引当金の計上要件

　引当金は、企業会計原則注解18に次のとおり規定されている。

　「将来の特定の費用または損失であって、その発生が当期以前の事象に起因し、発生の可能性が高く、かつ、その金額を合理的に見積もることができる場合には、当期の負担に属する金額を当期の費用または損失として引当金に繰入れ、当該引当金の残高を貸借対照表の負債の部または資産の部に記載するものとする。」

　上記規定から、引当金の計上要件は「将来の特定の費用または損失である」「その発生が当期以前の事象に起因する」「発生の可能性が高い」「その金額を合理的に見積もることができる」の4つである。

### 【 引当金の計上要件 】

| 計上要件 | 貸倒引当金 | 退職給付引当金 | 賞与引当金 |
|---|---|---|---|
| 将来の特定の費用又は損失である | 将来の「貸倒損失」に特定した損失 | 将来の「退職給付費用」に特定した費用 | 将来の「賞与」に特定した費用 |
| その発生が当期以前の事象に起因する | 当期以前に発生した債権に起因する | 当期以前の労働に起因する | 当期以前の労働に起因する |
| 発生の可能性が高い | 過去の貸倒発生率等から発生可能性や合理的金額を見積もる | 社内規定に支給の定めがある | |
| その金額を合理的に見積ることができる | | 社内規定から合理的金額を見積もる | |

第2章　財務諸表の知識　59

## (2) 退職給付引当金

期末に在籍する従業員が将来退職した場合に支給する退職金や退職年金等に対する会社負担額を、当期の費用に計上するための引当金である。

**【 仕訳 】**

退職給付費用　　5,000　　　　退職給付引当金　5,000

## (3) 賞与引当金

期末に在籍する従業者に対する賞与の額を見積もり、当期の費用に計上するための引当金である。

**【 仕訳 】**

賞与引当金繰入　3,000　　　　賞与引当金　3,000

# 6 経過勘定

**経過勘定**とは、発生主義の原則を根拠として費用や収益の見越し、または繰延べを行うことで、損益を追加で計上、または取り消す場合に発生する勘定である。

具体的には、利息の受払や家賃の受払のように、決算日をまたいで契約が継続している場合、収益・費用を計上すべき期と、収入・支出のある期が不一致になることがある。そのようなときに、不一致の金額を経過勘定で処理する。

経過勘定は、資産と負債の区分で二分できるほか、見越し勘定と繰延勘定の区分でも二分できる。

| 資産 | 負債 |
|---|---|
| 前払費用<br>未収収益 | 未払費用<br>前受収益 |

| 見越勘定 | 繰延勘定 |
|---|---|
| 未収収益<br>未払費用 | 前受収益<br>前払費用 |

## (1) 資産と負債の区分

### ① 資産

企業が所有する財産や権利の総称である。

### ② 負債

企業が所有する債務の総称である。

## (2) 見越勘定と繰延勘定の区分

### ① 見越勘定

現金の収支がないため、期中には収益や費用が計上されていなくても、発生主義会計に基づき収益や費用を当期に見越して計上する必要があるときに発生する勘定科目である。

### ② 繰延勘定

現金の収支に伴い期中に収益や費用が計上されていても、発生主義会計に基づき収益や費用を次期に繰越して計上する必要があるときに発生する勘定科目である。

## (3) 経過勘定の具体例

### ① 前払費用

たとえば、当期に火災保険料を120万円支払ったとしよう。支払ったときには支払保険料として120万円計上するが、決算のときに120万円のうち20万円が「次期の費用を前払いした」と考えられるときには、当期の支払保険料を100万円として、貸借対照表には20万円を**前払保険料（前払費用）**として、次期の費用として繰り延べ計上する。

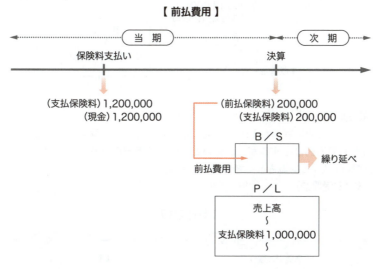

### ② 未収収益

たとえば、A社で当期6月1日に100万円を他社に貸付けて、11月末と翌年5月末の半年ごとに利息を18,000円ずつ受け取るとしよう。A社の決算が3月末日のときに、11月の利息分18,000円は受取利息として計上される。しかし、5月末に受け取る利息のうち12月1日から3月末の4ヵ月分はどのように処理したらよいだろうか。

4ヵ月分は、当期の収益となるため、当期の損益計算書に収益を計上する。計算方法は「18,000円÷6ヵ月×4ヵ月＝12,000円」である。しかし現金として利息を受け取っていないため、貸借対照表には**未収利息（未収収益）**として12,000円を見越し計上する。

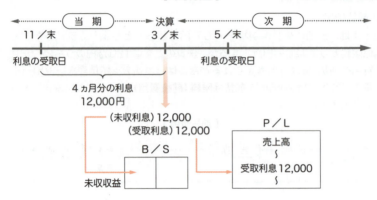

### ③ 前受収益

たとえば、当期に家賃を120万円受け取ったとしよう。受け取ったときには受取家賃を120万円計上するが、決算のときに120万円のうち20万円が「次期の収益を前受けした」と認識される場合は、当期の受取家賃を100万円とし、20万円を**前受家賃（前受収益）**として次期の収益として繰り延べる。

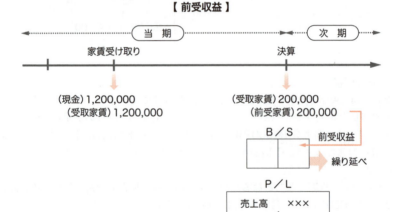

### ④ 未払費用

たとえば、A社で当期6月1日に100万円を借入れ、元本の返済を据え置きして11月末と翌年5月末の半年ごとに利息を18,000円ずつ支払うとしよう。A社の決算が3月末日のときに、11月の利息分18,000円は支払利息として計上される。し

かし、5月末に支払う利息のうち12月1日から3月末の4ヵ月分は、当期の費用となるため、当期の損益計算書に費用として計上する。
　計算方法は「18,000円÷6ヵ月×4ヵ月＝12,000円」である。損益計算書には、支払利息12,000円を計上するが、まだ現金として利息を支払っていないため、貸借対照表には**未払利息（未払費用）**12,000円を見越して計上する。

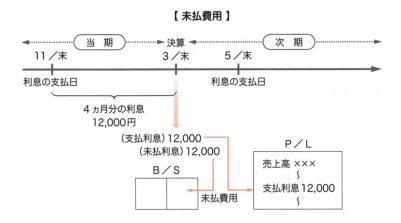

【未払費用】

# 厳選!! 必須テーマ［○・×］チェック ―第2章―

## 過去20年間（平成13～令和2年度）本試験出題の必須テーマから厳選！

■■■ 問題編 ■■■　　Check!!

### 問1 (R01-07) [○・×]
支払手形や買掛金は、決算日の翌日から1年以内に支払期限が到来するかどうかを基準として、流動負債と固定負債に区別される。

### 問2 (H27-03改題) [○・×]
当座預金口座は、小切手や支払手形の決済に使うものであるため、他社からの振込を受ける機能はない。

### 問3 (R02-03) [○・×]
子会社株式および関連会社株式は、取得原価をもって貸借対照表価額とする。

### 問4 (H23-01改題) [○・×]
減価償却累計額を貸借対照表上に表示する場合は、固定負債の部にプラスの金額で表示する。

### 問5 (H30-05) [○・×]
市場販売を目的とするソフトウェアの製品マスターが完成するまでに要した制作費は、最初に製品化されたときに無形固定資産として計上する。

### 問6 (H28-05) [○・×]
利益剰余金は、利益準備金、繰越利益剰余金に区分して表示される。

### 問7 (H21-01改題) [○・×]
「期首商品棚卸高＋当期商品仕入高－期末商品棚卸高＝売上原価」である。

### 問8 (H28-01改題) [○・×]
商品の仕入および売上に関する先入先出法とは、先に仕入れた商品から売れていくように、現品の受払を工夫する方法である。

### 問9 (R01-06) [○・×]
棚卸資産の評価方法のうち売価還元法は、取扱品種の極めて多い小売業等の業種において適用される方法である。

**問10** (H21-01)                                                    [○・×]

　将来の特定の費用または損失であって、その発生が当期以前の事象に起因し、発生の能可能性が高く、かつ、その金額を合理的に見積ることができる場合には、当期の負担に属する金額を当期の費用または損失として引当金に繰入れる。

**問11** (H21-01 改題)                                                [○・×]

　決算整理事項における利息の未払い額は、未払金を用いて仕訳をする。

■■■ **解答・解説編** ■■■

**問1**　×：支払手形や買掛金は、企業の正常な営業の循環過程にあるため、流動負債に区別される。

**問2**　×：当座預金口座には、他社からの振込を受ける機能もある。

**問3**　○：設問文のとおり。

**問4**　×：減価償却累計額は、固定資産の部にマイナスの金額で表示する。

**問5**　×：最初に製品化された製品マスターの完成時点までの制作活動は研究開発と考えられるため、ここまでに発生した費用は研究開発費として処理する。

**問6**　×：利益剰余金は、利益準備金、その他利益剰余金に区分して表示される。繰越利益剰余金は、その他利益剰余金の内訳項目である。

**問7**　○：設問文のとおり。

**問8**　×：先に仕入れた商品から売れていったとみなす方法であるため、現品の受払が先入先出である必要はない。

**問9**　○：設問文のとおり。

**問10**　○：設問文のとおり。

**問11**　×：未払金ではなく、未払費用（または未払利息）を用いて仕訳をする。

## 本章の体系図

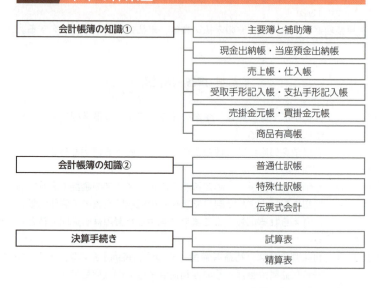

## 本章のポイント

- 会計帳簿には何があるのか理解する
- 会計帳簿の活用方法について理解する
- 試算表と精算表について理解する

# 第3章

# 会計帳簿の知識

Ⅰ 会計帳簿の知識①

Ⅱ 会計帳簿の知識②

Ⅲ 決算手続き

# I 会計帳簿の知識①

第1章で学習したように、日々の取引の記録から財務諸表を作成するまでには、多くの帳簿を作成する必要がある。それぞれの帳簿について確認していこう。

## 1 主要簿と補助簿

### (1) 主要簿

帳簿のうち、どの企業も必ず備えなければならないものを**主要簿**という。具体的には、**仕訳帳**と**総勘定元帳**が主要簿に該当する。

### (2) 補助簿

帳簿のうち、必要に応じて備え、取引の明細等を記録するものを**補助簿**という。さらに、補助簿は取引の発生順にその内容を記録していく**補助記入帳**と、勘定科目を相手先や内容によって区別して記録していく**補助元帳**に分けることができる。具体的には、現金出納帳、当座預金出納帳、売上帳、仕入帳、受取手形記入帳、支払手形記入帳などが補助記入帳に該当し、売掛金元帳、買掛金元帳、商品有高帳などが補助元帳に該当する。

## 2 現金出納帳・当座預金出納帳

### (1) 現金出納帳

**現金出納帳**は、現金を受け取ったときまたは支払ったときに、その明細と残高を明らかにするために記入を行う帳簿である。

【 現金出納帳 】

現金出納帳

| 平成 ○年 | | 摘 要 | 収 入 | 支 出 | 残 高 |
|---|---|---|---|---|---|
| 3 | 1 | 前月繰越 | 300 | | 300 |
| | 17 | 消耗品の購入 | | 50 | 250 |
| | 20 | A社へ売上 小切手受領 | 250 | | 500 |
| | 31 | 次月繰越 | | 500 | |
| | | | 550 | 550 | |

68　第1部　テキスト

## (2) 当座預金出納帳

**当座預金出納帳**は、当座預金の預入れまたは払出しを行ったときに、その明細と残高を明らかにするために記入を行う帳簿である。

**【 当座預金出納帳 】**

当座預金出納帳

> 借方残高の場合には「借」、貸方残高の場合には「貸」と記入する。

| 平成<br>○年 | | 摘　要 | 収　入 | 支　出 | 借／貸 | 残　高 |
|---|---|---|---|---|---|---|
| 3 | 1 | 前月繰越 | 200 | | 借 | 200 |
| | 5 | B社から仕入 | | 300 | 貸 | 100 |
| | 14 | C社から売掛金回収 | 400 | | 借 | 300 |
| | 31 | 次月繰越 | | 300 | | |
| | | | 600 | 600 | | |

# 3 売上帳・仕入帳

H24-02

## (1) 売上帳

**売上帳**は、売上取引の明細を発生順に記録するための帳簿である。記入の方法は次のとおりである。

**【 売上帳の記入方法 】**

① 日付欄に取引の日付を記入する。

② 摘要欄に取引先、商品名、代金受取方法、数量、単価 (@) などを記入する。

③ 内訳欄は、商品の種類別の内訳の金額を記入し、合計を金額欄に記入する。

④ 値引・返品はすべて朱記する。

⑤ 金額欄に合計線を引いて総売上高を記入し、値引・返品の金額をマイナスして純売上高を示すように記入し、締め切る。

**【 売上帳 】**

売　上　帳

| 月日 | | 摘　　要 | | 内　訳 | 金　額 |
|---|---|---|---|---|---|
| 7 | 6 | C商店 | 掛 | | |
| | | 甲品 40 | @¥550 | | 22,000 |
| | 25 | D商店 | 掛 | | |
| | | 甲品 30 | @¥560 | 16,800 | |
| | | 乙品 40 | @¥800 | 32,000 | 48,800 |
| | 26 | D商店 | 掛値引 | | |
| | | 甲品 16 | @¥50 | | 800 |
| | | 総　売　上　高 | | | 70,800 |
| | | 売　上　値　引　高 | | | 800 |
| | | 純　売　上　高 | | | 70,000 |

第3章　会計帳簿の知識　　**69**

## ⑵ 仕入帳

**仕入帳**は、仕入取引の明細を発生順に記録するための帳簿である。記入の方法は次のとおりである。

### 【 仕入帳の記入方法 】

① 日付欄に取引の日付を記入する。
② 摘要欄に取引先、商品名、代金支払方法、数量、単価(@)などを記入する。
③ 内訳欄は、商品の種類別の内訳、仕入諸掛りの金額を記入し、合計を金額欄に記入する。
④ 値引・返品はすべて朱記する。
⑤ 金額欄に合計線を引いて総仕入高を記入し、値引・返品の金額をマイナスして純仕入高を示すように記入し、締め切る。

### 【 仕入帳 】

仕 入 帳

| 月 | 日 | 摘　　　要 | 内 訳 | 金 額 |
|---|---|---|---|---|
| 7 | 4 | A商店　　　掛 | | |
| | | 甲品 50 @¥420 | 21,000 | |
| | | 乙品 40 @¥600 | 24,000 | 45,000 |
| | 5 | A商店　　掛返品 | | |
| | | 甲品 10 @¥420 | | 4,200 |
| | 23 | B商店　　　現金 | | |
| | | 甲品 40 @¥400 | | 16,000 |
| | | 総 仕 入 高 | | 61,000 |
| | | 仕 入 戻 し 高 | | 4,200 |
| | | 純 仕 入 高 | | 56,800 |

# 4 受取手形記入帳・支払手形記入帳

## ⑴ 受取手形記入帳

　手形の受取、決済、割引などにより手形債権が発生・消滅したときには、総勘定元帳の受取手形勘定に記入されるが、その手形の内容までは明らかにされない。そこで個々の手形の内容(手形の種類、手形番号、摘要、支払人・振出人・裏書人の名称、振出日、満期日、支払場所、手形金額、てん末)を記録する補助簿として、**受取手形記入帳**が用いられる。

### 【 受取手形記入帳 】

受取手形記入帳

| 平成 | ○年 | 手形 種類 | 手形 番号 | 摘要 | 支払人 | 振出人 または 裏書人 | 振出日 | | 満期日 | | 支払場所 | 手形 金額 | てん末 | | |
|---|---|---|---|---|---|---|---|---|---|---|---|---|---|---|---|
| | | | | | | | 月 | 日 | 月 | 日 | | | 月 | 日 | 摘要 |
| 2 | 3 | 約手 | 19 | 売上 | D社 | D社 | 2 | 3 | 5 | 2 | 新宿銀行 | 300 | 5 | 2 | 当座入金 |
| 3 | 9 | 為手 | 40 | 売掛金 | E社 | X社 | 3 | 9 | 6 | 8 | 赤坂金庫 | 200 | 6 | 8 | 当座入金 |

70　第1部　テキスト

### (2) 支払手形記入帳

支払手形についても受取手形と同様に、個々の手形の内容（手形の種類、手形番号、摘要、受取人・振出人の名称、振出日、満期日、支払場所、手形金額、てん末）を記録する補助簿として、**支払手形記入帳**が用いられる。

【 支払手形記入帳 】

支払手形記入帳

| 平成 ○年 | | 手形 種類 | 手形 番号 | 摘要 | 受取人 | 振出人 | 振出日 | | 満期日 | | 支払場所 | 手形 金額 | てん末 | | |
|---|---|---|---|---|---|---|---|---|---|---|---|---|---|---|---|
| | | | | | | | 月 | 日 | 月 | 日 | | | 月 | 日 | 摘要 |
| 4 | 5 | 約手 | 12 | 仕入 | F社 | 当社 | 4 | 5 | 6 | 4 | 渋谷銀行 | 180 | 6 | 4 | 当座支払 |
| 5 | 7 | 為手 | 59 | 買掛金 | G社 | Z社 | 5 | 7 | 8 | 6 | 湘南金庫 | 250 | 8 | 6 | 当座支払 |

## 5 売掛金元帳・買掛金元帳

### (1) 売掛金元帳

総勘定元帳の売掛金勘定には、すべての得意先に対する売掛金が記入されるため、この記録だけでは得意先ごとの売掛金残高が明らかにされない。そこで、得意先ごとに**売掛金元帳**（得意先元帳）をもうけ、総勘定元帳の売掛金勘定の明細を明らかにする。掛けによる売上取引が行われた場合には、総勘定元帳の売掛金勘定と売掛金元帳の当該得意先の勘定の両方に記入されることとなる。

【 売掛金元帳 】

売掛金元帳
水道橋商店

| 平成 ○年 | | 摘　要 | 借　方 | 貸　方 | 借／貸 | 残　高 |
|---|---|---|---|---|---|---|
| 3 | 1 | 前月繰越 | 700 | | 借 | 700 |
| | 11 | 売上 | 800 | | 〃 | 1,500 |
| | 17 | 返品 | | 200 | 〃 | 1,300 |
| | 22 | 入金 | | 700 | 〃 | 600 |
| | 31 | 次月繰越 | | 600 | | |
| | | | 1,500 | 1,500 | | |

### (2) 買掛金元帳

買掛金についても売掛金と同様に、仕入先ごとに**買掛金元帳**（仕入先元帳）をもうけ、総勘定元帳の買掛金勘定の明細を明らかにする。掛けによる仕入取引が行われた場合には、総勘定元帳の買掛金勘定と買掛金元帳の当該仕入先の勘定の両方に記入されることとなる。

第3章　会計帳簿の知識　71

**【買掛金元帳】**

買掛金元帳
飯田橋商店

| 平成○年 | | 摘　要 | 借　方 | 貸　方 | 借／貸 | 残　高 |
|---|---|---|---|---|---|---|
| 5 | 1 | 前月繰越 | | 500 | 貸 | 500 |
| | 12 | 仕入 | | 1,000 | 〃 | 1,500 |
| | 23 | 値引 | 200 | | 〃 | 1,300 |
| | 25 | 支払 | 800 | | 〃 | 500 |
| | 31 | 次月繰越 | 500 | | | |
| | | | 1,500 | 1,500 | | |

## 6 商品有高帳

### (1) 商品有高帳の概要

　商品有高帳は、商品の増減及び残高の明細を記録する補助簿である。この帳簿は、商品の種類ごとにもうけられ、その受入、払出及び残高について数量、単価、金額を記入する。単価、金額はすべて原価で記入する。

**【商品有高帳】**

商品有高帳
商品：A

(数量単位：個)

| 平成○年 | 摘要 | 受入高 数量 | 受入高 単価 | 受入高 金額 | 払出高 数量 | 払出高 単価 | 払出高 金額 | 残　高 数量 | 残　高 単価 | 残　高 金額 |
|---|---|---|---|---|---|---|---|---|---|---|
| 3／1 | 前月繰越 | 1 | 20 | 20 | | | | 1 | 20 | 20 |
| 3／7 | 仕　入 | 10 | 15 | 150 | | | | 10 | 15 | 150 |
| 3／19 | 売　上 | | | | 1 | 20 | 20 | 5 | 15 | 75 |
| | | | | | 5 | 15 | 75 | | | |
| 3／31 | 次月繰越 | | | | 5 | 15 | 75 | | | |
| | | 11 | | 170 | 11 | | 170 | | | |
| 4／1 | 前月繰越 | 5 | 15 | 75 | | | | 5 | 15 | 75 |

# II 会計帳簿の知識②

## 1 普通仕訳帳

### (1) 普通仕訳帳の概要

**普通仕訳帳**は、すべての取引をその発生順に仕訳して記録する帳簿である。すべての取引を１つの仕訳帳に記入して、元帳に転記する帳簿組織を**単一仕訳帳制**という。記入上の注意点は次のとおりである。

- **普通仕訳帳の記入上の注意点**
① 借方または貸方に勘定科目が２つ以上ある場合には、勘定科目の上に諸口と記入する。
② 取引の簡単な説明（小書き）を摘要欄に記入する。
③ 元丁欄には総勘定元帳のページ数または番号を記入する。

**【 普通仕訳帳 】**

普通仕訳帳

| 平成 ◯年 | | 摘　　要 | | 元　丁 | 借　方 | 貸　方 |
|---|---|---|---|---|---|---|
| 4 | 3 | （仕入） | 諸口 | 70 | 150 | |
| | | | （前払金） | 13 | | 50 |
| | | | （買掛金） | 27 | | 100 |
| | | 商品の仕入れ | | | | |
| | 15 | （受取手形） | | 7 | 300 | |
| | | | （売上） | 50 | | 300 |
| | | 商品の売上 | | | | |
| | 28 | （当座預金） | | 2 | 250 | |
| | | | （受取手形） | 7 | | 250 |
| | | 約束手形の取り立て | | | | |

## 2 特殊仕訳帳

### (1) 特殊仕訳帳の概要

**特殊仕訳帳**とは、頻繁に発生する特定の取引のみを記入する仕訳帳で、現金出納帳、当座預金出納帳、仕入帳、売上帳等の補助記入帳を、仕訳帳としても機能するようにしたものである。特殊仕訳帳を使用する帳簿組織を**特殊仕訳帳制**という。

特殊仕訳帳を導入した場合には、特殊仕訳帳に設定されている勘定科目及び特別欄（頻繁に発生する取引について相手勘定欄にもうけた記入欄、下図の現金出納帳では売掛金が該当する）の金額は、一定期間ごとに合計額を一括して総勘定元帳に転記し、諸口欄の金額は個別に転記する。

## ⑵ 総勘定元帳への転記のルール（以下、「ルール」と省略する）

① 特殊仕訳帳に設定されている勘定へは、当該特殊仕訳帳から合計転記する。
② 特殊仕訳帳の特別欄の金額は特別欄の勘定へ合計転記する。
③ 特殊仕訳帳の諸口欄の金額は相手勘定へ個別転記する。
④ 普通仕訳帳に記帳された金額は個別転記する。

※ただし、②〜④の場合であっても、ルール①により、ほかに特殊仕訳帳が設定されている勘定には転記しない。

## ⑶ 一部現金取引の例

一部現金取引の例を考えよう。前提条件として、A社では、普通仕訳帳のほか、現金出納帳を特殊仕訳帳として使用している。また、20XX年8月20日に、取得原価800の有価証券を700で売却し（単位は省略）、売却代金は現金で受け取っている。総勘定元帳への合計転記は月末に行うこととする。

## ⑷ 取引の仕訳

取引の仕訳は次のようになる。

### 【 取引の仕訳 】

| | | | |
|---|---|---|---|
| （現金） | 700 | （有価証券） | 800 |
| （有価証券売却損） | 100 | | |

### 【 現金出納帳への記録 】

現金出納帳

| 20XX年 | | 貸方科目 | 元丁 | 売掛金 | 諸口 | 20XX年 | 借方科目 | |
|---|---|---|---|---|---|---|---|---|
| 8 | 20 | 有価証券 | 7 | | 700 | | | |

普通仕訳帳

| 20XX年 | | 摘 要 | 元 丁 | 借 方 | 貸 方 |
|---|---|---|---|---|---|
| 8 | 20 | （有価証券売却損） | 26 | 100 | |
| | | （有価証券） | 7 | | 100 |

## ⑸ 総勘定元帳への転記

借方の現金700は、現金出納帳から総勘定元帳に合計転記される（ルール①）。貸方の有価証券700は現金出納帳から総勘定元帳に個別転記される（ルール③）。

しかし、現金出納帳だけでは借方の有価証券売却損100及び貸方の有価証券

100（800－700）を総勘定元帳に転記することができない。そこで、普通仕訳帳から個別に転記する必要がある（ルール④）。この場合には、1つの取引が普通仕訳帳と特殊仕訳帳である現金出納帳の両方に記録される。

【 総勘定元帳への転記 】

```
                       現金                               1
8／31  現金出納帳     700 │

                      有価証券                            7
                          │ 8／20  現金出納帳          700
                          │ 8／20  有価証券売却損      100

                     有価証券売却損                      26
8／20  有価証券      100 │
```

# 3 伝票式会計

H30-01
H25-01

## (1) 伝票式会計の概要

**伝票式会計**とは、仕訳帳の代わりに伝票を用いて会計記録を作成する簿記システムである。伝票は一定の書式により取引内容を記載した小紙片である。

【 伝票の例 】

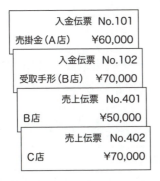
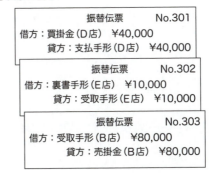

　伝票式会計では伝票を総勘定元帳に個別転記するが、1日または1週間などの一定期間ごとに伝票を貸借それぞれの勘定科目別に集計して合計転記することがある。この場合、1日分の伝票を集計した仕訳集計表を**仕訳日計表**という。また、伝票から補助元帳への転記については、仕訳日計表を用いず伝票から個別に行う。

## (2) 伝票の種類

　伝票には、主として入金伝票、出金伝票、仕入伝票、売上伝票、振替伝票がある。入金伝票、出金伝票、振替伝票を用いる**3伝票制**と、3伝票制の伝票に加えて仕入伝票、売上伝票を用いる**5伝票制**がある。

第3章 会計帳簿の知識　75

**①入金伝票**

**入金伝票**は、借方・現金の取引を記入する伝票である。

**②出金伝票**

**出金伝票**は、貸方・現金の取引を記入する伝票である。

**③仕入伝票**

**仕入伝票**は、仕入取引を記入する伝票である。原則として取引はすべて掛で行われたものとして処理する。

**④売上伝票**

**売上伝票**は、売上取引を記入する伝票である。仕入伝票と同様に、原則として取引はすべて掛で行われたものとして処理する。

**⑤振替伝票**

**振替伝票**は、3伝票制の場合には入出金以外の取引、5伝票制の場合には入出金および売上・仕入以外の取引を記入する伝票である。

# III 決算手続き

第1章では、簿記一巡の流れについて、取引から残高試算表まで作成しながら確認した。本節では、以降の試算表作成から、財務諸表作成までの流れを作成する。

【 取引から財務諸表までの流れ 】

## 1 試算表

### (1) 試算表の概要

試算表には、合計試算表、残高試算表、合計残高試算表の3種類がある。**合計試算表**とは、各勘定口座の借方合計と貸方合計を集計し、それまでの記録を検証するものである。**残高試算表**とは、各勘定口座の借方残高と貸方残高を集計する表であり、**合計残高試算表**とは、合計試算表と残高試算表の機能を1つの表にまとめたものである。勘定の残高とは、各勘定の借方合計と貸方合計の差額であり、借方側に残高が発生した場合を借方残高、貸方側に残高が発生した場合を貸方残高という。

試算表の目的は、仕訳を総勘定元帳に転記する際のミスの有無の確認である。ミスなく転記されていれば、借方合計と貸方合計の合計金額は一致し、借方残高と貸方残高の合計金額は一致する。

【 試算表(合計残高試算表) 】

合計残高試算表
平成××年3月31日

| 借方残高 | 借方合計 | 勘定科目 | 貸方合計 | 貸方残高 |
|---|---|---|---|---|
| 135 | 190 | 現　　金 | 55 | |
| 20 | 20 | 備　　品 | | |
| | 10 | 借　入　金 | 60 | 50 |
| | | 資　本　金 | 100 | 100 |
| | | 売　　上 | 30 | 30 |
| 15 | 15 | 給　　料 | | |
| 7 | 7 | 水道光熱費 | | |
| 3 | 3 | 支払利息 | | |
| 180 | 245 | | 245 | 180 |

第3章　会計帳簿の知識　77

H19-02

## 2 精算表

### (1) 精算表の概要

**精算表**は正式な帳簿決算を行う前に、インフォーマルなかたちで、試算表の作成から財務諸表の作成までをひとつの一覧表にしたものである。精算表を作成することにより、決算に先立って1会計期間の経営成績と期末における財政状態の概略を把握することができるようになる。

### (2) 精算表作成の手順

精算表作成の手順は次のとおりである。

① 残高試算表の勘定科目と金額を、精算表の勘定科目欄と試算表欄に記入する。

② 決算整理仕訳を修正記入欄に記入する。

③ 試算表欄に記入された金額に、修正記入欄の金額を加減算して、損益計算書欄と貸借対照表欄に記入する。

④ 損益計算書欄と貸借対照表欄の借方金額合計と貸方金額合計の差額から当期純利益（または当期純損失）を算出する。

### 【 精算表 】

精算表

(単位：円)

| 勘定科目 | 試算表 | | 修正記入 | | 損益計算書 | | 貸借対照表 | |
|---|---|---|---|---|---|---|---|---|
| | 借方 | 貸方 | 借方 | 貸方 | 借方 | 貸方 | 借方 | 貸方 |
| 現　　　金 | 500 | | | | | | 500 | |
| 当 座 預 金 | 1,500 | | | | | | 1,500 | |
| 売 　掛 　金 | 3,000 | | | | | | 3,000 | |
| 貸 倒 引 当 金 | | 100 | | 20 | | | | 120 |
| 繰 越 商 品 | 600 | | 800 | 600 | | | 800 | |
| 備　　　品 | 1,200 | | | | | | 1,200 | |
| 減価償却累計額 | | 540 | | 180 | | | | 720 |
| 買 　掛 　金 | | 760 | | | | | | 760 |
| 借 　入 　金 | | 1,800 | | | | | | 1,800 |
| 資 　本 　金 | | 4,000 | | | | | | 4,000 |
| 売 　　　上 | | 6,800 | | | | 6,800 | | |
| 仕 　　　入 | 5,700 | | 600 | 800 | 5,500 | | | |
| 給 　　　料 | 1,100 | | | | 1,100 | | | |
| 支 払 家 賃 | 300 | | | 40 | 260 | | | |
| 支 払 利 息 | 100 | | 20 | | 120 | | | |
| | 14,000 | 14,000 | | | | | | |
| 貸倒引当金繰入 | | | 20 | | 20 | | | |
| 減 価 償 却 費 | | | 180 | | 180 | | | |
| 前 払 家 賃 | | | 40 | | | | 40 | |
| 未 払 利 息 | | | | 20 | | | | 20 |
| 当 期 純 損 失 | | | | | | 380 | 380 | |
| | | | 1,660 | 1,660 | 7,180 | 7,180 | 7,420 | 7,420 |

78　第1部　テキスト

# 厳選!! 必須テーマ［〇・×］チェック ──第3章──

**過去20年間（平成13～令和2年度）本試験出題の必須テーマから厳選！**

■■■ 問題編 ■■■ **Check!!**

**問1** (H24-02改題) ［〇・×］
　売上帳は、売上取引の明細を得意先別に記録するための帳簿である。

**問2** (H22-04改題) ［〇・×］
　商品有高帳は、商品の増減及び残高の明細を記録する主要簿である。

**問3** (H26-01) ［〇・×］
　特殊仕訳帳制においては、補助記入帳の特別欄の金額は総勘定元帳に合計転記される。

**問4** (H25-01 設問1) ［〇・×］
　伝票式会計を導入している場合、仕訳帳は利用されない。

**問5** (H19-02改題) ［〇・×］
　簿記一巡の流れでは、精算表を作成してから試算表を作成する。

■■■ 解答・解説編 ■■■

**問1**　×：「得意先別に」ではなくて「発生順に」である。
**問2**　×：「主要簿」ではなくて「補助簿」である。
**問3**　〇：設問文のとおり。
**問4**　〇：伝票式会計とは、仕訳帳の代わりに伝票を用いて会計記録を作成する簿記システムである。
**問5**　×：試算表を作成してから精算表を作成する。

第3章　会計帳簿の知識　**79**

2次 がついた項目は2次試験でも活用する知識です

## 本章の体系図

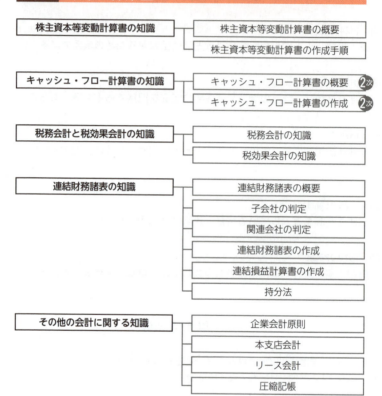

## 本章のポイント

- 株主資本等変動計算書について理解する
- キャッシュ・フロー計算書の概要と作成方法について理解する
- 税務会計と税効果会計について理解する
- 連結財務諸表について理解する
- その他の会計に関する知識について理解する

# 第4章

## その他財務諸表に関する知識

**I** 株主資本等変動計算書の知識

**II** キャッシュ・フロー計算書の知識

**III** 税務会計と税効果会計の知識

**IV** 連結財務諸表の知識

**V** その他の会計に関する知識

# Ⅰ 株主資本等変動計算書の知識

## 1 株主資本等変動計算書の概要

　株主資本等変動計算書は、貸借対照表の純資産の部の一会計期間における変動額のうち、主に、株主に帰属する部分である株主資本の各項目の変動事由を報告するために作成される。

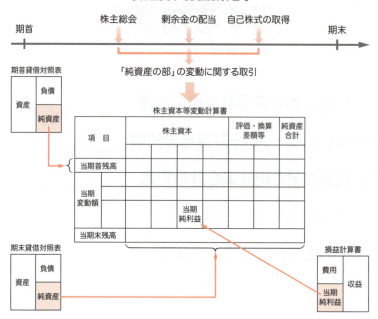

## 2 株主資本等変動計算書の作成手順

　株主資本等変動計算書の項目は、次の図のように並んでいる。横の列は、貸借対照表の「純資産の部」の項目で、縦の列は、変動事由が記載されている。一般的な、株主資本等変動計算書の作成手順は下記のとおりである。

① 当期首残高の行に前期末貸借対照表の純資産の部の数値を転記する
② 株主資本の各項目は、変動事由ごとに変動事由を明示し、変動額を総額表示する
③ 株主資本以外の各項目は、変動額を純額表示する

④ 当期変動額合計を、各項目について計算する

⑤ 当期末残高を、各項目について計算する

### 【 株主資本等変動計算書例 】

(単位：万円)

| | 株主資本 | | | | | | | | | | 評価・換算差額等 | | 新株予約権 | 純資産合計 |
| | 資本金 | 資本剰余金 | | | 利益剰余金 | | | | 自己株式 | 株主資本合計 | | | | |
| | | 資本準備金 | その他資本剰余金 | 資本剰余金合計 | 利益準備金 | その他利益剰余金 別途積立金 | その他利益剰余金 繰越利益剰余金 | 利益剰余金合計 | | | その他有価証券評価差額金 | 評価・換算差額等合計 | | |
|---|---|---|---|---|---|---|---|---|---|---|---|---|---|---|
| 当期首残高 | 5,000 | 300 | 50 | 350 | 500 | 1,000 | 400 | 1,900 | △200 | 7,050 | 150 | 150 | 100 | 7,300 |
| 当期変動額 | | | | | | | | | | | | | | |
| 　新株の発行 | 1,000 | 500 | | 500 | | | | | | 1,500 | | | | 1,500 |
| 　剰余金の配当 | | | | | | | △100 | △100 | | △100 | | | | △100 |
| 　剰余金の配当に伴う利益準備金の積立て | | | | | 10 | | △10 | 0 | | 0 | | | | 0 |
| 　当期純利益 | | | | | | | 200 | 200 | | 200 | | | | 200 |
| 　自己株式の取得 | | | | | | | | | △50 | △50 | | | | △50 |
| 　自己株式の処分 | | | △20 | △20 | | | | | 100 | 80 | | | | 80 |
| 　株主資本以外の項目の当期変動額（純額） | | | | | | | | | | | 50 | 50 | 0 | 50 |
| 当期変動額合計 | 1,000 | 500 | △20 | 480 | 10 | 0 | 90 | 100 | 50 | 1,630 | 50 | 50 | 0 | 1,680 |
| 当期末残高 | 6,000 | 800 | 30 | 830 | 510 | 1,000 | 490 | 2,000 | △150 | 8,680 | 200 | 200 | 100 | 8,980 |

第４章　その他財務諸表に関する知識　83

# II キャッシュ・フロー計算書の知識

R01-12
H30-12
H29-13
H25-12
H21-11
H19-13

## 1 キャッシュ・フロー計算書の概要

### (1) キャッシュ・フロー計算書の構造

#### ① 収益と収入、費用と支出の違い

　貸借対照表と損益計算書は、先ほど学習したとおり、発生主義と実現主義にもとづき作成される。発生主義や実現主義の考え方では、商品を販売すれば代金の入金がなくても売上という収益が計上され、原材料を仕入れれば代金を支払っていなくても仕入という費用が計上される。

　つまり、損益計算書に記載される損益は、直接「お金の出・入り」とは結びつかない。そのため、損益計算書に計上される利益と資金の残高は一致せず、損益計算書で利益が計上されていても「資金（お金）」が足りない場合や、反対に利益が少ない割には「資金（お金）」にゆとりがある場合が見られる。

　このような状態が行き過ぎると、損益計算書上は黒字であるのに資金不足で倒産する黒字倒産になる恐れがある。

　キャッシュ・フロー計算書では、売上高が計上されても入金があるまでは収入に計上されず、仕入れを行っても現金を支払うまでは支出に計上されない。**キャッシュ・フロー計算書**は、現金の流入と現金の流出のみを示す財務諸表である。

**【 売上から現金受取・仕入れから現金支払 】**

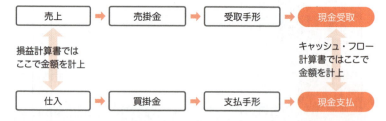

#### ② キャッシュ・フロー計算書の構造

　キャッシュ・フロー計算書では、一会計期間におけるキャッシュ・フローの状況を、営業活動、投資活動及び財務活動の3つの活動区分別に表示している。

　たとえば、企業の営業期間内に、どれだけの現金を稼ぎ出して、どのくらい投資に現金を使い、また、現金を調達して手元にいくら残っているかという資金の流れと残高を表す。この現金の流れを、キャッシュ・フローの性格により「営業活動によるキャッシュ・フロー」、「投資活動によるキャッシュ・フロー」、「財務活動によるキャッシュ・フロー」の3つに分類している。

**【 キャッシュ・フローの分類 】**

| 営業活動による<br>キャッシュ・フロー | 商品及び役務の販売による収入<br>商品及び役務の購入による支出<br>従業員及び役員に対する報酬の支出<br>災害による保険金収入<br>損害賠償金の支払い<br>法人税等の支払額 |
|---|---|
| 投資活動による<br>キャッシュ・フロー | 有形固定資産及び無形固定資産の取得による支出<br>有形固定資産及び無形固定資産の売却による収入<br>有価証券及び投資有価証券の取得による支出<br>有価証券及び投資有価証券の売却による収入<br>貸付による支出<br>貸付金の回収による収入 |
| 財務活動による<br>キャッシュ・フロー | 株式の発行による収入<br>自己株式の取得による支出<br>配当金の支払い<br>社債の発行及び借入による収入<br>社債の償還及び借入金の返済による支出 |

H24-09
H24-13
H22-06
H21-04
H20-06

## ⑵ キャッシュ・フロー計算書の作成方法

キャッシュ・フロー計算書の作成方法には、直接法と間接法の2つがある。ほとんどの企業が間接法を採用しているため、本書では間接法を中心に紹介する。

### ① 直接法

**直接法**は、現金収入または現金支払いを伴う取引を記録し、これを整理、集計することによって作成する。損益計算書との対比がしやすいという長所がある。

### ② 間接法

**間接法**は、損益計算書や貸借対照表などに示された金額を使用し、現金収入または現金支払いを伴わない取引等の調整をして現金ベースに修正し作成する。キャッシュ・フローと利益との差異の原因を探りやすいという長所がある。

第4章　その他財務諸表に関する知識　**85**

**【 直接法によるキャッシュ・フロー計算書 】** **【 間接法によるキャッシュ・フロー計算書 】**

| I.営業活動によるキャッシュ・フロー | |
|---|---|
| 営業収入 | ××× |
| 原材料又は商品の仕入支出 | -××× |
| 人件費支出 | -××× |
| その他の営業支出 | -××× |
| 小計 | ××× |
| 利息及び配当金の受取額 | ××× |
| 利息の支払額 | -××× |
| 損害賠償金の支払額 | -××× |
| ………………… | ××× |
| 法人税等の支払額 | -××× |
| 営業活動によるキャッシュ・フロー | ××× |
| II.投資活動によるキャッシュ・フロー | |
| 有価証券の取得による支出 | -××× |
| 有価証券の売却による収入 | ××× |
| 有形固定資産の取得による支出 | -××× |
| 有形固定資産の売却による収入 | ××× |
| 投資有価証券の取得による支出 | -××× |
| 投資有価証券の売却による収入 | ××× |
| 貸付による支出 | -××× |
| 貸付金の回収による収入 | ××× |
| ………………… | ××× |
| 投資活動によるキャッシュ・フロー | ××× |
| III.財務活動によるキャッシュ・フロー | |
| 短期借入れによる収入 | ××× |
| 短期借入金の返済による支出 | -××× |
| 長期借入れによる収入 | ××× |
| 長期借入金の返済による支出 | -××× |
| 社債の発行による収入 | ××× |
| 社債の償還による支出 | -××× |
| 株式の発行による収入 | ××× |
| 自己株式の取得による支出 | -××× |
| ………………… | ××× |
| 財務活動によるキャッシュ・フロー | ××× |
| IV.現金及び現金同等物に係る換算差額 | ××× |
| V.現金及び現金同等物の増加額 | ××× |
| VI.現金及び現金同等物期首残高 | ××× |
| VII.現金及び現金同等物期末残高 | ××× |

| I.営業活動によるキャッシュ・フロー | |
|---|---|
| 税金等調整前当期純利益 | ××× |
| 減価償却費 | ××× |
| 貸倒引当金の増加額 | ××× |
| 受取利息及び受取配当金 | -××× |
| 支払利息 | ××× |
| 有形固定資産売却益 | -××× |
| 損害賠償損失 | ××× |
| 売上債権の増加額 | -××× |
| 棚卸資産の減少額 | ××× |
| 仕入債務の減少額 | -××× |
| ………………… | ××× |
| 小計 | ××× |
| 利息及び配当金の受取額 | ××× |
| 利息の支払額 | -××× |
| 損害賠償金の支払額 | -××× |
| ………………… | ××× |
| 法人税等の支払額 | -××× |
| 営業活動によるキャッシュ・フロー | ××× |

～

財務活動・投資活動は直接法と同じ

## 2 キャッシュ・フロー計算書の作成

次の【例題】を解答しながら、キャッシュ・フロー計算書の構造と損益計算書・

貸借対照表との関連を理解しよう。

## [ 例題 ]

T社の簡略貸借対照表及び簡略損益計算書、ならびに下記の《資料》にもとづき解答欄の様式に合わせてキャッシュ・フロー計算書を作成しなさい。

## 《 資料 》

T社の第10期の取引は次のとおりである。

① 第10期末に有形固定資産を700百万円で購入した。第10期の減価償却実施額はすべて販売費及び一般管理費であり、620百万円である。

② 第10期にA金融機関から348百万円の借り入れをした。また、B金融機関に対して返済期限が到来した借入金500百万円を返済した。なお、どちらも長期の借入金である。

③第10期に株式を発行し、資本金60百万円を増資した。

### 【 T社の財務諸表データ 】

#### 簡略貸借対照表

(単位：百万円)

| 科目 | 第9期末 | 第10期末 |
|---|---|---|
| 現金及び預金 | 585 | 727 |
| 受取手形 | 150 | 300 |
| 棚卸資産 | 1,986 | 2,208 |
| その他流動資産 | 20 | 20 |
| 有形固定資産 | 2,840 | 2,920 |
| 投資その他の資産 | 980 | 980 |
| 支払手形 | 380 | 280 |
| 買掛金 | 91 | 280 |
| 短期借入金 | 1,090 | 1,110 |
| 未払費用 | 105 | 220 |
| その他流動負債 | 300 | 300 |
| 長期借入金 | 3,720 | 3,568 |
| その他固定負債 | 60 | 60 |
| 資本金 | 60 | 120 |
| その他の剰余金 | 755 | 1,217 |

※未払費用は、すべて未払利息である。

#### 簡略損益計算書

(単位：百万円)

| 科　目 | 第10期 |
|---|---|
| 売　　上　　高 | 20,760 |
| 売　上　原　価 | 14,970 |
| 売　上　総　利　益 | 5,790 |
| 販売費及び一般管理費 | 4,790 |
| 営　業　利　益 | 1,000 |

第4章　その他財務諸表に関する知識　**87**

| 営 業 外 収 益 | |
|---|---|
| 受 取 利 息 及 び 配 当 金 | 78 |
| 営 業 外 費 用 | |
| 支 払 利 息 及 び 手 形 売 却 損 | 156 |
| 経 常 利 益 | 922 |
| 特 別 利 益 | 0 |
| 税 引 前 当 期 純 利 益 | 922 |
| 法 人 税 等 | 460 |
| 当 期 純 利 益 | 462 |

## 【 T社のキャッシュ・フロー計算書第10期 －解答欄－ 】

### キャッシュ・フロー計算書

(単位：百万円)

I 営業活動によるキャッシュ・フロー

　　　　　　　　　　　　　　　　　　　　I－①
　　　　　　　　　　　　　　　　　　　　I－②
　　　　　　　　　　　　　　　　　　　　I－③
　　　　　　　　　　　　　　　　　　　　I－④
　　　　　　　　　　　　　　　　　　　　I－⑤
　　　　　　　　　　　　　　　　　　　　I－⑥
　　　　　　　　　　　　　　　　　　　　I－⑦
　　　　　　　　　小計
　　　　　　　　　　　　　　　　　　　　I－⑧
　　　　　　　　　　　　　　　　　　　　I－⑨
　　　　　　　　　　　　　　　　　　　　I－⑩
　営業活動によるキャッシュ・フロー　　　I－⑪

II 投資活動によるキャッシュ・フロー

　　　　　　　　　　　　　　　　　　　　II－①
　投資活動によるキャッシュ・フロー

III 財務活動によるキャッシュ・フロー

　　　　　　　　　　　　　　　　　　　　III－①
　　　　　　　　　　　　　　　　　　　　III－②
　　　　　　　　　　　　　　　　　　　　III－③
　　　　　　　　　　　　　　　　　　　　III－④
　財務活動によるキャッシュ・フロー

IV 現 金 及 び 現 金 同 等 物 の 増 減 額
V 現 金 及 び 現 金 同 等 物 の 期 首 残 高
VI 現 金 及 び 現 金 同 等 物 の 期 末 残 高

## (1) キャッシュ・フロー計算書作成の手順〈営業活動によるキャッシュ・フロー〉

**営業活動によるキャッシュ・フロー**の金額は、企業が外部からの資金調達に頼らずに、借入金の返済、営業能力の維持、配当金の支払い、新規投資等に必要なキャッシュ・フローをどの程度生み出したかを示す。

営業活動によるキャッシュ・フローは、企業の収益を生み出す主要な諸活動から生まれる内部金融で、最も根源的なキャッシュ・フローである。

### ① 税引前当期純利益の設定 [Ⅰ-①]

まず、営業活動によるキャッシュ・フローを作成しよう。間接法によるキャッシュ・フロー計算書を作成する場合、営業活動によるキャッシュ・フローの一番上にくる科目は、税金等調整前当期純利益となる。しかし、今回の問題文には、該当する科目がないため「税引前当期純利益922百万円」となる。

### ② 減価償却費の加算 [Ⅰ-②]

非資金項目の減価償却費620百万円をプラスする。問題文に「第10期の販売費及び一般管理費に含まれる減価償却実施額は620百万円」とある。

**利息および配当金にかかるキャッシュ・フロー**は、2つの方法の選択適用が認められている。**第1法**は、受取利息、受取配当金および支払利息は「営業活動によるキャッシュ・フロー」の区分に記載し、支払配当金は「財務活動によるキャッシュ・フロー」の区分に記載する方法である。**第2法**は、受取利息および受取配当金は「投資活動によるキャッシュ・フロー」の区分に記載し、支払利息および支払配当金は「財務活動によるキャッシュ・フロー」の区分に記載する方法である。ここでは、第1法を適用する。

### ③ 受取利息及び配当金の修正 [Ⅰ-③]

損益計算書の受取利息及び配当金78百万円を、小計の下で利息及び配当金の受取額とするため、一旦マイナスする。その後、未収利息や前受利息を調整する。今回は未収利息や前受利息がない。しかし、手続きとして小計の上でマイナスし、小計の下でプラスすることを覚えておこう。

### ④ 支払利息及び手形売却損の修正 [Ⅰ-④]

損益計算書の支払利息及び手形売却損156百万円を、小計の下で利息の支払額とするため、一旦プラスする。その後、前払利息や未払利息を調整する。今回は、未払利息が貸借対照表にある。修正の際には、第10期末と第9期末の差額を求める。

当期と前期の未払利息の差額115百万円
　＝第10期末の未払利息220百万円－第9期末の未払利息105百万円

未払利息が増加していることは、まだ支払っていない利息が増加したことを示す。そこで、現金ベースでの利息の支払額を算出するために、支払利息及び手形売却損156百万円から当期と前期の未払利息の差額115百万円を差し引く。差額の41百万円を利息の支払額として小計の下にマイナス記入する。

【 受取利息・支払利息の修正 】

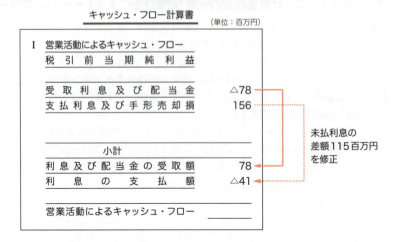

「税金等調整前当期純利益」は、便宜上、「税引前当期純利益」としている。
　ここまでが主に損益計算書に関する科目の修正となる。ここから貸借対照表の科目に関する修正である。

### ⑤ 売上債権の修正［Ⅰ－⑤］
　売上高が増加しても、すべて受取手形と売掛金で回収したならば、現金は受け取っていない。キャッシュ・フロー計算書では、売上債権の増加額を税引前当期純利益からマイナスする。

　売上債権の増加額150百万円
　　＝第10期末の受取手形300百万円－第9期末の受取手形150百万円

### ⑥ 棚卸資産の修正［Ⅰ－⑥］
　棚卸資産の増加は、現金を減少させる。キャッシュ・フロー経営を考えている企業は、棚卸資産の圧縮へ積極的に取り組んでいる。キャッシュ・フロー計算書では、棚卸資産の増加額を税引前当期純利益からマイナスする。

　棚卸資産の増加額222百万円
　　＝第10期末の棚卸資産2,208百万円－第9期末の棚卸資産1,986百万円

**【 売上債権・棚卸資産・仕入債務の修正 】**

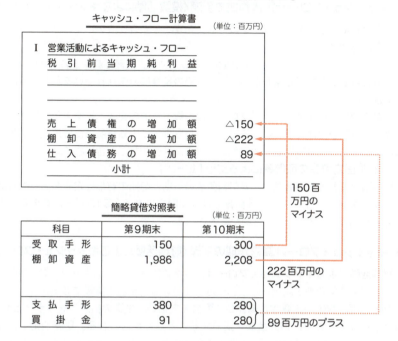

### ⑦ 仕入債務の修正 [Ⅰ-⑦]

　仕入債務の増加は、相手に現金を支払ってないため現金を増加させる。商品を仕入れ、支払手形や買掛金で支払えば、仕入債務の決済まで現金は企業外部へ流出しない。キャッシュ・フロー計算書では、仕入債務の増加額を税引前当期純利益にプラスする。先ほど学習したとおり、仕入債務は支払手形と買掛金の合計である。

　仕入債務の増加額89百万円
　　＝第10期末の仕入債務560百万円－第9期末の仕入債務471百万円

### ⑧ 小計後の修正 [Ⅰ-⑧] [Ⅰ-⑨] [Ⅰ-⑩]

　小計後では、現金の受取額、現金の支払額を記入する。今回は利息及び配当金の受取額78百万円、利息の支払額－41百万円、法人税等の支払額－460百万円を記入する。法人税等の支払額で注意することは、貸借対照表に未払法人税がある場合には、未払利息と同じように修正が必要となる。

### ⑨ 営業活動によるキャッシュ・フローの算出 [Ⅰ-⑪]

　[Ⅰ-①]～[Ⅰ-⑩]までの修正により、税引前当期純利益が、営業活動によるキャッシュ・フローとなる。

## ⑵ キャッシュ・フロー計算書作成の手順〈投資活動によるキャッシュ・フロー〉

　**投資活動によるキャッシュ・フロー**は、企業が将来の利益をいかに稼ぎ出し、どのように資金運用していくかといった経営方針にしたがい、どのようにキャッシュを運用し、回収しているかといった情報を示している。投資活動からのキャッシュ・フローを見ることで、企業がどのような分野の投資に力を入れているかを知ることができる。

　投資活動によるキャッシュ・フローには、貸付とその回収、社債または株式、有形固定資産及び生産に使われる資産、すなわち企業による商品または用役の生産のために所有もしくは使用される資産の取得または売却などが含まれる。

### ① 有形固定資産の取得等による支出［Ⅱ－①］

　有形固定資産の取得金額と、貸借対照表の当期と前期の有形固定資産の差額とは異なる。キャッシュ・フロー計算書では、問題文にある「第10期末に有形固定資産を700百万円で購入」した金額が記入される。

## ⑶ キャッシュ・フロー計算書作成の手順〈財務活動によるキャッシュ・フロー〉

　**財務活動によるキャッシュ・フロー**は、企業の営業活動や投資活動を支えるために、どのように資金を調達し、それを返済しているかを示す情報である。

　たとえば、株主から資本を調達し、配当を支払い、投資の払戻しを行うことや、資金を借り入れたり、借入金額を返済することなどが含まれる。財務活動によるキャッシュ・フローを見れば、企業の資金繰り事情も知ることができる。

### ① 短期借入金の純増加額［Ⅲ－①］

　財務活動によるキャッシュ・フローに記載する短期借入金は、貸借対照表の当期と前期の短期借入金の差額で求める。

　短期借入金の純増加額20百万円
　　＝第10期末の短期借入金1,110百万円－第9期末の短期借入金1,090百万円

### ② 長期借入による収入と長期借入金の返済による支出［Ⅲ－②、Ⅲ－③］

　問題文に「第10期にA金融機関から348百万円の借り入れをした。また、B金融機関に対して返済期限が到来した借入金500百万円を返済した」とあるため、それぞれの金額を財務活動によるキャッシュ・フローに記載する。貸借対照表の当期と前期の長期借入金の差額と異なる点に注意しよう。

### ③ 株式の発行による収入［Ⅲ－④］

　問題文に「第10期に株式を発行し、資本金60百万円を増資した」とあるため、財務活動によるキャッシュ・フローに60百万円を記載する。

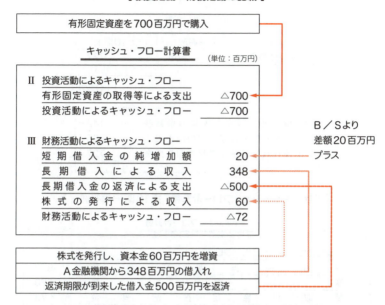

### (4) 現金及び現金同等物

　キャッシュ・フロー計算書の最後に「現金及び現金同等物の増減額」「現金及び現金同等物の期首残高」「現金及び現金同等物の期末残高」がある。

　キャッシュ・フロー計算書の現金には、手許現金のみならず、普通預金、当座預金、通知預金等が含まれる。現金同等物は、容易に換金可能で価値の変動について僅少なリスクしか負わない短期投資であり、取得日から満期日または償還日までの期間が3ヵ月以内の短期投資である定期預金、譲渡性預金、コマーシャル・ペーパー、公社債投資信託等が含まれる。本問では現金及び預金しかないため、現金及び現金同等物には、現金と預金が該当する。

　そのため、現金及び現金同等物の増減額は、貸借対照表の当期と前期の現金及び預金の差額と等しくなる。また、現金及び現金同等物の期首残高は、貸借対照表の前期の現金及び預金585百万円と、現金及び現金同等物の期末残高は、貸借対照表の当期の現金及び預金727百万円と等しくなる。例えば、預金の内訳に3か月超1年以内の定期預金がある場合などは、キャッシュ・フロー計算書の現金及び現金同等物期末残高と、貸借対照表の現金及び預金の期末残高は一致しない。

## 【 現金及び現金同等物の修正 】

### 簡略貸借対照表

（単位：百万円）

| 科目 | 第9期末 | 第10期末 |
|------|--------|---------|
| 現金及び預金 | 585 | 727 |

142百万円

| | |
|---|---|
| Ⅳ 現金及び現金同等物の増減額 | 142 |
| Ⅴ 現金及び現金同等物の期首残高 | 585 |
| Ⅵ 現金及び現金同等物の期末残高 | 727 |

## 【 T社のキャッシュ・フロー計算書　第10期 －解答例－ 】

### キャッシュ・フロー計算書

（単位：百万円）

| | |
|---|---|
| Ⅰ　営業活動によるキャッシュ・フロー | |
| 税　引　前　当　期　純　利　益 | 922 |
| 減　価　償　却　費 | 620 |
| 受　取　利　息　及　び　配　当　金 | △78 |
| 支　払　利　息　及　び　手　形　売　却　損 | 156 |
| 売　上　債　権　の　増　加　額 | △150 |
| 棚　卸　資　産　の　増　加　額 | △222 |
| 仕　入　債　務　の　増　加　額 | 89 |
| 小計 | 1,337 |
| 利　息　及　び　配　当　金　の　受　取　額 | 78 |
| 利　息　の　支　払　額 | △41 |
| 法　人　税　等　の　支　払　額 | △460 |
| 営業活動によるキャッシュ・フロー | 914 |
| | |
| Ⅱ　投資活動によるキャッシュ・フロー | |
| 有　形　固　定　資　産　の　取　得　等　に　よ　る　支　出 | △700 |
| 投資活動によるキャッシュ・フロー | △700 |
| | |
| Ⅲ　財務活動によるキャッシュ・フロー | |
| 短　期　借　入　金　の　純　増　加　額 | 20 |
| 長　期　借　入　れ　に　よ　る　収　入 | 348 |
| 長　期　借　入　金　の　返　済　に　よ　る　支　出 | △500 |
| 株　式　の　発　行　に　よ　る　収　入 | 60 |
| 財務活動によるキャッシュ・フロー | △72 |
| | |
| Ⅳ　現　金　及　び　現　金　同　等　物　の　増　減　額 | 142 |
| Ⅴ　現　金　及　び　現　金　同　等　物　の　期　首　残　高 | 585 |
| Ⅵ　現　金　及　び　現　金　同　等　物　の　期　末　残　高 | 727 |

# III 税務会計と税効果会計の知識

## 1 税務会計の知識

### (1) 税務会計の概要

**税務会計**とは「納税すべき税金がいくらであるか」を算定する会計である。法人企業の納税には、法人税、住民税、事業税、固定資産税などがある。その中で最も負担の重いものが法人税である。

税法にもとづく会計では、納税額は各事業年度の課税所得（税法にもとづいて計算される法人税等が課される利益）に税率を乗じて算定する。各事業年度の課税所得は、益金の額から損金の額を差し引いて計算する。その算定は、企業会計上の各事業年度の利益（＝収益－費用）を元に税法上の調整を加える形で行う。

### (2) 財務会計と税務会計の間に調整が必要な理由

財務会計と税務会計の間に調整が必要な理由は、収益と益金、費用と損金について、それぞれ扱う範囲が異なっていて、互いが完全には一致しないからである。

企業は適正な納税を行うために税務会計を実施するとともに、会社法上の利益と税法上の所得の相違について検討し、収益の実態を把握することが求められる。

具体的に、この調整は、税務申告書類の1つである「別表四」で行う。

**【 損益計算書と別表四の関係 】**

損益計算書

| 費用 | 収益 |
|---|---|
| 当期純利益 | |

当期純利益を【別表四】で調整

【別表四】

| | | |
|---|---|---|
| | 当期純利益 | ××× |
| 加算 | 益金算入 | ＋ ××× |
| | 損金不算入 | ＋ ××× |
| 減算 | 益金不算入 | △ ××× |
| | 損金算入 | △ ××× |
| | 課税所得 | ××× |

#### ① 益金と損金

税務上の概念である益金と損金には、次の図表のようなものがある。益金は税法上の収益、損金は税法上の費用と考えるとわかりやすい。益金・損金には含めないものとして、増資・減資・利益配分等の資本等取引から生じるものがある。

**【 益金と損金 】**

| 益　金 | 損　金 |
|---|---|
| 資産の販売、有償または無償での資産の譲渡、有償または無償での役務の提供、無償による資産の譲受け、資本等取引以外のその他の収益<br><br>　　　　　　　　　　　　　　　など | 収益獲得に係わった売上原価、完成工事原価、販売費、一般管理費、その他の費用、損失額で資本等取引以外の取引に係わるもの<br><br>　　　　　　　　　　　　　　　など |

**② 申告調整**

　収益・費用と益金・損金の間には、「税制度上の目的」、「租税負担を公平に行う目的」、「産業政策上の目的」によって差異が生じる。この差異の修正のために申告調整を行う。

**【 申告調整 】**

| 特別に規定されている益金項目 | 特別に規定されている損金項目 |
|---|---|
| 受取配当等の益金不算入<br>還付金等の益金不算入<br><br>　　　　　　　　　　　　など | 棚卸資産の範囲と評価方法<br>減価償却資産の範囲と償却限度額等<br>特別償却制度<br>繰延資産の範囲と償却限度額等<br>固定資産の圧縮記帳<br>役員の報酬・賞与・退職金<br>交際費、寄付金、租税公課<br>貸倒損失<br>　　　　　　　　　　　　など |

# 2 税効果会計の知識

## (1) 税効果会計の概要

　**税効果会計**とは、「企業会計上の収益または費用と、課税所得計算上の益金または損金の認識時点の相違等」により、企業会計上の資産または負債の額と課税所得計算上の資産または負債の額に相違がある場合に、法人税等やその他利益に関連する金額を課税標準とする税金を適切に期間配分することにより、法人税等を控除する前の当期純利益と法人税等を合理的に対応させることを目的とする会計処理の方法である。

　たとえば、企業が購入するパソコンを減価償却する場合を考えてみよう。

　税法で、パソコンは4年で減価償却することになっている。しかし、現実には、パソコンは1～2年で買い換えることが多いので、会計上は、購入した期の費用に全額計上したいところである。

　税法上はパソコンを購入した費用を、一時の損金にしてしまうと、その分、課税所得が減少し損益計上した年度の税金が少なくなるため、パソコンは4年間使用するものとみなして、4年かけて減価償却するように定めている。

　そのため、企業で、パソコンを購入した期にすべて費用にすると、そのうちの一

96　第1部　テキスト

部が税法上では当期の損金として認められないため、認められない部分については有税償却(有税処理)となり、税金を前払いすることになる。

企業会計の立場から前払いした税金は、企業会計と税法での認識のタイミングの違いにより生じるものである。企業会計上納める時点よりも、早く納めてしまった税金の額は、当期の利益と直接対応していない金額である。そこで、当期の利益に対応する企業会計上負担すべき税額に修正するための方法が税効果会計処理である。

具体的には、貸借対照表の勘定科目である**繰延税金資産**および**繰延税金負債**、損益計算書の勘定科目である**法人税等調整額**を用いて仕訳をする。

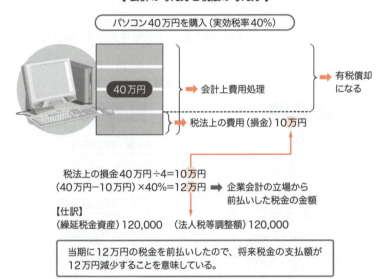

## (2) 企業会計上の法人税額と法人税法上の法人税額の違い

H20-08

「当期の売上高20,000円、当期の貸倒引当金見積高10,000円(税法上の貸倒引当金5,000円)、法人税の実効税率50%」という企業を考える。

企業会計上の考え方では、法人税等は税法にもとづいて決められるため、企業会計上の数値とは異なる。

このような税法と企業会計のズレを修正するのが税効果会計の考え方である。ここで注意することは、税効果会計で修正される税金はあくまでも、利益に応じた「企業会計上の税金」であるため、税法に基づく実際の納税額は変わらない。

次の図表で考えよう。税法から見た貸倒引当金は10,000円ではなく5,000円であるため、課税所得は15,000円となる。すると、15,000円×0.5＝7,500円が法人税等の金額になる。

**【貸倒引当金の考え方】**

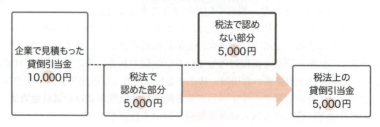

そのため、税効果会計を適用し、貸倒引当金繰入限度超過額5,000円に対する税効果相当額2,500円を**繰延税金資産**として認識する。

繰延税金資産は、5,000円×実効税率50％＝2,500円となる。繰延税金資産は、前払費用のイメージで捉えよう。

**【税効果会計の適用】**

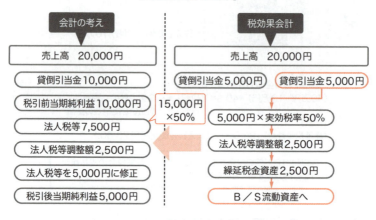

**【税効果会計の仕訳】**

　　　　　（繰延税金資産）2,500　　（法人税等調整額）2,500

| 税効果会計適用後の損益計算書 | | 貸借対照表 | |
|---|---:|---|---:|
| 売　　上　　高 | 20,000 | 流動資産 | |
| 貸倒引当金繰入額 | 10,000 | | |
| 税引前当期純利益 | 10,000 | 繰延税金資産 | 2,500 |
| 法　人　税　等 | 7,500 | | |
| 法人税等調整額 | △2,500 | | |
| 税引後当期純利益 | 5,000 | | |

### (3) 税効果会計の用語

#### ① 永久差異

企業会計における利益と法人税法上の課税所得が異なる原因となる申告調整項目には、大きく次の２つの性格を持つものがある。

(a) 収益または費用と益金または損金との認識のタイミングが異なるもの
(b) 企業会計上収益または費用となるものが益金または損金とはならないもの

aの違いは将来解消されるが、bの違いは永久に解消されない。前者のような差異を「**一時差異**」、後者のような差異を「**永久差異**」という。

たとえば、企業会計において交際費は費用であるが、法人税法上、一定の限度額を超える交際費は損金不算入（税法上その期の支出と認めない）となる。この交際費の限度超過額は永久に損金算入されることはない。

このような永久差異は、法人税等の前払いまたはその支払いが繰り延べられるという効果を持たないため、税効果会計の対象とはならない。

#### ② 将来減算一時差異

税効果会計では、貸借対照表上の資産及び負債の金額と課税所得計算上の資産及び負債の金額との差額（一時差異）に対する税金の額を、適切な会計期間に配分する。**将来減算一時差異が発生した場合**は、その一時差異に対する法人税等は企業会計上、税金の前払い（資産）として認識し、反対に、**将来加算一時差異が発生した場合**は、その一時差異に対する法人税等は企業会計上、税金の支払いの繰延べ（負債）として認識する。

将来減算一時差異には、次のような項目が挙げられる。

(a) 減価償却資産及び繰延資産の償却限度超過額
(b) 各種引当金の繰入限度超過額
(c) 棚卸資産及び有価証券の評価損否認額

将来減算一時差異が発生した場合は、その一時差異に対する法人税等を貸借対照表上、投資その他の資産の区分に「繰延税金資産」として計上するとともに、損益計算書には同額を「法人税等調整額」として法人税等の額から減額する。したがって、税効果会計を適用した場合は、適用しない場合に比べて当期純利益が法人税等調整額に計上した金額だけ多く計上される。

#### ③ 将来加算一時差異

税効果会計では、特別償却準備金、その他租税特別措置法上の諸準備金が計上され、法人税等の支払いが税法上延期されるときは、貸借対照表上、固定負債の区分に「繰延税金負債」を計上し、その準備金等に対する法人税等の額を当期に納付すべき法人税等に加算する。

### (4) 繰延税金資産と繰延税金負債の関係

**繰延税金資産**は、課税所得と会計上の利益との差異で将来、差異が解消したときに課税所得を減額させる差異の額に実効税率を乗じて算出し、貸借対照表の投資その他の資産の区分に計上する。同時に同じ金額を損益計算書の法人税等の直下に法

第４章　その他財務諸表に関する知識　**99**

人税等調整額として計上（貸方：税金費用の減少表示）する。

**繰延税金負債**は、課税所得と会計上の利益との差異で将来、差異が解消したときに課税所得を増額させる効果がある差異の額に実効税率を乗じて算出し、貸借対照表の固定負債の区分に計上する。同時に同じ金額を損益計算書の法人税等の直下に法人税等調整額として計上（借方：税金費用の増加表示）する。

繰延税金資産及び繰延税金負債に関する次の資料（単位：千円）にもとづいて、損益計算書（抜粋）の空欄Ａを考えてみよう。

〈 資料 〉

|  | 期首残高 | 当期計上額 | 当期取崩額 |
|---|---|---|---|
| 繰延税金資産 | 360 | 140 | 60 |
| 繰延税金負債 | 250 | 50 | 90 |

損益計算書（抜粋）

（単位：千円）

⋮　　　　　　⋮

| 税 引 前 当 期 純 利 益 | 2,500 |
|---|---|
| 法 人 税 等 | 1,120 |
| 法 人 税 等 調 整 額 | A |
| 当 期 純 利 益 | （　） |

繰延税金資産及び繰延税金負債のいずれについても、取り崩しのときには計上時の逆仕訳を行う。仕訳は次のようになる。

**【 繰延税金資産にかかる仕訳 】**

| 当期計上 | （繰延税金資産） | 140 | （法人税等調整額） | 140 |
|---|---|---|---|---|
| 当期取崩 | （法人税等調整額） | 60 | （繰延税金資産） | 60 |

**【繰延税金負債にかかる仕訳】**

| 当期計上 | （法人税等調整額） | 50 | （繰延税金負債） | 50 |
|---|---|---|---|---|
| 当期取崩 | （繰延税金負債） | 90 | （法人税等調整額） | 90 |

以上の仕訳から法人税等調整額を計算すると、次のようになる。

借方計上額－貸方計上額＝（60＋50）－（140＋90）
　　　　　　　　　　＝110－230＝△120

# Ⅳ 連結財務諸表の知識

## 1 連結財務諸表の概要

### (1) 連結財務諸表の必要性

**連結財務諸表**とは、企業集団を「一つの会社」と見た場合の財務諸表のことで、親会社、その会社の子会社、関連会社を含めた会社の集まり全体の報告書のことである。

実際の会社の組織形態にはさまざまあり、生産や販売などの企業活動の一部を親会社、子会社、関連会社などで分担していることがある。そのような場合、親会社だけの財務諸表を見ても企業集団全体の業績 (状況) はよくわからない。

たとえば、自動車を生産する親会社と、その自動車を販売する子会社の場合、親会社は造った自動車をすべて子会社に売れば業績がよく見えるが、実際には、そのメーカーの自動車は人気がなく販売不振で子会社に売れ残っていたとしたら、子会社だけが業績不振になってしまう。

このような場合、生産と販売を分担している企業集団全体で考えなければ、本当の意味での企業集団の状況はわからない。そこで企業集団全体の状況を把握するために、連結財務諸表が必要とされた。

### (2) 連結の範囲

旧来は親会社の持ち株比率が50%超であれば子会社、20%以上では関連会社とし、連結の範囲を持株基準で決めていた。現在は持ち株比率がゼロでも、役員の派遣や資金・技術援助などを通じて密接な関係にあり、経営を実質的に支配していれば子会社、関連会社とみなして連結対象になる。

【 形式基準と実質基準 】

|  | 従来【形式基準】 | 現在【実質基準】 |
|---|---|---|
| 子会社に対して | 持株基準 | 支配力基準 |
| 関連会社に対して | 持株基準 | 影響力基準 |

### (3) 間接所有

子会社・関連会社の判定を行う場合は、「間接所有」の分も含める。子会社を通して間接的に所有している場合は、子会社の議決権の保有率にかかわらず、当該子会社を100%子会社とみなして、間接所有会社が子会社となるか否かを判定する。

## 2　子会社の判定

### (1) 子会社

ある会社がその他の会社等の意思決定機関（株主総会等）を支配している場合、支配している会社が**親会社**、支配されている会社が**子会社**である。

### (2) 支配力基準の内容

**支配力基準**とは、子会社を判定する場合、親会社が所有する議決権の割合が50％以下であっても、一定の議決権を所有し、かつ意思決定機関を支配している等の実質的な支配関係の有無により判定する基準である。

具体的には、次のいずれかの要件を満たしている場合、意思決定機関を支配していることになる。

① 他の会社等の議決権の過半数を自己の計算において所有している会社。

② 他の会社等の議決権の40％以上50％以下を自己の計算において所有している会社で、かつ次のいずれかの要件に該当する会社。

　(a) 「自己が所有する議決権＋自己と緊密な関係がある者が所有する議決権＞他の会社等の議決権の50％」である場合。

　(b) 役員もしくは使用人等が、当該会社の取締役会等の構成員の過半数を占めている場合。

　(c) 他の会社等の事業の方針決定を支配する契約等が存在する場合。

　(d) 他の会社等の負債に計上されている資本総額の過半について融資している場合。

　(e) その他、他の会社等の意思決定機関を支配していると推測される事実が存在する場合。

③ 上記②aに該当する会社であって、かつ上記b〜eまでのいずれかの要件に該当する会社。

### (3) 子会社の範囲の例

次の図の数値はP社の他社議決権株式における保有割合を示している。B社への61％、C社への20％、E社への21％はA社が保有する割合である。

なお、P社はD社の意思決定機関を支配している一定の事実が認められる。これから、P社の全部連結の対象となる企業を考えてみよう。

図表の場合、全部連結の対象となる会社は、A社、B社、C社、D社である。

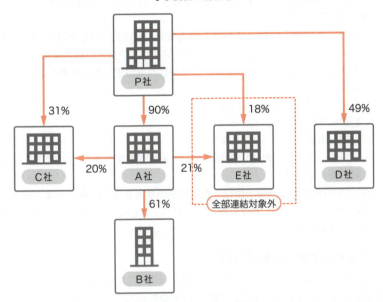

**【子会社の範囲】**

(a) A社は、P社が90％の株式を保有しているので、P社の全部連結対象会社である。
(b) B社は、P社がA社を通じて61％の株式を保有しているので、P社の全部連結対象会社である。
(c) C社はP社が直接に31％と、A社を通じて20％、合計51％の株式を保有しているので、P社の全部連結対象会社である。
(d) D社はP社が50％を超える株式を保有していないが、実質的な意思決定機関を支配していると認められるので、P社の全部連結対象会社である。
(e) E社は、P社が直接に18％と、A社を通じて21％、合計39％の株式しか保有していないため、P社の全部連結対象会社ではない。

# 3 関連会社の判定

## (1) 関連会社

　ある会社が出資、人事、取引などの関係を通じて、他の会社等に重要な影響を与えることができる場合、この会社を**関連会社**という。

## (2) 影響力基準の内容

　**影響力基準**とは、関連会社の判定を行う場合、親会社が所有する議決権の割合が20％未満であっても、一定の議決権を所有し、かつ財務・営業の方針決定に重要

な影響を与えうる事実等の有無により判定する基準であり次のような場合を指す。
① 子会社以外の他の会社等における議決権を20%以上、自己の計算において所有している会社。
② 子会社以外の他の会社等における議決権を15%以上20%未満、自己の計算において所有している会社で、かつ次のいずれかの要件に該当する会社。
　(a) 役員もしくは使用人等が、当該会社の代表取締役、取締役等に就任している場合。
　(b) 重要な融資を行っている場合。
　(c) 重要な技術を提供している場合。
　(d) 重要な事業上の取引がある場合。
　(e) その他、事業の方針の決定等に対して重要な影響を与えると推測される事実が存在する場合。
③ 「自己が所有する議決権＋自己と緊密な関係がある者が所有する議決権≧子会社以外の他の会社等における議決権の20%」で上記a〜eまでのいずれかの要件に該当する会社。

## (3) 関連会社と子会社の範囲の例

次の図表のように、TBC社が60%の株式を保有しているA社が、B社の60%の株式を保有しているとき、B社はTBC社の子会社になる。C社については、TBC社が直接30%保有するとともに、A社を経由して間接的に30%保有することで、60%の株式を保有していることになるため、C社もTBC社の子会社になる。D社については、20%の株式を保有しているため、TBC社の関連会社になる。

【 関連会社と子会社 】

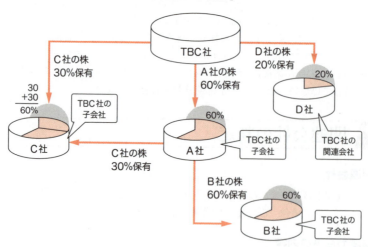

## 4 連結財務諸表の作成

### (1) 連結貸借対照表の作成フロー

次の図は連結貸借対照表作成のフローである。次の手順を理解しよう。

【 連結貸借対照表の作成フロー 】

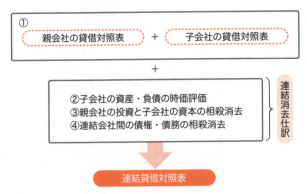

① 親会社と子会社の貸借対照表を合算する。ここでは、単純に貸借対照表を合計する。
② 子会社の資産と負債を時価評価する。
③ 親会社の投資と子会社の資本を相殺消去する。ここでは、のれんと非支配株主持分に注意する。
④ 連結会社間の債権・債務を相殺消去する。ここでは、連結会社間で生じた売上債権や仕入債務を相殺消去する。

### (2) 連結貸借対照表の作成①（100% 子会社の場合）

T社が100万円を出資して子会社M社を設立した。T社の現金が100万円減少する代わりに、子会社株式が100万円増加する。T社もM社も取引がないまま期末を迎え、T社が連結財務諸表を作成することになった。

連結財務諸表の作成では、まず、親会社と子会社の貸借対照表を合算する。すると、連結貸借対照表では現金200万円、子会社株式100万円、資本金300万円となる。

単純に合算しただけでは相殺消去すべき科目が残るため、連結貸借対照表を完成させるときには、相殺仕訳する。

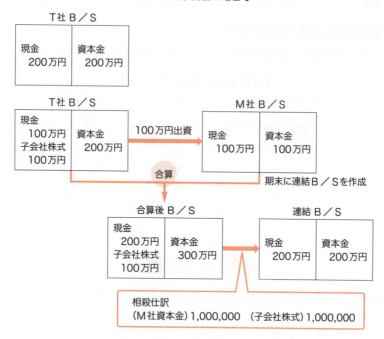

 **(3) 連結貸借対照表の作成②（非支配株主がいる場合）**

　子会社M社にT社以外の株主がいるときは、どのようにすればよいだろうか。たとえば、T社がM社の株式の8割を所有したとする。このときT社は、M社の親会社となる。

　しかし、2割分を所有している株主がいる。連結会計では、親会社以外の株主の持分を**非支配株主持分**と呼ぶ。

　非支配株主がいる場合の連結貸借対照表を作成する。まず、T社とM社の財務諸表を合算する。連結貸借対照表では現金220万円、子会社株式80万円、T社の資本金300万円、T社の持分80万円とT社以外の持分20万円となる。

　最後に相殺仕訳をする。

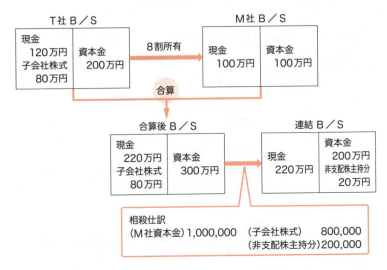

### (4) 連結貸借対照表の作成③（100％子会社の株式を評価額よりも高く購入した場合） H25-06

　たとえば、T社がM社の資本全額分の株式100万円を120万円で購入し、親会社になった場合にはどのように評価したらよいだろうか。T社がM社を支配後、T社もM社も取引がないまま期末を迎え、T社が連結財務諸表を作成することになった。

　まず、親会社と子会社の貸借対照表を合算する。すると、連結貸借対照表では現金180万円、子会社株式120万円、負債100万円、資本金200万円となる。

　相殺仕訳の際に、高く評価した部分を資産として評価する。高く評価した部分である20万円はのれん20万円となり、連結貸借対照表の資産となる。

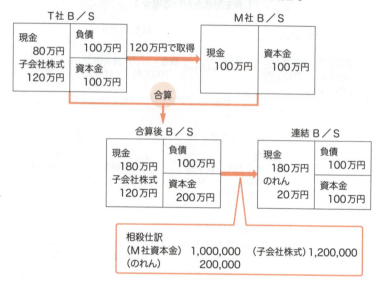

### (5) のれん

　**のれん**とは、被取得企業または取得した事業の取得原価が、受け入れた資産及び引き受けた負債に配分された純額を上回る場合のその超過額であり、20年以内に償却する。一方、被取得企業または取得した事業の取得原価が、受け入れた資産及び引き受けた負債に配分された純額を下回る場合には、その不足額は**負ののれん**となり、特別利益とする。

　被取得企業または取得した事業の取得原価は、原則として、取得の対価（支払対価）となる財の企業結合日における時価で算定する。

　上記から、株式を発行して吸収合併する場合、被合併会社の資産・負債は、時価で合併会社の貸借対照表に合併する。被合併会社の純資産は、株式の時価で合併会社の貸借対照表に合併する。

## 5　連結損益計算書の作成

　連結損益計算書を作成するためには、①親会社と子会社の個別損益計算書を合算した後に子会社の当期純利益の配分、②連結会社相互間の取引高の相殺消去、③未実現利益の消去などの処理をして作成する。

　次の〈資料〉にもとづき、連結当期純利益を算定する際に、Ｐ社（親会社）とＳ社（子会社）の当期純利益合計から控除される金額を考えてみよう。

〈資料〉
1. Ｐ社はＳ社へ原価に対し一定の利益を付加して商品を販売している。
2. Ｓ社の期末商品棚卸高はすべてＰ社からの仕入分である。

3. P社はS社から配当金を受け取っている。

### ① 子会社の当期純利益の配分

連結損益計算書を作成する際には、子会社が獲得した純利益は、持分比率によって親会社に帰属する分と非支配株主に帰属する分に配分する。

S社の株主資本のうち、P社に帰属しない部分は非支配株主持分となる。S社当期純利益のうち、非支配株主持分に帰属する部分（S社当期純利益×非支配株主の持分比率＝非支配株主利益）は、P社の利益にならないため、連結当期純利益から非支配株主の持分を控除する。

たとえば、S社の当期純利益が200千円で、非支配株主の持分比率が30%のとき、当期純利益合計から控除される金額は、「200千円×30%＝60千円」となる。

### ② 連結会社相互間の取引高の相殺消去

親会社と子会社の間における商品や製品の売買、家賃などの授受、利息や手数料、配当金などの授受は、連結会社相互間の内部取引のため、相殺消去する。

〈資料〉3.から、P社はS社から配当金を受け取っていることがわかる。連結会社相互間の債務（配当金）と債権（受取配当金）は相殺消去しなければならないため、S社からP社への配当金は連結当期純利益から控除する。

### ③ 未実現利益の消去

連結会社相互間の取引によって取得した棚卸資産、固定資産やその他の資産に含まれる未実現利益は、僅少な場合を除いて、原則、その全額を消去する。

〈資料〉の1.及び〈資料〉の2.から、S社の未実現利益は、すべてP社との取引であることがわかる。

連結会社相互間の取引によって取得した、棚卸資産に含まれる未実現損益はその全額を消去しなければならないため、S 社期末棚卸商品未実現利益を、連結当期純利益から控除する。

## 6 持分法

H26-08

**持分法**とは、投資会社が被投資会社（持分法適用会社）の純資産および損益のうち投資会社に帰属する部分の変動に応じて、その投資の額を増額または減額し、当該増減額を当期純利益の計算に含める方法である。持分法は、原則として非連結子会社および関連会社に対する投資に適用される。

第4章 その他財務諸表に関する知識　　**109**

# Ⅴ その他の会計に関する知識

## 1 企業会計原則

会社法（431条）は、会計規定について「株式会社の会計は、一般に公正妥当と認められる企業会計の慣行に従うものとする」としており、「一般に公正妥当と認められる企業会計の慣行」の中心になるものが、企業会計原則である。

**(1) 一般原則**

**① 真実性の原則**

企業会計は、企業の財政状態及び経営成績に関して、真実の報告を提供するものでなければならない。

**② 正規の簿記の原則**

企業会計は、すべての取引につき、正規の簿記の原則に従って、正確な会計帳簿を作成しなければならない。

**③ 資本取引・損益取引区分の原則**

資本取引と損益取引とを明瞭に区別し、特に資本剰余金と利益剰余金とを混同してはならない。

**④ 明瞭性の原則**

企業会計は、財務諸表によって、利害関係者に対し必要な会計事実を明瞭に表示し、企業の状況に関する判断を誤らせないようにしなければならない。

**⑤ 継続性の原則**

企業会計は、その処理の原則及び手続を毎期継続して適用し、みだりにこれを変更してはならない。

**⑥ 保守主義の原則**

企業の財政に不利な影響を及ぼす可能性がある場合には、これに備えて適当に健全な会計処理をしなければならない。

**⑦ 単一性の原則**

株主総会提出のため、信用目的のため、租税目的のため等種々の目的のために異なる型式の財務諸表を作成する必要がある場合、それらの内容は、信頼しうる会計記録に基づいて作成されたものであって、政策の考慮のために事実の真実な表示をゆがめてはならない。

〔注解1〕重要性の原則

企業会計は、定められた会計処理の方法に従って正確な計算を行うべきものであるが、企業会計が目的とするところは、企業の財務内容を明らかにし、企業の状況に関する利害関係者の判断を誤らせないようにすることにあるから、重要性の乏しいものについては、本来の厳密な会計処理によらないで他の簡便な方法によること

も、正規の簿記の原則に従った処理として認められる。

### (2) 損益計算書原則

損益計算書に関する原則であり、その内容は本書の次の箇所が該当する。
① 第1章第Ⅰ節第4項 損益計算書の概要
② 第2章第Ⅱ節 損益計算書の知識

### (3) 貸借対照表原則

貸借対照表に関する原則であり、その内容は本書の次の箇所が該当する。
① 第1章第Ⅰ節第3項 貸借対照表の概要
② 第2章第Ⅰ節 貸借対照表の知識

| | |
|---|---|
| H30-03 | |
| H27-02 | |
| H26-04 | |
| H20-01 | |

## 2　本支店会計

### (1) 本支店会計の必要性

企業規模が拡大し、支店や営業所が設置されると本店と支店、支店と支店間の取引を把握するための会計制度が必要である。支店が独自に業績を把握したり、全社の業績を把握したりするために、本支店会計が必要になる。

### (2) 本支店会計の種類

本支店会計は、支店に独立した会計帳簿を設定するか否かにより、支店独立会計制度と本店集中会計制度に分けられる。

#### ① 支店独立会計制度

本店から独立した会計帳簿を支店に設定し、その会計帳簿に支店の取引のすべてを記録し、期末に支店独自の財務諸表を作成する方法である。さらに、支店同士の取引の際、各支店において相手方の支店勘定を設定して記帳する**支店分散計算制度**と、本店と取引したものとみなして記帳する**本店集中計算制度**に分けられる。

#### ② 本店集中会計制度

本店の会計帳簿に支店の取引を記録する方法である。

### (3) 支店独立会計制度における本支店間取引の記帳

本支店会計の計算では、支店側では「本店」、本店側では「支店」勘定を使い、本支店間の債権債務を処理する。本店と支店の双方において、本店勘定と支店勘定が貸借反対に記帳され、勘定残高が一致する。

### (4) 未達事項

**未達事項**とは、本支店間で発生した取引において、取引の通知が片方に到着していないことにより、記帳されていない取引である。

決算期においては、本支店の合併財務諸表を作成しなければならないが、まず、

第4章　その他財務諸表に関する知識　**111**

未達事項を整理して本店の支店勘定と支店の本店勘定を一致させる必要がある。

　支店独立会計制度における未達事項整理後の支店勘定残高を求めてみよう。A社では、未達事項整理前の支店勘定残高202,000円（借方）で、次のような未達事項がある。
　① 本店から支店へ発送した商品98,000円
　② 支店から本店への60,000円の送金
　③ 支店の売掛金162,000円の本店による回収
　④ 本店の販売費21,000円の支店による立て替え払い

　未達事項修正仕訳を行うと次のようになる。
　① 支店側で未達商品を計上する
　　（未達商品）98,000　　（本店）98,000
　② 本店側で未達現金を計上する
　　（未達現金）60,000　　（支店）60,000
　③ 支店側で売掛金の減少を計上する
　　（本店）162,000　　（売掛金）162,000
　④ 本店側で販売費を計上する
　　（販売費）21,000　　（支店）21,000
　上記の仕訳を見ると、支店勘定残高の修正は②と④のみとなる、修正が貸方に発生しているため、未達事項整理前支店勘定残高（借方）から差し引く。

　未達事項整理後の支店勘定残高
　　　＝202,000円－60,000円－21,000円＝121,000円

## 3　リース会計

### (1) リース取引の分類

　**リース取引**とは、特定の物件の所有者たる貸手（レッサー）が、当該物件の借手（レッシー）に対し、リース期間にわたりこれを使用収益する権利を与え、借手がリース料を貸手に支払う取引をいう。
　リース取引は法的には**賃貸借取引**であるが、リース取引によっては実質的にその物件を売買したのと同様の経済的実態をもつリース取引があるため、契約形態から**ファイナンス・リース取引**とオペレーティング・リース取引に分けられる。

### (2) ファイナンス・リース取引

　**ファイナンス・リース取引**とは、①ノンキャンセラブル、②フルペイアウトの要件を満たすリース取引をいう。

#### ① ノンキャンセラブル（解約不能）

リース期間の中途において契約を解除することができないことをいう。法的形式上は解約可能であるとしても、解約に際し、相当の違約金（規定損害金）を支払わなければならない等の理由から、事実上解約不能と認められる契約は、解約不能に準ずるものとして扱う。

#### ② フルペイアウト

借手が、リース物件を自己所有しているのと同様の経済的利益を享受することができ、かつ、当該リース物件の使用に伴って生じるコスト（取得価額相当額、維持管理等の費用、陳腐化によるリスク等）を実質的に負担することをいう。

### (3) ファイナンス・リース取引の具体的な判定基準

次のいずれかに該当する場合には、ファイナンス・リース取引と判定される。

#### ① 現在価値基準

解約不能リース期間中のリース料総額の現在価値が、見積現金購入価額（借手が現金で購入するものと仮定した場合の合理的見積金額）の概ね90％以上である場合。

#### ② 経済的耐用年数基準

解約不能リース期間が、リース物件の経済的耐用年数の概ね75％以上である場合。

### (4) ファイナンス・リース取引の借手側の会計処理

**ファイナンス・リース取引と判定される場合**、借手は当該物件を購入したのと同様に、通常の売買取引に準じた会計処理をする必要がある。

**【 ファイナンス・リース取引の借手側の会計処理 】**

| | |
|---|---|
| リース取引開始日における会計処理 | リース物件をリース資産勘定（資産）、これにかかる債務をリース債務勘定（負債）として計上する。 |
| リース資産およびリース債務の計上額の算定方法 | 原則として、リース契約締結時に合意されたリース料総額からこれに含まれている利息相当額の合理的な見積額を控除する方法による。 |
| リース資産の表示 | 原則として、有形固定資産、無形固定資産の別に、一括してリース資産として表示する。ただし、有形固定資産または無形固定資産に属する各科目に含めることもできる。 |
| リース債務の表示 | 貸借対照表日後1年以内に支払の期限が到来するものは流動負債に属するものとし、貸借対照表日後1年を超えて支払の期限が到来するものは固定負債に属するものとする。 |
| ファイナンス・リース取引の注記 | リース資産について、その内容（主な資産の種類等）および減価償却の方法を注記する。ただし、重要性が乏しい場合には、注記を要しない。 |

### (5) 所有権移転ファイナンス・リース取引と所有権移転外ファイナンス・リース取引

ファイナンス・リース取引は、リース物件の所有権が借手に移転すると認められる「**所有権移転ファイナンス・リース取引**」と、それ以外の「**所有権移転外ファイナ**

ンス・リース取引」に分類される。次のいずれかに該当する場合には、所有権移転ファイナンス・リース取引とされる。
　①リース期間終了後またはリース期間の中途で所有権が移転する場合
　②割安購入選択権が与えられており、その行使が確実に予想される場合
　③リース物件が借手の用途等に合わせて特別の仕様により製作または建設されたものであり、借手によってのみ使用されることが明らかな場合

所有権移転ファイナンス・リース取引と所有権移転外ファイナンス・リース取引とでは、リース資産の減価償却費の算定等で異なる点が生じる。

【 リース資産の減価償却費の算定における相違 】

|  | 所有権移転<br>ファイナンス・リース取引 | 所有権移転外<br>ファイナンス・リース取引 |
| --- | --- | --- |
| 減価償却<br>の方法 | 自己所有の固定資産と同一の方法による。 | 自己所有の固定資産と同一の方法である必要はない。 |
| 減価償却費<br>の算定 | 自己所有の固定資産と同様に算定する。 | 原則として、リース期間を耐用年数とし、残存価額をゼロとして算定する。 |
| 償却方法が<br>異なる理由 | リース物件の取得と同様の取引と考えられるため。 | リース物件の取得とは異なり、リース物件を使用できる期間がリース期間に限定されるため。 |

### (6) オペレーティング・リース取引

　**オペレーティング・リース取引**とは、ファイナンス・リース取引以外のリース取引のことをいう。オペレーティング・リース取引においては、通常の賃貸借取引に準じた会計処理を行う。オペレーティング・リース取引の借手側は、支払リース料を費用として計上し、貸借対照表にはリース資産およびリース債務を計上しない。
　オペレーティング・リース取引のうち解約不能なリース取引については、未経過リース料を、貸借対照表日後１年以内と貸借対照表日後１年を超えるものとに区分して注記しなければならない。ただし、重要性が乏しい場合には、注記を要しない。

## 4　圧縮記帳

### (1) 直接減額方式

　企業が国庫補助金や工事負担金の交付を受けて、固定資産を取得する場合がある。その際、取得した固定資産の取得価額から交付された国庫補助金等の金額を控除する処理を直接減額方式という。

### (2) 圧縮記帳の例

　令和X1年4月1日に30万円の補助金が当座預金に入金され、令和X1年10月1日に補助金30万円と自己資金70万円を合わせて、機械装置100万円を購入し、直ちに使用を開始する。その際、直接減額方式による圧縮記帳で処理を行う。

令和X2年3月31日（決算日）には、定額法（耐用年数5年、残存価額ゼロ）により減価償却を行う場合、次のような仕訳となる。

**【 圧縮記帳の仕訳 】**

①令和X1年4月1日
　　　　　　（当座預金）300,000　　　　　（国庫補助金受贈益）　300,000

②令和X1年10月1日
　　　　　　（機械装置）1,000,000　　　　（当座預金）　300,000
　　　　　　　　　　　　　　　　　　　　（現金）700,000

③令和X1年10月1日
　　　　　　（固定資産圧縮損）300,000　　（機械装置）300,000

④令和X2年3月31日
　　　　　　（減価償却費）70,000　　　　　（機械装置減価償却累計額）70,000

※減価償却費＝（100万円－30万円）÷耐用年数5年×6／12ヶ月＝7万円

　圧縮記帳を実施した場合、国庫補助金受贈益が固定資産圧縮損と相殺されるため、取得した初年度の税負担が軽減される。しかし、固定資産が減額され、減価償却費が少なくなるため、次年度以降は、税負担が増額する。よって、圧縮記帳には国庫補助金受贈益にかかる税負担を次年度に分散する税の繰り延べ効果がある。

第4章　その他財務諸表に関する知識　　**115**

# 厳選!! 必須テーマ［○・×］チェック —第4章—

**過去20年間（平成13〜令和2年度）本試験出題の必須テーマから厳選！**

■■■ 問題編 ■■■　　　　　　　　Check!!

**問1** (H25-03)　　　　　　　　　　　　　　　　　　　　　　［○・×］
　株主資本等変動計算書の最下行の項目名は「当期末残高」である。

**問2** (H22-09 設問1改題)　　　　　　　　　　　　　　　　　　［○・×］
　キャッシュ・フロー計算書（間接法）において、売上債権の増加額の符号はプラスである。

**問3** (H22-06)　　　　　　　　　　　　　　　　　　　　　　［○・×］
　キャッシュ・フロー計算書（直接法）において、営業活動によるキャッシュ・フローの内訳項目は「営業収入」「原材料または商品の仕入れによる支出」「人件費の支出」「その他の営業支出」である。

**問4** (H23-08 改題)　　　　　　　　　　　　　　　　　　　　［○・×］
　将来減算一時差異が発生した場合は、その一時差異に対する法人税等を貸借対照表上、「法人税等調整額」として計上する。

**問5** (H20-07 改題)　　　　　　　　　　　　　　　　　　　　［○・×］
　連結会計では、親会社以外の株主の持分を非支配株主持分と呼ぶ。

**問6** (R01-03)　　　　　　　　　　　　　　　　　　　　　　［○・×］
　連結貸借対照表は、親会社、子会社および関連会社の個別貸借対照表を合算し、必要な調整を加えて作成される。

**問7** (H26-04 改題)　　　　　　　　　　　　　　　　　　　　［○・×］
　本支店間で発生した取引において、取引の通知が片方に到着していないことにより、記帳されていない取引を未達事項と呼ぶ。

**問8** (H29-05)　　　　　　　　　　　　　　　　　　　　　　［○・×］
　企業会計原則では「会計処理の原則および手続きを毎期継続して適用し、みだりに変更してはならない」と定めている。

**問9** (H25-13)　　　　　　　　　　　　　　　　　　　　　　［○・×］
　ファイナンス・リース取引によるリース物件の維持管理費用は、貸し手が負担する。

116　第1部　テキスト

**問10** (H26-06) 　　　　　　　　　　　　　　　　　　　　　　　　[○・×]

　オペレーティング・リース取引のうち解約不能なものに係る未経過リース料は、貸借対照表上、負債に含める。


■■■ **解答・解説編** ■■■


問1　○：設問文のとおり。
問2　×：売上債権の増加額の符号はマイナスである。
問3　○：設問文のとおり。
問4　×：「法人税等調整額」ではなくて「繰延税金資産」である。
問5　○：設問文のとおり。
問6　×：関連会社は対象外である。
問7　○：設問文のとおり。
問8　○：設問文のとおり。一般原則のうち継続性の原則である。
問9　×：借り手が負担する。
問10　×：通常の賃貸借取引に準じて処理を行うため、すでに支払ったリース料のみ費用として計上する。

第4章　その他財務諸表に関する知識　　**117**

## 本章の体系図

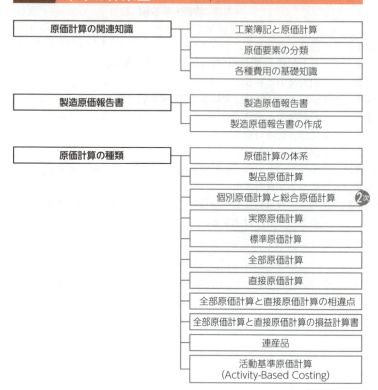

## 本章のポイント

- 原価とは何かを理解する
- 原価の分類について理解する
- 原価計算とは何かを理解する
- 原価計算の種類について理解する

# 第 5 章

# 原価計算の知識

**I** 原価計算の関連知識

**II** 製造原価報告書

**III** 原価計算の種類

# Ⅰ 原価計算の関連知識

## 1 工業簿記と原価計算

### (1) 工業簿記の考え方

メーカーでは、材料を仕入れて、工場で加工し製品を製造する。工業簿記では工場の中で製品が製造されるまでの取引が中心となる。一般的に、加工をしないで販売するものを**商品**と呼び、加工して販売されるものを**製品**と呼ぶ。メーカーでは商業経営にはない、製造活動を記録する必要がある。

### (2) 原価の定義

製造業では、工業簿記により製造のプロセスの記録をするとともに、原価計算で製品1個当たりのコストを計算する。

**原価計算**は、製品やサービスを生産・販売するために要した経済価値の消費分を、貨幣単位を用いて分類・測定・集計し、生産物1単位当たりの原価を算出する。

**原価**とは、経営活動（製造販売）に用いられた物（材料など）やサービス（労働）を支出額により測定したものである。

たとえば、パソコン1台当たりの製造に、プラスチックや金属などの材料費が5万円、組み立てなどに係る労務費が4万円、光熱費などの経費が2万円かかった場合、製品の製造原価は11万円になる。

原価計算基準では原価の本質について「原価は、経営目的に関連したものである。経営の目的は、一定の財貨を生産し販売することにあり、経営過程は、このための価値の消費と生成の過程である。原価は、かかる財貨の生産、販売に関して消費された経済価値であり、経営目的に関連しない価値の消費を含まない。財務活動は、財貨の生成及び消費の過程たる経営過程以外の資本の調達、返還、利益処分等の活動であり、したがってこれに関する費用いわゆる財務費用は、原則として原価を構成しない」としている。

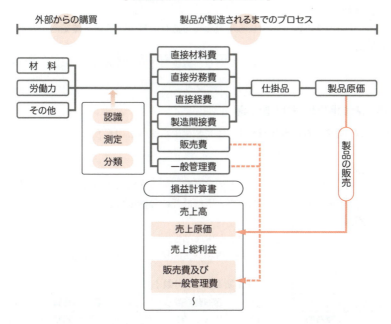

### (3) 原価の分類と用語の意味

　パソコンメーカーでは、製品であるパソコンの製造活動にかかるコストのほかに、TVCMやパンフレットなどの広告費、セールスパーソンの給料などの販売活動にかかるコスト、本社の建物にかかる減価償却費、研究開発費など管理活動にかかるコストがある。
　これらのコストは、まとめて「**総原価**」と呼ばれる。総原価は、製造活動にかかるコストである**製造原価**、販売活動にかかるコストである**販売費**、管理活動にかかるコストである**一般管理費**に分類される。このうち原価計算で最も重要な原価は、製造原価である。

## 2　原価要素の分類

　原価を構成する原価要素を考える場合には、複数の分類基準がある。経営者や管理者の多様な分析ニーズに対応するためである。

### (1) 形態別分類

　**形態別分類**とは、原価発生の形態による分類であり、材料費、労務費、経費に分けられる。

#### ① 材料費
　物品の消費によって生じる原価要素であり、素材費、原料費、買入部品費などが

第5章　原価計算の知識　　121

ある。

**② 労務費**

労働用役の消費によって生じる原価要素であり、賃金、給料、雑給などがある。

**③ 経費**

材料費、労務費以外の原価要素であり、減価償却費、賃借料、修繕料、電力料などがある。

## (2) 製品との関連における分類

**製品との関連における分類**とは、特定製品の製造への関連度合いによる分類であり、直接費、間接費に分けられる。

**① 直接費**

特定の製品の製造に関して、直接的に認識、把握される原価要素である。直接費は、さらに直接材料費、直接労務費、直接経費に分けられる。

**② 間接費**

特定の製品の製造に関して、間接的にしか認識、把握できない原価要素である。間接費は、さらに間接材料費、間接労務費、間接経費に分けられる。

**【 製造原価の分類 】**

|  | 製造直接費 | 製造間接費 |
|---|---|---|
| 材料費 | 直接材料費 | 間接材料費 |
| 労務費 | 直接労務費 | 間接労務費 |
| 経費 | 直接経費 | 間接経費 |

## (3) 操業度との関連における分類

**操業度との関連における分類**とは、操業度の増減に対する原価要素の態様による分類であり、変動費と固定費に分けられる。

**① 変動費**

**変動費**とは、操業度（販売量、生産量、作業時間など）の増減に応じて、一定期間の総額において比例的に変動する原価要素である。具体的には、非製造業の仕入原価や製造業の直接材料費、外注加工費、買入部品費、間接材料費、出来高払いの労務費などがある。操業度に対する変動費の比を**変動費率**と呼ぶ。

**② 固定費**

**固定費**とは、操業度の増減にかかわりなく、一定期間の総額が変化しない原価要素である。具体的には、直接労務費（時間給部分を除く）、減価償却費、保険料、電気料、ガス料、水道料、不動産賃借料、固定額払いの労務費などがある。

## (4) 機能別分類

**機能別分類**とは、どのような目的のために消費された原価要素なのかを基準にした分類であり、製造原価、販売費、一般管理費に分ける方法が代表的である。

製造原価で考えてみると、材料費ならば、主要材料費、修繕材料費、試験研究材

料費、工場消耗品費などに分かれる。労務費ならば、作業種類別直接賃金、間接作業賃金、手待賃金などに分かれる。経費ならば各部門の機能別経費などに分かれる。

　機能別分類は、「どんな目的のために」という考え方で分類するため、部門別原価計算との関係が深い。

### ⑸ 原価の管理可能性に基づく分類

　**原価の管理可能性に基づく分類**とは、原価管理の権限を持った者が管理できる原価要素か否かを基準にした分類であり、管理可能費と管理不能費に分けられる。

　管理可能か管理不能かは、管理者に与えられた権限によって決まる。例えば材料費は、製造（加工や組立）を専門とする部門の管理者にとっては管理不能費だが、購買部門の管理者にとっては管理可能費である。

#### ① 管理可能費

　原価管理の権限を持った者が管理できる原価要素であり、生産量、能率、生産方法の変更などによって金額が変化するものである。

#### ② 管理不能費

　原価管理の権限を持った者が管理できない原価要素であり、管理者の持つ権限では金額が変化しないものである。

## 3 各種費用の基礎知識

### ⑴ 材料費の種類

　**材料費**は、製品を作るために必要な物品を消費することで発生する原価である。材料の購入原価は、「購入代価＋材料副費」となる。**材料副費**は、運賃や運送保険料、関税、荷役費などの付随費用である。材料費は次の５つに分類される。

① 主要材料費：椅子の素材としての木材など、製品の主要部分に使う物品の原価
② 買入部品費：自動車のタイヤなど、他の会社から購入して、そのまま製品に組み込む部品の原価
③ 補助材料費：塗料などのように製品の生産に補助的に消費される物品の原価
④ 工場消耗品費：電球など、製品の生産に必要な消耗品の原価
⑤ 消耗工具器具備品費：金槌、ドライバーなど、耐用年数が１年未満で、金額が少額のものの原価

第５章　原価計算の知識　　**123**

【材料費の分類】

### (2) 労務費の種類

**労務費**は、製造のために人の労働を消費することで発生する原価である。基本賃金は、主たる労働の対価で、工員に支給される。加給金は、在籍の工員に対して、基本賃金のほかに支払われる給与である。残業手当、危険作業手当などがある。

① 直接工賃金：加工作業に直接従事する工員（直接工）の直接作業時間に支払われる基本賃金と加給金。直接労務費になる。
② 直接工間接賃金：直接工の一時的な間接作業時間に支払われる基本賃金と加給金
③ 間接工賃金：加工作業に直接従事せず、直接工の作業をサポートしている工員に支払われる基本賃金と加給金
④ 給料：生産に関連する部署の業務担当役員や管理職、技師、また工場事務員などに対して支払われる給与
⑤ 雑給：臨時雇いの工場労務員・工場事務員やパートタイマーなどに対して支払われる給与
⑥ 従業員賞与・手当：従業員に支払われる賞与や家族手当、住宅手当、通勤手当などの諸手当
⑦ 退職給付引当金繰入額：退職給付引当金に繰入れられる金額
⑧ 法定福利費：健康保険料、雇用保険料などの各種社会保険料のうち、工場従業員についての会社負担額

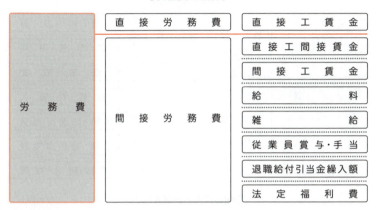

## (3) 経費の種類

経費は、製造原価のうち、材料費と労務費以外の原価である。
① 外注加工費：生産の一部分の仕事を外部の業者に委託し、その対価として支払うコストである。加工量が少なく、加工に特殊の設備を必要とする製品及び部品は、特殊設備を有する外部の業者に委託加工をさせるほうが有利であるため採用される。
② 特許権使用料：外部の企業が所有している特許技術を利用して生産するときに、その対価としての支払原価
③ 福利厚生費：従業員の福利厚生のための施設に要する原価

## (4) 間接経費の種類と把握方法

直接経費は、取引先からの請求にもとづいて計上する。間接経費は発生額の把握方法により次のように分類される。
① 支払経費は、毎月の支払高をその月の消費額として計算した原価である。旅費交通費、通信費、事務用消耗品費などがある。
② 月割経費は、1年分または数ヵ月分の支払いを月割して、各月の消費額を計算した原価である。減価償却費、賃借料、保険料などがある。
③ 測定経費は、計量器で検針して測定した消費量に料率を乗じて消費額を算定した原価である。ガス代、水道代、電気代などがある。
④ 発生経費は、当月生じた分を消費額とする原価である。棚卸減耗費などがある。

【 経費の分類 】

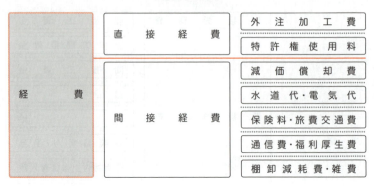

【 間接経費の把握方法 】

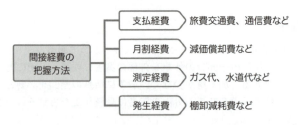

### (5) 製造間接費の配賦

製造間接費は製品との関係を直接的に認識できないため、製品原価を正確に計算するには、適切な基準を設けて各製品に配賦する必要がある。製造間接費の配賦には、配賦率の違いにより実際配賦と予定配賦がある。しかし、**実際配賦**には、原価計算期間の終了後にならないと把握できず計算が遅れてしまう問題や、操業度の変動により製品の単位原価が変わってしまう問題がある。このため、**予定配賦**を用いるのが通常である。

**予定配賦**では、売上高予算および製造数量予算などから基準操業度（直接作業時間や機械運転時間などの配賦基準数値）を設定して、一定期間における製造間接費の発生額を見積もり、予定配賦率を算出する。

$$予定配賦率 = \frac{一定期間における製造間接費予算}{基準操業度}$$

$$予定配賦額 = 予定配賦率 \times 実際操業度$$

製造間接費予算は、固定予算と変動予算に大別される。

#### ① 固定予算

**固定予算**とは、予算期間において予定される一定の操業度に基づいて設定された予算である。操業度が変化しても、予算は固定されている。

## ② 変動予算

**変動予算**とは、予算期間において予定される範囲内における種々の操業度に対応して設定された予算である。変動予算には、**公式法変動予算**と**実査法（多桁式）変動予算**がある。

### (a) 公式法変動予算

原価を固定費と変動費に分け、予定される操業度の範囲内では、$y = a + bx$（$y$：予算額、$a$：固定費、$b$：変動費率、$x$：操業度）という一次関数の形で製造間接費を定義する方法である。

### (b) 実査法（多桁式）変動予算

基準操業度を中心として、予期される範囲内の種々の操業度を一定間隔に設け、各操業度に対応する複数の製造間接費予算を算定していく方法である。

# II 製造原価報告書

## 1 製造原価報告書

製造業では、貸借対照表と損益計算書のほかに製造原価報告書を作成する。

**製造原価報告書**は一定期間の製品にかかった原価を報告するものである。当期材料費は、当期の材料費の総額を示す。当期労務費は、当期の労務費の総額を示す。当期経費は当期の経費の総額を示す。期末仕掛品棚卸高は、未完成の製品の原価を示す。また、製造原価報告書の当期製品製造原価が、損益計算書の当期製品製造原価となることを理解しよう。

【 製造原価報告書と損益計算書 】

製造原価報告書 (単位：円)

| | | |
|---|---:|---:|
| I. 材料費 | | |
| 　1. 期首材料棚卸高 | 500 | |
| 　2. 当期材料仕入高 | 5,500 | |
| 　　　合　　計 | 6,000 | |
| 　3. 期末材料棚卸高 | 1,200 | |
| 　　　当期材料費 | | 4,800 |
| II. 労務費 | | |
| 　1. 賃　　金 | | |
| 　　　当期労務費 | 5,200 | 5,200 |
| III. 経費 | | |
| 　　　当期経費 | | 2,400 |
| 　　　当期製造費用 | | 12,400 |
| 　　期首仕掛品棚卸高 | | 800 |
| 　　期末仕掛品棚卸高 | | 400 |
| 　　　合　　計 | | 12,800 |
| 　　当期製品製造原価 | | 12,800 |

損益計算書 (単位：円)

| | | |
|---|---:|---:|
| I. 売上高 | | 18,000 |
| II. 売上原価 | | |
| 　1. 期首製品棚卸高 | 200 | |
| 　2. 当期製品製造原価 | 12,800 | |
| 　　　合　　計 | 13,000 | |
| 　3. 期末製品棚卸高 | 600 | 12,400 |
| 　　売上総利益 | | 5,600 |
| III. 販売費及び一般管理費 | | 1,600 |
| 　　営業利益 | | 4,000 |

# 2 製造原価報告書の作成

次の例題にある企業（Ｔ工業）の取引と仕訳を見ながら、先ほどの製造原価報告書の材料費、労務費、経費、当期製造費用、当期製品製造原価との関係について理解しよう。

## (1) Ｔ工業の取引（例題）

Ｔ工業では、製品を製造販売している。Ｔ工業では会計期間において、次の①〜⑨の取引があった。この例題では、便宜上、期首の材料棚卸高を500円、期首の仕掛品棚卸高を800円、期首の製品棚卸高を200円とし、労務費と経費の期首の残高はないものとする。また、1種類の製品の製造とする。

① 材料5,500円を購入し、代金は現金で支払った。
② 材料のうち、4,800円を製品製造のために消費した。
③ 工場の作業員に賃金5,200円を現金で支払った。
④ 上記の賃金5,200円を製品製造のためにすべて消費した。
⑤ 経費2,400円を現金で支払った。
⑥ 上記の経費2,400円を製品製造のためにすべて消費した。
⑦ 製品が完成した。このとき製品の当期製品製造原価は12,800円である。
⑧ 製品12,400円分を18,000円で販売した。なお、販売はすべて掛けである。
⑨ 商品販売のための営業職員の給料を600円、広告宣伝費1,000円を現金で支払った。なお、これらの費用はすべて販売費及び一般管理費で処理する。

## (2) Ｔ工業の取引と仕訳との関係

1で紹介した、Ｔ工業の取引に基づき仕訳を考えよう。仕訳で使用する勘定科目には、いくつか種類があるが、ここでは便宜上、仕訳で例示した勘定科目を使用する。

### ① 材料の購入

「①材料5,500円を購入し、代金は現金で支払った」という取引では、仕訳は次のようになる。

**【仕訳】**

（材　料）　　5,500　　（現　金）　　5,500

### ② 材料の消費

「②材料のうち、4,800円を製品製造のために消費した」とあるため、材料が消費されて仕掛品となることがわかる。

**【仕訳】**

（仕掛品）　　4,800　　（材　料）　　4,800

### ③ 賃金の支払い

「③工場の作業員に賃金5,200円を現金で支払った」という取引では、仕訳は次

第5章　原価計算の知識　**129**

のようになる。

**【仕訳】**

(賃　金)　　5,200　　(現　金)　　5,200

#### ④ 賃金の消費

「④上記の賃金5,200円を製品製造のためにすべて消費した」とあるため、賃金が消費されて仕掛品となることがわかる。

**【仕訳】**

(仕掛品)　　5,200　　(賃　金)　　5,200

#### ⑤ 経費の支払い

「⑤経費2,400円を現金で支払った」という取引では、仕訳は次のようになる。

**【仕訳】**

(経　費)　　2,400　　(現　金)　　2,400

#### ⑥ 経費の消費

「⑥上記の経費2,400円を製品製造のためにすべて消費した」とあるため、経費が消費されて仕掛品となることがわかる。

**【仕訳】**

(仕掛品)　　2,400　　(経　費)　　2,400

#### ⑦ 製品の完成

「⑦製品が完成した。このとき製品の当期製品製造原価は12,800円である」という内容にもとづき、未完成の仕掛品勘定が、完成品である製品勘定へ振り替えられる。仕訳は次のようになる。

**【仕訳】**

(製　品)　　12,800　　(仕掛品)　　12,800

#### ⑧ 製品の販売

「⑧製品12,400円分を製品18,000円で販売した。なお、販売はすべて掛けである」という取引から、仕訳は次のようになる。

**【仕訳】**

(売掛金)　　18,000　　(売　上)　　18,000
(売上原価)　12,400　　(製　品)　　12,400

⑨ 販売費及び一般管理費

「⑨商品販売のための営業職員の給料を600円、広告宣伝費1,000円を現金で支払った。なお、これらの費用はすべて販売費及び一般管理費で処理する」という内容から、仕訳は次のようになる。

【仕訳】

（販売費及び一般管理費）　1,600　　　（現　金）　1,600

## (3) 仕訳と勘定連絡図との関係

先ほど紹介した仕訳を勘定連絡図で示すと、次のようになる。勘定連絡図の中にある①～⑧は、(2)T工業の取引と仕訳との関係を示している。なお、図表の⑧は、(2)T工業の取引と仕訳との関係の⑧製品の販売の売上原価のみを反映している。

- 当期材料費4,800円と当期労務費5,200円、当期経費2,400円が、当期製造費用12,400円として仕掛品勘定に振り替えられる。
- 期首仕掛品棚卸高800円と当期製造費用12,400円の合計から、期末仕掛品棚卸高400円を引いたものが、当期製品製造原価12,800円となる。
- 当期製品製造原価12,800円が製品勘定に振り替えられる。
- 期首製品棚卸高200円と当期製品製造原価12,800円の合計から、期末製品棚卸高600円を引いたものが売上原価12,400円となる。
- 期末材料棚卸高1,200円と期末仕掛品棚卸高400円と期末製品棚卸高600円の合計額2,200円は、期末の貸借対照表の棚卸資産に記載される。

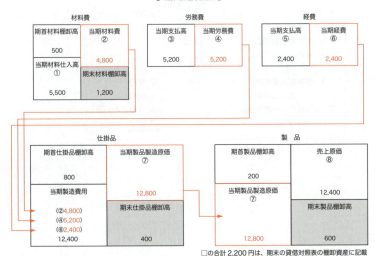

【勘定連絡図】

第5章　原価計算の知識　131

## (4)勘定連絡図と製造原価報告書・損益計算書との関係

製造原価報告書と損益計算書と勘定連絡図の関係は、次の図のようになる。なお、図表の⑧は、(2)T工業の取引と仕訳との関係の⑧製品の販売の売上高と売上原価の双方を反映している。⑨は、(2)T工業の取引と仕訳との関係の⑨販売費及び一般管理費を反映している。

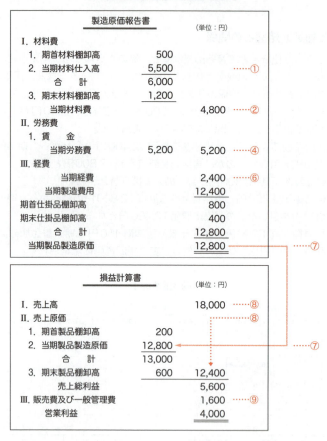

【 製造原価報告書と損益計算書 】

# III 原価計算の種類

## 1 原価計算の体系

　原価計算は、生産形態、原価の性質、原価の集計範囲によって、適した方法がある。原価計算の体系に統一されたものはないが、一般的によく使われる分類と体系を紹介する。

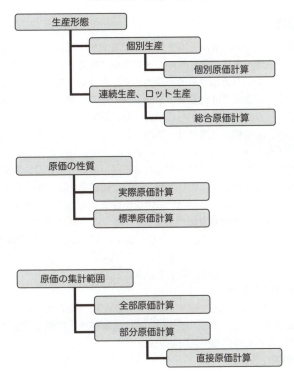

【 原価計算の分類と体系 】

## 2 製品原価計算

　原価計算では、経営活動による原価の流れを追跡し、記録し計算する。原価の認識、測定、分類、集計は、「費目別計算⇒部門別計算⇒製品別計算」の3段階の手続きで行われる。

第5章　原価計算の知識　133

## (1) 費目別計算

**費目別計算**は、一定期間による原価要素を費目別に分類する手続きである。原価計算における一定期間は、通常1ヵ月である。

費目別計算では、原価を直接費と間接費に分類し、必要に応じて機能別分類などを加味する。**機能別分類**は、原価が経営上のいかなる機能のために発生したかによる分類である。

たとえば、**材料費**は直接材料費と間接材料費に分類される。さらに機能別分類をすると**直接材料費**は、主要材料費、買入部品費に分類される。また、**間接材料費**は、補助材料費、工場消耗品費、消耗工具器具備品費に分類される。

## H30-08 (2) 部門別計算

**部門別計算**は、費目別計算で把握された原価要素を、原価部門別に分類集計する手続きである。原価を発生場所に集め、その場所で加工され、次の場所へと通過していく製品へ、合理的な方法で場所別原価を割り当てるために行われる。

たとえば、第1製造部門は自動車のエンジンの組立作業が中心で、第2製造部門は、自動車ボディの塗装作業が中心の場合、費目別計算で把握した原価を部門別に分けて把握する。小規模の企業では、部門に分かれていないため、部門別計算を省略する場合がある。

**原価部門**とは原価要素を分類集計する計算組織上の区分であり、製品の製造作業を直接行う部門であるか否かにより、製造部門と補助部門に大別される。**補助部門**とは、製造部門あるいは他の補助部門に用役を提供する部門のことである。

**補助部門**はさらに、**補助経営部門**(動力部、運搬部、修繕部など、製品の製造には直接従事しないものの、製造部門に直接用役を提供する部門)と**工場管理部門**(材料部、労務部、工場事務部など、工場全体の管理業務を行う部門)に分類される。

部門別計算は、通常2段階の計算手続を必要とする。

### ① 部門費の第1次集計

部門別計算の対象となる原価要素を部門個別費と部門共通費に分類し、各製造部門および各補助部門に集計する。部門個別費は当該部門に賦課し、部門共通費は適切な配賦基準によって関係部門に配賦する。

### ② 部門費の第2次集計

第1次集計によって集計された補助部門費を、その補助部門が用役を提供した関係部門に配賦する。補助部門が用役を提供する関係部門には他の補助部門もあるが、すべての部門費を製品へ割り当てる必要があるため、最終的には製造部門に集計される。補助部門相互間の用役授受の関係を計算上いかに処理するかにより次の3つの配賦方法がある。

**【補助部門費の配賦方法】**

| | |
|---|---|
| 直接配賦法 | 補助部門相互間の用役授受を計算上無視し、製造部門に対してのみ配賦する方法。 |
| 相互配賦法 | 補助部門相互間の用役授受を計算上も認め、製造部門と補助部門とに配賦していく方法。 |
| 階梯式配賦法 | 補助部門相互間の用役授受を計算上も一部認め、順位づけされた補助部門の上位から下位へと順次、配賦していく方法。 |

**【部門別計算の手続】**

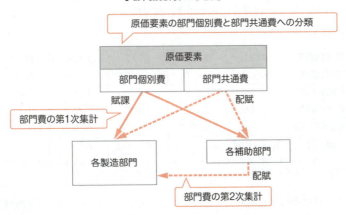

## (3) 製品別計算

**製品別計算**は、第1部門、第2部門のように部門別に分けた原価を、一定の製品単位に集計し、単位製品の製造原価を算定する手続きである。たとえば、車1台当たりの原価を計算する。

製品別計算のためには、製品に原価を集計する一定の製品単位、すなわち原価単位を定める。原価単位は、個数、時間数などをもって示す。

**【製品原価計算のフロー】**

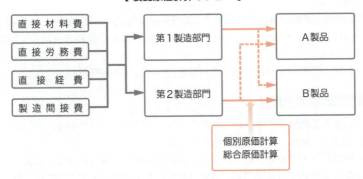

## 3 個別原価計算と総合原価計算

**製品別原価計算**は、大きく個別原価計算と総合原価計算に分類される。

### (1) 個別原価計算

顧客の注文に応じて製品を製造する個別生産型経営をしている企業は、個別原価計算を採用している。このような経営では、製造過程で、ある製品が他の製品と相互に区別して加工され、反復生産の可能性が低くなる。

個別原価計算制度を採用しているA社の当月における製造指図書別の製造・販売及び製造原価に関する【資料】にもとづき、当月の売上原価を求めてみよう。

〈 資料 〉

(単位：千円)

| 製造指図書 | #121 | #122 | #123 | #124 | 合　計 |
|---|---|---|---|---|---|
| 前月繰越 | 5,600 | 0 | 0 | 0 | 5,600 |
| 直接材料費 | 0 | 3,200 | 2,400 | 1,200 | 6,800 |
| 直接労務費 | 300 | 2,100 | 1,860 | 460 | 4,720 |
| 機械運転時間 | 100時間 | 900時間 | 700時間 | 200時間 | 1,900時間 |
| 備　考 | 完成・引渡 | 完成・引渡 | 完成・未渡 | 未完成 | — |

※製造間接費は機械運転時間に基づいて予定配賦している。本年度の製造間接費予算額は48,000千円（予定機械運転時間24,000時間）である。

製造間接費は機械運転時間にもとづいて予定配賦しているため、予定機械運転時間24,000時間に対する本年度の製造間接費予算額が48,000千円であることから、製造間接費は1時間当たり2千円となる。

当月の売上原価を求めるために、対象となる製造指図書は、備考欄に完成・引渡との記載がある#121及び#122となる。

① #121の売上原価は前月繰越、直接労務費、製造間接費の合計の6,100千円となる。

#121の売上原価＝5,600千円＋300千円＋2千円×100時間＝6,100千円

② #122の売上原価は直接材料費、直接労務費、製造間接費の合計の7,100千円となる。

#122の売上原価＝3,200千円＋2,100千円＋2千円×900時間＝7,100千円

③ 当月の売上原価は、#121の売上原価と#122の売上原価の合計の13,200千円となる。

当月の売上原価＝6,100千円＋7,100千円＝13,200千円

### (2) 部門別個別原価計算

**部門別個別原価計算**とは、部門別計算を行う個別原価計算である。部門別に集計される原価は、通常、製造間接費のみである。

部門別個別原価計算の手続において、製造直接費は各製造指図書に賦課され、製造間接費は部門個別費と部門共通費に分類され第1次集計・第2次集計を経て各部

門に賦課または配賦される。最終的に、各製造部門に集計された製造間接費は各製造指図書へ配賦される。

H29-08
H25-11
H23-10

### (3) 総合原価計算

　標準規格製品等の生産で、連続生産やロット生産を採用している企業は、総合原価計算を採用している。このような経営では、同じ規格の製品が、製造過程で同じように加工され、反復して生産される。

　総合原価計算での完成品原価の計算では、1ヵ月の製造費用の総額をその期間の生産量で除すことで完成品単価を算出する。

　月初に製造を開始して月末にすべて完成している場合は「完成品原価＝製造費用」になる。しかし、通常は月末には完成品だけでなく、仕掛品が発生するため、総製造費用を完成品および月末仕掛品に按分する必要がある。

　したがって、完成品原価は次のとおりになる。

> 完成品原価＝（月初仕掛品原価＋当月製造費用）－月末仕掛品原価

#### ① 総平均法による仕掛品原価の算出

　**総平均法**では、月初仕掛品原価と当月製造費用の合計額を完成品と月末仕掛品に按分する。

> 月末仕掛品直接材料費
>
> ＝（月初仕掛品直接材料費＋当月直接材料費）× $\dfrac{月末仕掛品量}{月初仕掛品量＋当月投入量}$

> 月末仕掛品加工費
>
> ＝（月初仕掛品加工費＋当月加工費）× $\dfrac{月末仕掛品換算量}{月初仕掛品換算量＋当月投入換算量}$

　**換算量**とは、仕掛品の数量に加工進捗度を乗じたものである。仕掛品の加工費を完成品基準で換算することができる。例えば、仕掛品の数量500個（加工進捗度60％）のとき、換算量は500個×60％＝300個となり、300個分の加工が完了していると換算する。

第5章 原価計算の知識　137

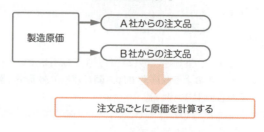

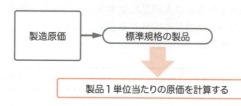

## 4 実際原価計算

**実際原価計算**とは、製品または用役の製造及び販売のために、実際に消費された原価を計算する方法である。過去の一定期間における損益ならびに期末における財政状態を財務諸表に表示するために、必要な真実の原価を集計することが中心となる。

## 5 標準原価計算

### (1) 標準原価計算の考え方①

　標準原価計算は、製品のコストダウンを図るために工夫された原価計算である。標準原価計算は目標値の標準原価と実際値である実際原価とを比較して、両者の差から無駄を見つけコストダウンにつなげる。

　たとえば、陸上選手は、1,500mを5分という目標を達成したら、次は4分台の目標を目指し練習するというように、レースでよい結果を出すために、目標を立てて練習する。

　標準原価計算も、企業が目標値の標準原価を設定し、生産工程の改善や資材購買先との交渉により目標を達成したら、さらなる目標値を設定し、生産活動の効率化を図る。

H19-08　原価計算は「価格×消費量」として計算される。実際原価は「実際価格×実際消費量」で計算され、「予定価格×実際消費量」で計算することもある。

　つまり、実際の消費量にもとづいて計算された原価が実際原価となる。標準原価

計算は、標準消費量を用いて標準原価を計算する。

## (2) 標準原価計算の考え方②

次の例題を解答しながら標準原価計算を学習しよう。

[ 例題 ]

> A社の第2製造部では部品Xを製造している。先日報告された、先月の実際原価発生額は、直接材料費3,450,000円（＝250円／個×13,800個）、直接労務費1,470,000円（＝1,400円／時×1,050時間）、製造間接費2,100,000円、合計で7,020,000円であった。先月の実際生産量は1,000個で、部品Xの実際原価は7,020円／個である。また、部品Xの標準原価カードは下図のとおりである。
>
> なお、製造間接費は変動予算を用いて分析し、能率差異は（実際直接作業時間－標準直接作業時間）×「標準配賦率」で計算する。変動予算は、変動費率が850円／時、固定費が1,155,000円（月額）である。

### 【 標準原価カードには次のように示される 】

| 直接材料費 | 230円／個 | 14個 | 3,220円 |
|---|---|---|---|
| 直接労務費 | 1,250円／時間 | 1時間 | 1,250円 |
| 製造間接費 | 1,850円／時間 | 1時間 | 1,850円 |
| 部品X 1個当たりの標準製造原価 | | | 6,320円 |

### ① 原価標準の算定

会計年度の初めに製品1個当たりの標準原価を設定する。これを**原価標準**といい、完成単位原価をあらかじめ決めていることが特徴である。

### ② 標準直接材料費の決定

標準直接材料費は「標準価格×標準消費量」で求める。企業が材料1個を230円で購入した場合、標準価格は230円／個となる。また、標準消費量は製品単位当たりの目標消費量で、部品Xは1単位当たり14個の材料消費が目標となっている。

### ③ 標準直接労務費の決定

標準直接労務費は「標準賃率×標準作業時間」で求める。標準原価カードを見ると、標準賃率は1,250円／時間、部品Xを1個作るのに必要な作業時間は1時間となる。標準直接労務費は「1,250円／時間×1時間＝1,250円」となる。

### ④ 標準間接費の決定

標準間接費は「標準配賦率×標準基準（時間・数量など）」で求める。ここでは「1,850円／時間×1時間＝1,850円」となる。なお、標準配賦率は「変動費率＋（固定費÷基準操業度）」で求める。

第5章　原価計算の知識　**139**

**【 標準配賦率の算出 】**

$$\text{標準配賦率} = \text{変動費率}850円/時間 + \frac{\text{固定費予算額（月額）}1,155,000円}{\text{基準操業度}1,155時間}$$
$$= 1,850円/時間$$

### (3) 標準原価計算の手順

期首に原価標準を算定し、原価計算期間に入り当月生産量が判明したら、当月標準原価を計算する。

#### ① 当月標準原価の計算
6,320円／個（原価標準）× 1,000個（当月の生産量）＝ 6,320,000円（当月標準原価）

月末に実際原価が集計され、標準原価と実際原価の差額が差異となる。

#### ② 差異の把握
6,320,000円（標準原価）− 7,020,000円（実際原価）＝△700,000円（差異）

差異の700,000円は、標準原価どおりであれば、700,000円のコストダウンの可能性を示している。毎月、毎月、月別処理を繰り返し、期末に12ヵ月分の差異を処理する。

**【 標準原価計算の手順 】**

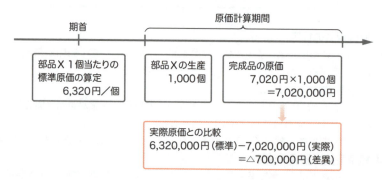

### (4) 標準原価差異の分析

標準原価差異には次のようなものがある。標準原価計算では、差異の総額を知るだけでは原価管理に役立てることはできない。そのため、差異の発生原因を把握することが必要である。差異の原因把握により、有効な対策を考えることができる。

【 標準原価差異の分析 】

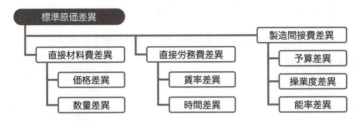

### ① 直接材料費差異

直接材料費差異は、価格差異と数量差異に分けて分析する。直接材料費差異と直接労務費差異の分析には、箱図を使用する。次の箱図に数値を記入しながら分析しよう。

(a) 価格差異

**価格差異における不利差異**は、材料を高い価格で購入したことによる材料費の超過額を表している。価格差異は材料価格の相場変動により発生する。

(b) 数量差異

**数量差異における不利差異**は、材料を多く消費したことによる材料費の超過額を表している。数量差異は工具の失敗や機械の不良などにより発生する。

【 箱図による直接材料費差異の分析 】

- (ア) 材料標準消費量：14個×1,000個＝14,000個
- (イ) 標準直接材料費：@230円×14,000個＝3,220,000円
- (ウ) 直接材料費総差異：3,220,000円－3,450,000円＝△230,000円
- (エ) 数量差異：(14,000個－13,800個)×@230円＝46,000円
- (オ) 価格差異：(@230円－@250円)×13,800個＝△276,000円

### ② 直接労務費差異

(a) 賃率差異

**賃率差異における不利差異**は、高い賃率になったことによる労務費の超過額を表している。賃率差異は賃金水準の変動などにより生じる。

(b) 時間差異

**時間差異における不利差異**は、作業時間がかかりすぎたことによる労務費の超過額を表している。具体的には、工員や監督の怠慢、作業上の失敗などがある。

**【箱図による直接労務費差異の分析】**

- （ア） 直接作業時間：1時間×1,000個＝1,000時間
- （イ） 標準直接労務費：@1,250円×1,000時間＝1,250,000円
- （ウ） 直接労務費総差異：1,250,000円－1,470,000円＝△220,000円
- （エ） 時間差異：（1,000時間－1,050時間）×@1,250円＝△62,500円
- （オ） 賃率差異：（@1,250円－@1,400円）×1,050時間＝△157,500円

### (5) 製造間接費差異の分析

製造間接費差異は、予算差異、操業度差異、能率差異を分析する。製造間接費の分析には、シュラッター＝シュラッターの図を用いる。

記入の順番は、①固定費予算、②基準操業度、③変動費・固定費の配賦率の算定となる。年間データの場合、月間データに修正して計算することが必要である。

#### ① 予算差異と操業度差異

**予算差異**は製造間接費の実際発生額と、実際直接作業時間に許容された製造間接費予算との差異である。また、**操業度差異**とは、実際作業時間が基準操業度に達しないときなどに生じる。**操業度差異が不利差異の場合**、実際作業時間が基準操業度を下回ったために生じた製造間接費の配賦不足を表している。原因は、需要が減少したことによる受注不足、機械の故障などによる生産停止などである。

#### ② 能率差異

**能率差異**は、不能率が発生したため製造間接費が無駄になったときなどに発生する。

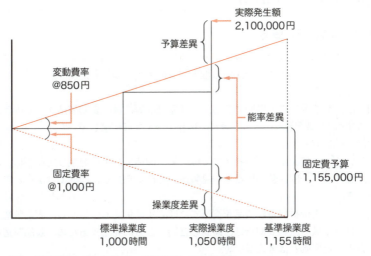

【 シュラッター＝シュラッターの図 】

- （ア）固定費率：@1,850円－@850円＝@1,000円
- （イ）標準操業度：1時間×1,000個＝1,000時間
- （ウ）基準操業度：1,155,000円÷@1,000円＝1,155時間
- （エ）製造間接費総差異：@1,850円×1,000時間－2,100,000円
  　　　　　　　　　　　　　　　　　　　　　　　＝△250,000円
- （オ）予算差異：@850円×1,050時間＋1,155,000円－2,100,000円
  　　　　　　　　　　　　　　　　　　　　　　　＝△52,500円
- （カ）能率差異：（1,000時間－1,050時間）×@1,850円＝△92,500円
- （キ）操業度差異：（1,050時間－1,155時間）×@1,000円＝△105,000円

## 6　全部原価計算

**全部原価計算**とは、製品製造にかかるすべての原価を計算し、個別の製品に割り振って（賦課して）いく計算方法である。

　全部原価計算は、財務会計・税務会計における売上原価の計算や棚卸資産の評価を行う目的で用いられる。一般的には実際原価計算（総合原価計算・個別原価計算）が用いられる。しかし、製品単位当たり製造原価の算出において、固定費の配賦額が売上高予算により異なるため、固定費の配賦額によって単位当たり利益も変動する。そのため全部原価計算は、利益計画や原価管理には用いにくいという問題点がある。

# 7 直接原価計算

## (1) 直接原価計算の概要

**直接原価計算**は、費用を変動費と固定費に分解し、製品別に売上高から変動費を控除して限界利益を求め、製品別の限界利益の合計額から固定費を一括控除して純利益を算出する。

図表は、製造原価の分類図である。全部原価計算では、変動製造原価も固定製造原価もすべて「製品原価」として考え、製品1つ1つに配賦していた。

直接原価計算では、変動製造原価だけを製品原価として扱い、固定費は期間原価としている。直接原価計算の考え方では、製品製造のために発生した原価は、変動製造原価であり、固定製造原価は製品製造のために発生した原価ではないと考えて計算する。

たとえば、直接材料費は製品を製造すれば必ず発生する。しかし、固定製造原価に含まれる機械の減価償却費は、時間の経過とともに発生するため、製品製造のために発生した原価とは考えない。

【 全部原価計算と直接原価計算の関係 】

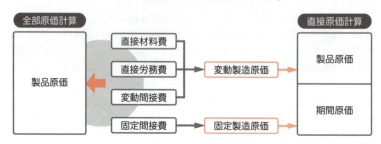

## (2) 全部原価計算と直接原価計算の損益計算書

全部原価計算では、売上高から売上原価を控除し、売上総利益を求め、販売費及び一般管理費を控除し営業利益を求める。一方、直接原価計算では売上高から変動費を控除し、限界利益を算出し、固定費を控除して営業利益を算出する。

直接原価計算の損益計算書で**変動製造マージン**は、売上高から変動売上原価を差し引いて算出した利益である。これは**変動製造差益**とも呼ばれる。

当期に発生した固定製造原価は期間原価として処理されるため、固定費の項目に記載される。

**【 全部原価計算と直接原価計算の損益計算書 】**

| 全部原価計算 | |
|---|---|
| Ⅰ．売上高 | ××× |
| Ⅱ．売上原価 | ××× |
| 　売上総利益 | ××× |
| Ⅲ．販売費及び一般管理費 | ××× |
| 　営業利益 | ××× |

| 直接原価計算 | |
|---|---|
| Ⅰ．売上高 | ××× |
| Ⅱ．変動売上原価 | ××× |
| 　変動製造マージン | ××× |
| Ⅲ．変動販売費 | ××× |
| 　限界利益 | ××× |
| Ⅳ．固定費 | |
| 　製造原価 | ××× |
| 　固定販管費 | ××× |
| 　営業利益 | ××× |

## ⑶ 直接原価計算のメリット・デメリット

　**直接原価計算のメリット**は、製品別・地域別・得意先別などの業績を評価するのに役立つことである。**デメリット**は、在庫品の原価を変動費で計算することは、財務会計や税務会計では認められていないことである。一般的に、直接原価計算はCVP分析と合わせて内部管理目的で使われる。

## ⑷ 生産量が期間利益に及ぼす影響

　全部原価計算を採用していると、販売量よりも生産量が上回る場合、製品1単位当たりの固定費は減少する。製品1単位当たりの固定費が減少すると、販売量が同じでも製品1単位当たりの原価が減少する。原価が減少することは、利益が増加することを意味する。

　直接原価計算の場合には、製造変動費のみで製品原価を計算するため、生産量が販売量を上回っても、製品原価は変動費のみで構成されているため、製品1単位当たりの原価は変化しない。

　次の図表を見ると、製品の販売量が3個と変わらないときに、生産量が5個から10個へと倍増すると、生産個数によって固定費が各製品へ配賦されることにより、製品1単位当たりの固定費額が20円から10円へと小さくなる。

　すると、販売量が変化していないのに、利益が増加する。売れ残りは、棚卸資産の増加につながる。

第5章　原価計算の知識　　**145**

**【 生産量が期間利益に及ぼす影響 】**

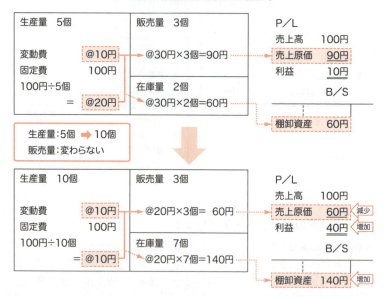

## 8 全部原価計算と直接原価計算の相違点

　直接原価計算では、棚卸資産原価は変動製造原価のみで計算される。そのため勘定連絡が全部原価計算と異なる。次の例題を解答しながら理解しよう。

**［例題］**
　次のデータにもとづき全部原価計算と直接原価計算の貸借対照表を作成しよう。ここでは勘定連絡がどのようになるかを把握しよう。

**〈 データ：単位は省略 〉**
直接材料費80、直接労務費70、製造間接費80（内、固定費30）、販売費及び一般管理費40（内、固定費15）、仕掛品の期首在庫60（内、固定費20）、仕掛品の期末在庫90（内、固定費30）、製品の期首在庫50（内、固定費20）、製品の期末在庫40（内、固定費30）、当期の売上高400

### (1) 直接原価計算方式の勘定連絡

#### ① 仕掛品（変動費）の処理

　直接原価計算では仕掛品はすべて変動費である。そこで、データにある製造間接費80から固定費30を控除した、50を仕掛品とする。直接材料費80と直接労務費70は変動費のため仕掛品とする。3つの費用の合計は200となり、当期の仕掛品発生額となる。
　仕掛品の期首在庫は60から固定費の20を控除した40となる。また、期末在庫は90から固定費の30を控除した60となるため、完成品は180となる。

② 製品（変動費）の処理

製品の期首在庫は50から固定費の20を控除した30となる。また、期末在庫は40から固定費の30を控除した10となる。完成品が180のため、売上原価は200となる。直接原価計算方式のため、売上原価は変動売上原価である。

③ 損益の計算

当期の売上高は400である。ここから、変動売上原価200、変動販管費の25と固定販管費の15、固定製造間接費30を控除する。すると営業利益130が算出される。

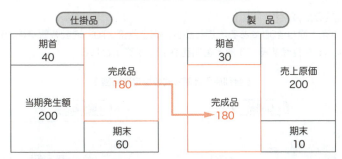

【 直接原価計算方式の勘定連絡図 】

① 期首の仕掛品の計算
　　直接原価計算方式の期首仕掛品在庫40
　　　　＝仕掛品の期首在庫60－固定費20
② 当期の仕掛品の計算
　　直接原価計算方式の製造間接費50
　　　　＝製造間接費80－固定費30
　　直接原価計算方式の当期仕掛品発生額200
　　　　＝直接材料費80＋直接労務費70＋製造間接費50
③ 当期の完成品の計算
　　直接原価計算方式の期末仕掛品60
　　　　＝仕掛品の期末在庫90－固定費30
　　直接原価計算方式の完成品180
　　　　＝期首仕掛品40＋当期仕掛品発生額200－期末仕掛品60＝完成品180
④ 期首の製品の計算
　　直接原価計算方式の期首製品在庫30
　　　　＝製品の期首在庫50－固定費20
⑤ 当期の売上原価の計算
　　直接原価計算方式の期末製品10
　　　　＝製品の期末在庫40－固定費30
　　直接原価計算方式の売上原価200
　　　　＝完成品180＋期首製品30－期末製品10

第5章　原価計算の知識

## (2) 全部原価計算方式の勘定連絡

### ① 仕掛品の処理

全部原価計算では製造間接費は製造原価に含める。仕掛品は、データにある製造間接費80と、直接材料費80、直接労務費70とする。3つの費用の合計は230となり、当期の仕掛品発生額となる。仕掛品の期首在庫は60、期末在庫は90のため、完成品は200となる。

### ② 製品の処理

製品の期首在庫は50、期末在庫は40となる。完成品が200のため、売上原価は210となる。

### ③ 損益の計算

当期の売上高は400である。ここから、売上原価210、変動販管費の25と固定販管費の15を控除する。すると営業利益150が算出される。

【 全部原価計算方式の勘定連絡図 】

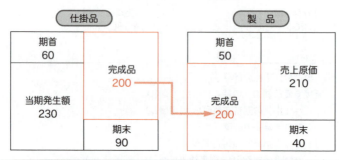

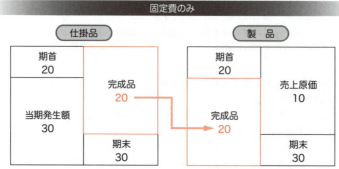

① 当期の完成品の計算
　　完成品200
　　　　＝仕掛品の当期発生額230＋期首仕掛品60－期末仕掛品90
② 当期の売上原価の計算
　　売上原価210
　　　　＝完成品200＋期首製品50－期末製品40

# 9 全部原価計算と直接原価計算の損益計算書 H28-08

全部原価計算による損益計算書の営業利益は、直接原価計算の場合と金額が異なることに注意しよう。

## (1) 直接原価計算と全部原価計算の営業利益

営業利益が異なる理由は、直接原価計算と全部原価計算では、固定製造原価（製造固定費）の取り扱いが異なるからである。全部原価計算の勘定連絡図の仕掛品勘定と製品勘定の固定製造原価部分と変動製造原価部分を上下に分けた。すると、変動部分は直接原価計算の方法と同じになる。

全部原価計算では、固定製造原価のうち売上原価に含まれる金額のみを当期に費用化するのに対して、直接原価計算では当期に発生した固定製造原価を当期中にすべて費用化するからである。

## (2) 固定費調整の計算方法

現行の原価計算制度では、直接原価計算による財務諸表の外部報告は認められない。そのため、企業内部で直接原価計算を採用した場合には、外部報告のために修正が必要となる。

修正する際には、次の公式を用いる。この公式は費用の増加が利益を減少させることに着目している。公式に当てはめて算出すると、全部原価計算の営業利益が算出される。例えば前記〔例題〕で直接原価計算の営業利益が130の場合、全部原価計算の営業利益は150になる。

**【 固定費調整の公式 】**

| 全部原価計算の営業利益 | = | 直接原価計算の営業利益 | + | 期末在庫品に含まれる製造固定費 | − | 期首在庫品に含まれる製造固定費 |
|---|---|---|---|---|---|---|

全部原価計算の営業利益150
＝直接原価計算の営業利益130
＋期末在庫品に含まれる製造固定費(30+30)
−期首在庫品に含まれる製造固定費(20+20)

# 10 連産品 H26-11

連産品とは、同一工程において、同一原料から必然的に生産される、相互に重要な経済的価値をもつ2種以上の製品をいう。各種製品に分離されるまでに共通に発生した原価を連結原価(結合原価)といい、各連産品に配賦する必要がある。

第5章 原価計算の知識 **149**

## R02-14 11 活動基準原価計算 (Activity-Based Costing)

　活動基準経営管理 (ABM) の基礎になるもので、間接費をその製品にかかる活動を基準に管理し、間接費の実態に合わせたコスト・ドライバー（配賦基準）により製品等への配賦計算することで、正確な製品原価を計算する手法である。

# 厳選!! 必須テーマ［○・×］チェック ——第5章——

## 過去20年間（平成13～令和2年度）本試験出題の必須テーマから厳選！

### ■■■ 問題編 ■■■　Check!!

**問1** (H28-06)　　　　　　　　　　　　　　　　　　　　　　　　　　［○・×］

原価計算基準上の原価のうち、総原価とは製造原価の合計額のことをいう。

**問2** (H27-07)　　　　　　　　　　　　　　　　　　　　　　　　　　［○・×］

個別原価計算における売上原価は、完成して引き渡した製品の製造原価を合計したものになる。

**問3** (H23-10)　　　　　　　　　　　　　　　　　　　　　　　　　　［○・×］

特定の製品を単一工程で大量生産しており、材料はすべて工程の始点で投入している場合、原価を直接材料費と加工費に分けるならば、加工進捗度に応じて発生する原価は加工費のみである。

**問4** (H28-06)　　　　　　　　　　　　　　　　　　　　　　　　　　［○・×］

原価計算基準における実際原価は、実際に発生した原価であって、予定価格が使われることはない。

**問5** (H15-10)　　　　　　　　　　　　　　　　　　　　　　　　　　［○・×］

直接材料費の差異分析では「数量差異＝標準価格×（標準消費数量－実際消費数量）」である。

**問6** (H24-09)　　　　　　　　　　　　　　　　　　　　　　　　　　［○・×］

直接原価計算を用いた事業部の業績評価では「セグメントとしての事業部が、各事業部に共通的に発生する固定費を回収し、さらに利益を獲得する」という考え方を基本にしている。

**問7** (R02-14)　　　　　　　　　　　　　　　　　　　　　　　　　　［○・×］

活動基準原価計算（ABC）で用いられる「活動」は、コスト・ドライバーと呼ばれる。

第5章　原価計算の知識　**151**

### ■■■ 解答・解説編 ■■■

**問1** ×：原価計算基準上の総原価には、販売費及び一般管理費も含める。

**問2** ○：設問文のとおり。

**問3** ○：加工費は、加工が進むほど増えるため、加工進捗度に応じて発生する。
しかし、材料は、すべて工程の始点で投入しているため、直接材料費の
発生は加工進捗度に関わらない。

**問4** ×：原価計算基準では「実際原価は、厳密には実際の取得価格をもって計算
した原価の実際発生額であるが、原価を予定価格等をもって計算しても、
消費量を実際によって計算する限り、それは実際原価の計算である」と
している。

**問5** ○：設問文のとおり。

**問6** ○：設問文のとおり。

**問7** ×：コスト・ドライバーは「配賦基準」である。

②がついた項目は2次試験でも活用する知識です

## 本章の体系図

## 本章のポイント

- 経営分析の意義について理解する
- 収益性分析について理解する
- 安全性分析について理解する
- 生産性分析について理解する
- 成長性分析について理解する
- CVP分析について理解する

# 第 **6** 章

## 経営分析の知識

**I** 収益性分析

**II** 安全性分析

**III** 生産性分析

**IV** 成長性分析

**V** CVP分析

# I 収益性分析

## 1 経営分析の概要

### (1) 財務諸表分析

**財務諸表分析**は、財務諸表の分析を通して企業の財政状態や経営成績などの良否を判定する。また、包括的な比率を分析し、原因を追究するために分析の範囲を細分化する。試験対策上、財務諸表分析は公式を覚えることが重要である。最低でも本書にある公式は計算できるようにしよう。

### (2) 時系列分析と競合他社分析

分析した数値を判断する基準として、①自社の過去と比較して判断する時系列分析、②競合他社と比較する競合他社分析などがある。比率の良し悪しを判断する場合、「自社の過去と比較して悪いのか?」「競合他社と比較して悪いのか?」を明確にする必要がある。

例「総資本回転率が、A社と比較して○○回悪化している。」

根拠となる「A社」を明記することにより、総資本回転率が、A社の数値と比較して悪いことが相手に伝わる。

## 2 収益性分析

R01-11
H29-11
H26-10
H26-07
H26-09
H25-05
H22-08
H21-07
H20-11

### (1) 収益性分析

**収益性分析**は、投下資本に対して満足な利益を獲得しているか否かを検討する分析である。収益性を測定する基本指標は、「資本利益率」である。

「資本利益率」は算定する「資本」と「利益」に用いる科目が、分析の主体、目的、対象により異なる。用いる利益には、営業利益、経常利益、当期純利益(純利益)がある。

### (2) 総資本経常利益率の分解

総資本経常利益率の算出式は、売上高で「売上高経常利益率」と「総資本回転率」に分解できる。分解することで、より詳しい企業の財務諸表分析が可能となる。

分析結果の評価は、「売上高経常利益率」と「総資本回転率」が大きいほど、一般的にはよい企業といえる。

156　第1部　テキスト

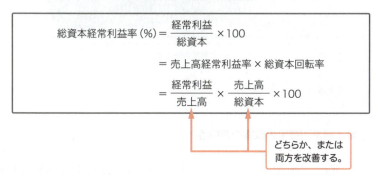

### ① 総資本経常利益率の分母

総資本経常利益率の計算では、一般的に期末時点の総資本額を使用する。しかし、より実態に即した計算を行う場合や期首と期末で総資本額が大きく異なるときは、期首総資本額と期末総資本額を平均した値を使用する。

本試験では、問題文を注意して読み、分母に用いる数値が「1期間の数値」か「平均値の数値」かを判断しよう。総資本に平均値を用いる場合には、期首と期末の総資本を合計して、2で除す。

### ② 総資本回転率

売上高経常利益率と並んで総資本経常利益率を決定する要因は、総資本回転率である。**総資本回転率**は、資本の運用効率を示す指標である。回転率は、総資本だけでなく、棚卸資産、売上債権、有形固定資産の効率測定にも使われる。

会社が調達した資本は資産として運用される。貸借対照表で学習したように「総資本の額=総資産の額」であるため、総資本回転率の算式では資産合計を使用する。

同じ業界に属するA社とB社の総資本が、ともに100億円で、売上高はA社が200億円、B社が100億円とすると、総資本回転率はA社が2回転、B社が1回転となり、A社のほうが総資本を効率よく利用していると判断される。

【 回転率と売上高の関係 】

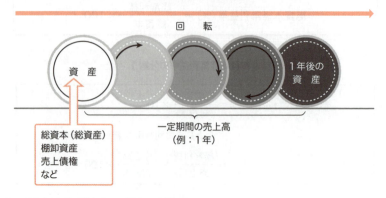

③ **総資本経常利益率の改善の方向性**
総資本経常利益率を改善するためには、「売上高経常利益率」と「総資本回転率」に分解し、各比率のどちらか、または両方を改善する。注意点は、両方同時の改善が無理な場合は、業種・業態を考えてから改善の方向性を示すことである。
たとえば、百貨店の場合には、利益率の高い商品を扱っているため、利益率を重視し、ディスカウントストアは、店舗の建築にコストをかけず、利益率の低い商品を扱うため、回転率を重視する。

H23-09 (3) **売上高利益率の分析**
売上高利益率には、①売上総利益を売上高で除した売上高総利益率、②営業利益を売上高で除した売上高営業利益率、③経常利益を売上高で除した売上高経常利益率などがある。

① **売上高総利益率**
企業の製品や商品の収益力を示す。

【 公式 】

$$売上高総利益率(\%) = \frac{売上総利益}{売上高} \times 100$$

② **売上高営業利益率**
企業の製品や商品の収益力＋販売力や管理力を示す。

【 公式 】

$$売上高営業利益率(\%) = \frac{営業利益}{売上高} \times 100$$

### ③ 売上高経常利益率

企業の製品や商品の収益力＋販売力や管理力＋資本の調達と運用力を示す。

【 公式 】

$$売上高経常利益率 (\%) = \frac{経常利益}{売上高} \times 100$$

> R02-11
> H30-21
> H29-11
> H26-09
> H24-17
> H19-12
> H19-17

## ⑷ ROE (Return on Equity：自己資本当期純利益率) の概要

株主の最大関心事は、株主の持分である株主資本（会社法の下では、管理会計上の自己資本）に対して配当原資となる利益、すなわち当期純利益がどれだけあるかということを示す指標である。

【 公式 】

$$ROE (\%) = \frac{当期純利益}{自己資本} \times 100$$

## ⑸ ROA (Return on Asset：総資産当期純利益率) の概要

ROEは株主資本に対して、当期純利益がどれだけあるかを示す指標である。一方で、債権者から調達した資本も含めた総資本（＝総資産）に対して、当期純利益がどれだけあるかを示す指標がROAである。

【 公式 】

$$ROA (\%) = \frac{当期純利益}{総資産} \times 100$$

## ⑹ 回転率の分析

> H20-11

### ① 売上債権回転率

売上債権回転率は売上債権の回収効率を示す指標である。売上債権は、受取手形・売掛金の未回収残高である。売上高が増加傾向の企業でも、売上債権が増加している場合には、資金繰りが良好とはいえない。分析結果の単位は (回) である。

【 公式 】

$$売上債権回転率 (回) = \frac{売上高}{売上債権}$$

### ② 棚卸資産回転率

棚卸資産回転率は、製品や商品などの効率性を示す指標である。棚卸資産には、

第 6 章　経営分析の知識　**159**

商品・製品・半製品・仕掛品・原材料・貯蔵品が含まれている。貸借対照表では流動資産に記載される。理論上は、分子に売上原価を用いたほうが望ましいとされる。

**【 公式① 】**

$$棚卸資産回転率（回）= \frac{売上高}{棚卸資産}$$

**【 公式② 】**

$$棚卸資産回転率（回）= \frac{売上原価}{棚卸資産}$$

### ③ 有形固定資産回転率

**有形固定資産回転率**は、有形固定資産の利用効率を示す指標である。有形固定資産回転率が高ければ、有形固定資産の利用効率が高いことを意味する。有形固定資産の金額の算出では建設仮勘定を除去し、減価償却累計額を控除後の数値を用いることが一般的である。

**【 公式 】**

$$有形固定資産回転率（回）= \frac{売上高}{有形固定資産}$$

## ⑺ 回転期間の分析

回転率による分析に対して逆数の概念を適用すると「回転期間による分析」になる。回転期間による分析では、回転率による分析の内容を期間の観点から行うことになる。月単位で分析する場合には、各公式の分母の金額を12で除すが、日単位で分析する場合は、分母の金額を365で除す。

**【 公式 】**

$$総資本回転期間（月）= \frac{総資本}{売上高 \div 12}$$

$$売上債権回転期間（月）= \frac{売上債権}{売上高 \div 12}$$

$$棚卸資産回転期間（月）= \frac{棚卸資産}{売上高 \div 12}$$

160　第1部　テキスト

# II 安全性分析

安全性分析は、貸借対照表を中心とする分析である。短期の支払能力を測る短期安全性分析、長期の資金調達の健全性を測る長期安全性分析、自己資本と負債の割合を分析する資本構成の安全性分析がある。

## 1 短期安全性分析

### (1) 流動比率

流動比率は、短期支払能力を測定する指標である。1年以内に資金化できる流動資産と返済しなければならない流動負債とを分析する。たとえば流動比率が200%あれば、仮に流動資産の換金額が半分でも、流動負債の返済が可能である。例えば、自己株式を現金で取得・消却した場合、現金が減って流動比率が悪化し、自己資本が減ってROEが向上する。

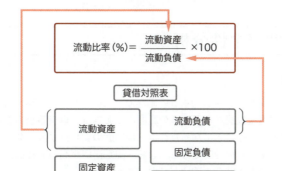

【流動比率】

※「純資産」は便宜上、「自己資本」としている。

### (2) 当座比率

当座比率は、流動比率と同様に、短期支払能力を測定する指標である。ただし、流動比率よりも厳しい観点から短期支払能力を測定する。当座比率は、流動資産内の当座資産(現金預金、受取手形、売掛金、有価証券)と、流動負債との比率である。
なお、貸倒引当金がある場合は、売上債権から貸倒引当金を控除して当座資産を求めることが一般的である。また、当座資産の定義を「流動資産から棚卸資産を控除したもの」とする簡便的な方法もある。

**【 当座比率 】**

$$当座比率（\%）=\frac{当座資産}{流動負債}\times100$$

当座資産

貸借対照表

| 流動資産 | 流動負債 |
| --- | --- |
| 固定資産 | 固定負債 |
| 繰延資産 | 自己資本 |

R02-11
H29-11
H29-12

## 2 長期安全性分析

### ⑴ 固定比率

　**固定比率**は固定資産と自己資本との比率で、固定資産投資の安全性を測定する指標である。固定資産投資が自己資本の範囲内であれば、返済義務のない調達源泉で固定資産を賄っていることになるため資金調達面の安全性が高くなる。

　100％以下が理想的な目安である。なお、固定比率が高い会社は、固定長期適合率と長期借入金の返済状況の確認が必要である。

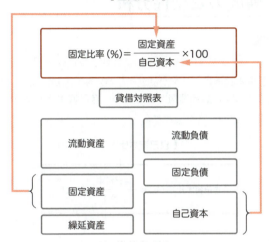

### (2) 固定長期適合率

**固定長期適合率**は固定資産と自己資本及び固定負債との比率であり、固定比率と同様に、固定資産投資の安全性を測定する指標である。ただし、固定比率よりも緩やかな観点から固定資産投資の安全性を測定する。固定長期適合率が100%を超過している場合には、短期資金が固定資産の投資に使われていることになる。

固定長期適合率と流動比率は表裏一体の関係にある。貸借対照表を見ると、固定長期適合率の上部が流動比率の構成要素の流動資産と流動負債となる。そのため、流動比率の優れた企業は固定長期適合率もよい数値になる。

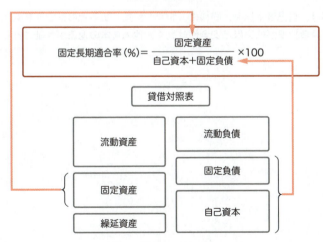

## 3 資本構成の安全性分析

### (1) 自己資本比率

**自己資本比率**は、総資本（流動負債＋固定負債＋自己資本）に占める自己資本の割合を示す。自己資本比率は、企業が調達した資金の安定度を測定する指標である。自己資本は返済義務のない調達源泉であるため、自己資本比率が高いほど資金の安全性が高い企業といえる。

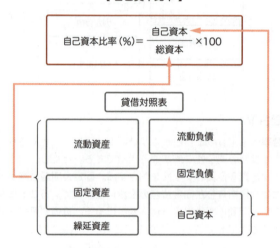

【自己資本比率】

$$自己資本比率(\%) = \frac{自己資本}{総資本} \times 100$$

### (2) 負債比率

**負債比率**は、自己資本比率と同様に、企業が調達した資金の安定度を測定する指標である。負債比率が低いほど安全性は高く、他人資本の返済が保証される。

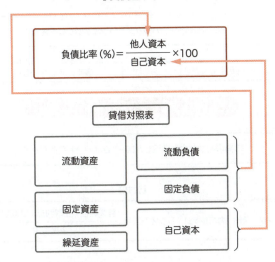

## 4 その他安全性分析

### (1) インタレスト・カバレッジ・レシオ

**インタレスト・カバレッジ・レシオ**は、事業利益（営業利益および金融収益）を金融費用で除して求める。これは、本業の利益である営業利益に対する金融費用の影響を示す指標である。

この比率は高いほどよい。有利子負債が少なければ支払利息が少なくなり、支払利息が少なければインタレスト・カバレッジ・レシオは高くなる。

分子を「営業利益＋受取利息＋受取配当金＋有価証券利息」とする場合もある。また、分母の金融費用には、支払利息以外に、社債利息、売上割引、手形売却損などが含まれる。

## 【 インタレスト・カバレッジ・レシオ 】

インタレスト・カバレッジ・レシオが低くなる要因

有利子負債が多い

事業の利益が少ない

比率が１倍以下の状態

事業の利益が金融費用をカバーできない ➡ 危険な状態

## 【公式】

$$インタレスト・カバレッジ・レシオ (倍) = \frac{営業利益＋受取利息＋受取配当金}{金融費用}$$

# III 生産性分析

## 1 生産性分析の概要

### (1) 生産性

**生産性**とは、生産の効率の度合いを示す指標である。ある単位期間に生産される生産物の総量（アウトプット）を、その期間に投入された生産要素の総量（インプット）で除した値で示される。

アウトプットは、経営資源の投入の結果、生み出された「付加価値」である。インプットは企業にある、「人・モノ・カネ・情報」などの経営資源である。

### (2) 付加価値の計算

付加価値は、企業活動によって新たに生み出された価値である。付加価値に統一された定義はないが、一般的には以下のように考える。

#### ① 控除する考え方

売上高から外部購入価値を控除することで求める。外部購入価値には、材料費、購入部品費、外注加工費、外部用役費（荷造運送費・梱包費・燃料費・電力費など）、商品仕入高、業務委託費などが該当する。

**【控除する考え方】**

付加価値 ＝ 売上高－外部購入価値

#### ② 積み上げる考え方

付加価値を生み出す項目を加算することにより求める。

**【積み上げる考え方】**

付加価値 ＝ 経常利益＋労務費＋人件費＋支払利息及び手形売却損
　　　　　－受取利息配当金＋賃借料＋租税公課＋減価償却費

※人件費には、給与のほか、賞与、退職金、法定福利費などが含まれる。

## 2　生産性分析

　生産性は「労働生産性」と「資本生産性」によって測定される。本書では「労働生産性」を中心に学習する。

【 生産性分析 】

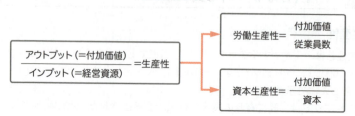

### (1) 労働生産性（付加価値労働生産性）

　付加価値を生み出す最大の原動力は労働力である。**労働力の生産性**は従業員1人当たり付加価値によって測定される。

　従業員の変動が大きい場合には、平均従業員数で計算する。平均従業員数は、（期首従業員数＋期末従業員数）÷2によって計算される。労働生産性は数値が大きいほどよいとされる。

### (2) 労働生産性の分解分析

　労働生産性に影響を与えている原因を細分化して追究するために、式を分解する方法がある。

【 労働生産性の分解分析 】

#### ① 売上高による分解

　売上高による分解は公式のとおりである。「従業員1人当たり売上高」も「付加価値率」も高いほどよい。売上高が増加傾向のときには、受注に対応するためアウトソーシングを多用するようになる。そこで付加価値率を分析して、外部購入価値が上昇していないかをチェックする。

**【公式】**

$$労働生産性＝従業員1人当たり売上高×付加価値率$$

$$\frac{付加価値}{従業員数} = \frac{売上高}{従業員数} \times \frac{付加価値}{売上高}$$

## ② 有形固定資産による分解

有形固定資産による分解は公式のとおりである。**労働装備率**により、従業員1人当たり有形固定資産がわかる。**設備生産性**は設備の利用効率を示し、時系列分析、競合他社分析をすると有効である。なお、**労働装備率**は資本装備率とも呼ばれる。**設備生産性**は、資本生産性、設備投資効率とも呼ばれる。

**【公式】**

$$労働生産性＝労働装備率×設備生産性$$
$$＝労働装備率×有形固定資産回転率×付加価値率$$

$$= \frac{有形固定資産}{従業員数} \times \frac{付加価値}{有形固定資産}$$

$$= \frac{有形固定資産}{従業員数} \times \frac{売上高}{有形固定資産} \times \frac{付加価値}{売上高}$$

## ③ 総資本による分解

総資本による分解は公式のとおりである。**資本集約度**は、従業員1人当たりの資本である。

総資本を増加させれば、資本集約度が改善し、計算上は労働生産性が改善する。しかし、総資本が増加するだけでは、総資本回転率が低下するため、資本集約度の増加とともに売上高と付加価値額も増加させる必要がある。

**【公式】**

$$労働生産性＝資本集約度×総資本付加価値率$$
$$＝資本集約度×総資本回転率×付加価値率$$

$$= \frac{総資本}{従業員数} \times \frac{付加価値}{総資本}$$

$$= \frac{総資本}{従業員数} \times \frac{売上高}{総資本} \times \frac{付加価値}{売上高}$$

## ④ 人件費による分解

人件費による分解は公式のとおりである。人件費には、給料・賃金・賞与・退職金のほか、法定福利費・福利厚生費も含む。人件費を付加価値で除したものを**労働分配率**という。

労働分配率は、人件費が付加価値のどれくらいの割合を占めているのかを示す。労働分配率が高くても賃金水準が高いわけではない。賃金水準が低くても、付加価値額が小さければ、労働分配率は高くなる。

労働分配率は、比率の優劣を判断するのではなく、人件費の総額の決定や金額の妥当性を判断する。

**【公式】**

$$労働生産性＝従業員1人当たり人件費÷労働分配率$$

$$\frac{付加価値}{従業員数} = \frac{人件費}{従業員数} \times \frac{付加価値}{人件費}$$

$$= \frac{人件費}{従業員数} \div \frac{人件費}{付加価値}$$

# IV 成長性分析

## 1 成長性分析の概要

売上高及び経常利益の成長性は、基準時点の値に対する、評価時点の値または変化した値の比で表す。

## 2 成長性分析の例題

次の比較損益計算書（要約）にもとづき、前々期第21期の売上高が950百万円、経常利益が133百万円であるとき、成長性の変化を考えよう。

比較損益計算書（要約）

（単位：百万円）

| 科　　　目 | 前期（第22期） | 当期（第23期） |
|---|---|---|
| 売　上　高 | 1,000 | 1,200 |
| 売　上　原　価 | 450 | 530 |
| 　売上総利益 | 550 | 670 |
| 販売費及び一般管理費 | 430 | 550 |
| 　営　業　利　益 | 120 | 120 |
| 営業外収益 | 40 | 60 |
| 営業外費用 | 30 | 60 |
| 　経　常　利　益 | 130 | 120 |
| 特　別　利　益 | 10 | 20 |
| 特　別　損　失 | 20 | 30 |
| 　税引前当期純利益 | 120 | 110 |
| 法　人　税　等 | 50 | 45 |
| 　当期純利益 | 70 | 65 |

売上高及び経常利益について、成長性の評価値を「基準時点の値に対する、評価時点の値の比」にて計算すると、次のようになるため、「売上高の成長性は上昇し、経常利益の成長性は低下した」ことがわかる。

| | 売上高の成長性 | 経常利益の成長性 |
|---|---|---|
| 前々期〜前期 | $1.05$倍$\left(\dfrac{1,000百万円}{950百万円}\right)$ | $0.98$倍$\left(\dfrac{130百万円}{133百万円}\right)$ |
| 前期〜当期 | $1.20$倍$\left(\dfrac{1,200百万円}{1,000百万円}\right)$ | $0.92$倍$\left(\dfrac{120百万円}{130百万円}\right)$ |

※数値については、小数点第3位を四捨五入している。

第6章　経営分析の知識　171

# V CVP分析

## 1 CVP分析の概要

CVP分析は、費用(Cost)、操業度(Volume)、利益(Profit)の各要因の関係式を用いて行われる。操業度は販売数量や売上高などで測定する。

【 CVP分析 】

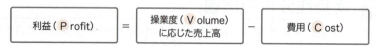

### (1) 費用分解

CVP分析では総費用を変動費と固定費の2つに分解する。総費用とは、一般的に製造原価と販売費及び一般管理費の合計である。総費用は、生産販売した製品数量(操業度)との関係で変動費と固定費の2つに分類される。

#### ① 変動費
**変動費**とは、操業度(販売量、生産量、作業時間など)の増減に応じて、一定期間の総額において比例的に変動する原価要素である。具体的には、非製造業の仕入原価や製造業の直接材料費、外注加工費、買入部品費、間接材料費、出来高払いの労務費などがある。操業度に対する変動費の比を**変動費率**と呼ぶ。

#### ② 固定費
**固定費**とは、操業度の増減にかかわりなく、一定期間の総額が変化しない原価要素である。具体的には、直接労務費(時間給部分を除く)、減価償却費、保険料、電気料、ガス料、水道料、不動産賃借料、固定額払いの労務費などがある。

### (2) 費用分解の方法(勘定科目法)

費用を変動費と固定費に分解することを**費用分解**という。**勘定科目法**は損益計算書や製造原価報告書の中の費用や原価を勘定科目ごとに性質を勘案して、「減価償却費は固定費、人件費は変動費」というように変動費と固定費に分類する方法である。

### (3) 費用分解の方法 (2つの時点の総費用の差と売上高の差から変動費と固定費を算出する方法)

#### ① 2期間の総費用と売上高の差から求める方法

第20期及び第21期の決算書のデータを使用して、営業利益の算出に関する費用を変動費と固定費に分解したい。そこで、両方の期で変動費率と固定費は変わらないものとして、変動費率と固定費の金額を計算しよう。

簡略損益計算書

(単位：百万円)

| 科　　目 | 第20期 | 第21期 |
|---|---|---|
| 売　　上　　高 | 212 | 176 |
| 売　上　原　価 | 137 | 117 |
| 売　上　総　利　益 | 75 | 59 |
| 販売費及び一般管理費 | 71 | 64 |
| 営　業　利　益 | 4 | −5 |

### (a) 変動費率の計算

文中にある「変動費率と固定費は変わらない」「営業利益の算出に関する費用」という制約条件から、売上原価と販売費及び一般管理費を合計し、総費用を求める。総費用と売上高を次の式に代入して変動費率を求める。

**【 変動費率の算出式① 】**

$$変動費率 = \frac{第21期の総費用 - 第20期の総費用}{第21期の売上高 - 第20期の売上高}$$

$$= \frac{(117+64)百万円 - (137+71)百万円}{176百万円 - 212百万円}$$

$$= \frac{181百万円 - 208百万円}{176百万円 - 212百万円} = 0.75 ➡ \boxed{75\%}$$

### (b) 第20期の固定費の計算

損益分岐点売上高公式の「1 −変動費率 ＝限界利益率」という関係から、「限界利益率 ＝ 1 − 0.75 ＝ 0.25（25%）」となる。

限界利益 ＝ 212百万円 × 0.25 ＝ 53百万円

限界利益が53百万円のとき、営業利益 ＝ 4百万円

固定費 ＝ 53百万円 − 4百万円 ＝ 49百万円

## ② 最高の業務量と最低の業務量の差から求める方法

過去の業務データを調査して、最高の業務量と最低の業務量のデータを取り出し、両者間の原価の動きを直線とみなし、変動費と固定費の金額を計算しよう。

**【 変動費率の算出式② 】**

| 月 | 製品生産量（個） | 製造間接費（千円） |
|---|---|---|
| 4 | 5,000 | 420 |
| 5 | 3,000 | 320 |
| 6 | 4,000 | 380 |
| 7 | 6,000 | 420 |
| 8 | 9,000 | 560 |
| 9 | 7,000 | 500 |

高点　　　　低点

$$変動費率 = \frac{高点の原価-低点の原価}{高点の生産量-低点の生産量}$$

$$= \frac{560千円-320千円}{9,000個-3,000個}$$

$$= 40円／個$$

#### (a) 業務量の多い点と少ない点を見つける

　図表のデータから生産量と製造間接費が、最高の8月と最低の5月との差を考える。そして、8月と5月の差を変動費の発生によるものと考える。ここでは、3,000個から9,000個に増加したときに、増加分をすべて変動費とする。

#### (b) 高点と低点から傾きを求める（変動費の算出）

　分子に変動費の増加分を、分母に生産量の増加分を用いる。つまり、2点間の変動費の変化額を2点間の生産量の変化額で除す。

#### (c) 固定費額を求める

　　　固定費額＝低点の原価－変動費率×低点の生産量
　　　　　　　＝320,000－（40円×3,000個）＝200,000

R02-21
H25-08
H24-11
H23-11
H22-09
H19-10

## 2　損益分岐点分析

### (1) 損益分岐点

　**損益分岐点（BEP：Break Even Point）**とは、売上高＝総費用となる点である。損益分岐点では、利益がゼロとなる。損益分岐点での営業量は、企業にとって最低限達成しなければならない生産・販売量である。売上高が損益分岐点を上回ると利益が発生し、下回ると損失が発生する。

### (2) 損益分岐点売上高の求め方

　売上高、費用、利益の一般的な関係は、次の算式で表すことができる。売上高、費用、変動費、固定費、利益の関係を式で示すと、次のようになる。

#### ① 基本公式：売上高＝変動費＋固定費＋利益

　基本公式から損益分岐点売上高を求める公式を求める。売上高をS、変動費をV、変動費率をv、固定費をF、利益をPとする。

　　　　　　　S（売上高）－V（変動費）－F（固定費）＝P（利益）

　変動費は、売上高×変動費率（v）となる。

174　第1部　テキスト

$$S - (S \times v) - F = P$$

損益分岐点売上高では利益はゼロのため、P＝0とする。

$$S - Sv - F = 0 \qquad S(1 - v) = F \qquad S = F / (1 - v)$$

【 損益分岐点図表 】

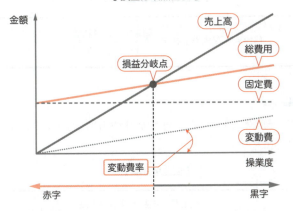

### (3) 損益分岐点売上高

（売上高－変動費）を**限界利益**、（1－変動費率）を**限界利益率**と呼ぶ。公式は限界利益率を用いて変形することができる。**変動費率**とは、変動費を売上高で除したものである。損益分岐点売上高は低い方がよい。

【 損益分岐点売上高 】

$$損益分岐点売上高 = \frac{固定費}{1-変動費率} = \frac{固定費}{限界利益率}$$

### (4) 損益分岐点販売数量

損益分岐点での販売数量は、損益分岐点における販売数量を求める公式で算出する。

【 損益分岐点販売数量 】

$$損益分岐点販売数量 = \frac{固定費}{販売単価 - 単位当たり変動費}$$

$$= \frac{固定費}{単位当たり限界利益}$$

H30-11
H26-07　**(5) 目標利益達成売上高**
H20-12

**目標利益達成売上高**とは、目標利益を達成するための売上高や生産販売量である。

【 目標利益達成売上高 】

$$目標利益達成売上高 = \frac{固定費＋目標利益}{1－変動費率}$$

H21-08　**(6) 安全余裕率**

**安全余裕率**は、安全率とも呼ばれ、売上高が損益分岐点売上高をどれだけ上回っているかを示す比率である。

【 安全余裕率 】

$$安全余裕率 = \frac{売上高－損益分岐点売上高}{売上高} \times 100$$

$$= 100\% － 損益分岐点比率$$

H28-08
H27-10　**(7) 損益分岐点比率**

**損益分岐点比率**は、売上高に対する損益分岐点売上高の比率である。

【 損益分岐点比率 】

$$損益分岐点比率(\%) = \frac{損益分岐点売上高}{売上高} \times 100$$

H27-10　**(8) 損益分岐点の引下げ策**

**① 販売単価の引上げ**

販売単価の引上げにより、売上高の線の傾きが急になり、総費用の線と売上高の線との交点（損益分岐点）が下に移動する。

**② 変動費率の低減**

変動費率の低減により、変動費率の線の傾きが緩やかになり、総費用線の傾きも緩やかになるため、総費用の線と売上高の線との交点（損益分岐点）が下に移動する。

**③ 固定費の削減**

固定費の削減により、固定費の線が下がるため、総費用の線も下がり、総費用の線と売上高の線との交点（損益分岐点）が下に移動する。

176　第1部　テキスト

# 3 限界利益と貢献利益

H24-09

## ⑴ 事業部の業績評価

事業部の業績評価の基準は企業によって異なるが、試験対策上は、事業部の業績評価に限界利益や貢献利益を用いる。

## ⑵ 限界利益

限界利益とは、売上高から変動費を差引いた利益である。

> 限界利益＝売上高－変動費

一方、「売上高－変動費＝固定費＋利益」なので、次のように考えることもできる。

> 限界利益＝固定費＋利益

## ⑶ 貢献利益

貢献利益には、一般的に２つの定義がある。中小企業診断士試験では②の概念で出題される。

### ① 限界利益と同義とするもの

限界利益のことを貢献利益と呼ぶものである。

### ②「限界利益－個別固定費」とするもの

限界利益は、固定費を差引く前の利益である。その観点から、限界利益で業績評価をする理由は「事業部の管理可能費（裁量可能原価）＝変動費」、「事業部の管理不能費（裁量不能原価）＝固定費」と考えているからである。

しかし、固定費のすべてが事業部と無関係であるとは限らない。そこで、個別の事業部に紐づく固定費を「**個別固定費**」と呼び、個別固定費は事業部に管理責任を持たせる。この場合、個別の事業部に紐づかない固定費は「**共通固定費**」と呼ぶ。

> 貢献利益＝限界利益－個別固定費

一方、「売上高－変動費－個別固定費＝共通固定費＋利益」なので、次のように考えることもできる。

> 貢献利益＝共通固定費＋利益

第６章　経営分析の知識　　**177**

# 厳選!! 必須テーマ［○・×］チェック ── 第6章 ──

**過去20年間（平成13～令和2年度）本試験出題の必須テーマから厳選！**

■■■ **問題編** ■■■　　　　　**Check!!**

**問1**（H24-17改題）　　　　　　　　　　　　　　　　　　　　　　　[○・×]
ROEは、ROE（%）＝ $\dfrac{当期純利益}{自己資本}$ ×100 と定義される。

**問2**（H19-09改題）　　　　　　　　　　　　　　　　　　　　　　　[○・×]
流動比率は当座比率よりも厳しい観点から短期支払能力を測定する。

**問3**（H20-11）　　　　　　　　　　　　　　　　　　　　　　　　[○・×]
固定比率が良好になる場合、固定比率の値は低下する。

**問4**（H24-10設問1改題）　　　　　　　　　　　　　　　　　　　　[○・×]
付加価値率は、付加価値率（%）＝ $\dfrac{付加価値}{売上高}$ ×100 と定義される。

**問5**（H24-22）　　　　　　　　　　　　　　　　　　　　　　　　[○・×]
損益分岐点売上高は、損益分岐点売上高＝ $\dfrac{固定費}{変動費率}$ で計算できる。

**問6**（H28-08設問2改題）　　　　　　　　　　　　　　　　　　　　[○・×]
「安全余裕率（%）＝100－損益分岐点比率（%）」である。

**問7**（H24-09）　　　　　　　　　　　　　　　　　　　　　　　　[○・×]
貢献利益は、事業部の業績評価に適しているとされており「貢献利益＝限界利益
－個別固定費」と定義される。

178　第1部　テキスト

### ■■■ 解答・解説編 ■■■

**問1** ○：設問文のとおり。

**問2** ×：当座比率は流動比率よりも厳しい観点から短期支払能力を測定する。

**問3** ○：設問文のとおり。

**問4** ○：設問文のとおり

**問5** ×：損益分岐点売上高＝$\dfrac{固定費}{1-変動費率}=\dfrac{固定費}{限界利益率}$である。

**問6** ○：設問文のとおり。

**問7** ○：設問文のとおり。

②次 がついた項目は２次試験でも活用する知識です

## 本章の体系図

| 利益管理 | 利益管理の概要 | |
|---|---|---|
| | 差異分析 | ②次 |
| | プロダクト・ミックス | ②次 |

| 資金管理 | 資金管理の概要 | |
|---|---|---|
| | 資金表 | |
| | 正味運転資金（正味運転資本） | ②次 |
| | 所要運転資金 | ②次 |

## 本章のポイント

● 利益管理の意義について理解する
● 差異分析について理解する

# 第7章

## 利益管理と資金管理の知識

### I 利益管理

### II 資金管理

# I 利益管理

## 1 利益管理の概要

**利益管理**とは、利益の計画と統制である。**利益計画**は、企業の全般方針や部門別の方針を金額によって具体化したものであり、事業活動の基礎となるものである。

**利益統制**は、計画どおりに事業活動が遂行されるように、計画と実績との差異に注意し、差異が生じた場合にはその原因解明と対策を講じる活動である。

利益管理は収益と費用の両面から管理しなければならない。収益に関しては、需要動向にもとづいた売上予測を立て、販売計画や生産計画、商品計画の検討を行う。費用に関しては、費目別の発生額を把握し、商品ごとや事業部ごとの原価を割り出す。そして、計画値と実績値の差異を分析し、必要な対策を講じる。

## 2 差異分析

### ⑴ 売上高差異分析

売上高は、販売単価と販売数量の積で構成される。したがって、実際売上高と計画売上高の差異は**価格差異**と**数量差異**に分けて分析しなければならない。

売上高差異分析では、実際売上高が計画売上高よりも大きいほうがよいと判断する。企業にとって有利な差異を**有利差異**、企業にとって不利な差異を**不利差異**と呼ぶ。

#### ① 売上高差異の算出

(a) 売上高差異＝実際売上高－計画売上高

(b) 売上高差異＝価格差異＋数量差異

H27-08
H24-08
H23-12
H21-09

#### ② 価格差異と数量差異の算出

(a) 価格差異＝（実際販売価格－計画販売価格）×実際販売数量

(b) 数量差異＝（実際販売数量－計画販売数量）×計画販売価格

#### ③ 差異分析の応用

(a) 計画販売数量の代わりに、前期販売数量を用いることがある

(b) 販売価格の代わりに、単位当たり売上総利益を用いて、売上総利益の差異分析を行うこともある

### ⑵ 差異分析の例題

次の〈A社の資料〉をもとに、販売数量の変化による売上高の増減額を求めてみよう。

182　第1部　テキスト

〈 A社の資料（単位：円）〉

|  | 前　期 | 当　期 | 増　減 |
|---|---|---|---|
| 売上高 | 288,000円 | 301,000円 | 13,000円 |
| 販売数量 | 400kg | 430kg | 30kg |
| 販売価格 | 720円 | 700円 | −20円 |

　まず、前期と当期の数量差異を求める。前期を計画として当期を実際として考えよう。手順は次のとおりである。

### ① 販売数量の変化による売上高の差を求める

販売数量の変化による売上高の差
　　＝計画販売数量と実際販売数量との差×計画販売価格
　　＝前期販売数量（400kg）と当期販売数量（430kg）との差（30kg）×前期販売価格（720円）＝21,600円

### ② 上記①が、自社にとって有利な差ならば有利差異（＋）、不利な差ならば不利差異（−）とする。

　前期販売数量（400kg）と当期販売数量（430kg）との差は30kgで、当期販売数量が前期販売数量よりも増加している。販売数量が増加したことは自社にとって有利なことである。そのため、上記①21,600円は有利差異（＋）となる。

**【 数量差異と価格差異との箱図 】**

当期販売価格
700円

前期販売価格
720円

価格差異（−8,600円）
前期販売価格と当期販売価格との差（20円）
×当期販売数量（430kg）＝8,600円（不利差異）

前期売上高
（288,000円）

数量差異（21,600円）
前期販売数量と当期販売数量との差（30kg）×前期販売価格（720円）＝21,600円（有利差異）

前期販売数量
400kg

当期販売数量
430kg

## 3　プロダクト・ミックス

H22-10

　**プロダクト・ミックス**とは、複数の製品がある場合において、それぞれの製品の収益や費用が異なる場合に、限られた経営資源を使って期間利益を最大にする製品の組み合わせを計画することである。販売面に焦点を当てた場合には、**セールス・ミックス**という。

　次の製品別の販売価格及び原価等の〈資料〉にもとづき、最大可能な設備稼働時間が1,000時間であるとき、営業利益を最大にする各製品の実現可能な製造販売数量を求めてみよう（単位：kg）。

第7章　利益管理と資金管理の知識　**183**

## 〈 資料 〉

(製品単位：kg)

|  | 製品A | 製品B | 製品C |
|---|---|---|---|
| 販売価格 | 6,000円 | 9,000円 | 12,000円 |
| 単位当たり変動費 | 4,200円 | 6,300円 | 8,400円 |
| 限界利益率 | (     ) % | (     ) % | (     ) % |
| 単位当たり設備稼働時間 | 1時間 | 2時間 | 4時間 |
| 最大可能販売数量 | 400kg | 200kg | 120kg |
| 共通製造固定費 | 577,000円 | | |
| 共通販売・一般管理固定費 | 320,000円 | | |

　一般的な利益計画において固定費はプロダクト・ミックスによって変化しない。収益性の判断としては、何も制約条件がなければ限界利益の大きい順に製品を製造販売すればよい。

### ① 製品ごとの単位当たり限界利益

　　　製品A：6,000 − 4,200 ＝ 1,800円
　　　製品B：9,000 − 6,300 ＝ 2,700円
　　　製品C：12,000 − 8,400 ＝ 3,600円

　単位当たり限界利益は大きい順に製品C、製品B、製品Aとなる。限界利益率は、いずれも30%である。

　しかし、設備稼働時間が1,000時間という制約条件がある。そのため、設備稼働時間当たりの限界利益によって製造販売の優先順位を判断すると、製造販売の優先順位は、製品A、製品B、製品Cとなる。

### ② 各製品の設備稼働時間当たりの限界利益

　　　製品A：1,800 ÷ 単位当たりの設備稼働時間1時間 ＝ 1,800円
　　　製品B：2,700 ÷ 単位当たりの設備稼働時間2時間 ＝ 1,350円
　　　製品C：3,600 ÷ 単位当たりの設備稼働時間4時間 ＝ 　900円

　製品Aを可能な限りの400kg製造販売する。その際の設備稼働時間は、1時間×400kg ＝ 400時間となる。

　次に製品Bを可能な限りの200kg製造販売する。その際の設備稼働時間は、2時間×200kg ＝ 400時間となる。

　残りの設備稼働時間で製品Cを製造販売する。すでに設備稼働時間は、「400 ＋400 ＝ 800時間」を消費しているため、制約条件である最大可能な設備稼働時間1,000時間との差「1,000 − 800 ＝ 200」時間が製品Cの製造可能時間である。

　製品Cが必要とする単位当たりの設備稼働時間は4時間なので、製品Cの製造販売数量は200時間 ÷ (4時間/kg) ＝ 50kgとなる。

　各製品の実現可能な製造販売数量は、製品Aが400kg、製品Bが200kg、製品Cが50kgとなる。

# II 資金管理

## 1 資金管理の概要

**資金管理**は、資金計画と資金統制から構成される。資金不足の事態を避けるため、事前に資金の流れと有高を計画し、その計画にしたがって資金の調達と運用を行う。また、計画と実績とを対比することによって、差異を分析し統制する。

資金はその性質から短期資金と長期資金に分けられる。資金管理においては、それぞれについて調達と運用を考えなければならない。

**短期資金**の運用の代表的なものは運転資金である。**運転資金**とは、企業が営業活動を継続するために必要な資金のことである。運転資金を確保するため、銀行借入や、手形割引などで資金調達の計画を立てる必要がある。**長期資金**の運用の中心は新規の設備投資と更新投資である。

長期資金の調達方法には長期借入、社債の発行、利益の内部留保などがある。

## 2 資金表

一定期間の資金を管理するためには、資金表の利用が有効である。資金表には次のようなものがある。ただし、いずれの資金表も企業の内部管理用として用いるものなので、特定の様式は存在せず、企業ごとに独自の様式で利用している。

### (1) 資金計画表

長期利益計画に見合った資金の必要額を測定し、その調達計画を示す資金表である。

### (2) 資金運用表

2期間の各期末時点の貸借対照表を比較し、各項目の増減を資金の源泉と資金の使途に分けて分類整理する資金表である。資金運用表は、その期間に生じた資金構造の変化を調達と運用に区分して表示する。資金運用表では、次に説明する正味運転資金を管理・分析する。

### (3) 資金移動表

一定期間にどれだけの資金が動いたか、その増加と減少の動きを、損益計算書及び2期間の貸借対照表から把握する資金表である。資金移動表の機能はキャッシュ・フロー計算書と同じなので、現在では多くの企業でキャッシュ・フロー計算書に置き換わっている。

### (4) 資金繰表

H24-12

現金・預金の収支を管理するための資金表である。一般的には、月単位で作成する。

## 3 正味運転資金（正味運転資本）

**正味運転資金**とは、近い将来に回収される資金と、近い将来に支出される資金との差額である。一般的に、流動資産から流動負債を差し引いて算出される正味の流動資産のことを指す。正味運転資金は、**正味運転資本**とも呼ばれる。

一般的に、「運転資本」という言葉が正味運転資金を意味することがある。

$$正味運転資金＝流動資産－流動負債$$

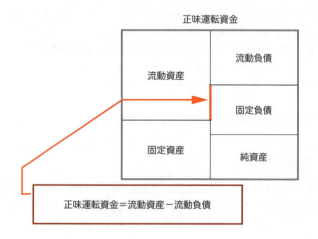

### (1) 財務諸表分析の立場から見た正味運転資金の意味

正味運転資金が大きいということは、流動比率が大きいことと同じである。そのため、正味運転資金が大きいことは、短期の安全性が高いことを意味する。

この場合、正味運転資金が大きいということは、支払資金が豊富であることを意味する。

### (2) 資金繰りの立場から見た正味運転資金の意味

正味運転資金が大きくなる要因は、流動資産が増えることと、流動負債が減ることである。

信用取引を前提とした企業の場合、流動資産が増えるということは、営業循環において売上債権の増加や棚卸資産の増加を意味する。信用取引をしている企業では、営業循環において現金・預金の直接収入による流動資産の増加はない。このため、流動資産が増えるということは、資金繰りの状況が厳しくなっていることを意味する。

流動負債が減るということは、買入債務を支払ったり、短期借入金を返済したりすることである。このため、流動負債が減るということは、資金繰りの状況が厳しくなっていることを意味する。

この場合、正味運転資金が大きいということは、営業循環以外の方法（例えば短期借入金）で支払資金を調達しなければならないことを意味する。

### ⑶ ⑴と⑵で評価が逆転する理由

　資金の概念は、一般的に現金・預金であるが、数ヵ月以上の単位で考える場合、企業は現金・預金以外の流動資産も資金として認識するためである。

　⑴では、財務諸表の作成期間（1年）の単位で資金を管理している。そのため、1年以内に収支のバランスがとれれば安全だと考えることができる。そのため、現金・預金以外の流動資産も資金として認識する。

　⑵では、⑴よりも短い期間で資金を管理しなければならない。一般的には最長でも1ヵ月の単位である。「来月の支払ができるかどうか」、「来週の支払ができるかどうか」という状況にある場合、流動資産の中で支払に充当できるものは基本的に現金・預金のみである。その他の資金調達方法として、買入債務の支払期日延長がある。この方法を用いた場合は、買入債務の残高が増えるため、正味運転資金が減少する。

## ４ 所要運転資金

　正味運転資金に類似した概念として、所要運転資金がある。所要運転資金は、次のように定義される。一般的に、「運転資本」という言葉が所要運転資金を意味することがある。

> 所要運転資金＝売上債権＋棚卸資産－仕入債務

　売上債権の収入（売上債権の回収額）及び仕入債務への支出（買掛金の支払額）から資金収支の差額を求めると、回収額よりも支払額が多ければ、支出超過となり、資金に余裕がなくなる。また、支払額よりも回収額が多ければ、回収差により資金に余裕が出る。

# 厳選!! 必須テーマ［○・×］チェック ―第7章―

**過去20年間（平成13～令和2年度）本試験出題の必須テーマから厳選！**

■■■ 問題編 ■■■　　　　Check!!

**問1** (H27-08)　　　　　　　　　　　　　　　　　　　　　　［○・×］
売上高の差異分析では「価格差異＝（計画販売価格－実際販売価格）×計画販売数量」である。

**問2** (H22-10)　　　　　　　　　　　　　　　　　　　　　　［○・×］
プロダクト・ミックスで利益の最大化を考える場合、基本的には、単位当たりの限界利益が大きい順に製品を製造販売する。

**問3** (H23-13改題)　　　　　　　　　　　　　　　　　　　　　［○・×］
正味運転資本は、流動負債から流動資産を減じて求める。

**問4** (H24-14改題)　　　　　　　　　　　　　　　　　　　　　［○・×］
正味運転資本における資金の概念は、現金・預金のみである。

**問5** (H29-13改題)　　　　　　　　　　　　　　　　　　　　　［○・×］
売上債権の増加は、キャッシュ・フロー計算書における営業活動によるキャッシュ・フローの区分（間接法）において、税引前当期純利益に対する増加要因として表示される。

■■■ 解答・解説編 ■■■

**問1**　×：「価格差異＝（実際販売価格－計画販売価格）×実際販売数量」である。

**問2**　○：設問文のとおり。

**問3**　×：「流動負債から流動資産を減じて」ではなくて「流動資産から流動負債を減じて」である。

**問4**　×：正味運転資本における資金の概念では、現金・預金以外の流動資産、および流動負債も資金の概念に含める。

**問5**　×：売上債権の増加は、正味運転資本や所要運転資金の増加要因である。このため、営業活動によるキャッシュ・フローの区分（間接法）において、税引前当期純利益に対する減少要因として表示される。なぜなら、売上債権が増加した分だけ売上高が増加し、これによって税引前当期純利益も増加するが、売上債権が増加した分を資金繰りの観点から見ると、営業収入としては未回収だからである。

2次 がついた項目は2次試験でも活用する知識です

## 本章の体系図

## 本章のポイント

- 意思決定の概要について理解する
- 正味現在価値法について理解する
- 内部収益率法について理解する
- 回収期間法について理解する
- その他投資の意思決定手法について理解する

# 第 **8** 章

# 投資の意思決定の知識

**I** ファイナンスの基礎

**II** 意思決定

**III** 正味現在価値法

**IV** 内部収益率法（内部利益率法）

**V** 回収期間法（ペイバック法）

**VI** その他投資の意思決定手法

# Ⅰ ファイナンスの基礎

## 1 経営資源とファイナンス

### (1) 経営資源の「金」を考えるファイナンス

　企業の経営には「人」「モノ」「金」「情報」の経営資源が必要である。ファイナンスでは企業経営に必要な4つの経営資源のうち「金」を対象とする。企業では「金」を「資金」や「資本」と呼び、企業目的の達成に向けて、いかに調達し運用すべきかを管理する。

　みなさんが買い物をするときには、「財布に入っているお金」という制約条件の中で満足度を高めるために、同じ金額の商品ならば、より良いものを購入しようとするだろう。

　また、家や車などの資産を購入するときには、現在の自分の稼ぎと将来の自分の稼ぎを考えて、より良い資産を探し、より低い金利の借入先を探し、借入条件がよい借入先から資産を購入する資金を調達するだろう。

　資産を購入する際に、貸し出し金利の高い銀行から借り入れたり、現在や将来の自分の稼ぎをはるかに上回ったりすると将来の返済が困難になるためである。

　反対に、価格ばかりで判断して、慎重に資産を選ばないと、満足感が得られない資産を購入してしまう。

### (2) 企業の経営者にとっての投資

　企業の経営も個人と同じように、金利の低い借入先から資金を調達（＝低いコスト）することと、より満足感を得る（＝高いリターン）資産の購入が必要である。企業では調達した資金の範囲内で投資活動をする。

　もし、みなさんが企業の経営者ならば、よりコストの低い資金を調達し、より多くの回収が見込まれる投資案を選択して投資をするだろう。

　つまり、企業の経営活動で「金」を考える際には、より「低いコスト」と、より「高いリターン」のバランスを考えることが必要である。

【 資金の調達と運用 】

## 2 将来価値と現在価値

### (1) 現在の100万円と将来の100万円の価値

みなさんが1万円をもらうとするならば、「1年後にもらう」のと、「今もらう」のではどちらを選択するだろうか。もちろんほとんどの方が、「今もらう」方を選択するだろう。それは、「今もらう方が確実だ」と直感的に思った方が多いからだろう。

ここでは、直感的に思ったことを理論として考える。今から将来の価値を評価するために必要な考え方を紹介する。先ほど学習したとおり、**ファイナンス**では将来の数値を評価する。企業の将来を金額で評価するためには、将来のお金の価値を、現在のお金の価値に合わせる必要がある。

次の文章を考えてみよう。

> 100万円を銀行に預金したら、1年後110万円に増加した。

なぜ、現在の100万円が、1年後に増加したのだろうか。ここでわかる増加要因は「銀行に預金したときの金利」である。金利はいくらかを計算しよう。

100万円が110万円に増加したため、増加額は10万円である。この増加額10万円を100万円で除すと0.1となる。パーセンテージで表すと10%となる。

つまり、税金などを考えないとすると、100万円を10%の金利で1年間預金した場合、110万円が受け取れることがわかる。一般的に当初の金額の100万円を元本、金利によって増加した10万円は利息という。

**【 直感的なイメージとファイナンス 】**

### (2)「割引く」という考え方

それでは、将来のお金の価値を、現在のお金の価値に合わせよう。1年後の110万円を現在の価値に戻すためには、110万円を1.1で除す。

すると、110万円÷1.1＝100万円となる。このように将来のお金の価値を、現在のお金の価値に戻すことを **割引く** という。また、将来の価値を **将来価値**（Future Value：FV）といい、現在の価値のことを **現在価値**（Present Value：PV）という。今回の場合、現在の100万円の1年後の将来価値は110万円で、1年後の110万円の現在価値は100万円となる。

第8章 投資の意思決定の知識　193

【割引計算】

## 3 複利と単利

### (1) 2年後の金額を割引くとき「2乗」がつく理由

今まで学習した、100万円と110万円の関係を式で表すと図表【現在価値と将来価値】のようになる。ここで、PVは現在価値、FVは将来価値を表し、rは割引率とする。それでは、図表【複利計算と割引計算】の2乗はどのような意味だろうか。これは、2年後の金額を割引くときに使用する。一般的に金利は複利のため、1年後に10％分の利子が加算された110万円に対して、10％分の利子が加算される。そこで、(1＋0.1)を2乗して現在価値の100万円に割引く。

【現在価値と将来価値】

【複利計算と割引計算】

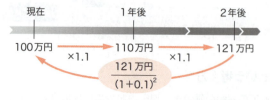

図表【複利計算と割引計算】の関係から、例えば、市場価格100万円の割引債（償還期間2年、複利最終利回り（年）10％）の額面（償還時の価額）は121万円になる。

### (2) 複利と単利の考え方

今から複利と単利の考え方を学習しよう。100万円を、銀行に金利10％で預金したら、1年後には110万円になった。それでは、単利の場合には、2年後にはい

くらになるだろうか。また、複利の場合には、2年後にはいくらになるだろうか。

**単利と複利の違いは、「利息部分に金利がかかるか、かからないか」**である。利息部分に金利がかからない、つまり利息の再運用を考慮しない収益計算を**単利計算**という。

単利計算で2年後を計算すると、（元本：100万円）＋（1年目の利息：100万円×0.1）＋（2年目の利息：100万円×0.1）＝120万円となる。

利息部分に金利がかかる、つまり利息の再運用を考慮した収益計算を**複利計算**という。

複利計算で2年後を計算すると、1年後の計算（元本：100万円）＋（1年目の利息：100万円×0.1）＝110万円

2年後の計算は、110万円＋（2年目の利息：110万円×0.1）＝121万円となり、単利計算よりも1万円高くなる。

2年後では大きな変化はないが、10年後で比較すると、単利計算では、100万円＋（100万円×0.1×10）＝200万円となる。

複利計算では、100万円×1.1×1.1×1.1×1.1×1.1×1.1×1.1×1.1×1.1×1.1＝259.374…万円となり、単利計算よりも約60万円も多くなる。

【単利と複利のイメージ】

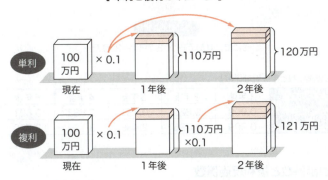

## 4 複利現価係数と年金現価係数

### (1) 複利現価係数と年金現価係数の意味

毎年100万円が5年間生み出される場合の現在価値を求めよう。割引率は10％とする。現在価値の計算方法は先ほど学習したとおりである。

一般的には次の図表のように、1年ごとの100万円を割引いて合計する。しかし、計算は煩雑になる。

そこで、【複利現価係数と年金現価係数】にある値を用いて計算する。毎年一定のキャッシュ・フローが5年間生み出される場合には、100万円に年金現価係数の3.790を乗じて現在価値を算出する。

第8章 投資の意思決定の知識

## (2) 現価係数の使用方法

【複利現価係数と年金現価係数】の0.909は、どのような意味だろうか。

1÷(1＋0.1)を計算してみよう。解答は0.9090909…となる。0.909は、1を元本と割引率の合計で除した値を表している。

割引計算の問題では、100万円を(1＋0.1)で除しても、1÷(1＋0.1)を計算してから100万円に乗じても同じ数値となるため、問題文中に複利現価係数が提示されているときには、その数値を用いて割引く。

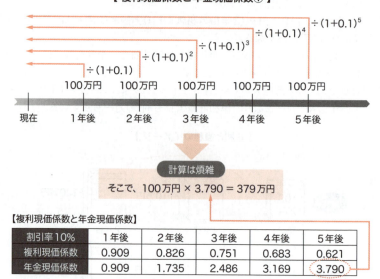

## (3) 年金現価係数と複利現価係数

年金現価係数と複利現価係数の違いを考える。両方とも1年後の0.909は同じだが、2年後以降は異なる。

1年後から5年後までの複利現価係数を合計しよう。合計結果の3.790は5年後の年金現価係数と等しくなる。

つまり、年金現価係数は2年後なら2年分の複利現価係数の合計、5年ならば5年分の複利現価係数の合計を示している。**年金現価係数**は毎年一定額の現金流入・流出がある代替案の評価で使用する。

**【 複利現価計数と年金現価係数② 】**

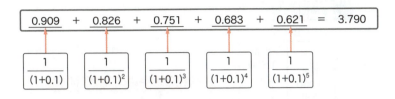

# 5 企業価値の測定方法

## (1) 企業を評価するさまざまな視点

　企業を評価する際には、さまざまな視点がある。ある従業員は「従業員が働きやすい企業はよい企業」といったり、金融機関は「元本と金利を期日までに返済する企業はよい企業」といったりする。また、「環境活動に貢献している企業がよい企業だ」という方もいるだろう。
　しかし、このような定性的な評価では、評価する人や組織の主観で、同じ価値をもっている企業の評価でも異なるものとなる。そこで、ファイナンスでは「金」に着目して企業を評価する。企業を評価する際に100万円や1億円といったように具体的な金額で評価した方が、客観的にわかりやすくなる。
　単純に考えても企業価値評価が100万円の企業よりも、企業価値評価が1億円の企業の方がよいことがわかる。このように数値を用いて定量化することにより、客観的な評価が可能になる。試験対策上は、企業価値の最大化を企業目標として考えよう。

## (2) 企業の価値を定量化して評価する方法

　① 貸借対照表の評価などストックにもとづく方法
　当該企業の貸借対照表をもとに簿価や時価で純資産を求め、企業価値を算出する。代表的な方法に「帳簿価格方式」「再調達時価方式」などがある。
　② 収益やキャッシュ・フローなどフローにもとづく方法
　収益やキャッシュ・フロー、配当などにもとづき、当該企業が獲得する価値や株式の価値を評価する。一般的には、年度別の価値をもとに適正な割引率を用いて企業価値を算出する。代表的な方法にDCF法などがある。

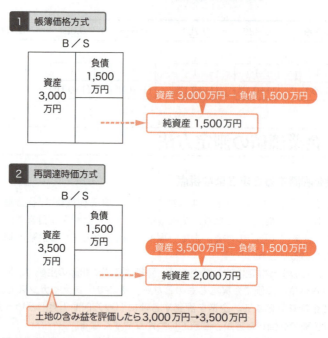

### (3) キャッシュ・フローによる企業価値の評価

先ほど企業の価値を定量化して評価する方法を紹介した。企業の価値を定量化して測定したら、企業価値を最大化するためにどのようにしたらよいかを考える。

企業価値の最大化を考えるためにはフローにもとづく方法がわかりやすいため、DCF（Discounted Cash Flow）法の考え方を用いて解説する。

一般的に、ファイナンスでは「**企業価値**は、企業が将来にわたって創出する超過キャッシュ・フローの現在価値」といわれる。これは、「企業が投資するプロジェクトのリスクやプロジェクトに用いる資金調達のミックスを反映したレートを用いて、プロジェクトが生み出したキャッシュ・フローを割引くこと」と言い換えられる。

上記の関係をDCF法により表すと次の式になる。式では、企業価値$V_0$は、分子の$CF_1$を、分母の$(r-g)$で割引く。$r$は資本コスト、$g$はCFの成長率である。

### (4) 企業価値の向上

DCF法の式を見ながら単純に企業価値を高める方向性を考えよう。今、100億円の企業価値を120億円にするためには、どのようにしたらよいだろうか。企業価値の算出式を見ると分数となっていることがわかる。

単純に考えると、分子の数値を大きくして、分母の数値を小さくすると企業価値は大きくなる。

分子の数値を大きくするためには、より多くのキャッシュ・フローを生み出す投資案に投資することである。また、分母を小さくするためには、資本コスト（r）を小さくすることが必要である。

　つまり、先ほど学習した「金利の低い借入先から資金を調達（＝低いコスト）することと、より満足感を得られる（＝高いリターン）資産の購入」の考え方がベースとなる。

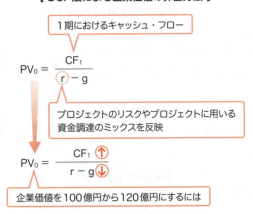

【 DCF法による企業価値の算出方法 】

## 6　投資の原則

### (1) 預金と株式のリターンとリスク

　企業の経営者が投資をする際には、どのような点に注意すべきだろうか。みなさんが、手持ちの100万円を銀行の預金、山口商事の株式で増やす方法を考えよう。

　まず、預金は、銀行の預金金利が3％のとき1年後に103万円になることは容易に予想できる。そのため1年後に、元本の100万円を103万円に増やしたい場合は、安心して銀行へ預金する。

　次に山口商事の株式で増やす場合を考えよう。現在、山口商事では、100万円の株式に対して1年後に3万円の配当がもらえるといわれている。

　しかし、ほとんどの方は、安心して山口商事の株式を購入しないだろう。それは、山口商事は、銀行と比較して倒産する可能性が高く、利益が出なければ配当はないと考えるためである。

　投資家が山口商事の株式に投資をする際には、最低限、預金金利の3％を上回るリターンがないと投資をしないだろう。

　ファイナンスでは、「投資家は、銀行に預金した場合にはローリスクで1年後に3万円のリターンを受け取れることを放棄して株式に投資をするため、3万円以上のリターンを要求するもの」と考える。

第8章　投資の意思決定の知識　　199

## (2) 株式投資はハイリスク・ハイリターン

　もし、山口商事の株式の株価が1年後に120万円となり、配当が10万円もらえるならば、投資をしようと考える投資家が増えるだろう。投資家が株式を購入する際には、ハイリスクのためハイリターンを期待する。

　ここで、山口商事の100万円から120万円への20万円分の株価の**値上がり益**を**キャピタルゲイン**と呼ぶ。

【ハイリスクとローリスク】

【キャピタルゲイン】

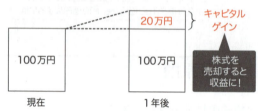

## 7　株主が要求するハードル

### (1) 株主の期待に応える投資の選択

　先ほど学習したように、企業が株式で資金調達をする場合には、株主はハイリスク・ハイリターンを考えている。そこで、企業の経営者は株主が要求するリターンを考慮して、調達した資金を運用する必要がある。

　企業の経営者が投資を考える際には、株主が満足するリターンを考慮した、最低限の投資収益率を確保できるプロジェクトを選択する必要がある。

　たとえば、株主が100万円のリターンを考えているならば、100万円以上のリターンが獲得できる投資案を選択する。この**株主が期待しているリターン**を**ハードルレート**と呼ぶ。

## (2) ハードルレートの考え方

　ハードルとは、陸上競技のハードルと同じ意味である。陸上競技のハードルでは低いハードルならば楽に飛べるが、高いハードルになるほど飛び越すことが困難になる。
　株主はもうからない事業への投資を望んではいない。株主はハイリスクな株式に投資をするため、最低限これだけはもうけてほしいという基準がある。この「最低限これだけはもうけてほしい」といった割合を「**期待収益率**」と呼ぶ。
　企業が投資の資金調達をすべて株式で調達した場合は、調達資金にかかるコストは、株主の期待収益率となる。

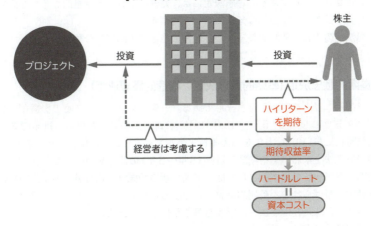

【 ハードルレートの考え方 】

# II 意思決定

## 1 意思決定の概要

　企業は経営活動を行う中で、さまざまな意思決定を行う。**意思決定**とは、特定の目的を達成するために、複数の代替案の中から最適な代替案を選択することである。選択する最適な代替案は、唯一の代替案であることもあるし、複数の代替案の組み合わせであることもある。

　企業は、日々意思決定を行うことで、既存事業の改善や新規事業の立ち上げをスタートさせることができる。意思決定には、定性的な分析と定量的な分析が必要であるが、本節では、定量的な分析について考察する。

　意思決定の内容を期間の長短または経営の意思決定階層で分類すると、長期的意思決定と短期的意思決定の2つに大別できる。

### (1) 長期的意思決定 (戦略的意思決定、構造的意思決定)

　企業の基本計画を定める意思決定である。一般的には、意思決定の影響が複数年度にわたる場合を指し、5年～10年を見込むことが多い。ただし、近年のスピード経営時代においては、5年を超える将来予測をすることが困難なこともあるため、長期的意思決定において中期経営計画 (3年～5年) の概念を用いることもある。

　長期的意思決定の具体例としては、工場の新設や機械設備の導入の可否判断に関する事例が挙げられる。長期的意思決定の手法としては、キャッシュ・フローを基本にした、正味現在価値法や内部収益率法が代表的である。

　**長期的意思決定**は、事業構造が決まっていない状態での意思決定すなわち事業構造を決めるための意思決定である。

### (2) 短期的意思決定 (戦術的意思決定、業務的意思決定)

　基本計画にもとづき、具体的な実現手段を選択する意思決定である。一般的には、意思決定の影響が単年度内で終了する場合を指すことが多い。ただし、意思決定の影響が複数年度にわたる場合でも、短期的意思決定だと認識する場合がある。たとえば、確定データが多い、代替案の内容が業務レベルであるなど、代替案の不確実性が低い場合である。

　短期的意思決定の具体例としては、受注案に対する受注選択判断や内外作の判断に関する事例あるいは原価計算が挙げられる。短期的意思決定の手法としては、差額原価収益分析が代表的である。

　**短期的意思決定**は、事業構造が決まった上での意思決定である。

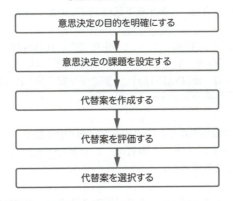

### (3) 定量的な分析を行う場合の留意点

定量的な分析を行う場合は、代替案の評価方法について学習することが特に重要である。
① データの精度が高いこと。
② データが意思決定の目的に合っていること。
③ 意思決定の前提条件が複数ある場合は、シミュレーションを行うこと。
④ 定性的だと考えられる要因の中でも、定量データへの置き換えが可能なものは、定量データとして考慮すること。

## 2 意思決定における比較の基礎

### (1) 差額原価収益分析

代替案を比較する場合、同じ部分を考慮する必要はなく、異なる部分に注目して判断をすればよいといえる。**差額原価収益分析**とは、代替案の差額原価と差額収益を比較して差額利益を計算し、差額利益が最大のものを選択する意思決定の手法である。

追加的な注文を引き受けるかどうかの意思決定において、生産能力に余裕がある場合とない場合とでは考え方が異なる。

① **生産能力に余裕がある場合**
追加的な注文によって生じる差額収益と追加的原価だけを比較すれば判断できる。

② **生産能力に余裕がない場合**
既存製品の生産をやめて追加的な注文のための生産をする必要があるため、追加的な注文によって生じる収益の増加だけでなく、既存製品の収益の減少を考慮する必要がある。

差額原価収益分析について、下記の例で考えてみよう。

D社では現在、一般市場向け製品を下記のような条件で製造・販売している。

> 販売価格：1,000円/個　　　　生産能力：100個/月
> 現在の需要：90個/月　　　　　直接材料費：400円/個
> 直接労務費予算：30,000円/月　製造間接費予算：20,000円/月

※直接労務費（直接工は月給制）と製造間接費は、すべて固定費である。

　あるとき、新規の取引先から、臨時の注文が600円/個で、25個の一括注文（一部だけの受注はできない）があった場合に、この注文を受注したほうが良いか、受注しない方が良いかを判断する。

　臨時の注文の製品1個を製造するためにかかる時間と、直接材料費は上記の条件と同じで、臨時の注文が通常の販売に影響を与えないとすると、25個のうち、10個分は遊休能力で生産できるが、残りの15個は現在の製品の製造をやめる必要がある。

　差額原価収益分析では、ベースとなる代替案を基準にして、差額利益を代替案ごとに計算し、各代替案の差額利益を比較すると次のようになる。

　臨時の注文を受注したときの差額利益の計算
　　差額収益　　　600円×25個＝15,000円
　　差額原価　　　400円×25個＝10,000円
　　差額利益　　　5,000円・・・①
　臨時の注文を受注しないときの差額利益の計算
　　差額収益　　　1,000円×15個＝15,000円
　　差額原価　　　　400円×15個＝ 6,000円
　　差額利益　　　9,000円・・・②

①－②＝－4,000円

よって、受注しないときのほうが、4,000円有利である。

## (2) 比較に関する重要用語

　異なる部分に注目して比較をするという考え方にもとづいた意思決定に関する考え方及び用語のうち、特に知っておきたい2つの用語を紹介する。

### ① 機会原価（機会費用、オポチュニティコスト）

　代替案を排他的にしか選択できない場合は、ある代替案を選択したことによって、他の代替案を選択することができなくなる。

　このとき、他の代替案を選択していれば得られたであろう利益の中で、最も大きい利益を原価として認識する。他の代替案を選択する機会を喪失したことで、利益を得る機会も喪失するため、**機会原価**と呼ぶ。

## ② 埋没原価（埋没費用、サンクコスト） H25-16

どの代替案を選択した場合でも、あるいは、どの代替案も選択しない場合でも発生する原価である。原価が発生することが確定しているため、現在の意思決定には影響を与えない。現在の意思決定の立場では意識する必要がなく、埋没しているように認識できるため、**埋没原価**と呼ぶ。

# III 正味現在価値法

投資の意思決定方法にはさまざまなものがあるが、ここでは中小企業診断士試験での主要な方法を紹介する。

R01-16
R01-23
H30-22
H27-16
H27-15
H26-16
H24-18
H21-16

## 1 正味現在価値法の概要と計算手順

### (1) 正味現在価値法の概要

**正味現在価値法**（NPV法：Net Present Value method）とは、投資による毎年のキャッシュ・フローを割り引くことによって計算した現在価値合計から、初期投資額を差し引いて正味現在価値を求め、投資評価をする方法である。

正味現在価値がプラスであれば、その投資は価値を生み出していると判断し、また複数の投資案がある場合は、正味現在価値の大きな案件ほど有利であると判断する。なお、正味現在価値がマイナスであれば投資しないと判断する。

### (2) 正味現在価値法の計算手順

① 毎年のキャッシュ・フローを求める。
② 割引率を設定する。
③ 毎年のキャッシュ・フローを現在価値に割り引く。
④ 現在価値合計から初期投資額を差し引いて、正味現在価値を求める。
⑤ 正味現在価値から次のように判断を行う。
　(a) 判断基準は、次のとおりである。
　　・正味現在価値 ＞ 0 → 投資すべきである
　　・正味現在価値 ＜ 0 → 投資すべきでない
　(b) 複数の案件があり、排他的に案件を選択する場合は、正味現在価値＞0であることを前提に、正味現在価値が最大の案件に投資すべきである。

### (3) 正味現在価値の定義式

正味現在価値（NPV）は、次の式で定義される。なお、投資プロジェクトの期間をN年、毎年の年数をそれぞれn年（期末基準）、毎年のキャッシュ・フローをCFn、割引率をrとする。

$$NPV = \sum_{n=0}^{N} \frac{CF_n}{(1+r)^n}$$
$$= CF_0 + \frac{CF_1}{1+r} + \frac{CF_2}{(1+r)^2} + \cdots + \frac{CF_{N-1}}{(1+r)^{N-1}} + \frac{CF_N}{(1+r)^N}$$

※一般的な投資プロジェクトでは $CF_0$ が初期投資額に相当し、負の金額になる。

**【正味現在価値法の考え方】**

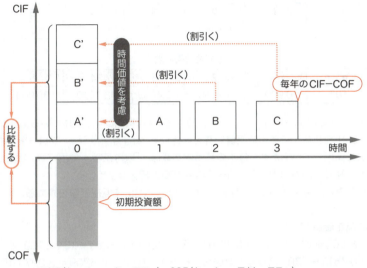

※CIF（キャッシュ・イン・フロー）　COF（キャッシュ・アウト・フロー）

## 2　正味現在価値法の例題

　次の〈資料〉の投資案A及びBのどちらが有利かを、正味現在価値法を用いて判断してみよう。なお、正味現在価値法で計算する際の割引率は10％とする。

〈資料〉
- A案（新規設備Xを購入）
  ① 取得価額　500万円
  ② 耐用年数　5年（減価償却は定額法）
  ③ 残存価額　0万円
  ④ 毎年の当期純利益（単位：万円）
  1年目：40　2年目：37　3年目：34　4年目：28　5年目：20
- B案（新規設備Yを購入）
  ① 取得価額　420万円
  ② 耐用年数　5年（減価償却は定額法）
  ③ 残存価額　0万円
  ④ 毎年の当期純利益（単位：万円）
  1年目：36　2年目：36　3年目：36　4年目：36　5年目：36

**【 複利現価係数 】**

| n／r | 1 | 2 | 3 | 4 | 5 |
|---|---|---|---|---|---|
| 10% | 0.9091 | 0.8264 | 0.7513 | 0.6830 | 0.6209 |

**【 年金現価係数 】**

| n／r | 1 | 2 | 3 | 4 | 5 |
|---|---|---|---|---|---|
| 10% | 0.9091 | 1.7355 | 2.4869 | 3.1699 | 3.7908 |

　まず、A案のキャッシュ・フローを計算する。〈資料〉に与えられている条件から、毎年の当期純利益と毎年の減価償却費を合計して、毎年キャッシュ・フローを求める。定額法を採用しているため、毎年の減価償却費は、「取得価額÷耐用年数」で求める。すると、減価償却費は「500万円÷5年＝100万円／年」となる。

　求めた毎年のキャッシュ・フローを割り引いて、正味現在価値を求める。

　正味現在価値（A案）
　　＝－500＋（40＋100）×0.9091＋（37＋100）×0.8264＋（34＋100）×
　　0.7513＋（28＋100）×0.6830＋（20＋100）×0.6209＝3.097万円

　次に、B案の正味現在価値を求める。手順はA案と同じだが、毎年のキャッシュ・フローが等しくなるため、年金現価係数を使用して正味現在価値を求める。

　正味現在価値（B案）
　　＝－420＋（36＋84）×3.7908＝34.896万円
　両案の正味現在価値を比較すると、B案のほうが大きいため、B案が有利であると判断する。

## 【 正味現在価値法によるA案とB案の比較 】

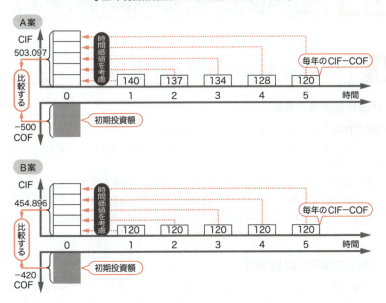

第8章 投資の意思決定の知識

# Ⅳ 内部収益率法（内部利益率法）

R01-23
H30-22
H26-16
H25-17
H24-18
H20-23
H19-16

## 1 内部収益率法の概要と計算手順

### (1) 内部収益率法の概要

　**内部収益率**（IRR：Internal Rate of Return）とは、正味現在価値が0となるときの割引率である。内部収益率法とは、内部収益率を評価基準とした意思決定方法である。

　内部収益率法による投資の判断においては、内部収益率と資本コストを比較して投資の判断を行う。具体的には、「投資により得られる将来のキャッシュ・フローの現在価値合計と投資額とが等しくなるときの割引率を内部収益率として求め、内部収益率が資本コストを超えるならば投資を行う」と判断する。

### (2) 内部収益率法の計算手順

　① 毎年のキャッシュ・イン・フロー、キャッシュ・アウト・フローを求める。
　② 正味現在価値が0となる割引率（内部収益率：IRR）を求める。
　③ 内部収益率と資本コストを比較する。
　判断基準は、次のとおりである。

　内部収益率 ＞ 資本コスト → 投資すべきである
　内部収益率 ＜ 資本コスト → 投資すべきでない

【 内部収益率法の計算手順 】

①初期投資額, $CF_1$, …, $CF_n$…を求める

②正味現在価値＝－初期投資額＋$\dfrac{CF_1}{(1+r)}$
$+\dfrac{CF_2}{(1+r)^2}+\dfrac{CF_3}{(1+r)^3}$
$+\cdots\cdots+\dfrac{CF_n}{(1+r)^n}=0$

となるrが内部収益率である。

③内部収益率と資本コストを比較する

210　第1部　テキスト

## (3) 内部収益率法の長所

① キャッシュ・フローの概念を導入し、キャッシュ・フローの発生するタイミングを考慮しているため、貨幣の時間価値が考慮されている。

② 収益率で表されるので、直感的に理解しやすいとされる。

## (4) 内部収益率法の短所

① 内部収益率を手計算で求めるのは困難である（試行錯誤で内部収益率を見つけなければならない：回帰計算が必要である）。

② 評価基準が収益率なので、投資の規模を考慮した判断（投資金額や回収金額を考慮した判断）ができない。

# 2 内部収益率法の例題

H28-17

次の〈資料〉の投資案の内部収益率が何%（整数）と何%（整数）の間にあるかを考えてみよう。また、投資案の期待収益率（資本コスト）が8%の場合、この投資案を採用すべきかどうかを内部収益率法にて判断してみよう。

### 〈 資料 〉

初期投資額：200万円

投資プロジェクトの期間：3年

毎年のキャッシュ・フロー：80万円（3年間同額）

### 【 割引率別の複利現価係数及び年金現価係数 】

|  | 8% | 9% | 10% | 11% |
|---|---|---|---|---|
| 複利現価係数 | 0.793 | 0.772 | 0.751 | 0.731 |
| 年金現価係数 | 2.577 | 2.531 | 2.486 | 2.443 |

まず、〈資料〉にある「割引率別」に、正味現在価値を計算する。毎年のキャッシュ・フローは〈資料〉で80万円と与えられており、毎年のキャッシュ・フローが等しいため、年金現価係数を用いて正味現在価値を求める。

| | |
|---|---|
| 8%のとき | －200万円＋80万円×2.577＝6.16万円 |
| 9%のとき | －200万円＋80万円×2.531＝2.48万円 |
| 10%のとき | －200万円＋80万円×2.486＝－1.12万円 |
| 11%のとき | －200万円＋80万円×2.443＝－4.56万円 |

求めた正味現在価値のうち、正負が逆転しているのは、割引率が9%と10%の間なので、内部収益率は9%と10%の間に存在すると考えられる。

この投資案の期待収益率（資本コスト）は8%なので「内部収益率 ＞ 資本コスト」→ 投資すべきであると判断する。

第8章 投資の意思決定の知識 **211**

**【 割引率と正味現在価値の関係 】**

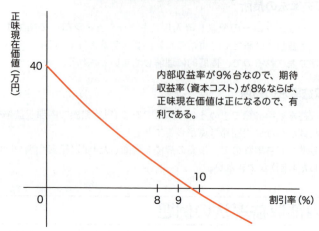

# V 回収期間法（ペイバック法）

R01-23
H25-18
H24-18
H20-23

## 1 回収期間法の概要

「投資額を何年で回収できるか」という観点から、「将来予想されるキャッシュ・フローの総和が投資額に等しくなるのに必要な期間」で判断する方法である。単純な方法なので、大局的な判断をする場合には役立つが、時間価値を考慮していないため、詳細な分析には適さない。

## 2 回収期間法の例題

ある企業が3年以内に機械Bの初期投資額3,000万円の回収（3年間にわたり発生する毎年のキャッシュ・フローは1,200万円）を見込んでいる場合、この投資案を採用すべきかどうかを回収期間法で判断しよう。

回収期間法には、初期投資額を毎年のキャッシュ・フローで除して、回収期間の年数を求め、見込み回収期間と比較して判断する【解法1】と、毎年のキャッシュ・フローに目標である回収期間を乗じて、回収期間に生み出されるキャッシュ・フローの総額と初期投資額を比較して判断する【解法2】の2つの解法がある。

【解法1】

$$\frac{3,000万円}{1,200万円} = 2.5年 \rightarrow 3年以内に回収できる$$

上記の計算より、企業の目標である3年以内の初期投資額の回収を達成できるため、採用すべきである。

【解法2】

$$1,200万円 \times 3年 = 3,600万円 \rightarrow 3年以内に回収できる$$

上記の計算より、企業の目標である3年以内の初期投資額の回収を達成できるため、採用すべきである。

# Ⅵ その他投資の意思決定手法

## 1 収益性指数法

**収益性指数法**は、現在価値に投資効率性を加味した投資の意思決定方法である。収益性指数法では、次式における収益性指数が1よりも大きければ投資案を採用すると判断する。また、収益性指数が大きい投資案ほど有利だと判断する。

$$収益性指数 = \frac{キャッシュ・フローの現在価値合計}{初期投資額}$$

収益性指数法の考え方は、正味現在価値法と基本的に同じである。正味現在価値法では「初期投資額とキャッシュ・フローの現在価値合計との差」を判断基準としているのに対し、**収益性指数法**では「初期投資額とキャッシュ・フローの現在価値合計との比率」を判断基準としていることが両者の違いである。

## 2 会計的投資利益率法

### (1) 会計的投資利益率法の概要

**会計的投資利益率**とは、投資から予想される平均利益を分子とし、総投資額または耐用年数の全期間を通ずる平均投資額を分母とする比率である。

$$会計的投資利益率(\%) = \frac{平均利益}{総投資額または平均投資額} \times 100$$

会計的投資利益率法では、基準となる投資利益率があらかじめ決められており、投資案の利益率が基準値を上回れば、その投資案は有利だと判断する。

### (2) 会計的投資利益

ある企業では新規の投資案で、投資額500万円を必要とし、経済命数5年、各年度の減価償却費100万円の投資案の税引後キャッシュ・フローが220万円と予測されている。

なお、実効税率は40％とし、減価償却費以外の費用及び収益はすべてキャッシュ・フローとしたとき、この投資案の税引後利益額を求めよう。

ここで、経済命数とは、投資の始点（設備投資の時点）から終点（設備の除却時点）までの期間のことである。税引前利益をX万円とし、税引後利益をY万円とすると、実効税率が40％であるため、Y＝（1－0.4）Xとなる。

| 税引前利益 | X | |
|---|---|---|
| 税額（40%） | 0.4X | （−） |
| 税引後利益 | Y | （＝0.6X） |
| 減価償却費 | 100 | （＋） |
| 税引後キャッシュ・フロー | 220 | （＝Y＋100） |

　減価償却費以外の費用及び収益はすべてキャッシュ・フローであり、各年度の減価償却費が100万円であることから、税引後キャッシュ・フローの220万円は「Y＋100」に等しくなる。

　よって、「0.6X＋100＝220」から、「X＝200」となる。よって、求める税引後利益額（Y）は、120万円となる。

# 3　社債の発行の検討

H30-13
H23-15
H20-15

## (1) 普通社債の割引発行価額

　社債を発行する際の判断も投資の意思決定の一つである。ここでは、社債の発行価格について普通社債の発行を用いて理解しよう。

　普通社債を割引発行する場合、「普通社債の発行価額」は「投資家が得る金額の現在価値」に等しくなるようにする。普通社債を購入した投資家は、毎年の社債利息と、償還時の社債額面金額とを受け取る。

　「投資家が得る金額の現在価値」は「社債利息の現在価値」と「償還する社債額面金額の現在価値」との合計金額である。

## (2) 普通社債発行の例題

　ある企業では、現在、普通社債の発行を検討している。この社債は額面100円に対するクーポンレートが4％（1年後より年1回支払い）で、償還期間は5年を検討している。このとき、この企業はこの社債をいくらで発行すべきか考えよう。

　なお、検討の際には、税金は考えないものとし、複利現価係数（6％、5年）は0.75、年金現価係数（6％、5年）は4.21とする。

　検討する際には、普通社債に関してC社が支出する金額の現在価値合計が、普通社債の発行価額になる。普通社債に関してC社が支出する金額は次の2つである。

　① 5年後に100円を支出
　② 1年後〜5年後に毎年4円支出

　上記①の現在価値を求めると「100円（5年後の支出）× 0.75（6％・5年の複利現価係数）＝75円」となる。

　上記②の現在価値合計は、「4円（毎年の支出）× 4.21（6％、5年の年金現価係数）＝16.84円」となる。

　普通社債の発行価額は、①の75円と、②の16.84円を合計した「①＋②＝91.84円」となる。たとえば、これを小数点第1位の四捨五入で端数処理すると92

円となるため、92円で発行すべきである。

**【 普通社債の割引発行価額の計算イメージ 】**

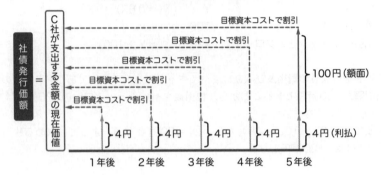

# 厳選!! 必須テーマ［○・×］チェック ──第8章──

過去 20 年間（平成 13 〜令和 2 年度）本試験出題の必須テーマから厳選！

■■■ 問題編 ■■■　　　　　　　Check!!

## 問1 (H25-16改題)　　　　　　　　　　　　　　　　　　［○・×］
どの代替案を選択した場合でも、あるいは、どの代替案も選択しない場合でも生じるコストであり、ゆえに将来の意思決定に無関連な原価を機会原価という。

## 問2 (H17-10設問2)　　　　　　　　　　　　　　　　　　［○・×］
内部利益率法は、相互排他的投資案の評価において、不適切な結果を導く場合がある。

## 問3 (H25-17)　　　　　　　　　　　　　　　　　　　　　［○・×］
投資プロジェクトの評価方法には、正味現在価値法のほか、内部収益率法、回収期間法、会計的投資利益率法など多くの代替的手法がある。

## 問4 (H25-18改題)　　　　　　　　　　　　　　　　　　［○・×］
初期投資額 4,500 万円、毎年のキャッシュ・フローを 900 万円としたプロジェクトがあるとき、このプロジェクトの回収期間は 3 年である。

## 問5 (H20-23)　　　　　　　　　　　　　　　　　　　　　［○・×］
回収期間法は、回収後のキャッシュ・フローを無視している。

## 問6 (H17-10設問1)　　　　　　　　　　　　　　　　　　［○・×］
回収期間法は、回収期間が短いほど有利な投資案とする。

## 問7 (R01-23)　　　　　　　　　　　　　　　　　　　　　［○・×］
回収期間法における回収期間とは、プロジェクトの経済命数のことである。

第 8 章　投資の意思決定の知識　　217

## ■■■ 解答・解説編 ■■■

問1　×：埋没原価の説明である。

問2　○：投資の規模（投資金額や回収金額）を考慮した判断ができないという欠点がある。

問3　○：この他に、収益性指数法などがある。

問4　×：4,500万円÷900万円＝5となるため、5年が回収期間である。

問5　○：時間価値を考慮していないという欠点もある。

問6　○：投資額を短期間で回収できる。

問7　×：回収期間とは、投資からもたらされるキャッシュ・フローによって投資額を回収するのに要する期間である。キャッシュ・フローが生じる期間を経済命数という。

②次 がついた項目は2次試験でも活用する知識です

## 本章の体系図

②次 **資金調達の形態**

- 資金調達の手段
- 貸借対照表をもとにする資金調達
- 間接金融と直接金融
- 外部金融と内部金融

## 本章のポイント

● 資金調達の形態について理解する

# 第 9 章

# 資金調達の知識

## I 資金調達の形態

# Ⅰ 資金調達の形態

## 1 資金調達の手段

企業が経営活動をするためには資金が必要である。ここでは企業における資金調達手段をいくつかの観点から見ていく。

観点としては、①貸借対照表をもとにするもの、②間接金融と直接金融（金融機関の仲介の有無をもとにするもの）、③外部金融と内部金融（資金調達源泉を企業の外部に求めるか内部に求めるかによるもの）がある。

なお、ここでいう「資金」とは、現金・預金以外に、運転資本や減価償却による資金調達の概念も含んでいる。そのため「資金」ではなく「資本」という言葉を使って説明することもある。

## 2 貸借対照表をもとにする資金調達

貸借対照表をもとに資金調達を見てみよう。貸借対照表では、貸方が資金の調達源泉を表している。貸借対照表の構成から、資金の調達手段は大きく2つに分類される。それは、負債（Debt）と株主資本（Equity）である。

### (1) 負債による資金調達

負債は、株主以外からの資本の調達源泉を意味する。このため他人資本とも呼ばれる。負債には、借入金、支払手形、買掛金などの法律上の債務と、未払費用、負債性引当金などの会計上の債務がある。

また負債は、支払期限が1年を超えるかどうか（1年基準）により、比較的短期間に支払期限が到来する負債である流動負債と、流動負債以外の負債で通常1年を超えて、長期的に支払期限が到来する固定負債とに分けられる。

金融機関からの借入れや普通社債発行による負債の増加を伴う資金調達をデット・ファイナンス（Debt Finance）と呼ぶ。

### (2) 株主資本による調達

株主資本は、調達源泉のうち返済義務を負わない部分を指し、元本である出資資本とその結果である稼得利益から構成される。

また、時価発行増資や新株予約権付社債などの手段もある。自己資本の増加（新株発行）を伴う資金調達をエクイティ・ファイナンス（Equity Finance）と呼ぶ。

ファイナンスでは、株主の視点から企業を見ることが多いため、自己資本のことを株主資本と呼ぶ。

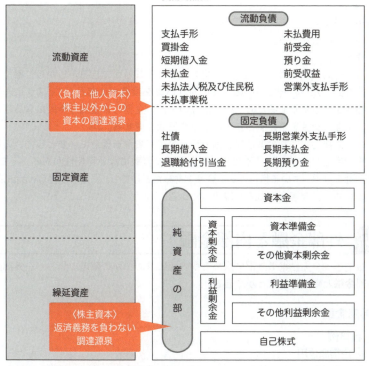

【 貸借対照表で見る資本調達源泉（負債と株主資本）】

企業会計上の株主資本は、純資産の部の構成要素になる。

## 3 間接金融と直接金融

R01-20
H29-14
H28-10

　金融機関の仲介の有無の観点から資金調達手段を見ると、金融機関を仲介して資金調達を行う**間接金融**と、市場から直接資金調達を行う**直接金融**とに分けることができる。

### (1) 間接金融

#### ① 具体例
　**間接金融**には、金融機関からの借入（短期借入、長期借入）がある。

#### ② 特徴
　間接金融の特徴は、直接金融に比べて短期的な資金調達であるため、手続きが比較的容易なことである。また、企業経営において外部牽制機能やチェック機能を好まない経営者は、間接金融を好む傾向がある。なぜなら、借入先の金融機関のみに財務情報を開示（ディスクローズ）すれば資金調達できるからである。

### (2) 直接金融

#### ① 具体例
**直接金融**には、株式、社債（普通社債、新株予約権付社債）、コマーシャル・ペーパーの発行などがある。

#### ② 特徴
直接金融を用いると、長期安定資金を確保することができる。しかし、格付により制約を受けたり、一定期間の企業の財務情報を投資家に開示（ディスクローズ）する必要があったりするため、格付が高い一部の企業の資金調達手段になることが多い。また、資金を手にするまでに手数や日数を要する。

また、直接金融で資金調達する場合や、企業が資金を緊急に必要としている場合は、投資家もリスクを感じるため、資金調達が困難になる可能性がある。そこで、直接金融を重視している格付の高い企業であったとしても、調達可能性（Availability）確保のために、間接金融の道を確保している。

## 4 外部金融と内部金融

資金調達源泉を企業の外部に求めるか内部に求めるかの観点で見ると、**外部金融**と**内部金融**とに分けることができる。

### (1) 外部金融

#### ① 具体例
(a) 企業間信用

**企業間信用**は、一般的な企業間取引において、売上や仕入に対して設定される債権債務の総称で、商品納入時期と代金支払い時期のずれから生じる企業間の貸借関係である。

具体的には、掛売りや掛買いなどの商取引の結果発生する売掛金あるいは受取手形（売上債権）や、買掛金や支払手形（仕入債務）を指している。

買い手側では、代金支払いの先延ばしにより買掛金が発生し、後日に手形か現預金で代金を支払うことになるため、一定期間の決済資金の節約分だけ資金調達を行ったことになる。

(b) 間接金融

短期借入、長期借入、手形割引、手形借入、証書借入

(c) 直接金融

社債発行、新株予約権発行、株式発行

#### ② 特徴
(a) 企業間信用

見かけ上、資本コストが発生しないため、利用しやすい。

(b) 間接金融

比較的容易かつ迅速に調達できるが、借入枠、借入超過に注意を要する。

(c) 直接金融

増資や社債発行によるものなので、長期間返済の必要がない反面、調達の機動性は低い。また、配当や利息を支払うための資金確保が必要となる。

## (2) 内部金融

### ① 具体例
利益の内部留保、減価償却

### ② 特徴

(a) 利益の内部留保

配当や利息を支払うための資金確保が不要であり、返済の必要がない。しかし、内部留保が多すぎると、株主から配当が過少であると判断されたり、内部留保をねらってのTOB（Take Over Bid：株式公開買付）の危険があったりするため、適切な配当の実施が重要になる。

(b) 減価償却

減価償却を行うと、減価償却費が費用計上されるが、キャッシュの支出（キャッシュ・アウト・フロー）が伴わないため、計上した減価償却費分の資本が調達されたことになる（自己金融効果）。

【 資金調達の形態 】

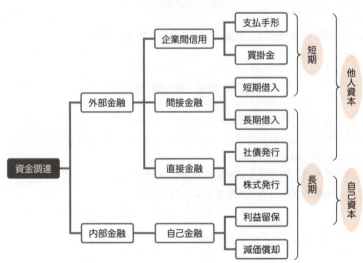

※このほかに短期の直接金融としてコマーシャル・ペーパーがある。

# 厳選!! 必須テーマ［○・×］チェック──第9章──

**過去20年間（平成13〜令和2年度）本試験出題の必須テーマから厳選！**

### ■■■ 問題編 ■■■　　　　Check!!

**問1** (H28-10)　　　　　　　　　　　　　　　　　　　　　　　［○・×］

銀行が株式の発行を行った場合は間接金融となる。

**問2** (H24-15)　　　　　　　　　　　　　　　　　　　　　　　［○・×］

内部金融とは、企業の事業活動によって獲得された長期資金調達であり、利益の内部留保、減価償却などから構成される。

**問3** (R01-20)　　　　　　　　　　　　　　　　　　　　　　　［○・×］

利益の内部留保や減価償却による資金調達を内部金融と呼ぶ。

**問4** (H23-14改題)　　　　　　　　　　　　　　　　　　　　　　［○・×］

コマーシャルペーパーや手形借入金は、短期資金調達に分類される。

**問5** (H21-12)　　　　　　　　　　　　　　　　　　　　　　　［○・×］

企業間信用による調達は、長期資金であり外部金融である。

### ■■■ 解答・解説編 ■■■

**問1**　×：株式の発行は直接金融である。
**問2**　○：設問文のとおり。
**問3**　○：設問文のとおり。
**問4**　○：この他、買掛金も短期資金調達に分類される。
**問5**　×：企業間信用は短期資金調達に分類される。

## 本章の体系図

2次 がついた項目は2次試験でも活用する知識です

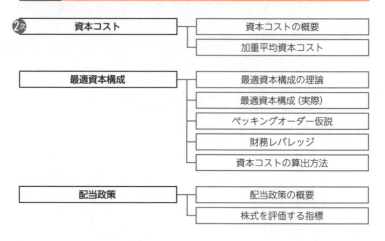

## 本章のポイント

- 資本コストについて理解する
- 資本コストの算出方法について理解する
- 最適資本構成について理解する
- リスクフリーレートやCAPMについて理解する
- 配当政策について理解する

# 第 **10** 章

# 資本コストの知識

**I** 資本コスト

**II** 最適資本構成

**III** 配当政策

# I 資本コスト

## 1 資本コストの概要

### (1) 企業から見た資本コストと資本家から見た資本コスト

ここまでは企業が必要とする資本調達について見てきた。企業はいろいろな資本調達方法を採用して、資金を集めることができる。また、資本調達方法ごとに特徴があることも確認した。

企業は調達した資本を元に企業活動を行い、自社を維持・拡大しながら、借入金を返済し、投資家にとって「投資したくて仕方ない」十分に魅力的な企業であり続けるために、価値を向上させ、配当を支払うことが必要である。一方、どのような割合で資本を調達することが企業にとって有利かという判断も必要になる。

資本調達に対し、このようなアクションをとるときに考える必要がある概念の1つに「資本コスト」がある。広義では、資本コストは「資本の調達レート」といえる。では、資本コストについて詳しく見ていこう。

資本コストとは、2つの観点から次のように見ることができる。

#### ① 企業側から見た場合

企業が資本を調達するにあたり、調達した資本への対価として、資本提供者に支払わなくてはならない報酬であり、事業活動の観点からは**必要収益率**である。

#### ② 投資家側から見た場合

投資家が投資をするにあたり、投資金額から得られる回収額に対して考える**要求利回り**あるいは**期待収益率**である。

つまり、負債及び株主資本によって企業が資本調達したことで、債権者に対して利子を支払ったうえに、株主が要求する配当も支払えるだけの収益性を確保できる水準が、企業にとっての**資本コスト**になる。

### (2) 資本コスト額と資本コスト率

**資本コスト**には、資本コスト額という見方と、資本コスト率という見方がある。たとえば、100万円を利率10%で借入れた場合、「年間10万円の利子を払っている」という見方ができる一方、「年間10%の利子を払っている」という見方ができる。

#### ① 資本コスト額

資本コストを金額で認識した場合が「資本コスト額」である。

#### ② 資本コスト率

資本コストを率で認識した場合が「資本コスト率」である。

ファイナンスにおいて、特に断りがなく資本コストという用語を使った場合は、一般的に「資本コスト率」のことを意味する。

230 第1部 テキスト

### (3) 広義の資本コストと狭義の資本コスト

「資本」という言葉は、広義では資本の調達源泉すべて（他人資本＋自己資本）を意味し、狭義では自己資本のみを意味する。このため、資本コストという用語にも広義と狭義がある。

#### ① 広義の資本コスト
負債コスト（負債の調達コスト）と株主資本コスト（自己資本の調達コスト）

#### ② 狭義の資本コスト
株主資本コスト（自己資本の調達コスト）のみ

ファイナンスにおいて、資本コストという用語は、使用される場面によって広義の場合と狭義の場合がある。そのため、どちらを意味するのかは文脈から判断する必要がある。

## 2 加重平均資本コスト

### (1) 加重平均資本コストの概要

資本の調達源泉は負債と株主資本とによることから、広義の**資本コスト**は、負債コストと株主資本コストに分けられる。

一方、広義の資本コストを一本化して、資本構成全体にかかわる「企業全体の資本コスト」を考えることもできる。この場合、負債コストと株主資本コストをそれぞれの構成割合にもとづいて加重平均した値を用いる。これを**加重平均資本コスト**（WACC：Weighted Average Cost of Capital）と呼ぶ。

### (2) 加重平均資本コストの計算方法

一般的には、加重平均資本コスト（WACC）は次の公式で計算される。

**【加重平均資本コスト】**

## ⑶ 加重平均資本コストの例題

　ある企業は、負債が60億円、株主資本が40億円、負債の平均コストが6%、株主資本の平均コストが8%、実効税率が40%であるとき、この企業の加重平均資本コスト（WACC）を求めてみよう。

　なお、端数が出る場合は、小数点第3位を四捨五入する。

$$\text{WACC} = \frac{60億円}{100億円} \times 6\% \times (1 - 0.4) + \frac{40億円}{100億円} \times 8\% = 5.36\%$$

　この企業で新規プロジェクトの案件があった場合、資本コストである5.36%を超える収益率が期待できるかどうかが、プロジェクトを実行するか否かの判断基準となる。

　もし、長期的に見て5.36%の収益率を確保できないプロジェクトに投資を行うとすると、将来的に企業価値が低下する可能性が高くなる。

# II 最適資本構成

R02-24
R01-22
H29-17
H27-13
H26-15
H22-14
H21-15
H20-18

## 1 最適資本構成の理論

加重平均資本コストを最小にするであろう資本構成は、**最適資本構成**と呼ばれる。最適資本構成については、MM理論が最も代表的な理論なので、以降で紹介する。

### (1) MM理論

H29-17

「完全資本市場下で、企業価値は資本構成の影響を受けない」「法人税が存在する不完全市場下で、負債を持つ企業の方の企業価値が高い」「投資の切捨率（資本コスト）は資金調達方法にかかわりなく一定である」など示すのが「**モジリアーニ＝ミラーの理論（MM理論）**」である。

現実の資本市場には、税金、取引コスト、情報コストや情報の偏在等が存在するため、完全資本市場を前提条件とすることはできない。ただし、MM理論は最適資本構成を考える場合の基礎となるため、理解しておこう。

### (2) 完全資本市場

H30-20
H26-14

モジリアーニとミラーが設定した完全資本市場の定義は、次のようなものである。
① 情報は市場参加者にコストなしで一様に行き渡る。
② 取引費用や取引制限がない。
③ 税金がない。
④ 商品の流動性が十分に高い。

完全資本市場において、「企業の資本構成は企業価値に影響を与えない」とするのが**MM理論**である。また、①によって情報の内容が市場価格に反映されているとする理論を**効率的市場仮説**という。

なお、効率的市場仮説は、次の3つの仮説に細分できる。

(a) **ウィーク型仮説**

現在の株価は、過去の株価や取引高など、過去に企業が自ら公開したさまざまな情報を反映しており、将来の株価の動きを知ることは難しいという仮説

(b) **セミストロング型仮説**

現在の株価は、過去に企業が自ら公開した情報のみならず、新聞記事やアナリストレポートなど、企業以外から公開された情報をも反映しているという仮説

(c) **ストロング型仮説**

現在の株価は、公開されている情報のみならず、インサイダー情報など、一部の関係者しか知りうることが出来ない情報も含め、全ての情報を反映しているという仮説

第10章 資本コストの知識 **233**

## (3) 具体例

　分析を単純にするため、完全資本市場の前提条件に加えて、次のような前提条件を置くことにする。

### 〈 前提条件 〉
① 営業利益の期待値は毎年一定である。
② 減価償却費は全額更新投資に充てられ、営業利益と税引前キャッシュ・フローは同じになる。
③ 利益は全額配当される。
④ 負債の利子率は毎年一定である。

　〈前提条件〉にもとづき、次の企業の企業価値（負債価値＋株主価値）を考えてみよう。

　A社とB社は、資産、事業内容、営業利益の期待値がまったく同じ企業である。違いは、A社は全額株主資本で構成され、B社は社債（利子率10%）を500億円発行している点である。両社の株主資本コストは10%とする。

　営業利益の期待値を300億円とするとき、完全資本市場を前提としてA社とB社の企業価値を比較する。

(単位：億円)

|  | A社 | B社 |
|---|---|---|
| ① 総資本 | 3,000 | 3,000 |
| ② 負債 | 0 | 500 |
| ③ 株主資本 | 3,000 | 2,500 |
| ④ 営業利益 | 300 | 300 |
| ⑤ 負債利子 | 0 | 50 |
| ⑥ 配当金 | 300 | 250 |

　A社は負債がないので、資本コスト（加重平均資本コストに相当）は10%である。さらにA社は毎年300億円の配当を生み出すので、A社の株主価値は、「300億円÷10%＝3,000億円」となる。

　B社は、資産、事業内容、営業利益の期待値がA社とまったく同じ企業であるから、資本提供者である株主及び債権者が負うリスクは同じであり、企業価値も同じ3,000億円のはずである。これを確認してみよう。

　B社の場合、資産から生み出されるキャッシュ・フローである営業利益300億円は、負債利子として債権者に50億円、株主に250億円分配され、300億円でA社と同じになる。

　また、利子率と株主資本コストはともに10%なので、加重平均資本コストも10%となる。よってB社の企業価値も「300億円÷10%＝3,000億円」となる。

　よって、両社の企業価値は、3,000億円で同じであることがわかる。

## 2 | 最適資本構成（実際）

R01-22
H27-13

### (1) 節税効果の存在

完全資本市場では税金を無視してきたが、実際の市場では税金が存在する。負債がある場合、負債に対する利子は損金算入できるため、節税効果が存在する。節税効果が存在すると、損金算入できない資本コスト（株主資本コスト）よりもキャッシュ・アウト・フローが減少するため、企業価値は増大することになる。

### (2) 負債比率増加の影響

節税効果を考慮すると、負債を100%にすれば企業価値が最大になることになる。しかし、資金調達手段の100%もしくは100%近くが負債によるということは、自己資本比率が極端に低いことになる。この場合、金利負担は同業他社よりも大きくなり、倒産する確率が高いとみなされ、金融機関の貸付利率が高くなる。つまり、信用力が低下することで資本コストが上昇し、結果的には企業価値が減少することになる。

### (3) 実際の最適資本構成

最適資本構成（最適な負債比率）はどのように考えるべきだろうか。これには、負債比率がどの程度上昇すると、負債調達コストがどの程度上昇するか（リスク・プレミアム）を見極める必要がある。

リスク・プレミアムを見積もる有効な指標として、社債の格付がある。社債の発行利回りは格付でほぼ決まっているため、格付の利回りの格差を見ることで、リスク・プレミアムの程度を見積もることができる。

さらに、格付と負債比率の関係では、両者の間に強い相関があることが実証されている。一般的には、負債比率20%以内の企業はトリプルA、50%を超えるとトリプルBよりも下の格付になる可能性が高くなる。

このように、リスク・プレミアムと負債比率との関係を捉えて、自社の負債比率を決め、最適資本構成を決めることが1つの方法になる。

**【 負債を持つ企業の企業価値 】**

| 負債をもつ企業の企業価値 | = | 負債0企業の企業価値 |

| | + | 負債利子の節税効果の現在価値 |

| | − | 倒産の可能性に伴うコストの現在価値 |

第10章　資本コストの知識　**235**

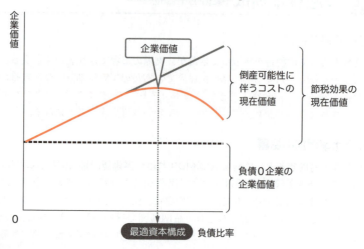

## 3 ペッキングオーダー仮説

**ペッキングオーダー仮説**とは、企業の資金調達方法の優先順位に関する理論である。2006年版中小企業白書では、ペッキングオーダー仮説を「調達手段にコストの差があるのなら、企業は調達手段をミックスして選択するより、コストの低いものから順番で選択する」と説明している。

企業の資金調達方法を大別すると、内部資金による方法と外部資金による方法に分かれる。完全資本市場であれば両者の調達コストに差はないため、資金調達方法の優先順位にも差はない。しかし、実際の資本市場には情報の非対称性が存在するため、企業と資金提供者との間にエージェンシーコスト（情報の非対称性に起因して発生するコスト）が発生するため、**ペッキングオーダー仮説**によると、企業は「内部資金」→「借入」→「増資」の順番に資金調達方法を選ぶとされている。また、借入の内容を細かく見た場合は、借入のしやすさの観点から、「銀行借入」→「社債発行」の順番に資金調達方法を選ぶとされている。

## 4 財務レバレッジ

### (1) 財務レバレッジの定義

**財務レバレッジ**は、総資本が自己資本の何倍あるかを示す指標であり、次の式で定義される。

$$財務レバレッジ = \frac{総資本}{自己資本}（倍）\quad（自己資本比率の逆数）$$

財務レバレッジの定義式は、自己資本比率（百分率に換算する前の定義式）の逆数であるが、自己資本比率の観点とは分析内容が異なる。『中小企業の財務指標』（中小企業庁）では、財務レバレッジを次のように説明している。

　「財務レバレッジの水準について、どの程度がよいかの判定は一概にはいえないが、企業の事業リスクに応じて一定の負債を導入することが最適であると考えられている。」

### ⑵ 自己資本比率から見た財務レバレッジ

　自己資本比率の観点から見ると、財務レバレッジが大きいということは自己資本比率が小さいということなので、資本構成の安全性が低いということになる。しかし、自己資本は固定性の高い資金調達源泉であるため、事業リスクへ積極的に対応しようとする経営戦略をとる場合には、成長の規模に枠をはめてしまうことになる。

　そこで、財務レバレッジの観点では、事業の成長性が見込めるならば、一定水準まで負債を増やすことで、企業は大きく成長できるだろうと考える。

　一方、財務レバレッジを高めると、一般的に金利負担が固定費として増加するため、営業利益の増減による経常利益や当期純利益の変動、すなわち財務リスクが大きくなる。そのため、負債コスト率を上回る事業利益率を獲得することが、努力目標になる。

## 5　資本コストの算出方法

H27-19
H22-17

### ⑴ リスクフリーレート（安全利子率）

　これまで、負債コスト（$r_d$）や株主資本コスト（$r_e$）は既知のものとして扱ってきた。しかし、実際にはどのように決定するのかを考えてみよう。

　普通預金と定期預金の利率が違うように、短期借入金と長期借入金の利子率が違うことは想像に難くない。それでは、同じ期間で返済する短期借入金に対して異なる２つの企業が借入れを申込んだ場合、借入れの利率は同じだろうか。もちろん、返済リスクの高い企業のほうが利率は高くなる。では、何を基準にしてリスクの大きさを測るのだろう。

　投資家は、リスクが高い投資（リスク資産）になるほど、期待収益率を高く見込む。逆に考えると、リスクゼロの投資（安全資産）に対する期待収益率が、期待収益率の最低ラインになる。この最低ラインの期待収益率をリスクフリーレートと呼ぶ。

　資本コストを考える場合には、リスクフリーレートを基準にして、投資ごとのリスク・プレミアム（投資ごとの個別のリスク）を考慮し、リスクの大きい投資ほどリスク・プレミアムを大きくすることで、資本コストが大きくなるようにする。

　リスクゼロの投資などというものは実際には存在しないが、限りなくリスクがゼロに近い投資として国債を想定し、国債の利回りをリスクフリーレートとすることが一般的である。

第10章　資本コストの知識　　**237**

## ⑵ 負債コストの算出

　負債コストの場合、リスクは信用リスクになる。また、負債コストには節税効果が存在する。よって、負債コストは次の式で定義される。

> 負債コスト＝（リスクフリーレート＋信用リスク・プレミアム）×（1－実効税率）

## ⑶ 株主資本コストの算出

　株主資本コストの算出にはさまざまなアプローチがある。

### ① CAPM（キャップエム）

　**CAPM**（Capital Asset Pricing Model：資本資産評価モデル）とは、株式のリスクに注目して、個別の銘柄の資本コストを評価しようとする理論である。上場している株式を対象とした理論であり、株主資本コストは次の式で定義される。

> 株主資本コスト＝リスクフリーレート
> 　　　　　　　＋個別銘柄の株式リスク・プレミアム
> 　　　　　　＝リスクフリーレート
> 　　　　　　　＋$\beta$×（市場全体の期待収益率－リスクフリーレート）

　この式の内容を記号に置き換えて表記すると、次のようになる。

$r_e = r_f + \beta \times (r_m - r_f)$

$r_e$：個別銘柄の期待収益率（株主資本コスト）

$r_m$：市場全体の期待収益率（マーケット・ポートフォリオ）

$r_f$：リスクフリーレート

　CAPMでは株式リスク・プレミアムを算出するために、**$\beta$（株式市況感応値）**という概念を用いる。$\beta$は株式市場全体（株式市場平均）の値動きに対する個別銘柄の値動きと定義される。

　$\beta = 1$であれば個別銘柄のリスクは市場全体のリスクに等しいことを意味する。$\beta < 1$であれば、個別銘柄のリスクは市場全体のリスクよりも小さい（ローリスク・ローリターン型の株式である）ことを意味する。$\beta > 1$であれば、個別銘柄のリスクは市場全体のリスクよりも大きい（ハイリスク・ハイリターン型の株式である）ことを意味する。横軸に$\beta$、縦軸に期待収益率をとり、CAPMにおける$\beta$と期待収益率の関係を表した直線を証券市場線という。

　$\beta$値は、実務上キャピタルゲインとインカムゲインの実績値をもとに東京証券取引所などが個別銘柄ごとに算出している。また「市場全体の期待収益率－リスクフリーレート」はマーケットリスク・プレミアムと呼ばれ、長期の実証データをもとにした数値が利用される。長期のデータを用いる理由は、好不況の波をより平準化して考えようとするからである。

$$\beta = \frac{個別銘柄と市場全体の共分散}{市場全体の分散}$$

H26-18

## ⑷ CAPMの計算の例題

次の〈資料〉にもとづいて、この企業の株主資本コストを求めよう。

### 〈資料〉

$r_e$＝個別銘柄の期待収益率

$r_m$＝市場全体の期待収益率

$r_f$＝リスクフリーレート

$r_f = 5.0\%$　　$r_m = 9.0\%$　　$\beta = 0.8$である。

株主資本コストは、CAPMの式「$r_e = r_f + \beta \times (r_m - r_f)$」に、与えられた値を代入して求める。

$$r_e = 5.0\% + 0.8 \times (9.0\% - 5.0\%) = 8.2\%$$

## ⑸ インデックス・モデル

**インデックス・モデル**(指数モデル)とは、個別銘柄の期待収益率(証券収益率の期待値)が、市場の動向を示す共通要因(マーケットインデックス)と連動すると考える理論である。

特に、マーケットインデックスが単一の共通要因の回帰分析によってのみ規定されるとする理論を**シングルインデックス・モデル**と呼ぶ。日本では、シングルインデックスとして、TOPIXや日経平均株価などを用いる。

### 【 シングルインデックス・モデル 】

$R_{Dt} = \alpha + \beta R_{Tt} + e_t$

$R_{Dt}$ ： 個別銘柄の期待収益率

$\alpha$ ： マーケットインデックス(シングルインデックス)自体の収益率がゼロのときでも平均して得られる独立した収益率

$\beta$ ： 個別銘柄の市場との連動性

$R_{Tt}$ ： マーケットインデックス(シングルインデックス)の収益率

$e_t$ ： 誤差

### ① TOPIX (Tokyo Stock Price Index：東証株価指数)

基準日となっている1968年1月4日の時価総額(すべての上場株式を終値で評価した合計値)を100として、その日の時価総額がどの程度増減したのかを表す指数である。東京証券取引所第一部上場の全銘柄を対象に毎日発表されるため、株式相場の実情を正確に把握できる。

第10章　資本コストの知識　　**239**

## ② 日経平均株価

　東京証券取引所第一部上場の銘柄の中から225銘柄を選び、アメリカのダウ・ジョーンズ社が開発した修正算式を用いて算出した平均株価のことである。日経平均または日経ダウとも呼ばれる。

## (6) APT

　**APT**（Arbitrage Pricing Theory）は裁定価格理論とも呼ばれ、複数の要因にもとづいて個別銘柄の期待収益率を算出する点が特徴である。APTでは、市場における完全な裁定取引を前提にして、複数の説明変数からなる要因（ファクター）によって個別銘柄の期待収益率を評価する。なお、裁定取引とは、情報ギャップやタイムラグなどによって、同一の性格を持つ2つの商品の間で異なる価格が発生した場合、割安な方を買い、割高な方を売ることにより、理論上はリスクなしで収益を確定させる取引のことである。

# III 配当政策

## 1 配当政策の概要

### (1) 配当の位置づけ

配当は、投資家に利益還元するための代表的な方法である。**配当**とは、利益が発生したときに、その一部または全部を投資家に分配する利益還元方法なので、利益が発生しなければ配当はできない。

ただし、利益が発生しても、配当に用いる金銭等を企業が保有しているとは限らない。たとえば、売上高が増加すれば一般的に利益は増加する。しかし、売上高の増加分のほとんどが、売上債権の増加分に対応していたならば、現預金はほとんど増えていないことになる。投資家は、このような状況になることを嫌うため、キャッシュ・フローを重視する。

### (2) 配当と内部留保の関係

配当と内部留保は、表裏一体の関係にある。配当を増やせば内部留保が減り、配当を減らせば内部留保が増えるからである。繰越利益剰余金の配当により減少する剰余金の額の10分の1を、資本準備金と利益準備金の合計額が資本金の額の4分の1に達するまで、利益準備金として内部留保する義務がある（会社法445条4項。会社計算規則22条）。

### (3) 投資家にとっての配当政策の意義

#### ① 短期的な観点

投資家はできるだけ多く配当してほしいと考える。このため、配当が多い企業では株式の人気が高まる。

#### ② 中長期的な観点

配当をしすぎると内部留保が減るため、投資家は企業の成長性が低下し、企業価値を損なうと考える。このため、成長性があり、なおかつ企業の状況に応じて適切な配当を行う企業では株式の人気が高まる。現在は、この考え方が主流である。

## 2 株式を評価する指標

株式の人気は株価に反映され、また、配当政策と密接な関係を持つため、株式を評価するためのさまざまな指標がある。

## (1) 株価収益率 (PER : Price Earnings Ratio)

$$株価収益率 = \frac{株価}{1株当たり純利益}倍 = \frac{株価}{EPS}倍 = \frac{株価 \times 発行済株式数}{純利益}倍$$

現在の株価が前期実績または今期予想の1株当たり純利益 (Earnings Per Share : EPS) の何倍になっているかを示す指標である。PERが高ければ株価は利益に対して割高であり、低ければ割安であることを意味する。

## (2) 1株当たり純利益 (EPS : Earnings Per Share)

$$1株当たり純利益 = \frac{純利益}{発行済株式数}円$$

この指標値が大きいということは、収益性が高いことを意味する。

## (3) 株価純資産倍率 (PBR : Price Book − value Ratio)

$$株価純資産倍率 = \frac{株価}{1株当たり簿価純資産}倍 = \frac{株価 \times 発行済株式数}{簿価純資産}倍$$

株価が簿価の1株当たり純資産の何倍になっているかを示す指標である。PBRが高ければ株価は割高であり、低ければ割安であることを意味する。

## (4) 株価キャッシュ・フロー倍率

$$株価キャッシュ・フロー倍率 = \frac{株価}{1株当たりキャッシュ・フロー}倍$$

株価収益率が低下したからといって、必ずしも「収益低迷＝業績悪化」とはいえない。なぜならキャッシュ・フローについての考慮がなされていないからである。たとえば設備投資を積極的に行うと減価償却費が増加し、純利益に比べてキャッシュ・フローは増加する。また設備投資は成長の源泉であるため、これを加味して株価を評価するという考え方が生まれた。評価方法は株価収益率と同じである。

## (5) 配当利回り

$$配当利回り = \frac{1株当たり配当}{株価} \times 100\% = \frac{配当総額}{株価 \times 発行済株式数} \times 100\%$$

**配当利回り**は、株主にとってのインカムゲイン（配当による利益）の収益性を評価する指標である。しかし、利益の増減に応じた配当をせず、一定の金額しか配当しない企業の場合、好況時に株価が上がると配当利回りが小さくなり、不況時には配当利回りが大きくなるという逆転現象が生じてしまう。また、株主がキャピタルゲイン（売却による利益）の収益性を重視するようになると、配当利回りの意義は小さくなる。

## (6) 配当性向

$$配当性向 = \frac{1株当たり配当}{1株当たり純利益} \times 100\% = \frac{配当総額}{純利益} \times 100\%$$

**配当性向**は、当期純利益（＝税引後利益）に占める配当総額の比率なので、将来の配当の動向を推測するときに役立つ。現在の配当性向が非常に低ければ将来増配の可能性があり、現在の配当性向が非常に高ければ、将来減配の可能性がある。ただし、株主は配当金額の大小だけで企業を評価するわけではない。配当性向が高すぎるということは、内部留保が少ないことを意味するので、企業を成長させるという観点からは、必ずしもよいとはいえないからである。

## (7) 内部成長率（サスティナブル成長率）

$$内部成長率 = ROE \times (1 - 配当性向)$$

**内部成長率**（サスティナブル成長率）は、企業が外部資金調達（増資）を行わずに達成できる1株当たり純利益や1株当たり配当の増加率のことである。ROEと配当性向が一定であると仮定すると、企業の当期純利益が増加した場合、毎年、内部留保の分だけ株主資本が大きくなる。

第10章　資本コストの知識　**243**

# 厳選!! 必須テーマ［○・×］チェック —第10章—

**過去20年間（平成13〜令和2年度）本試験出題の必須テーマから厳選！**

■■■ 問題編 ■■■　　　Check!!

**問1** (H28-14設問1)　　　　　　　　　　　　　　　　　　[○・×]

加重平均資本コストは、株主資本（自己資本）コストと他人資本コストを、その運用形態に応じて加重平均資本することで求められる。

**問2** (H21-15設問1)　　　　　　　　　　　　　　　　　　[○・×]

B社は普通株式と社債によって資金調達を行っており、その内訳は普通株式5,000万円、社債3,000万円である。普通株式には13%、社債には5%の収益率を要求しており、税金はないものと仮定したとき、加重平均資本コストは9%になる。

**問3** (H20-18改題)　　　　　　　　　　　　　　　　　　[○・×]

MM理論の主張によると、完全資本市場において、負債の利用度が高まるほど企業価値は高まる。

**問4** (H27-13設問1)　　　　　　　　　　　　　　　　　　[○・×]

法人税の存在を許容すると、負債の増加は節税効果を通じて企業価値を低めることになる。

**問5** (R02-24)　　　　　　　　　　　　　　　　　　　　[○・×]

MM理論では、投資家は資本市場において裁定取引を円滑に行うことができ、負債にはリスクがなく、法人税は存在しないと仮定すると、投資のための切捨率は、資金調達方法にかかわりなく、一意に決定される。

**問6** (H25-15改題)　　　　　　　　　　　　　　　　　　[○・×]

ペッキングオーダー仮説によれば、経営者は資本調達において、まず内部資金を優先し、ついで外部資金のうちでも、株式による増資よりも社債発行などのデッド・ファイナンスを優先するとされている。

**問7** (H28-12)　　　　　　　　　　　　　　　　　　　　[○・×]

β＝1であるリスク資産の期待収益率は、市場ポートフォリオの期待収益率と同じである。

**問8** (H20-17)　　　　　　　　　　　　　　　　　　　　[○・×]

1株当たり配当金額を安定的に支払う配当政策の場合、配当性向は毎期の利益変動により変動する。

244　第1部　テキスト

**問9** (H22-13)                                                   [○・×]

　PERは、EPSを株価で除して算出される。


■■■■ **解答・解説編** ■■■■

**問1**　×：資本構成に応じて加重平均する。

**問2**　×：加重平均コストは10%となる。

**問3**　×：完全資本市場において、企業の資本構成は企業価値に影響を与えない。

**問4**　×：節税効果を通じて、企業価値を高めることになる。

**問5**　○：切捨率は資本コストのことである。

**問6**　○：内部資金→借入→増資の順で資本調達する。

**問7**　○：$\beta = 1$ は、リスク資産のリスクと市場ポートフォリオのリスクが同じ大きさであることを意味する。

**問8**　○：配当性向 $= \dfrac{1\text{株当たり配当}}{1\text{株当たり純利益}}$ であるため、分子が一定ならば、配当性向は毎期の利益変動により変動する。

**問9**　×：$\text{PER} = \dfrac{\text{株価}}{\text{EPS}}$ 倍である。

第10章　資本コストの知識　**245**

## 本章の体系図

②次 がついた項目は2次試験でも活用する知識です

## 本章のポイント

- 企業価値の考え方について理解する
- 企業価値の算出方法について理解する
- M&Aについて理解する

# 第 11 章

## 企業価値の知識

**I** 企業価値の概要

**II** その他企業価値の関連知識

# I 企業価値の概要

## 1 企業価値の定義

　企業価値の定義として明確に定められたものはないが、「企業価値とは、将来の利益やキャッシュ・フローを生み出す源泉である」と理解しておこう。

**(1) 広義の企業価値**

　企業価値を広義で捉えれば、貨幣評価できないものも含めて企業価値だと考えられる。たとえば、人材は重要な経営資源だといわれるが、財務諸表上にその価値は明記されない。一方、人材の質によって将来の利益やキャッシュ・フローの生み出され方は変わるからである。

**(2) 狭義の企業価値**

　企業価値を狭義で捉えれば、貨幣評価できるもののみで認識することになる。この場合、企業価値は次の２つの考え方のうち、いずれかで認識される。
　① 企業価値＝株主価値（＝純資産の時価総額）
　たとえば、M&Aで被買収企業の買収価格を算定しようとするならば、買収企業にとって対価を払う価値があるのは株主価値のみである。このような場合には企業価値を株主価値のみに求める。
　② 企業価値＝負債価値＋株主価値（＝総資本の時価総額）
　総資本の価値が大きければ、事業規模は一般的に大きくなる。そこで、資本の調達方法にかかわらず、どの程度の大きさの利益やキャッシュ・フローを獲得できる力を有しているのかを評価しようとする場合は、企業価値を負債価値と株主価値の合計に求める。

**(3) ファイナンスで扱う企業価値**

　ファイナンスでは狭義で企業価値を認識し（貨幣評価できるもののみで企業価値を認識し）、分析の内容によって、２つの考え方（①企業価値＝株主価値、②企業価値＝負債価値＋株主価値）を使い分けることになる。

## 2 企業価値の重要な算定方法

　企業価値の算定方法にはさまざまなものがあるが、ここでは中小企業診断士試験での主要な方法を紹介する。

**(1) 配当割引モデル（DDM）を用いた方法**

　配当割引モデル（DDM：Dividend Discount Model）は、理論株価を算定する方

法である。**配当割引モデル**では、毎期の配当（毎期の1株当たり配当）を現在価値に割引き、現在価値合計を理論株価とする。具体的な計算方法には、①ゼロ成長モデルと②一定成長モデルがある。どちらかのモデルで理論株価を求めたら、次の式で株主価値を算定する。

> 株主価値＝理論株価×発行済株式数

なお、毎期の配当を「企業としての配当総額」とした場合は、現在価値合計がそのまま株主価値になる。

### ① ゼロ成長モデル
毎年同額の配当が永続的に続いたとき（配当の成長率が0のとき）を仮定したモデルである。

第n期の理論株価を$PV_n$、第n期の配当額を$D_n$、割引率をrとすると、第0期（理論株価の算定時点）の理論株価は次の式で示される。なお、ゼロ成長モデルでは、$D_1 = D_2 = D_3 = \cdots\cdots$なので、毎期同額の配当額をDとする。

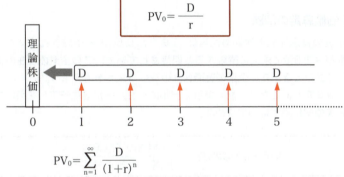

$$PV_0 = \sum_{n=1}^{\infty} \frac{D}{(1+r)^n}$$
$$= \frac{D}{1+r} + \frac{D}{(1+r)^2} + \frac{D}{(1+r)^3} + \cdots\cdots$$
$$= \frac{D}{r}$$

### ② 一定成長モデル（定率成長モデル）
初年度の配当をもとに、配当が一定割合で永続的に成長したとき（配当の成長率が定率のとき）を仮定したモデルである。

第n期の理論株価を$PV_n$、第n期の配当額を$D_n$、割引率をr、配当の成長率をgとすると、第0期（理論株価の算定時点）の理論株価は次の式で示される。

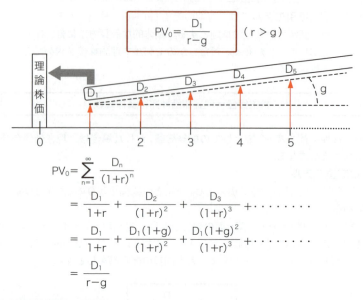

$$PV_0 = \sum_{n=1}^{\infty} \frac{D_n}{(1+r)^n}$$

$$= \frac{D_1}{1+r} + \frac{D_2}{(1+r)^2} + \frac{D_3}{(1+r)^3} + \cdots\cdots$$

$$= \frac{D_1}{1+r} + \frac{D_1(1+g)}{(1+r)^2} + \frac{D_1(1+g)^2}{(1+r)^3} + \cdots\cdots$$

$$= \frac{D_1}{r-g}$$

## (2) 企業価値算定の例題

　ある企業の普通株式の次期の配当は、1株当たり50円と予想されている。配当の成長率が今後8％で永久に継続すると期待されていて、この企業の現在の株価が1,000円であるとき、この企業の普通株式の資本コストを考えよう。

　配当の成長率があるため、配当割引モデルのうち、一定成長モデルを用いて資本コストを次の式に当てはめて求める。

$$当期末の理論株価 = \frac{次期末の予想配当}{割引率 - 配当の成長率}$$

　この計算のうち、「当期末の理論株価」を「現在の株価」に、「次期末の予想配当」を「次期の予想配当」に、「割引率」を「資本コスト」に読み替え、次のように式を変形することで、この企業の普通株式の資本コストを求める。

$$現在の株価 = \frac{次期の予想配当}{資本コスト - 配当の成長率}$$

$$資本コスト - 配当の成長率 = \frac{次期の予想配当}{現在の株価}$$

$$資本コスト = \frac{次期の予想配当}{現在の株価} + 配当の成長率$$

$$= \frac{50}{1,000} \times 100\% + 8\% = 13\%$$

# 3 DCF法

## (1) DCF法の概要

**DCF (Discounted Cash Flow) 法**は、企業が将来生み出すであろうフリー・キャッシュ・フローを加重平均資本コストで現在価値に割引いて、企業価値を算定する方法である。

基本的な考え方は配当割引モデルと同じである。配当割引モデルにおける毎期の配当をフリー・キャッシュ・フローに置き換え、割引率をWACCにする。この置き換えにもとづいて割引計算した現在価値合計を企業価値とする。

**DCF法**で現在価値合計として求められる企業価値は、「企業価値＝負債価値＋株主価値」である。そのため、株主価値のみを求めたい場合は、この企業価値から負債価値を減じる。

## (2) DCF法でのフリー・キャッシュ・フロー (FCF)

キャッシュ・フロー計算書の分析では、「FCF＝営業活動によるキャッシュ・フロー＋投資活動によるキャッシュ・フロー」とすることが多かった。

一方、DCF法では次のようにフリー・キャッシュ・フローを定義する。

> FCF ＝ NOPAT ＋減価償却費－設備投資額±運転資本増減額

### ① NOPAT：Net Operating Profit After Tax

ノーパットと呼ばれる利益概念である。日本語では金利調整前税引後営業利益と訳されたり、税引後営業利益と訳されたりする。次に説明するEBITから税金を減じたもので、次のように定義される。

> NOPAT ＝ EBIT ×（1 －実効税率）

### ② EBIT：Earning Before Interest & Tax

イービットと呼ばれる利益概念である。日本語では金利調整前税引前営業利益と訳されたり、税引前営業利益と訳されたりする。日本の損益計算書からEBITを求める場合は、次のように計算する。

> EBIT ＝経常利益－受取利息＋支払利息

第11章 企業価値の知識

### ⑶ ゼロ成長モデルを適用した場合の企業価値

企業価値を $PV_0$ とすれば、次の式で算定できる。

$$PV_0 = \frac{FCF}{WACC}$$

### ⑷ 一定成長モデルを適用した場合の企業価値

企業価値を $PV_0$ とし、FCF の成長率を $g$ とすれば、次の式で算定できる。

$$PV_0 = \frac{FCF_1}{WACC - g}$$

# Ⅱ その他企業価値の関連知識

## 1 制度的に定められた方法

　事業継承のために用いられる相続税法上の評価や税法における売買実例の考え方などがこれにあたる。課税の公平性を考える場合には「誰が計算しても同じ結果になる」という根拠が必要となるため、広く用いられている。また、「企業をどのように評価すべきか」ということを考えるのは大変なので、考えることをあきらめてしまう人たちが採用する評価方法でもある。ただし、この方法は必ずしも企業の実態を表していないため、戦略的な評価方法として採用するには不向きである。

## 2 伝統的な方法

　基本的に会計の考え方をもとにして行う評価方法で、制度的に定められた評価方法の基礎となることが多い。本来は株価の評価に用いられる方法であり、企業価値の算定についてはその発展的応用となる。

### (1) 収益還元方式（インカム・アプローチ）

　考え方の全体像は配当割引モデルと同じである。異なるのは割引計算に用いる分子を「将来見込まれる純利益」とする点、及び配当割引モデルでは割引率に中短期の債券利回りを用いることが多いのに対し、収益還元方式では長期の債券利回りを用いることが多い点である。DCF法やリアル・オプション法などがある。

### (2) 純資産方式（ネットアセット・アプローチ、コスト・アプローチ）

　貸借対照表を構成要素ごとに分け、各要素の価値を市場の簿価（簿価純資産方式）または時価（時価純資産方式）によって評価し、純資産の額を企業価値とする方法である。ただし、簿価は実態との乖離が懸念され、時価はその評価方法が難しいため、戦略的な意味での企業価値との因果関係については精度が高くないと考えられる。つまり遊休資産等（事業外資産）の売却価値算定以外にはあまり意味を持たない。そのため、他の伝統的方式と併用されることもある。この場合には、純資産方式と他の方式とに対する各評価結果への重み付けが重要になる。

### (3) 市場株価比較方式（マーケット・アプローチ）

#### ① 類似業種比準方式

　類似業種の平均資産、純利益、及び配当金と平均株価との比準値をもとに企業価値を評価する方法である。

#### ② 類似会社比準方式（マルチプル法、乗数法）

　類似会社の平均資産、純利益、及び配当金と平均株価との比準値をもとに企業価

値を評価する方法である。PERやPBRを用いることもある。

　いずれの場合も、業界平均との比較であることにすぎないという点に注意する必要がある。つまり企業の強みとなりうる独自技術などがある場合、それは貸借対照表上には現れてこない。このような価値を企業価値としてどのように評価するのかが課題である。

## 3 M&Aに関する知識

### (1) M&Aの知識

　M&A (Mergers and Acquisitions：合併と買収) は、我が国でも戦略遂行手段の選択肢となっており、中小企業においても後継者問題の有力な解決手法として、M&Aの手法の活用が図られている。一方、敵対的M&Aへの対抗手段についても知っておきたい。

### (2) M&Aに関する重要用語

　中小企業診断士試験において、重要と考えられるM&Aに関する用語を紹介する。

#### ① MBO

　マネジメント・バイ・アウト (Management Buy Out) の略語である。経営陣が、会社から特定の部門を買い取って独立する買収の方法である。日本的な「のれん分け」に類似した手法であり、これまで経営に携わってきた社員が経営を継承するので、雇用、社風、給与体系がそのまま継承されるため、日本的風土に合った手法として、我が国でも普及している。しかし、買収側の経営陣には、通常、十分な買収資金があるわけではないため、銀行融資やファンドなどからの借入により調達することになる。その観点では、MBOはLBOの一形態ともいえる。

#### ② MBI

　マネジメント・バイ・イン (Management Buy In) の略語である。買収する側が、所有権獲得だけでなく、専門の経営者を派遣し、経営に参画する買収の方式である。投資会社などが、後継者不在や業績不振などの問題を抱えた企業を買収し、社員やマネジメントチームを派遣し、経営体質の強化・改善を図ることで事業価値を高める。買収側は将来的な株式公開や第三者への売却によるキャピタルゲインを得るメリットがある。

#### ③ LBO

　レバレッジド・バイ・アウト (Leveraged Buy Out) の略語である。買収する側が、買収のための資金を被買収企業の資産を担保に調達することで行う買収の方式であり、1970年代半ばから80年代にかけて、米国において大企業を対象とする買収形態として急速に広まり、一世を風靡した。買収会社は「シェルカンパニー」というペーパーカンパニーを設立し、LBOファンドなどからの出資をあおぐが、買収所要資金の大半は銀行借入、債券などの負債に依存するため、レバレッジを利かせた企業買収という意味で名づけられた。

### ④ EBO

**エンプロイー・バイ・アウト** (Employee Buy Out) の略語である。MBOとほぼ同じ手法であるが、買収側が経営陣ではなく、一般の従業員である点が異なる。

### ⑤ TOB

**テイクオーバー・ビッド** (Take－Over Bid) の略語であり、日本語では株式公開買付という。**株式公開買付**とは、不特定かつ多数の人に対して、特定の上場企業の株式を買付ける旨の公告により、会社の経営権の取得等を目的として、証券市場外で株券等の買付を行うことである。金融商品取引法に定められた制度であり、買付者が有価証券報告書の提出会社である会社の経営権の変動につながるような大きな買付等(「総株主の議決権の3分の1」を超える株式の買付)を市場外で行う場合は、一部の例外を除いて、原則として公開買付によらなければならないとされている。投資家保護のために、買付会社は、買付ける目的・買付価格・買付予定株数・買付期間、そして公開買付代理人等を公告等により、事前に公表する必要がある。

### ⑥ グリーンメール

敵対的買収の一種である。買収者がターゲットにした企業もしくは関連企業等に高値で買い取らせることを目的に、ターゲットにされた企業の株式を買い集めることである。買収者をグリーンメーラーという。グリーンメールの由来は、ドル紙幣の緑色とブラックメール(脅迫状)を連想させたものである。

### ⑦ ホワイト・ナイト (白馬の騎士)

敵対的買収者に対抗し、買収の対象企業にとって都合のよい友好的な立場で合併、買収する第三者のことである。ポイズン・ピル(下記参照)などのように敵対的買収に備えて導入する買収防衛策と異なり、敵対的買収者が現れてからでも対応できるのが特徴である。株式交換、第三者割当増資の引き受け、敵対的買収者に対するTOB合戦といった方法がある。ホワイト・ナイトは対象企業の支配権を取得するが、対象企業が経営の独立性を維持できる場合は、ホワイト・スクワイア(白馬の従者)と呼ぶ。

### ⑧ ポイズン・ピル (毒薬条項)

敵対的買収に対する企業防衛策の1つである。買収者以外の株主が有利な条件で新株を取得できる権利(ライツ)をあらかじめ付与し、敵対的買収者の支配を弱める仕組みである。シェア・ホルダー・ライツ・プラン(ライツプラン)とも呼ばれる。買収者が発行済株式の一定量を買い占めた段階で権利を発動する。株式数が増えるため、買収者にはより多くのコストがかかり、買収意欲をなくす可能性が高まる。買収者にとって毒薬になるという意味で名づけられた。

第 11 章 企業価値の知識 255

# 厳選!! 必須テーマ［○・×］チェック ──第11章──

過去 20 年間（平成 13 ～令和 2 年度）本試験出題の必須テーマから厳選！

### ■■■ 問題編 ■■■　　Check!!

**問1** (H21-14)　　　　　　　　　　　　　　　　　　　　　　　　　［○・×］

完全市場を仮定するとき、株式分割によって1株当たり株価は上昇する。

**問2** (H23-20改題)　　　　　　　　　　　　　　　　　　　　　　　　［○・×］

企業評価手法のうち、DCF法はインカムアプローチに分類される。

**問3** (H28-16改題)　　　　　　　　　　　　　　　　　　　　　　　　［○・×］

1年後の配当を105千円とし、毎年3%の成長が永続するとしたとき、割引率が年5%であれば、現在の企業価値は5,250千円である。

**問4** (H28-13)　　　　　　　　　　　　　　　　　　　　　　　　　　［○・×］

LBOとは、従業員が資金を出し合って、経営権の取得を行うことである。

**問5** (H19-11)　　　　　　　　　　　　　　　　　　　　　　　　　　［○・×］

買収企業が、買収のターゲットとする企業に対し、買い占めた株式の買い取りを申し入れることをグリーンメールという。

**問6** (H18-11)　　　　　　　　　　　　　　　　　　　　　　　　　　［○・×］

企業の子会社や事業部などの経営者が、ベンチャーキャピタルなどから資金調達して新会社を興し、当該子会社を買収したり、事業部の譲渡を受けることをMBOという。

■■■ **解答・解説編** ■■■

**問1** ×：株式分割を行うと、株式数は増加するが、1株あたり株価は下落する。

**問2** ○：この他、配当割引モデルもインカムアプローチに分類される。

**問3** ○：$\dfrac{105}{0.05 - 0.03}$＝5,250千円で求められる。

**問4** ×：LBOとは、買収のための資金を被買収企業の資産を担保にすることで行う買収方式である。

**問5** ○：ドル紙幣と脅迫状に由来する。

**問6** ○：マネジメント・バイ・アウトの略である。

第11章　企業価値の知識　**257**

②次 がついた項目は2次試験でも活用する知識です

## 本章の体系図

②次 **リターンとリスク** ── リターンとリスクの概要

リターンとリスクの関係

②次 **リターンとリスクの指標** ── 指標化の必要性

②次 **リスク管理** ── 不確実性とリスクの違い

投資家の選好と期待効用

投資家の選好と無差別曲線

リスク移転

デリバティブ

リスクの種類

**為替リスクとリスクの回避** ── 為替リスクの概要

為替予約 ②次

通貨オプション ②次

金利スワップ

ポートフォリオ

安全資産を導入したポートフォリオ

## 本章のポイント

- リターンとリスクについて理解する
- リスク移転やデリバティブについて理解する
- 為替リスクや為替リスク回避策について理解する
- ポートフォリオについて理解する

# 第 12 章

## リターンとリスクの知識

**I** リターンとリスク

**II** リターンとリスクの指標

**III** リスク管理

**IV** 為替リスクとリスクの回避

# I リターンとリスク

## 1 リターンとリスクの概要

意思決定において有利な代替案を選ぼうとするとき、利益やキャッシュ・フローなどの「リターン」の大きさに注目しがちだが、現実的な意思決定においては、期待どおりにならないことあるいは期待どおりにならないために経済的に問題となること「リスク」についても考察する必要がある。

### (1) リターン

ファイナンスにおける**リターン**とは、投資に対して得られる対価のことである。リターンは、会計上の収益や利益、キャッシュ・イン・フローなど、広義の収益で認識する。また、リターンの大きさを測る方法には、リターンの率を用いる方法とリターンの額を用いる方法がある。

投資案の平均的なリターンは、期待値という指標で認識することが一般的である。

### (2) リターンの考え方

意思決定の要因であるリターンとリスクのうち、基本的な要因であるリターンについて、簡単な例題を用いて考える。

#### ① リターンの大きさのみを考慮する場合①

次に示すA案とB案があり、示された情報のみを用いて意思決定を行う場合、どちらの投資案を選択したらよいだろうか。

> A案：収益率10%
> B案：収益率　8%

この場合は、リターンとしての収益率が高いA案を選ぶほうが適切である。

#### ② リターンの大きさのみを考慮する場合②

次に示すA案とB案があり、示された情報のみを用いて意思決定を行う場合、どちらの投資案を選択したらよいだろうか。

> A案：収益率10%　　投資額500万円
> B案：収益率　8%　　投資額650万円

この場合は、収益率だけではなく、収益額も意思決定の要因になる。収益額は、A案が50万円（＝500万円×10%）、B案が52万円（＝650万円×8%）となる。収益率を重要なリターンだと認識した場合は、A案を選び、収益額を重要なリターンだと認識した場合は、B案を選ぶだろう。

③ リターンの大きさ及びリターンの発生確率を考慮する場合

次に示すA案とB案があり、示された情報のみを用いて意思決定を行う場合、どちらの投資案を選択したらよいだろうか。

> A案：収益率10%（発生確率0.4）　収益率0%（発生確率0.6）
> B案：収益率　8%（発生確率0.6）　収益率0%（発生確率0.4）

この場合は、収益率と発生確率が意思決定の要因になる。平均的な収益率は、A案が4%（＝10%×0.4＋0%×0.6）、B案が4.8%（＝8%×0.6＋0%×0.4）となる。この結果から、B案を選択した方が適切である。

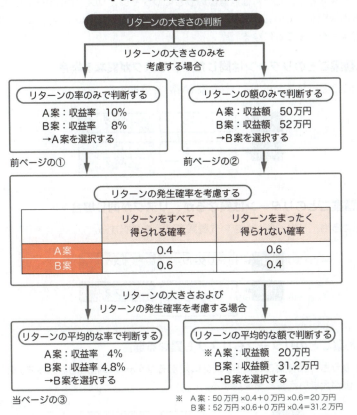

【 リターンの大きさの判断 】

(3) **リスク**

ファイナンスにおけるリスクには、広義と狭義がある。

① **広義のリスク**

**広義のリスク**とは、投資に対して予想される各種の結果はわかるが、どの結果にな

第12章　リターンとリスクの知識　261

るかまではわからない状態のことである。広義のリスクは、不確実性と同じ意味である。

② 狭義のリスク

狭義のリスクとは、どの結果になるかまではわからない状態である中で、かつそれぞれの結果が発生する確率がわかる状態のことである。つまり、狭義ではリスクが定量的にわかるため、経済的に問題となる。

リスクは、予想される結果のバラツキの度合いで認識する。具体的には、分散または標準偏差という指標で認識することが一般的である。

## 2 リターンとリスクの関係

日常生活における意思決定においても、多くの場合はリターンとリスクの両方が同時に存在するが、私たちは無意識のうちにリターンとリスクの関係を巧みに捉えて、意思決定をしている。リターンとリスクの情報のみを用いる場合は、次のような意思決定をすることになる。

### (1) 代替案ごとのリターンは同じだが、リスクが異なる場合

下記のうち、リスクが小さい代替案（A案）を選択する。

### (2) 代替案ごとのリターンは異なるが、リスクが同じ場合

下記のうち、リターンが大きい代替案（B案）を選択する。

### (3) 代替案ごとのリターンもリスクも異なる場合

下記のうち、代替案ごとに「リスクに対するリターンの相対的な大きさ」を計り、計った値が大きい代替案を選択する。

# II リターンとリスクの指標

## 1 指標化の必要性

R02-18
H29-16
H27-17
H24-19

効率的市場仮説のうちセミストロング仮説では、ある企業の業績が良くなると判断される情報が公開されると、一時的に株価が上がり（異常）超過収益率が上昇するが、すぐに情報を反映した株価に戻り、公開前後の超過収益率はゼロ付近を推移するリターン変動リスクがある。しかし、意思決定において定量的な分析を行うためには、リターンとリスクを客観的に計る必要があるため、指標化が必要になる。

### (1) リターンの指標

H29-16

#### ① 期待値

期待値は、リターンの平均的な推定値であり、リターンを計る代表的な指標である。もう少し具体的に説明すると、リターンとリスクが存在する場合、投資に対して予想される各種の結果（各種のリターン及びリターンの発生確率の組み合わせ）から推定される、平均的なリターンのことである。

### (2) リスクの指標

H20-19

#### ① 分散

分散は、予想される結果の散らばりの度合いを示す値であり、リスクを計る指標の1つである。分散は、偏差（予想される各種のリターンから期待値をそれぞれ差し引いた差分値）の二乗の期待値である。

#### ② 標準偏差

標準偏差は、リスクを計る代表的な指標であり分散の正の平方根をとる。分散は、偏差を二乗してしまうため値の桁が大きくなることと、リターンの値と比べて単位が異なることから扱いにくい。そこで標準偏差を利用する。

### (3) 収益額の期待値、分散、標準偏差

次の投資案について、収益額の期待値、分散、標準偏差を求めてみよう。

| 経済状況 | 収益額（万円） | 生起確率 |
|---|---|---|
| 好景気 | 100 | 0.2 |
| 変化なし | 60 | 0.7 |
| 不景気 | 20 | 0.1 |

第12章　リターンとリスクの知識　**263**

## ① 期待値の計算

期待値＝Σ（経済状況ごとの収益額×経済状況ごとの生起確率）

＝（100万円×0.2）＋（60万円×0.7）＋（20万円×0.1）

＝64万円

## ② 分散の計算

分散を求めるために、まず偏差を求める。

偏差＝経済状況ごとの収益額－期待値

好景気の偏差＝100万円－64万円＝36万円

変化なしの偏差＝60万円－64万円＝－4万円

不景気の偏差＝20万円－64万円＝－44万円

分散＝Σ（偏差$^2$×生起確率）

＝{（36万円）$^2$×0.2}＋{（－4万円）$^2$×0.7}＋{（－44万円）$^2$×0.1}

＝259.2＋11.2＋193.6

＝464万円$^2$

## ③ 標準偏差の計算

標準偏差＝$\sqrt{\text{分散}}$＝$\sqrt{464\text{万円}^2}$≒21.5万円

# III リスク管理

## 1 不確実性とリスクの違い

**不確実性**とは、将来何が起こるかわからないことを意味し、広義のリスクと同じ意味である。**狭義のリスク**とは、不確実性が経済的に問題となることである（経済学では、発生が予想される事象の生起確率がわかることとされる）。

不確実性（広義のリスク）は狭義のリスクが発生するための必要条件であるが、すべての不確実性が狭義のリスクになるわけではない。つまり不確実性には、有利な結果になることも含まれている。

しかし、不確実性があれば狭義のリスクが発生する可能性があるため、不確実性は狭義のリスクに近い考え方で認識されることが一般的である。そこで、企業が不確実性に直面したときには、一般的に不確実性を狭義のリスクに近い存在として捉え、不確実性を軽減しようとする。

## 2 投資家の選好と期待効用

### ⑴ リスク回避者

H23-18

**リスク回避者**とは、不確実なリターンの期待値と確実なリターンの値とが同じ大きさであれば、確実なリターンを好む経済主体である。

たとえば、①50％の確率で100万円、50％の確率で700万円のリターンが得られる（リターンの期待値は400万円）、②毎年確実に400万円のリターンが得られる、という2つの投資案がある場合、リスク回避者は②を選択する。

リスク回避者は、リスクの高い投資案に対して高い収益率を期待する。そのため、リスク回避者のリスク・プレミアムはプラスになる。

### ⑵ リスク中立者

H28-11
H22-15

**リスク中立者**とは、不確実なリターンの期待値と確実なリターンの値とが同じ大きさであれば、両者に差はないと考える経済主体である。リスク中立者は限界効用が一定で、効用関数が直線になる。リスク中立者は、期待値だけを基準として行動する。

リスク中立者は、リスクの大小を考慮せずに意思決定をするため、リスクは意思決定の要因にならない。そのため、リスク・プレミアムはゼロになる。

### ⑶ リスク愛好者

**リスク愛好者**とは、不確実なリターンの期待値と確実なリターンの値とが同じ大きさであれば、不確実なリターンの期待値を好む経済主体である。

第12章　リターンとリスクの知識　**265**

たとえば、①50％の確率で100万円、50％の確率で700万円のリターンが得られる（リターンの期待値は400万円）、②毎年確実に400万円のリターンが得られる、という2つの投資案がある場合、リスク愛好者は①を選択する。

リスク愛好者は、リスクの高い投資案に対する収益率は低くても仕方がないと考えて収益率を期待する。そのため、リスク愛好者のリスク・プレミアムはマイナスになる。

## 3 投資家の選好と無差別曲線

投資家の選好別に、標準偏差（リスク）を横軸にとり、期待収益率（リターン）を縦軸にとった無差別曲線を描くと、以下のようになる。なお、無差別曲線については、経済学・経済政策で学ぶため、ここでの説明は省略する。

### (1) リスク回避者

リスク回避者は、リスクの高い投資案に対して高い収益率を期待するため、無差別曲線は右肩上がりで下に凸になる。また、複数の無差別曲線が描かれる場合は、上方に位置するものほど効用が高い。

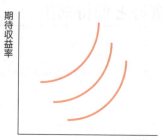

### (2) リスク中立者

リスク中立者は、リスクの大小を考慮せずに意思決定をするため、無差別曲線は水平になる。また、複数の無差別曲線が描かれる場合は、上方に位置するものほど効用が高い。

### (3) リスク愛好者

**リスク愛好者**は、リスクの高い投資案に対する収益率は低くても仕方がないと考えて収益率を期待するため、無差別曲線は右肩下がりで上に凸になる。また、複数の無差別曲線が描かれる場合は、上方に位置するものほど効用が高い。

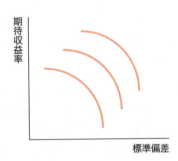

## 4 リスク移転

**リスク移転**とは、リスクを別の主体に移すことで自身のリスクを軽減することである。リスク移転には、ヘッジング、インシュアリング、分散化がある。

### (1) ヘッジング

**ヘッジング**とは、将来の取引の価値を固定する契約を結ぶことで、リスクを回避する取引である。ただし、リスクを回避することはできるが、利益を得る機会は減ってしまう。

#### ① 先渡（フォワード）

将来の一定の期日に一定の価格で商品の売買を行う取引である。売買契約は現時点で行うため、取引の変動性を減少させることができる。厳密には、「将来の一定の期日に一定の価格で商品の売買を行う契約」のうち、相対取引（あいたいとりひき）で現物決済するもの（反対売買による差金決済ができないもの）である。代表的な取引として、為替予約がある。

#### ② 先物（フューチャー）

将来の一定の期日に一定の価格で商品の売買を行う取引である。売買契約は現時点で行うため、取引の変動性を減少させることができる。厳密には、「将来の一定の期日に一定の価格で商品の売買を行う契約」のうち、反対売買による差金決済（実際には取引所を介して取引する）ができるものである。先物取引では、日々損益を計算し、証拠金（先物取引を行う際に預けておく保証金）に加減する。これを**値洗い**という。証拠金が不足すると追加の証拠金を差し入れない限り取引が清算される。これにより、契約の履行は取引所が保証することになる。代表的な取引として、商品先物や通貨先物がある。

なお一般的に、先渡と先物を合わせて先物（広義）と呼ぶことがある。

③ スワップ
債務の元本や金利の支払などを交換する取引である。
　(a) 金利スワップ
　同一の通貨で固定金利と変動金利を交換するなど、同一の通貨で金利の支払だけを交換する取引である。詳細は、「本章第Ⅳ節（為替リスクとリスクの回避）」で説明する。
　(b) 通貨スワップ
　外貨建債務を円貨建債務と交換するなど、異なった通貨で債務の元本及び金利の支払を交換する取引である。

(2) インシュアリング
インシュアリングとは、対価を支払って保険に相当する権利を入手し、将来の状況に応じて権利の行使・放棄を選択し、損失を抑えようとする取引である。代表的な取引として、通貨オプションがある。

(3) 分散化
分散化とは、複数の資産に分散投資する（ポートフォリオを組む）ことでリスクを軽減し、損失を抑えようとする取引である。代表的な取引として、証券投資のポートフォリオがある。

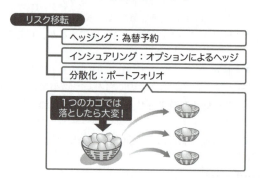
【リスク移転のイメージ】

## 5 デリバティブ
H30-14

デリバティブ（Derivative）は、金融派生商品と訳される。具体的には、ヘッジングの取引やインシュアリングの取引の総称である。
外国為替、債券、株式などの伝統的な金融商品（原資産）の売買にかかわる権利や義務を新たに商品化したものである。この新たな商品の価値は原資産の価値に依存するため、金融派生商品（デリバティブ）と呼ばれる。デリバティブのうち、日本国内において、想定元本ベースで現在最も多く取引されているものは、金利スワッ

プである。

# 6 リスクの種類

H29-22

リスクを分析するときには、リスクの性質に基づいた分類基準の定め方によって、複数の種類に分けることができる。

## (1) 純粋リスク

災害による損失や事故による損失など、不確実な事象が生じると経済的損失を避けることができないリスク（狭義のリスク）のことを**純粋リスク**という。

## (2) 投機的リスク

不確実性が存在するときは、経済的損失が生じる場合がある一方、経済的利益を獲得できる場合がある。このように、経済的損失の発生と経済的利益の発生のどちらにも可能性があるリスク（広義のリスク）のことを**投機的リスク**という。投機的リスクの例には、以下のようなものがある。

### ① 価格変動リスク
市場環境や社会環境の変化によって、資産の価格が変動するリスクである。

### ② 金利リスク
市中金利の変動によって、債券価格が変動するリスクである。

### ③ 為替リスク
外貨建取引において、為替レートの変動によって損益が生じるリスクである。

### ④ 信用リスク（デフォルトリスク）
負債を取り扱うときに、金利の支払いや元本の返済が遅れたり、不可能になったりするリスクである。

### ⑤ 流動性リスク
資産を売買しようとするときに、買い手や売り手が見つからなかったり、値がつかなかったりするリスクである。

## (3) システマティック・リスクとアンシステマティック・リスク

ポートフォリオにおいて、分散投資では低減できないリスクと、分散投資で低減できるリスクである。詳細は「第12章第Ⅳ節第5項」で説明する。

第12章　リターンとリスクの知識　**269**

# IV 為替リスクとリスクの回避

## 1 為替リスクの概要

　企業が外国通貨を建値とした取引を行う場合は、決済金額を邦貨へ換算するときに、為替レートの変動によるリスクが発生する。**為替レート**とは、**2国間の異なる通貨を交換するときの交換比率**のことである。
　為替レートが変動すると、邦貨換算での収益・費用や収入・支出が変動し、財務上の不確実性が高まる。そのため、為替レートの変動により、為替リスクが発生すると認識する。海外取引を扱う場合は、為替リスクに関する知識が欠かせない。

### (1) 為替レートが変動する理由

　為替レートは、基本的に貿易決済による通貨の需要と供給の関係で決まるとされている。しかし実際には、需要と供給の関係だけでは説明できないほど、為替レートは激しく変動する。為替レートが激しく変動する理由は、貿易決済以上に、投機目的での取引が行われているからだといわれている。
　投機目的での取引が行われると、各国の政治・経済状況の見通しや金利の予測情報のみでも為替レートが変動する。為替レートの変動は、企業の利益及びキャッシュ・フローへ影響を与えるリスク要因になる。具体的には、為替差損益として企業財務へ影響を与える。

### (2) 為替リスクの代表的な回避方法

　① 為替予約
　② 通貨オプション
　いずれの場合も、**外貨建輸出取引による外貨建債権の為替のリスク回避**や、**外貨建輸入取引による外貨建債務の為替リスク回避が主な目的**である。

## 2 為替予約

### (1) 為替予約の概要

　**為替予約**とは、**将来の一定日または一定期間に、外国為替の受渡しを、特定の為替相場を定めて約束する**ことである。一般的には、企業と金融機関との間で将来の外国為替取引を約束する。

### (2) 為替予約による損益

　為替予約による損益は、「外貨を買うために対価を円で払う場合(外貨買い円売りの場合)」と「外貨を売ることの対価を円で得る場合(外貨売り円買いの場合)」の

2種類に分かれる。
### ① 為替予約の損益図

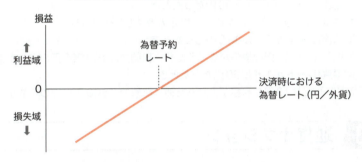

【為替予約の損益図（外貨買い円売りの場合）】

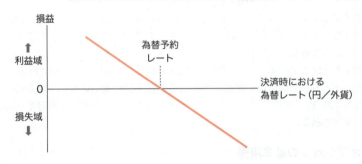

【為替予約の損益図（外貨売り円買いの場合）】

### (3) 為替予約の例題
#### ① 外貨買い円売りの場合
D社は、半年後に支払予定の米ドル建債務10,000ドルを円で支払うために、為替予約を行うことにした。為替予約レートを1ドル100円とした場合、直物レート（決済時のレート）によって、D社の損益がどのように変化するのだろうか。

為替予約レートが1ドル100円であるため次のようになる。先ほどの図表【為替予約の損益図（外貨買い円売りの場合）】と関連させて考えよう。

(a) **直物レートが1ドル100円だったとき**
損益は1ドル当たり0円なので、総額の損益も0円である。

(b) **直物レートが1ドル110円だったとき**
1ドル当たり10円の利益が生じるので、総額では100,000円の利益が生じる。

(c) **直物レートが1ドル90円だったとき**
1ドル当たり10円の損失が生じるので、総額では100,000円の損失が生じる。

#### ② 外貨売り円買いの場合
D社は、半年後に回収予定の米ドル建債権10,000ドルを円で受け取るために、為替予約を行うことにした。為替予約レートを1ドル100円とした場合、直物レー

ト（決済時のレート）によって、D社の損益がどのように変化するのだろうか。

　為替予約レートが1ドル100円であるため次のようになる。先ほどの図表【為替予約の損益図（外貨売り円買いの場合）】と関連させて考えよう。

　　(a) **直物レートが1ドル100円だったとき**
　　　損益は1ドル当たり0円なので、総額の損益も0円である。
　　(b) **直物レートが1ドル110円だったとき**
　　　1ドル当たり10円の損失が生じるため、総額では100,000円の損失が生じる。
　　(c) **直物レートが1ドル90円だったとき**
　　　1ドル当たり10円の利益が生じるため、総額では100,000円の利益が生じる。

## 3　通貨オプション

### (1) 通貨オプションの概要

　**オプション**とは、将来の一定日または一定期間に取引される商品（原資産）の取引価格を定めておき、「その定められた価格で取引できる権利」を売買できるようにした取引である。

　**通貨オプション**とは、商品（原資産）を外国為替とするオプションである。つまり、将来の一定日または一定期間に取引される外国為替の取引について特定の為替相場を定めておき、「その定められた為替相場で取引できる権利」を売買できるようにした取引である。

R01-14
H30-15
H25-23
H24-21
H21-19

### (2) オプションの基本用語

　**① 原資産**
　オプションの対象となる商品のことである。
　**② 権利行使価格**
　定められた取引価格のことである。
　**③ コール・オプション**
　権利行使価格で原資産を買うことができる権利のことである。
　**④ プット・オプション**
　権利行使価格で原資産を売ることができる権利のことである。
　**⑤ オプション料（オプション・プレミアム、プレミアム、オプション価格）**
　「オプションの権利（オプション権）の価格」のことである。
　**⑥ ヨーロピアン・オプション（ヨーロッパ型オプション）**
　満期日にしか権利行使できないタイプである。
　**⑦ アメリカン・オプション（アメリカ型オプション）**
　満期日までに、いつでも権利行使できるタイプである。
　**⑧ バミューダ・オプション（バミューダ型オプション）**
　満期日までに、権利行使可能日が複数回設定されるタイプである。

⑨ **イン・ザ・マネー**
原資産価格と権利行使価格の関係において、オプションの買い手が権利を行使したときに利益が生じる状態である。
⑩ **アウト・オブ・ザ・マネー**
原資産価格と権利行使価格の関係において、オプションの買い手が権利を行使したときに損失が生じる状態である。
⑪ **アット・ザ・マネー**
原資産価格と権利行使価格の関係において、オプションの買い手が権利を行使したときに損益が生じない状態である。
⑫ **本質的価値**
原資産価格と権利行使価格の差額ことである。
⑬ **時間的価値**
満期までに原資産価格が変動することで、オプションの価値が上昇（発生）することを期待する価値のことである。オプションの価格は本質的価値と時間的価値の合計で表される。

## (3) オプションによる損益

オプションによる損益は、「コール・オプションの買い手」、「コール・オプションの売り手」、「プット・オプションの買い手」、「プット・オプションの売り手」の4種類に分かれる。

### ① コール・オプションの損益図（買い手）

【 コール・オプションの買い手 】

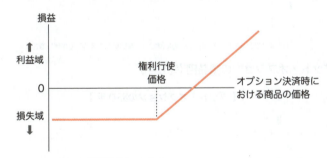

※損失はオプション料（プレミアム）内に限定、利益は商品の価格上昇に伴い増加

## ② コール・オプションの損益図 (売り手)

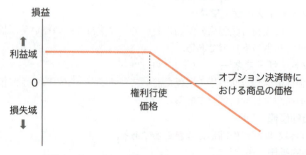

※利益はオプション料内に限定、損失は商品の価格上昇に伴い増加

## ③ プット・オプションの損益図 (買い手)

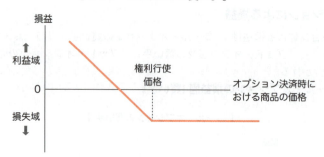

※損失はオプション料（プレミアム）内に限定、利益は商品の価格下落に伴い増加

## ④ プット・オプションの損益図 (売り手)

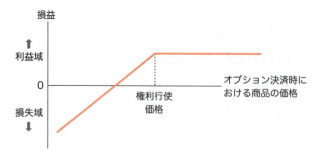

※利益はオプション料内に限定、損失は商品の価格下落に伴い増加

### ⑷ 通貨オプションの例題

　D社は、半年後に支払予定の米ドル建債務10,000ドルを円で支払うために、コール・オプションを購入することにした。権利行使価格を1ドル100円、オプション料を1ドル当たり10円とした場合、直物レート（決済時のレート）によって、D社の損益がどのように変化するのだろうか。

　権利行使価格が1ドル100円であるため次のようになる。先ほどの図表【コールオプションの損益図（買い手）】と関連させて考えよう。

#### ① 直物レートが1ドル100円よりも円高だったとき

　⒜ 権利を行使しないほうが有利である。

　⒝ 直物レートでドルを買うことになる。すると、原資産から生じる損益は1ドル当たり0円だが、オプション料からは1ドル当たり10円の損失が生じる。よって、総額では100,000円の損失が生じる。

#### ② 直物レートが1ドル100円よりも円安だったとき

　⒜ 権利を行使したほうが有利である。

　⒝ 権利行使価格1ドル100円でドルを買うことになる。

　• 直物レートが1ドル110円だったとき

　　原資産からは1ドル当たり10円の利益が生じる。一方、オプション料からは1ドル当たり10円の損失が生じる。よって、総額の損益は0円である。

　• 直物レートが1ドル120円だったとき

　　原資産からは1ドル当たり20円の利益が生じる。一方、オプション料からは1ドル当たり10円の損失が生じる。よって、総額では100,000円の利益が生じる。

### ⑸ オプションの売り手の損益

　先ほどは買い手の損益を紹介した。売り手の損益は、買い手の損益の逆になる点を覚えておこう。

　① 買い手の利益は、売り手の損失である。
　② 買い手の損失は、売り手の利益である。

### ⑹ 為替に関する用語

#### ① 直物（じきもの）レート

　異なる通貨の交換比率で2営業日後に決済する比率をいう。スポットレートともいう。

#### ② 予約レート（先渡レート）

　異なる通貨の交換比率で3営業日以降に決済する比率をいう。為替予約時に将来の交換比率を相対取引（あいたいとりひき）にて決定する。フォワードレートともいう。

#### ③ ネットの損益

　為替予約やオプション取引による損益と、直物による損益とを合計したものである。

第12章　リターンとリスクの知識　　**275**

### ④ 売建て・買建て

売りのポジション（売りの持ち高）を持つこと、及び買いのポジション（買いの持ち高）を持つことである。先物取引では、反対売買による差金決済ができるため、売りのポジションと買いのポジションを管理する必要がある。

## 4 金利スワップ

### (1) 金利スワップの概要

ファイナンスで「スワップ」は「交換」を意味する。**金利スワップ**は、**債務を持つ企業同士が、金利部分の支払いを相互に交換する取引**である。金利スワップで交換するのは金利部分のみである。元本部分の交換は含まれない。

### (2) 金利スワップの例題

元本100億円、期間5年の借入金（債務）を持っているA社とB社があるとする。両社の支払金利は次のとおりとする。

|  | 現在の借入金利 | 希望する借入金利 |
|---|---|---|
| A社 | 期間1年の変動金利（現在4%） | 固定金利5% |
| B社 | 固定金利5% | 期間1年の変動金利 |

A社は、今後の変動金利が固定金利5%を超えると予想して、固定金利5%への金利変更を希望し、B社は、今後も変動金利が固定金利5%を下回ると予想して、変動金利への金利変更を希望する。

A社とB社のように金利変更の希望が合致したときに、A社とB社でお互いの金利部分の支払いを交換するのが金利スワップである。

金利スワップによって、A社はB社に5億円（100億円×5%）を支払い、B社はA社に4億円（100億円×4%）を支払う。B社の予想どおり、変動金利が固定金利5%を下回れば、B社が有利になる。

翌年になり、変動金利が8%になったとする。A社はB社に5億円（100億円×5%）を支払い、B社はA社に8億円（100億円×8%）を支払う。A社の予想どおり、変動金利が固定金利5%を超えれば、A社が有利になる。

【 金利スワップのイメージ 】

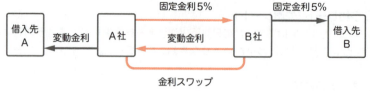

## (3) 金利スワップのポイント

### ① 変動金利で借入しているとき、変動金利上昇リスクをヘッジできる。

変動金利で借入している企業が、変動金利受取、固定金利支払の金利スワップ契約を結べば、変動金利が固定金利を上回っても、金利支払は固定金利になる。

### ② 金利スワップの有利不利は金利の変動よって決まる。

金利スワップでは、変動金利が上昇して固定金利を上回れば、変動金利受取・固定金利支払が有利になる。変動金利が下落して固定金利を下回れば、固定金利受取・変動金利支払が有利になる。

### 【 金利スワップ利用のメリット・デメリット 】

|  | メリット | デメリット |
|---|---|---|
| A社 | 変動金利が5％超のとき、支払金利は5％で割安になる | 変動金利が5％未満のとき、支払金利は5％で割高になる |
| B社 | 変動金利が5％未満のとき、5％との差が利益になる | 変動金利が5％超のとき、5％を超える部分も自己負担する |

---

# 5 ポートフォリオ

R02-19
R01-15
H27-19
H27-17

## (1) ポートフォリオの概要

リターン率10％のローリスク投資を25％とリターン率18％のハイリスク投資を75％とを組み合わせてリターン率16％を実現するなど、複数の投資案を組み合わせて、可能な限り高いリターンを可能な限り低いリスクで得ようとすることが考えられる。

**ポートフォリオ**とは、投資案の組み合わせ、すなわち分散投資の組み合わせのことである。ポートフォリオを考える場合は、リターンとリスクを考慮し、投資家にとって選択可能なポートフォリオ（投資機会集合）のうち最適なポートフォリオの実現を目指す。

## (2) ポートフォリオの概念

分散投資をする目的は、リスクの低減にある。ある投資の結果が不利なものであっても、他の投資の結果が有利であれば、リスクを低減できるからである。リスクを変動性と捉えた場合、ポートフォリオのリスクを低減するためには、変動の性質が反対のもの同士をバランスよく保有することが望ましいといえる。

分散投資の簡単な例として、投資案が2つ（証券A、証券B）の場合のポートフォリオのリスクを考えてみよう。

### ① 証券Aと証券Bがまったく同じ性質の変動をする場合

証券Aが値下がりすると証券Bも値下がりし、証券Aが値上がりすると証券Bも値上がりする。つまり、リスクを低減することはできない。

第12章　リターンとリスクの知識　**277**

### ② 証券Aと証券Bが正反対の性質の変動をする場合

証券Aが値下がりすると証券Bが値上がりし、証券Aが値上がりすると証券Bが値下がりする。つまり、リスクを最大限に低減することができる。

### ③ 証券Aと証券Bが無関連な変動をする場合

リスクを低減できるときもあれば、低減できないときもある。総じてリスクを低減することはできるが、低減の程度は①と②の中間である。

【 証券Aと証券Bの変動の関係 】

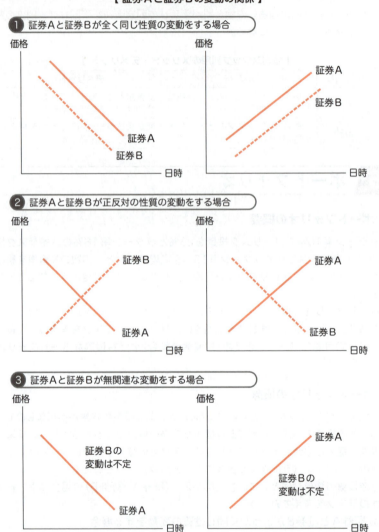

2つの証券のポートフォリオを考える場合は、リターンとリスク以外に、投資案同士の変動の関連性も考慮する必要がある。変動の関連性を計る指標には、**相関係**

数というものを用いる。

相関係数は−1から＋1の値をとる。相関係数が正の場合は2つの証券が同じ性質で変動することを意味し、負の場合は反対の性質で変動することを意味する。相関係数が0の場合は、2つの証券の変動は無関連であることを意味する。相関係数の絶対値の大きさは、関連性の程度を意味する。

R01-17
H29-19
H28-18
H22-16
H21-17
H20-20

## (3) 期待値と標準偏差の関係

2つの証券（証券A、証券Bとする）への投資比率を変化させた場合、一定の相関係数のもとでの期待値と標準偏差の関係は、次の図のようになることが知られている。

点Aは、証券Aの投資比率を100％にしたときの期待値と標準偏差を示している。点Bは、証券Bの投資比率を100％にしたときの期待値と標準偏差を示している。また、次の図は、投資家の観点から見た場合、「期待値が同じであれば相関係数が小さいほど標準偏差が小さく、標準偏差が同じであれば相関係数が小さいほど期待値が大きい」ことを示している。すなわち、変動性を相殺できる可能性が高いポートフォリオが望ましいことを意味している。

ここで、相関係数が0の場合に投資比率を変化させることを考えると、曲線ACB上にポートフォリオが存在する。ただし、曲線ACと曲線CBを分けて考えると、標準偏差の値が同じでありながら、期待値が2つ存在することになる。投資家は、標準偏差が同じ場合は期待値が高い投資案を選択するため、曲線CB上のポートフォリオを選択することはない。投資家は、リスク選好度に応じて曲線AC上のどこかのポートフォリオを選択することになる。点Aを選択する場合が、最もハイリスク・ハイリターンである。点Cを選択する場合が、最もローリスク・ローリターンである。曲線ACを有効フロンティア（効率的フロンティア）と呼び、曲線AC上のポートフォリオを効率的ポートフォリオと呼ぶ。

第12章　リターンとリスクの知識　**279**

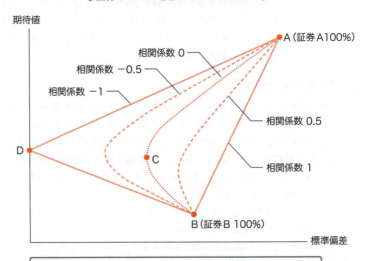

**【証券が２つの場合のポートフォリオ】**

相関係数 −1 → 証券Aと証券Bが正反対の性質の変動をする
相関係数　0 → 証券Aと証券Bが無関連な変動をする
相関係数　1 → 証券Aと証券Bが全く同じ性質の変動をする

(4) **相関係数と共分散**

　**相関係数**は、対で観測される特性を持つ２つの確率変数ＸとＹの間における、直線関係の強さの数値的尺度であり、−１から１までの値をとる。
　一方の確率変数の値が増加したとき、もう一方の確率変数の値が増加傾向にあるとき、相関係数は正の値となる。一方の確率変数の値が増加したとき、もう一方の確率変数の値が減少傾向にあるとき、相関係数は負の値となる。いずれの傾向もないときは、相関係数は０に近い値となる。
　相関係数は、次の式で定義される。

$$相関係数 = \frac{ＸとＹの共分散}{Ｘの標準偏差 \times Ｙの標準偏差}$$

　**共分散**とは、ＸとＹで、それぞれ対になる値ごとに偏差の積を求め、その期待値をとった値である。そのため、共分散でもＸとＹの相関関係を示すことができる。しかし、共分散の値は、もとのデータの単位によって大きさが変わってしまうため、異なる単位系同士での比較がしにくい。
　相関係数は、共分散を標準偏差の積で除すことで無単位にし、単位を意識しなくてよい比較を可能にする。また、相関係数は常に−１から１までの値をとるため扱いやすくなる。

## ⑸ ポートフォリオに関する例題

H30-18

資産Aと資産Bという2つの証券があり、それぞれの状況における収益率は以下のようになっている。ポートフォリオの組み入れ比率を資産A：30％、資産B：70％とするとき、ポートフォリオの収益率と相関係数を求めよ。

| 状況 | 確率 | 資産Aの収益率 | 資産Bの収益率 |
|------|------|------------|------------|
| 円高 | 0.4 | 10％ | 5％ |
| 円安 | 0.6 | 5％ | 10％ |

### ① 収益率の求め方

まず、それぞれの資産について期待収益率を求める。

資産Aの期待値

＝10％×0.4＋5％×0.6＝7％

資産Bの期待値

＝5％×0.4＋10％×0.6＝8％

ポートフォリオの収益率は、それぞれの資産の期待収益率と組み入れ比率の積の合計であるから、7％×0.3＋8％×0.7＝7.7％

### ② 相関係数の求め方

まず、共分散を求める。共分散は対になる値ごとの偏差の積の期待値であるから、

$(10％−7％)×(5％−8％)×0.4＋(5％−7％)×(10％−8％)×0.6$

$＝−3.6％^2＋(−2.4％^2)$

$＝−6.0％^2$

次に、それぞれの標準偏差を求める

資産Aの分散は

$\{(10％−7％)^2×0.4\}＋\{(5％−7％)^2×0.6\}＝6％^2$

よって資産Aの標準偏差は $\sqrt{(6％^2)}≒2.449％$

資産Bの分散は

$\{(5％−8％)^2×0.4\}＋\{(10％−8％)^2×0.6\}＝6％^2$

よって資産Bの標準偏差は $\sqrt{(6％^2)}≒2.449％$

よって相関係数は

$$\frac{−6}{2.449×2.449}＝−1$$

第12章　リターンとリスクの知識　281

### (6) システマティック・リスクとアンシステマティック・リスク

　ポートフォリオのリスクは、システマティック・リスクとアンシステマティック・リスクに分かれる。**システマティック・リスク**とは、分散投資では低減できないリスクのことである。たとえば、市場そのものが持つリスク（マーケット・リスク）が該当する。**アンシステマティック・リスク**とは、個別の投資対象ごとにそれぞれが持つリスクのことである。たとえば、証券ならば個別の銘柄が持つリスクが該当する。

## 6 安全資産を導入したポートフォリオ

　本節第5項におけるポートフォリオの考察は、危険資産（リスクを有する資産）のみの組み合わせで行ったが、ここではさらに安全資産（リスクのない資産）を導入した場合を考える。

### (1) 資本市場線

　安全資産（安全証券）と危険資産（危険証券）によるポートフォリオの図において、危険資産のみでポートフォリオを組んだ場合は、曲線EGが有効フロンティアになる。そこに安全資産を導入する。安全資産は標準偏差が0であり、かつ一定の期待収益率を持つため、安全資産のみを保有した場合は点Aが描かれる。

　点Aの状態に対し、点Fが描かれるように危険資産を組み合わせて安全資産とのポートフォリオを組むと、直線AFが新しい有効フロンティアの一部になり、曲線AFGが全体の有効フロンティアになる。この考えに基づいて、最も有利な有効フロンティアを考えると、点Aから伸ばした直線が曲線EGと接する直線ABCになる。これが安全資産を導入した場合の新しい有効フロンティアであり、この直線のことを**資本市場線**という。

**【 安全資産と危険資産によるポートフォリオ 】**

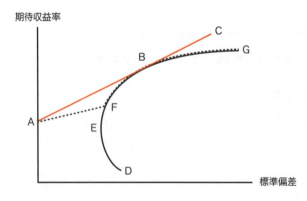

資本市場線における直線ABの部分は、安全資産と危険資産ポートフォリオBの組み合わせを意味している。また、直線BCの部分は、安全資産の利率Aで借入を行い、ポートフォリオBを買い増している状態を意味する。

## (2) 分離定理

危険資産と安全資産が存在する市場では、どのような投資家であっても、選択されるポートフォリオは資本市場線上にある。これは、選択可能な危険資産ポートフォリオの組み合わせは無数に存在するが、選択される危険資産の組み合わせは、資本市場線と危険資産ポートフォリオの有効フロンティアが接する点に限られることを意味している。

投資家の効用に左右される部分は、この唯一選択される危険資産ポートフォリオと安全資産への投資比率の決定のみとなり、危険資産ポートフォリオ自体の選択は投資家の効用とは別に決定される。この性質のことを**分離定理**という。

第12章 リターンとリスクの知識 **283**

# 厳選!! 必須テーマ［○・×］チェック —第12章—

## 過去20年間（平成13〜令和2年度）本試験出題の必須テーマから厳選！

■■■ 問題編 ■■■　　　　Check!!

**問1** (H24-22)　　　　　　　　　　　　　　　　　　　　　　　　　［○・×］
先物取引は、必ずしも現物の受渡しを必要としない。

**問2** (H25-22改題)　　　　　　　　　　　　　　　　　　　　　　　［○・×］
3か月後にドル建てで商品の仕入代金を支払う予定であるＡ社が、ドル買いの為替予約を行うことにより、為替リスクをヘッジすることができる。

**問3** (H24-21)　　　　　　　　　　　　　　　　　　　　　　　　　［○・×］
コール・オプションの買いの場合、原資産価格が行使価格を上回ったときにアウト・オブ・ザ・マネーとなる。

**問4** (R01-14)　　　　　　　　　　　　　　　　　　　　　　　　　［○・×］
オプションの価格は、オプションを行使した際の価値、すなわち本質的価値と時間的価値から成り立っている。

**問5** (H23-21)　　　　　　　　　　　　　　　　　　　　　　　　　［○・×］
金利スワップでは、通常、金利交換だけでなく、元本の交換も行われる。

**問6** (H22-16)　　　　　　　　　　　　　　　　　　　　　　　　　［○・×］
2つの証券の投資収益率が完全に相関している場合、投資収益率のリスク低減効果が最大になる。

**問7** (H26-21)　　　　　　　　　　　　　　　　　　　　　　　　　［○・×］
市場全体との相関によるリスクであり、分散化によって消去できないリスクを、システマティック・リスクという。

**問8** (H28-11改題)　　　　　　　　　　　　　　　　　　　　　　　［○・×］
リスク中立者は、限界効用が一定であり、効用関数が直線になる。

## ■■■ 解答・解説編 ■■■

問1　○：反対売買による差金決済が可能である。

問2　○：将来の為替レートが変動しても、決められたレートで決済することが、不確実性をなくすことになるためである。

問3　×：イン・ザ・マネーとなる。

問4　○：設問文のとおり。

問5　×：金利スワップでは、通常、金利のみ交換が行われる。

問6　×：完全に相関している場合、リスク低減効果はない。

問7　○：設問文のとおり。

問8　○：リスクの大小を考慮せず、期待値だけを基準として意思決定を行うためである。

②がついた項目は2次試験でも活用する知識です

## 本章の体系図

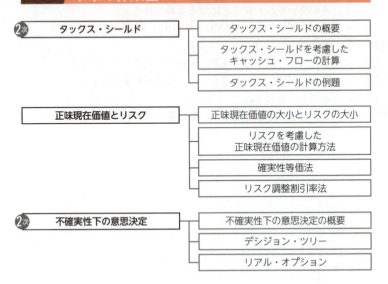

## 本章のポイント

- タックス・シールドについて理解する
- リスクを考慮した正味現在価値の計算方法について理解する
- デシジョン・ツリーについて理解する

# 第 **13** 章

## その他ファイナンスの知識

**I** タックス・シールド

**II** 正味現在価値とリスク

**III** 不確実性下の意思決定

# $\boxed{\text{I}}$ タックス・シールド

H29-15
H25-18

## $\boxed{1}$ タックス・シールドの概要

　税金の存在を考慮してキャッシュ・フロー（CF）を求めるときには、損金算入した費用について、節税効果が発生する。この節税効果を**タックス・シールド**と呼ぶ。

　タックス・シールドの中でも、資金支出を伴わない費用について発生するものは、支出を大きく抑えるため、特に注目される。具体的には減価償却費について発生するタックス・シールドである。このため、場合によっては、減価償却について発生する節税効果のみをタックス・シールド（狭義）と呼ぶことがある。

## $\boxed{2}$ タックス・シールドを考慮したキャッシュ・フローの計算

### (1) タックス・シールドの計算方法

#### ① 広義のタックス・シールド

> タックス・シールド＝損金算入した費用×税率

#### ② 狭義のタックス・シールド（減価償却費に限った場合）

> タックス・シールド＝減価償却費×税率

### (2) タックス・シールドを考慮したキャッシュ・フロー (CF) の計算方法

　タックス・シールドを考慮したキャッシュ・フロー（CF）は、次の2通りの計算方法のうち、どちらを用いても求めることができる。

① CF＝税引後利益＋減価償却費
② CF＝（売上高－現金支出費用）×（1－税率）＋減価償却費×税率

288　第1部　テキスト

# 3 タックス・シールドの例題

R02-23

(1) 次の〈資料〉にもとづき、キャッシュ・フローを求めよう。なお、費用は全額について損金算入が認められており、実効税率は40%とする。

**〈資料〉(単位：万円)**

| | |
|---|---|
| 売上高 | 100 |
| 現金支出費用 | 30 |
| 減価償却費 | 10 |
| 税引前利益 | 60 |
| 法人税等 | 24 |
| 税引後利益 | 36 |

①の方法で計算してみよう。

キャッシュ・フロー＝税引後利益36＋減価償却費10＝(46万円)

②の方法で計算した場合には、次のようになる。

CF＝(売上高100－現金支出費用30)×(1－税率0.4)
　　＋減価償却費10×税率0.4＝(46万円)

**【①の結果と②の結果が等しくなることの確認】**

CF＝税引後利益36＋減価償却費10
　＝(売上高100－現金支出費用30－減価償却費10)×(1－税率0.4)
　　＋減価償却費10
　＝(売上高100－現金支出費用30)×(1－税率0.4)－減価償却費10
　　×(1－税率0.4)＋減価償却費10
　＝(売上高100－現金支出費用30)×(1－税率0.4)＋減価償却費10
　　×税率0.4

(2) 当期首に1,500の設備(耐用年数3年、残存価額ゼロ、定額法)に投資すると今後3年間の各期末に税引前キャッシュ・フロー900が得られる場合、税率を30%とすると、この投資により各期末の税引後キャッシュ・フローは780になる(単位：万円)。

- 各期の減価償却費：(1,500－ゼロ)÷3年＝500万円
- 課税所得：税引前キャッシュ・フロー900－減価償却費500＝400万円
- 税額：課税所得400×税率30%＝120万円
- 税引後キャッシュ・フロー：税引前キャッシュ・フロー900－税額120＝780万円

第13章　その他ファイナンスの知識　**289**

# II 正味現在価値とリスク

## 1 正味現在価値の大小とリスクの大小

### ⑴ 正味現在価値の大小が意味するもの

正味現在価値（NPV）は、次の式で定義される。なお、投資プロジェクトの期間をN年、毎年の年数をそれぞれn年（期末基準）、毎年のキャッシュ・フローをCF$_n$、割引率をrとする。

$$NPV = \sum_{n=0}^{N} \frac{CF_n}{(1+r)^n}$$
$$= CF_0 + \frac{CF_1}{1+r} + \frac{CF_2}{(1+r)^2} + \cdots + \frac{CF_{N-1}}{(1+r)^{N-1}} + \frac{CF_N}{(1+r)^N}$$

※一般的な投資プロジェクトでは CF$_0$ が初期投資額に相当し、負の金額になる。

正味現在価値法の考え方にもとづけば、高く評価されるべき投資プロジェクトほど正味現在価値は大きくなり、低く評価されるべき投資プロジェクトほど正味現在価値は小さくなる。

### H27-15 ⑵ 正味現在価値の大小に影響を与える要因

正味現在価値は、将来の予測にもとづいて求めるため、リスク（広義のリスク＝不確実性）の存在を考慮する必要がある。一方、投資家は一般的にリスクを嫌うため、次のような考え方で投資プロジェクトの評価をすることになる。
① リスクが小さい → 高く評価されるべき → 正味現在価値は大きい
② リスクが大きい → 低く評価されるべき → 正味現在価値は小さい

## H27-15 2 リスクを考慮した正味現在価値の計算方法

正味現在価値法の定義式のうち、将来の予測にもとづく数値は次の2つである。
① 将来のキャッシュ・フロー：CF$_1$, CF$_2$, ……, CF$_{N-1}$, CF$_N$
② 割引率：r
確実な投資プロジェクト（リスクがない投資プロジェクト）に対し、将来のキャッシュ・フローが小さく予測される投資プロジェクトがあるならば、正味現在価値が小さくなり、リスクが大きいことを考慮したことになる。
確実な投資プロジェクト（リスクがない投資プロジェクト）に対し、割引率が大きく予測される投資プロジェクトがあるならば、この場合も正味現在価値が小さくなり、リスクが大きいことを考慮したことになる。

以上の考え方をもとにして開発された計算方法が、確実性等価法とリスク調整割引率法である。

## 3 | 確実性等価法

割引計算の分子（将来のキャッシュ・フロー）に確実性等価係数（$0 < \alpha n < 1$）を乗ずることで、リスクを考慮した正味現在価値を求める方法である。確実性等価係数が小さいほど、リスクが大きいことを意味する。

リスクの考慮は確実性等価係数で行うため、割引率（r）にはリスクフリーレートを用いる。

$$NPV = CF_0 + \frac{\alpha_1 CF_1}{1+r} + \frac{\alpha_2 CF_2}{(1+r)^2} + \cdots + \frac{\alpha_{N-1} CF_{N-1}}{(1+r)^{N-1}} + \frac{\alpha_N CF_N}{(1+r)^N}$$

※一般的な投資プロジェクトでは $CF_0$ が初期投資額に相当し、負の金額になる。

## 4 | リスク調整割引率法

H19-16

割引計算の分母（割引率）にリスク・プレミアム（$0 < \gamma < 1$）を加えることで、リスクを考慮した正味現在価値を求める方法である。リスク・プレミアムが大きいほど、リスクが大きいことを意味する。

リスクの考慮はリスク・プレミアムで行うため、割引率（r）にはリスクフリーレートを用いる。

$$NPV = CF_0 + \frac{CF_1}{1+r+\gamma} + \frac{CF_2}{(1+r+\gamma)^2} + \cdots$$
$$\cdots + \frac{CF_{N-1}}{(1+r+\gamma)^{N-1}} + \frac{CF_N}{(1+r+\gamma)^N}$$

※一般的な投資プロジェクトでは $CF_0$ が初期投資額に相当し、負の金額になる。

第13章　その他ファイナンスの知識　　291

# III 不確実性下の意思決定

## 1 不確実性下の意思決定の概要

### (1) 不確実性が意思決定に及ぼす影響

　意思決定において不確実性が存在することは、本書ですでに学んだ。すると、不確実性が存在するならば、将来の予測シナリオは、多岐に分岐するはずである。
　**デシジョン・ツリー**とは、多岐に分岐する将来の予測シナリオを樹形図にしたものである。また、その樹形図を使った意思決定手法の名称でもある。

### (2) 正味現在価値法の限界とデシジョン・ツリーの利用

　設備投資の経済性計算の代表である正味現在価値法を思い出してみよう。正味現在価値法では、初期投資をした後は原則として当該設備を使い続けるという前提で意思決定をする。
　一方、不確実性を考慮した予測をするならば、途中で設備を売却するシナリオを考える必要があるかもしれないし、逆に途中で設備に追加投資をするシナリオを考える必要があるかもしれない。
　あるいは、不景気になり将来キャッシュ・フローが計画よりも減ってしまうシナリオを考える必要があるかもしれないし、逆に好景気になり将来キャッシュ・フローが計画よりも増えるシナリオを考える必要があるかもしれない。
　さらに考えてみると、設備を売却する時期や追加投資をする時期がいつなのかということや、不景気や好景気になる確率は何％なのかといった要件もある。
　以上のような種々の要件を考慮したシナリオの発生が予測される意思決定へ、正味現在価値法で対応することは難しい。そのようなときに、デシジョン・ツリーを利用する。

## 2 デシジョン・ツリー

　次の〈資料〉にもとづき投資案について考えよう。
〈 資料 〉
　初期投資額400万円を必要とする投資案（経済命数2年）の第1年度のキャッシュ・フローの現在価値が200万円となる確率が0.5、300万円となる確率が0.5と予測されている。
　第1年度に200万円のキャッシュ・フローの現在価値が生じた場合に、第2年度のキャッシュ・フローの現在価値が300万円となる確率が0.5、400万円となる確率が0.5と予想されている。
　また、第1年度に300万円のキャッシュ・フローの現在価値が生じた場合に、

第2年度のキャッシュ・フローの現在価値が300万円となる確率が0.5、400万円となる確率が0.5と予測されている。

〈資料〉の内容を、デシジョン・ツリーにより図解すると、以下のようになる。Pは第1年度における現在価値の発生確率とし、P'は、第2年度における現在価値の発生確率とする。

デシジョン・ツリーでは、分岐図中の□を「意思決定者によって意思決定の選択が行われる分岐」とし（本問では「初期投資400万円」）、○を「意思決定者がコントロールできない不確実な事象の分岐」とすることになっている。

また、ここでは該当しないが、□が複数ある場合は、意思決定の順番に序数を付す。

【 デシジョン・ツリー 】

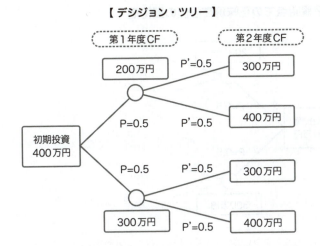

デシジョン・ツリーを用いた評価では、最終点に近い意思決定から始点へ向かって戻る方法を採用する。

## (1) 第1年度のCFが200万円となる時点における現在価値の期待値

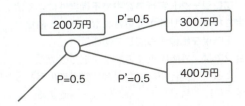

300万円×0.5＋400万円×0.5＋200万円＝550万円

第13章　その他ファイナンスの知識　　293

(2) 第1年度のCFが300万円となる時点における現在価値の期待値

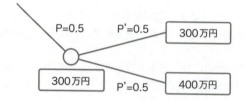

300万円×0.5＋400万円×0.5＋300万円＝650万円

(3) 初期投資時点での正味現在価値の期待値

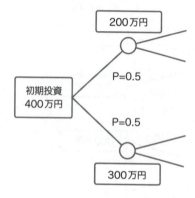

550万円×0.5＋650万円×0.5－400万円＝200万円

## 3 リアル・オプション

　不確実性をさらに考慮した意思決定の方法に、リアル・オプションというものがある。デシジョン・ツリーでは、プロジェクト実行の途中で不確実性による状況の変化があっても、評価時点で想定されたシナリオが変更されないという前提で、事業価値を評価する。このことは、正味現在価値法も同じである。
　これに対して**リアル・オプション**では、評価時点での意思決定だけでなく、プロジェクト実行の途中で不確実性による状況変化があった場合、状況変化があった時点で行われるであろう現実的な意思決定も考慮して、事業価値を評価する。

# 厳選!! 必須テーマ［○・×］チェック —第13章—

過去 20 年間（平成 13 〜令和 2 年度）本試験出題の必須テーマから厳選！

■■■ **問題編** ■■■　　　　　　　　　　　**Check!!**

## 問1 (H29-15改題)　　　　　　　　　　　　　　　　　　　　［○・×］

投資案の実行に関する各期の損益計算書の情報として、売上高、現金支出費用、減価償却費、税率がある場合、この投資案の各期の税引後キャッシュフローは、次の式で求めることができる。

（売上高−現金支出費用）×（1−税率）＋減価償却費×税率

## 問2 (H27-15改題)　　　　　　　　　　　　　　　　　　　　［○・×］

貸付け先企業の財政状態が悪化すると、割引率が低くなるため、貸付金の現在価値は小さくなる。

## 問3 (H18-15設問4)　　　　　　　　　　　　　　　　　　　　［○・×］

リスク調整割引率法は、各年度のキャッシュ・フローの期待値をリスクの程度に応じて、低く見積もる方法である。

## 問4 (H18-15設問3)　　　　　　　　　　　　　　　　　　　　［○・×］

デシジョン・ツリーは逐次的に投資決定が行われるような場合にも適用される。

## 問5 (H25-17)　　　　　　　　　　　　　　　　　　　　　　　［○・×］

不確実性の高い経営環境のもとで投資プロジェクトに対する経営の柔軟性を評価するマーケット・アプローチも提唱されている。

■■■ **解答・解説編** ■■■

問1　○：設問文のとおり。
問2　×：回収不能になるリスクが高まるため、割引率は高くなり、現在価値は小さくなる。
問3　×：確実性等価法の説明である。
問4　○：多岐に分岐する将来の予測シナリオを、樹形図を使って意思決定する際に用いる。
問5　×：リアル・オプション・アプローチの説明である。

第 13 章　その他ファイナンスの知識　**295**

## 出題マップ：財務・会計

| 第1章：財務・会計の基本 | 令和2年度 | 令和元年度 |
|---|---|---|
| Ⅰ　財務・会計の概要 | 09-消費税の処理 | |
| Ⅱ　簿記の基礎 | | |
| **第2章：財務諸表の知識** | | |
| Ⅰ　貸借対照表の知識 | 02-貸倒引当金、03-有価証券の評価、05-減損会計、08-ソフトウェアの会計処理 | 07-負債の会計処理 |
| Ⅱ　損益計算書の知識 | | |
| Ⅲ　決算整理事項 | 01-売上原価の算定、商品棚卸減耗損、商品評価損 | 01-先入先出法、06-売価還元法 |
| **第3章：会計帳簿の知識** | | |
| Ⅰ　会計帳簿の知識① | | |
| Ⅱ　会計帳簿の知識② | | |
| Ⅲ　決算手続き | | |
| **第4章：その他財務諸表に関する知識** | | |
| Ⅰ　株主資本等変動計算書の知識 | | |
| Ⅱ　キャッシュ・フロー計算書の知識 | 13-現金及び現金同等物の範囲 | 12-投資活動・財務活動によるキャッシュフロー |
| Ⅲ　税務会計と税効果会計の知識 | | 08-税効果会計 |
| Ⅳ　連結財務諸表の知識 | 06-のれん | 03-連結会計 |
| Ⅴ　その他の会計に関する知識 | 07-リース取引 | 02-圧縮記帳 |
| **第5章：原価計算の知識** | | |
| Ⅰ　原価計算の関連知識 | 10-直接労務費 | |
| Ⅱ　製造原価報告書 | | |
| Ⅲ　原価計算の種類 | 14-活動基準原価計算 | 09-材料消費価格差異 |
| **第6章：経営分析の知識** | | |
| Ⅰ　収益性分析 | 11-自己資本利益率ROE | 11 (2) -総資本営業利益率、19-ROE |
| Ⅱ　安全性分析 | 11-当座比率、固定長期適合率、自己資本比率、12-自己株式の消却 | 11 (1) -固定比率 |
| Ⅲ　生産性分析 | | |
| Ⅳ　成長性分析 | | |
| Ⅴ　CVP分析 | 21 (1) (2) -損益分岐点分析 | |
| **第7章：利益管理と資金管理の知識** | | |
| Ⅰ　利益管理 | | |
| Ⅱ　資金管理 | | |
| **第8章：投資の意思決定の知識** | | |
| Ⅰ　ファイナンスの基礎 | 17-複利現価係数と年金現価係数、20-複利と単利 | |
| Ⅱ　意思決定 | | 10-差額原価計算 |
| Ⅲ　正味現在価値法 | | 16-現在価値計算、23-正味現在価値法 |
| Ⅳ　内部収益率法（内部利益率法） | | 23-内部収益率法 |
| Ⅴ　回収期間法（ペイバック法） | | 23-回収期間法 |
| Ⅵ　その他投資の意思決定手法 | | 23-会計的投資利益率法 |
| **第9章：資金調達の知識** | | |
| Ⅰ　資金調達の形態 | | 20-資金調達 |
| **第10章：資本コストの知識** | | |
| Ⅰ　資本コスト | 22-CAPM、証券市場線 | 21-WACC |
| Ⅱ　最適資本構成 | 24-MM理論 | 22 (1) (2) -MM理論 |
| Ⅲ　配当政策 | 04-剰余金の配当制限 | |
| **第11章：企業価値の知識** | | |
| Ⅰ　企業価値の概要 | | |
| Ⅱ　その他企業価値の関連知識 | | |
| **第12章：リターンとリスクの知識** | | |
| Ⅰ　リターンとリスク | | |
| Ⅱ　リターンとリスクの指標 | 18-価格形成メカニズム | |
| Ⅲ　リスク管理 | | 13-無差別曲線 |
| Ⅳ　為替リスクとリスクの回避 | 15-オプションによる損益、19-ポートフォリオの概要、22-資本市場線 | 14-オプション、15-ポートフォリオ、17-ポートフォリオ、18-金利 |
| **第13章：その他ファイナンスの知識** | | |
| Ⅰ　タックス・シールド | 23-減価償却費のタックスシールド | |
| Ⅱ　正味現在価値とリスク | | |
| Ⅲ　不確実性下の意思決定 | | |
| **その他** | | |
| | 16-マイナス金利 | 04-当座預金勘定、05-会社法上の計算書類 |

296　第1部　テキスト

| 平成30年度 | 平成29年度 | 平成28年度 |
|---|---|---|
| 07-費用収益対応の原則 | 04-工事進行基準 | |
| | | |
| 05-ソフトウェアの会計処理 | 03-分配可能額、07-減損会計 | 05-純資産の部 |
| 02-固定資産売却損益 | | 02-売上控除・売上割引 |
| | 01-商品棚卸減耗損・商品評価損、02-未収収益 | 01-棚卸資産の評価 |
| | | |
| 01-3伝票制 | | |
| | | |
| 12-キャッシュ・フロー計算書の作成 | 13-営業活動によるキャッシュ・フロー | 09 (1) -キャッシュ・フロー計算書の作成 |
| | 06-繰延税金資産・繰延税金負債 | |
| 04-のれん・非支配株主持分 | | 03-のれん |
| 03-本支店会計、06-ファイナンス・リース取引 | 05-企業会計原則 | 04-ファイナンス・リース取引 |
| 09-製造間接費の配賦 | 10-原価要素の分類 | |
| 08-部門別計算・部門別個別原価計算、09-製造間接費差異の分析 | 08-総合原価計算、09-直接労務費差異 | 06-全部原価・実際原価、07-直接材料費差異、08 (1) -全部原価計算・直接原価計算 |
| 21 (1) (2) -ROA、ROE | 11-自己資本利益率、総資本営業利益率 | |
| | 11-インタレスト・カバレッジ・レシオ、固定長期適合率、12-財務比率への影響 | |
| 10-労働生産性の分解分析 | | |
| 11 (1) -目標利益達成売上高 | | 08 (2) -損益分岐点比率 |
| | | 09 (2) -正味運転資本 |
| | | |
| 11 (2) -差額原価収益分析 | | |
| 22(1)(2)-NPV法 | | |
| 22(1)(2)-内部収益率法 | | 17-内部収益率法 |
| 13-社債の発行 | | |
| | 14-資金調達 | 10-直接金融、間接金融 |
| | 24-WACC | 14 (1) (2) -WACC |
| 20-効率的市場仮説 | 17-MM理論、20-CAPM | 12 (1) (2) -CAPM |
| | | |
| | 18-配当割引モデル | 16-配当割引モデル |
| | | 13-M&A |
| | | |
| | 16-期待値 | |
| 14-デリバティブ | 21-リスク移転、22-リスクの種類 | 11-投資家の選好と効用 |
| 15-オプション、16-システマティック・リスク、17-ポートフォリオ、18-ポートフォリオ、19-為替予約 | 19-ポートフォリオ、23-ポートフォリオ、25-オプション | 15 (1) (2) -ポートフォリオ、18 (1) (2) -ポートフォリオ |
| | 15-税引後CF | |

# ■ 参考・引用文献

- ●『財務管理と診断』菊井髙昭・竹本達広著　同友館
- ●『管理会計の基礎』大塚宗春・辻正雄著　税務経理協会
- ●『新版会計学総論』青木茂男・大塚宗春著　中央経済社
- ●『財務会計　第11版』広瀬義州著　中央経済社
- ●『原価計算　六訂版』岡本清著　国元書房
- ●『管理会計』岡本清・廣本敏郎・尾畑裕・挽文子著　中央経済社
- ●『戦略管理会計』西山茂著　ダイヤモンド社
- ●『ビジネス・ファイナンス』菊井髙昭・宮本順二朗著　放送大学教育振興会
- ●『経営分析事典』日本経営分析学会編　税務経理協会
- ●『コーポレート・ファイナンス　戦略と応用』アスワス ダモダラン著　東洋経済新報社
- ●『ビジネス・ファイナンス論』大塚宗春・宮本順二朗編　学文社
- ●『企業財務のための金融工学』葛山康典著　朝倉書店
- ●『ビジネス・ゼミナール 経営財務入門』井手正介・高橋文郎著　日本経済新聞社
- ●『ファイナンス入門』齋藤正章・阿部圭司著　放送大学教育振興会
- ●『初級簿記』齋藤正章著　放送大学教育振興会
- ●『管理会計』齋藤正章著　放送大学教育振興会
- ●『財務会計論　Ⅰ基本論点編』佐藤信彦他編著　中央経済社
- ●『基本原価計算(第五版)』建部宏明他著　同文舘出版
- ●『検定簿記講義　1級工業簿記・原価計算　上巻・下巻』岡本清他編著　中央経済社
- ●『検定簿記講義　1級商業簿記・会計学　上巻・下巻』渡部裕亘他編著　中央経済社
- ●『検定簿記講義　2級工業簿記』岡本清他編著　中央経済社
- ●『検定簿記講義　2級商業簿記』渡部裕亘他編著　中央経済社
- ●『検定簿記講義　3級商業簿記』渡部裕亘他編著　中央経済社
- ●『何が変わる？　収益認識の実務　影響と対応』新日本有限責任監査法人編　中央経済社
- ●『図解でスッキリ　ソフトウェアの会計・税務入門』新日本有限責任監査法人編　中央経済社

# 索 引

## 【数字】

1株当たり純利益 ·················242
1年基準 ·····················28, 42

## 【英字】

APT ·························240
CAPM ························238
CVP分析 ··················145, 172
DCF法 ················197, 198, 251
DDM ·························248
EBIT ·························251
EBO ·························255
EPS ·························242
FCF ·························251
IRR ·························210
LBO ·························254
M&A ·························254
MBI ·························254
MBO ·························254
MM理論 ·······················233
NOPAT ························251
NPV法 ························206
PBR ·························242
PER ·························242
ROA ·························159
ROE ······················159, 243
TOB ······················225, 255
TOPIX ························239
WACC ····················231, 252
β ·························238

## 【あ】

相対取引 ···················267, 275
アウト・オブ・ザ・マネー ··········273
アカウンティング ················6
預り金 ·························42
圧縮記帳 ·······················114
アット・ザ・マネー ··············273
アメリカ型オプション ············272
アメリカン・オプション ··········272
洗替法 ·························58
アンシステマティック・リスク ·····282
安全資産 ·······················237
安全余裕率 ····················176

## 【い】

意思決定 ·······················202
意思決定機関 ··················102

委託販売 ·······················16
一部現金取引 ····················74
一定成長モデル ················249
移動平均法 ··················51, 52
イン・ザ・マネー ················273
インカム・アプローチ ············253
インカムゲイン ············238, 243
インシュアリング ··············268
インタレスト・カバレッジ・レシオ ····165
インデックス・モデル ············239

## 【う】

ウィーク型仮説 ················233
受取手形 ·······················30
受取手形記入帳 ··················70
受取人 ·························30
受取配当金 ····················48
受取利息 ·······················48
内金 ·························35
打歩発行 ·······················44
裏書譲渡 ·······················32
売上原価 ·······················50
売上債権 ·······················224
売上債権回転率 ················159
売上総利益 ····················47
売上総利益の差異 ··············182
売上高 ·························47
売上高営業利益率 ··············158
売上高経常利益率 ··········156, 158
売上高差異分析 ················182
売上高総利益率 ················158
売上帳 ·························69
売上値引 ·······················47
売上戻り ·······················47
売上割引 ·······················48
売上割戻 ·······················47
売上割戻引当金 ··················59
売掛金 ·························30
売掛金元帳 ····················71
売建て ·······················276
運転資金 ·······················185
運搬費 ·························47

## 【え】

永久差異 ·······················99
営業外支払手形 ··················42
営業外収益 ····················48
営業外損益の部 ············12, 47

索 引 **299**

営業外費用……………………………………48
営業活動によるキャッシュ・フロー……………84
営業損益の部………………………………12, 47
営業利益……………………………………47
影響力基準…………………………………103
益金…………………………………………95
エクイティ・ファイナンス……………………222

【お】

オプション・プレミアム………………………272
オプション価格……………………………272
オプション料………………………………272
オペレーティング・リース取引………112, 114
オポチュニティコスト……………………204
親会社………………………………………102

【か】

買入債務……………………………………41
買入部品費…………………………………123
買掛金………………………………………42
買掛金元帳…………………………………71
外貨建資産等………………………………33
開業費………………………………………41
会計の投資利益率法………………………214
回収可能価額………………………………39
回収期間法…………………………………213
回収期限到来基準…………………………16
回収基準……………………………………16
買建て………………………………………276
外注加工賃…………………………………125
階梯式配賦法………………………………135
回転期間……………………………………160
開発費………………………………………41
外部金融……………………………………224
外部購入価値………………………………167
価格差異…………………………………141, 182
価格変動リスク……………………………269
確実性等価係数……………………………291
確実性等価法………………………………291
貸方…………………………………………18
貸倒損失……………………………………57
貸倒引当金………………………………57, 58
貸倒引当金繰入……………………………57
貸付金………………………………………36
加重平均資本コスト………………………231
活動基準原価計算…………………………150
割賦販売……………………………………16
合併…………………………………………254
合併差益……………………………………45
株価キャッシュ・フロー倍率………………242

株価収益率…………………………………242
株価純資産倍率……………………………242
株式公開買付………………………………255
株式交付費…………………………………41
株式市況感応値……………………………238
株式市場平均………………………………238
株式払込剰余金……………………………45
株主価値……………………………………248
株主資本…………………………………159, 222
株主資本コスト……………………………238
株主資本等変動計算書……………………10, 82
株主総会…………………………………22, 102
株主等への長期貸付金……………………38
貨幣性資産…………………………………14
借方…………………………………………18
為替差損益…………………………………33
為替手形……………………………………31
為替予約……………………………………270
為替リスク………………………………269, 270
為替レート…………………………………270
関係会社株式………………………………38
関係会社出資金……………………………38
関係会社長期貸付金………………………38
勘定科目……………………………………18
勘定科目法…………………………………172
勘定連絡……………………………………146
間接金融…………………………………223, 224
間接経費……………………………………125
間接工賃金…………………………………124
間接材料費…………………………………122
間接所有……………………………………101
間接費………………………………………122
間接法………………………………………85
間接労務費…………………………………125
完全資本市場………………………………233
管理可能費………………………………123, 177
管理不能費………………………………123, 177
関連会社……………………………………103

【き】

機会原価……………………………………204
機会費用……………………………………204
期間原価……………………………………144
期間的対応…………………………………14
期間利益……………………………………145
企業会計原則………………………………110
企業価値…………………………………197, 248
企業間信用…………………………………224
企業結合……………………………………108
企業集団……………………………………101

300 第1部 テキスト

| | |
|---|---|
| 議決権 | 102 |
| 期限の到来した公社債利札 | 29 |
| 期首商品棚卸高 | 50 |
| 基準操業度 | 142 |
| 期待効用 | 265 |
| 期待収益率 | 201, 237 |
| 期待値 | 260, 279 |
| 機能別分類 | 122 |
| 期末商品棚卸高 | 50 |
| キャッシュ・フロー計算書 | 84 |
| キャピタルゲイン | 238, 243 |
| 吸収合併 | 108 |
| 給与手当 | 47 |
| 給料 | 124 |
| 競合他社分析 | 156 |
| 共通固定費 | 177 |
| 共分散 | 280 |
| 業務的意思決定 | 202 |
| 金銭債権 | 29 |
| 金融商品取引法 | 7, 255 |
| 金融派生商品 | 268 |
| 金融費用 | 165 |
| 金利スワップ | 268, 276 |
| 金利調整前税引後営業利益 | 251 |
| 金利調整前税引前営業利益 | 251 |
| 金利リスク | 269 |

## 【く】

| | |
|---|---|
| 偶発債務 | 32 |
| クーポンレート | 215 |
| グリーンメール | 255 |
| 繰延勘定 | 60 |
| 繰延資産 | 10, 41 |
| 繰延税金資産 | 38, 97, 99 |
| 繰延税金負債 | 97, 100 |

## 【け】

| | |
|---|---|
| 経営成績 | 10 |
| 経営分析 | 156 |
| 経過勘定 | 36, 60 |
| 経過勘定項目 | 36, 43 |
| 経常利益 | 47 |
| 形態別分類 | 121 |
| 経費 | 125, 128 |
| 結合原価 | 149 |
| 決算整理事項 | 22, 50 |
| 決算整理仕訳 | 22, 78 |
| 決算整理前残高試算表 | 22 |
| 原価 | 120 |
| 限界利益 | 144, 177, 184 |

| | |
|---|---|
| 限界利益率 | 175, 184 |
| 原価計算 | 120 |
| 原価計算基準 | 120 |
| 減価償却 | 96 |
| 減価償却費 | 47, 54, 225 |
| 減価償却累計額 | 54, 160 |
| 現金及び現金同等物 | 93 |
| 現金及び預金 | 29 |
| 現金主義 | 15 |
| 現金出納帳 | 68 |
| 現在価値 | 193 |
| 原資産 | 272 |
| 検収基準 | 16 |
| 建設仮勘定 | 160 |
| 源泉徴収分 | 42 |
| 減損会計 | 39 |
| 権利行使価格 | 272 |

## 【こ】

| | |
|---|---|
| 工業簿記 | 120 |
| 合計残高試算表 | 77 |
| 合計試算表 | 77 |
| 合計転記 | 74 |
| 貢献利益 | 177 |
| 広告宣伝費 | 47 |
| 工事完成基準 | 16 |
| 公式法変動予算 | 127 |
| 工事進行基準 | 16 |
| 公社債投資信託 | 93 |
| 公社債利札 | 29 |
| 工場消耗品費 | 123 |
| 更生債権 | 38 |
| 構造的意思決定 | 202 |
| 購入代価 | 123 |
| 効用関数 | 265 |
| 効率的市場仮説 | 233 |
| 効率的フロンティア | 279 |
| 効率的ポートフォリオ | 279 |
| コール・オプション | 272, 273 |
| 子会社 | 102 |
| 子会社株式 | 34 |
| 国債 | 237 |
| コスト・アプローチ | 253 |
| 固定金利 | 276 |
| 固定資産 | 10, 34 |
| 固定資産税 | 95 |
| 固定資産の売却 | 48 |
| 固定資産の流動化 | 54, 55 |
| 固定製造原価 | 144, 149 |
| 固定制配列法 | 11 |

索 引　**301**

| | | | | |
|---|---|---|---|---|
| 固定長期適合率 | 163 | シェルカンパニー | 254 |
| 固定販管費 | 145 | 仕掛品 | 51, 137 |
| 固定費 | 122, 139, 144, 172 | 時価純資産方式 | 253 |
| 固定費調整 | 149 | 時価発行増資 | 222 |
| 固定費率 | 143 | 時価評価 | 105 |
| 固定比率 | 162 | 時間差異 | 142 |
| 固定負債 | 10, 43 | 時間的価値 | 273 |
| 固定予算 | 126 | 直物レート | 275 |
| 個別原価計算 | 136 | 事業外資産 | 253 |
| 個別固定費 | 177 | 事業税 | 95 |
| 個別損益計算書 | 108 | 事業部 | 177 |
| 個別注記表 | 10 | 事業利益 | 165 |
| 個別的対応 | 14 | 事業リスク | 237 |
| 個別転記 | 74 | 資金移動表 | 185 |
| コマーシャル・ペーパー | 93, 224 | 資金運用表 | 185 |

**【さ】**

| | | | |
|---|---|---|---|
| 災害による損失 | 48 | 資金管理 | 185 |
| 最終仕入原価法 | 51 | 資金繰表 | 185 |
| 再生債権 | 38 | 資金計画 | 185 |
| 財政状態 | 10 | 資金計画表 | 185 |
| 再調達時価方式 | 197 | 資金調達 | 222 |
| 裁定価格理論 | 240 | 資金統制 | 185 |
| 最適資本構成 | 233 | 時系列分析 | 156 |
| 差異分析 | 182 | 自己株式 | 46 |
| 財務活動によるキャッシュ・フロー | 84, 92 | 自己株式処分差益 | 45 |
| 財務諸表分析 | 156 | 自己金融効果 | 54, 55 |
| 財務リスク | 237 | 自己資本 | 45 |
| 財務レバレッジ | 236 | 自己資本比率 | 164, 237 |
| 材料 | 51 | 資産除去債務 | 44 |
| 材料費 | 123, 128 | 資産の部 | 10, 28 |
| 材料副費 | 123 | 試算表 | 77 |
| 差額原価収益分析 | 203 | 自社利用のソフトウェア | 38 |
| 差額補充法 | 58 | 市場株価比較方式 | 253 |
| 先入先出法 | 51, 52 | 市場販売目的のソフトウェア | 38 |
| 先物 | 267 | 指数モデル | 239 |
| 先渡レート | 275 | システマティック・リスク | 282 |
| 先渡 | 267 | 実現主義 | 14 |
| 指図人 | 31 | 実効税率 | 99 |
| サスティナブル成長率 | 243 | 実際原価 | 138 |
| 雑給 | 124 | 実際原価計算 | 138 |
| サンクコスト | 205 | 実際配賦 | 126 |
| 残高試算表 | 77 | 実査法（多桁式）変動予算 | 127 |
| | | 実地棚卸高 | 52 |

**【し】**

| | | | |
|---|---|---|---|
| | | 支店独立会計制度 | 111 |
| | | 支店分散計算制度 | 111 |
| 仕入債務 | 41, 224 | 支配力基準 | 102 |
| 仕入先元帳 | 71 | 支払経費 | 125 |
| 仕入帳 | 70 | 支払対価 | 108 |
| 仕入割引 | 48 | 支払手形 | 41 |
| シェア・ホルダー・ライツ・プラン | 255 | 支払手形記入帳 | 71 |
| | | 支払人 | 30 |

302　第1部　テキスト

| | | | |
|---|---|---|---|
| 支払利息 | 48 | 正味運転資本 | 186 |
| 資本金 | 45 | 正味現在価値 | 290 |
| 資本コスト | 199, 210, 230 | 正味現在価値法 | 206 |
| 資本コスト額 | 230 | 正味売却価額 | 39 |
| 資本コスト率 | 230 | 消耗工具器具備品費 | 123 |
| 資本市場線 | 282 | 賞与引当金 | 59 |
| 資本集約度 | 169 | 将来加算一時差異 | 99 |
| 資本準備金 | 45 | 将来価値 | 193 |
| 資本剰余金 | 45 | 将来減算一時差異 | 99 |
| 資本生産性 | 168, 169 | 処分可能利益 | 14 |
| 資本装備率 | 169 | 所要運転資金 | 187 |
| 社債 | 215 | 仕訳 | 18, 23 |
| 社債の償還 | 44 | 仕訳帳 | 68, 73 |
| 社債の発行 | 44 | 新株予約権 | 46 |
| 社債の利払い | 44 | 新株予約権付社債 | 222, 224 |
| 社債発行費 | 41 | 申告調整 | 96 |
| 社債利息 | 48 | 信用取引 | 30 |
| 収益 | 13 | 信用リスク | 269 |

## 【す】

| | | | |
|---|---|---|---|
| 収益還元方式 | 253 | 水道光熱費 | 47 |
| 収益性指数法 | 214 | 数量差異 | 141, 182 |
| 収益性分析 | 156 | ストロング型仮説 | 233 |
| 収益認識に関する会計基準 | 17 | スポットレート | 275 |
| 従業員1人当たり付加価値 | 168 | スワップ | 268 |

| | | | |
|---|---|---|---|
| 従業員賞与・手当 | 124 | | |
| 修繕引当金繰入額 | 59 | | |

## 【せ】

| | | | |
|---|---|---|---|
| 住民税 | 95 | 税金等調整前当期純利益 | 89 |
| 樹形図 | 292 | 生産性 | 167 |
| 受注制作のソフトウェア | 16, 38 | 生産性分析 | 167, 168 |
| 出荷基準 | 16 | 生産高比例法 | 56 |
| 出資金 | 38 | 精算表 | 22, 78 |
| 取得価額 | 56 | 正常営業循環基準 | 28, 42 |
| 取得原価 | 34 | 製造間接費 | 122 |
| 主要材料費 | 123 | 製造間接費差異 | 142 |
| 主要簿 | 68 | 製造間接費の配賦 | 126 |
| シュラッター＝シュラッターの図 | 142 | 製造原価 | 121 |
| 純売上高 | 47 | 製造原価報告書 | 128 |
| 純資産 | 45 | 製造指図書 | 136 |
| 純資産の部 | 10, 82 | 製造直接費 | 122 |
| 純資産方式 | 253 | 製造変動費 | 145 |
| 純粋リスク | 269 | 整地費用 | 37 |
| 使用価値 | 39 | 成長性分析 | 171 |
| 償却原価法 | 44 | 税引後営業利益 | 251 |
| 証拠金 | 267 | 税引前営業利益 | 251 |
| 譲渡性預金 | 93 | 税引前当期純利益 | 48 |
| 試用販売 | 14 | 製品 | 51 |
| 商標権 | 38 | 製品別計算 | 135 |
| 商品有高帳 | 72 | 税務会計 | 95 |
| 商品棚卸減耗損 | 52 | セールス・ミックス | 183 |
| 商品評価損 | 53 | | |
| 正味運転資金 | 186 | | |

索　引　**303**

| | |
|---|---|
| 節税効果 235, 288 | 棚卸資産回転率 159 |
| 設備生産性 169 | 他人資本 45, 222 |
| 設備投資効率 169 | 単一仕訳帳制 73 |
| セミストロング型仮説 233 | 短期安全性分析 161 |
| ゼロ成長モデル 249 | 短期借入金 42 |
| 戦術的意思決定 202 | 短期的意思決定 202 |
| 全部原価計算 144 | 単利 194 |
| 全部連結 102 | |
| 戦略的意思決定 202 | **【ち】** |

**【そ】**

| | |
|---|---|
| 相関係数 278, 280 | 長期安全性分析 162 |
| 総勘定元帳 21, 23, 74 | 長期貸付金 38 |
| 操業度 172 | 長期性預金 37 |
| 操業度差異 142 | 長期的意思決定 202 |
| 送金小切手 29 | 長期前払費用 38 |
| 総原価 121 | 長期未払金 42 |
| 総合原価計算 137 | 調達可能性 224 |
| 相互配賦法 135 | 帳簿価格方式 197 |
| 相殺消去 105, 109 | 帳簿棚卸高 52 |
| 相殺仕訳 105, 106 | 直接金融 224 |
| 総資本回転率 157 | 直接経費 125 |
| 総資本経常利益率 156 | 直接原価計算 144 |
| 総平均法 51, 52, 137 | 直接工間接賃金 124 |
| 創立費 41 | 直接工賃金 124 |
| 測定経費 125 | 直接材料費 122 |
| その他資本剰余金 45 | 直接材料費差異 141 |
| その他有価証券 34 | 直接配賦法 135 |
| その他有価証券評価差額金 46 | 直接費 122 |
| その他利益剰余金 46 | 直接法 85 |
| その他流動資産 35 | 直接労務費 125 |
| ソフトウェアの会計処理 38 | 直接労務費差異 141 |
| 損益計算書 8, 12, 47 | 賃率差異 141 |
| 損益分岐点 174 | |
| 損益分岐点売上高 175 | **【つ】** |
| 損益分岐点販売数量 175 | 通貨オプション 268, 270, 274 |
| 損益分岐点比率 176 | 通貨スワップ 268 |
| 損益分岐点分析 174 | 通貨代用証券 29 |
| 損金 95 | 通信費 47 |
| | 月割経費 125 |

**【た】**

| | |
|---|---|
| 貸借対照表 8, 10, 28 | **【て】** |
| 退職一時金 43 | 定額法 56 |
| 退職給付 43 | 定期預金 93 |
| 退職給付引当金 43 | テイクオーバー・ビッド 255 |
| 退職給付引当金繰入額 124 | ディスクローズ 223 |
| 退職年金 43 | 定率法 56 |
| 耐用年数 54, 56 | 手形借入金 42 |
| タックス・シールド 288 | 手形の遡及義務 32 |
| 棚卸資産 51 | 手形売却損 32 |
| | 手形割引 32 |
| | 敵対的M&A 254 |

| | | | | |
|---|---|---|---|---|
| 敵対的買収 | 255 | 【の】 | | |
| デシジョン・ツリー | 292 | 能率差異 | 142 | |
| 手付金 | 35 | のれん | 108 | |
| デット・ファイナンス | 222 | ノンキャンセラブル | 112, 113 | |
| デリバティブ | 268 | | | |
| 伝票式会計 | 75 | 【は】 | | |
| | | ハードルレート | 200 | |
| 【と】 | | 買収 | 254 | |
| 当期商品仕入高 | 50 | 配当 | 241 | |
| 当期製品製造原価 | 128 | 配当金領収書 | 29 | |
| 当座資産 | 161 | 配当性向 | 243 | |
| 当座比率 | 161 | 配当政策 | 241 | |
| 当座預金出納帳 | 69 | 配当利回り | 243 | |
| 投資活動によるキャッシュ・フロー | 84, 92 | 配当割引モデル | 248 | |
| 投資家の選好 | 265 | 売買目的有価証券 | 34 | |
| 投資家の選好と無差別曲線 | 266 | ハイリスク | 200 | |
| 投資その他の資産 | 38 | ハイリスク・ハイリターン | 200, 238 | |
| 投資有価証券 | 38 | ハイリターン | 200 | |
| 東証株価指数 | 239 | 白馬の騎士 | 255 | |
| 得意先元帳 | 71 | 白馬の従者 | 255 | |
| 特殊仕訳帳 | 73 | 破産債権 | 38 | |
| 特殊仕訳帳制 | 73 | 発行可能株式数 | 45 | |
| 特別損益 | 48 | 発生確率 | 261 | |
| 特別損益の部 | 12, 48 | 発生経費 | 125 | |
| 特別損失 | 48 | 発生主義 | 14 | |
| 特別利益 | 48 | バミューダ・オプション | 272 | |
| 毒薬条項 | 255 | バミューダ型オプション | 272 | |
| 特許権 | 38 | 払込資本 | 45 | |
| 特許権使用料 | 125 | 半製品 | 51 | |
| 取引 | 18, 22 | 販売基準 | 16 | |
| 取引高の相殺消去 | 109 | 販売費及び一般管理費 | 47 | |
| | | | | |
| 【な】 | | 【ひ】 | | |
| 名宛人 | 30 | 比較損益計算書 | 171 | |
| 内部金融 | 225 | 引当金 | 59 | |
| 内部収益率法 | 210 | 引渡基準 | 16 | |
| 内部成長率 | 243 | 非支配株主持分 | 106 | |
| 内部取引 | 109 | 非支配株主利益 | 109 | |
| 内部留保 | 241 | 他人振出の小切手 | 29 | |
| | | 備品売却損 | 49 | |
| 【に】 | | 費目別計算 | 134 | |
| 日経平均株価 | 240 | 費用 | 13 | |
| | | 評価性引当金 | 59 | |
| 【ね】 | | 費用収益対応の原則 | 14, 54 | |
| 値洗い | 267 | 標準間接費 | 139 | |
| ネットアセット・アプローチ | 253 | 標準原価 | 138 | |
| ネットの損益 | 275 | 標準原価カード | 139 | |
| 年金基金 | 43 | 標準原価計算 | 138 | |
| 年金現価係数 | 195 | 標準原価差異 | 140 | |
| 年金資産 | 43 | 標準直接材料費 | 139 | |

索引　305

| | |
|---|---|
| 標準直接労務費 | 139 |
| 標準配賦率 | 139 |
| 標準偏差 | 262, 263, 279 |
| 費用分解 | 172 |

## 【ふ】

| | |
|---|---|
| ファイナンス | 192 |
| ファイナンス・リース取引 | 112, 113 |
| フォワード | 267 |
| フォワードレート | 275 |
| 付加価値 | 167 |
| 不確実性 | 265 |
| 不確実性下の意思決定 | 292 |
| 副費 | 123 |
| 複利 | 194 |
| 複利現価係数 | 195 |
| 福利厚生費 | 47, 125 |
| 負債 | 222 |
| 負債価値 | 248 |
| 負債コスト | 238 |
| 負債性引当金 | 59 |
| 負債の部 | 10 |
| 負債比率 | 164, 235 |
| 付随費用 | 37, 51 |
| 普通社債 | 215, 222, 224 |
| 普通仕訳帳 | 73 |
| プット・オプション | 272, 273 |
| 部門費の第1次集計 | 134 |
| 部門費の第2次集計 | 134 |
| 部門別計算 | 134 |
| 部門別個別原価計算 | 136 |
| フューチャー | 267 |
| フリー・キャッシュ・フロー | 251 |
| 不利差異 | 182 |
| 振出人 | 30 |
| 不良債権 | 32 |
| フルペイアウト | 112, 113 |
| プレミアム | 272 |
| プロダクト・ミックス | 183 |
| 不渡手形 | 32 |
| 分散 | 262, 263 |
| 分散化 | 268 |
| 分散投資 | 268, 277 |
| 分配可能額 | 46 |
| 分離定理 | 283 |

## 【へ】

| | |
|---|---|
| 平価発行 | 44 |
| ペイバック法 | 213 |
| ペッキングオーダー仮説 | 236 |

| | |
|---|---|
| ヘッジング | 267 |
| 別表四 | 95 |
| 返済リスク | 237 |
| 変動売上原価 | 144 |
| 変動金利 | 276 |
| 変動事由 | 82 |
| 変動製造原価 | 144, 146 |
| 変動製造差益 | 144 |
| 変動製造マージン | 144 |
| 変動販売費 | 145 |
| 変動費 | 172 |
| 変動費率 | 122, 139, 172 |
| 変動予算 | 126 |

## 【ほ】

| | |
|---|---|
| ポイズン・ピル | 255 |
| 法人税 | 95 |
| 法定福利費 | 124 |
| ポートフォリオ | 268, 277, 279 |
| 簿価純資産方式 | 253 |
| 補助記入帳 | 73 |
| 補助材料費 | 123 |
| 補助簿 | 68 |
| ホワイト・スクワイア | 255 |
| ホワイト・ナイト | 255 |
| 本質的価値 | 273 |
| 本支店会計 | 111 |
| 本支店間取引 | 111 |
| 本店集中会計制度 | 111 |
| 本店集中計算制度 | 111 |

## 【ま】

| | |
|---|---|
| マーケット・アプローチ | 253 |
| マーケットインデックス | 239 |
| マーケットリスク・プレミアム | 238 |
| 埋没原価 | 205 |
| 埋没費用 | 205 |
| 前受金 | 42 |
| 前受収益 | 62 |
| 前払金 | 35 |
| 前払費用 | 36 |
| 前渡金 | 35 |
| マネジメント・バイ・アウト | 254 |
| マネジメント・バイ・イン | 254 |
| マルチプル法 | 253 |
| 満期保有目的の債券 | 34 |

## 【み】

| | |
|---|---|
| 見越勘定 | 60 |
| 未実現利益 | 109 |

未収金 ……………………………… 36
未収収益 ………………………… 36
未達事項 ……………………… 111
未払金 ……………………………… 42
未払費用 ……………………… 62

## 【む】
無形固定資産 ……………………… 38

## 【も】
目標利益達成売上高 …………… 176
持合株式 …………………… 34, 46
持分法 ………………………… 109

## 【や】
約束手形 …………………………… 30

## 【ゆ】
有価証券 …………………………… 34
有価証券売却益 ………………… 48
有価証券売却損 ………………… 48
遊休資産 ……………………… 253
有形固定資産 ……………………… 37
有形固定資産回転率 …………… 160
有効フロンティア ……………… 279
有税償却 …………………………… 97
有税処理 …………………………… 97
郵便為替証書 ……………………… 29
有利差異 ……………………… 182
有利子負債 …………………… 165

## 【よ】
ヨーロッパ型オプション ……… 272
ヨーロピアン・オプション …… 272
予算差異 ……………………… 142
予定配賦 …………………… 126, 136
予約販売 …………………………… 16
予約レート …………………… 275

## 【ら】
ライツプラン ………………… 255

## 【り】
リアル・オプション …………… 294
リース ………………………… 112
利益管理 ……………………… 182
利益計画 ……………………… 182
利益準備金 ……………………… 46
利益剰余金 ……………………… 46
利益統制 ……………………… 182

リスク …………………… 261, 263, 265
リスク・プレミアム …… 235, 237, 265
リスク愛好者 …………… 265, 267
リスク移転 …………………… 267
リスク回避者 …………… 265, 266
リスク資産 …………………… 237
リスク中立者 …………… 265, 266
リスク調整割引率法 …………… 291
リスクフリーレート …… 237, 238, 291
利息法 ……………………………… 41
リターン ………………… 260, 263
流動資産 ………………… 10, 28
流動性配列法 …………………… 11
流動性リスク ………………… 269
流動比率 ……………………… 161
流動負債 ………………… 10, 41
旅費交通費 ……………………… 47
臨時損益 ………………………… 48

## 【る】
類似会社比準方式 ……………… 253
類似業種比準方式 ……………… 253

## 【れ】
連結原価 ……………………… 149
連結財務諸表 ………………… 101
連結損益計算書 ……………… 108
連結貸借対照表 ……………… 105
連結当期純利益 ……………… 108
連産品 ………………………… 149

## 【ろ】
労働生産性 …………………… 168
労働装備率 …………………… 169
労働分配率 …………………… 170
労務費 …………………… 124, 128
ローリスク …………………… 199
ローリスク・ローリターン …… 238

## 【わ】
割引手形 ……………………… 32
割引発行 ……………………… 44
割引前将来キャッシュ・フロー … 39
ワンイヤー・ルール …………… 28

**2021年版 TBC中小企業診断士試験シリーズ**

| 速修 | **テキスト** |
|---|---|
| **2** | **財務・会計** |

## 第2部

テーマ別 1次 過去問題集

テーマ別1次過去問題集
**❷ 財務・会計**

# 問題編

| 第 1 章 | 財務・会計の基本 | 312 |
| 第 2 章 | 財務諸表の知識 | 315 |
| 第 3 章 | 会計帳簿の知識 | 326 |
| 第 4 章 | その他財務諸表に関する知識 | 333 |
| 第 5 章 | 原価計算の知識 | 348 |
| 第 6 章 | 経営分析の知識 | 355 |
| 第 7 章 | 利益管理と資金管理の知識 | 370 |
| 第 8 章 | 投資の意思決定の知識 | 375 |
| 第 9 章 | 資金調達の知識 | 384 |
| 第 10 章 | 資本コストの知識 | 386 |
| 第 11 章 | 企業価値の知識 | 396 |
| 第 12 章 | リターンとリスクの知識 | 406 |
| 第 13 章 | その他ファイナンスの知識 | 422 |

## 第1章 問題 財務・会計の基本

### 平成19年度 第7問

株式会社の会社法上の計算書類として最も適切なものはどれか。

ア 貸借対照表、損益計算書、株主資本等変動計算書、個別注記表、事業報告、付属明細書

イ 貸借対照表、損益計算書、株主資本等変動計算書、個別注記表、事業報告

ウ 貸借対照表、損益計算書、株主資本等変動計算書、個別注記表

エ 貸借対照表、損益計算書、株主資本等変動計算書、事業報告

### 平成22年度 第2問

次の文章を読んで、下記の設問に答えよ。

収益の認識は、一般に、商品等の販売または役務の給付によって実現したことを
もって行われるとされている。しかし、長期の未完成請負工事等については、工事
[ A ] 基準とともに、工事 [ B ] 基準が認められてきた。

工事契約に係る収益（工事収益）およびその原価（工事原価）に関して定めた企業会
計基準第15号「工事契約に係る会計基準」では、工事の進行途上においても、その
進捗部分について [ C ] の確実性が認められる場合には、工事 [ B ] 基準
を適用し、この要件を満たさない場合には工事 [ A ] 基準を適用するとされ
る。

（設問1）

文中の空欄A～Cに入る最も適切なものの組み合わせはどれか。

| | | |
|---|---|---|
| ア A：完 成 | B：進 行 | C：進 捗 |
| イ A：完 成 | B：進 行 | C：成 果 |
| ウ A：完 成 | B：進 捗 | C：進 行 |
| エ A：進 行 | B：完 成 | C：進 捗 |
| オ A：進 捗 | B：完 成 | C：成 果 |

312 第2部 テーマ別1次過去問集

（設問2）

文中の下線部①の実現したことに相当する事項として、最も適切なものはどれか。

ア　委託販売における積送品に対する荷付為替手形の取り組み

イ　市場性が高い鉱産物の採掘

ウ　試用販売における得意先による買い取りの意思表示

エ　予約販売における予約金の受け取り

（設問3）

文中の下線部②の企業会計基準第15号の適用範囲に関する記述として、最も適切なものの組み合わせを下記の解答群から選べ。

a　工事契約とは、土木、建築、造船や一定の機械装置の製造等、仕事の完成に対して対価が支払われる請負契約をいう。

b　工事契約とは、仕事の完成に対して対価が支払われる請負契約のうち、土木、建築、造船や一定の機械装置の製造等、基本的な仕様や作業内容を顧客の指図に基づいて行うものをいう。

c　工事契約に関して、施工者における工事原価および工事収益の会計処理に適用される。

d　工事契約に関して、施工者における工事収益の会計処理ならびに開示に適用される。

e　受注制作のソフトウェアについても、工事契約に準じて適用する。

〔解答群〕

　ア　aとc　　イ　aとd　　ウ　bとc　　エ　bとe　　オ　dとe

問題編　　313

### 平成16年度 第1問

　取引の発生から財務諸表の作成に至るまでの簿記一巡の手続きとして、最も適切なものはどれか。

ア　取引の発生→仕訳→元帳転記→決算整理手続き→棚卸帳の作成→試算表の作成
　　→財務諸表の作成

イ　取引の発生→仕訳→元帳転記→試算表の作成→決算整理手続き→棚卸帳の作成
　　→財務諸表の作成

ウ　取引の発生→仕訳→元帳転記→試算表の作成→棚卸帳の作成→決算整理手続き
　　→財務諸表の作成

エ　取引の発生→仕訳→元帳転記→棚卸帳の作成→決算整理手続き→試算表の作成
　　→財務諸表の作成

オ　取引の発生→仕訳→元帳転記→棚卸帳の作成→試算表の作成→決算整理手続き
　　→財務諸表の作成

### 令和2年度 第9問

　商品 19,800 円(税込)を仕入れ、代金は現金で支払った。このときの仕訳として、最も適切なものはどれか。なお、消費税率は 10 ％とし、仕訳は税抜方式によるものとする。

ア　(借)仕　入　　　18,000　　(貸)現　金　　　19,800
　　　　仮払消費税　　1,800

イ　(借)仕　入　　　18,000　　(貸)現　金　　　19,800
　　　　租税公課　　　1,800

ウ　(借)仕　入　　　19,800　　(貸)現　金　　　19,800

エ　(借)仕　入　　　19,800　　(貸)現　金　　　18,000
　　　　　　　　　　　　　　　　　仮受消費税　　1,800

第**2**章 問題 **財務諸表の知識**

# I 貸借対照表の知識

平成**24**年度 第**1**問

次の仕訳の説明として最も適切なものを下記の解答群から選べ。

(借)仕 入 400,000 (貸)売 掛 金 400,000

〔解答群〕

ア 掛売りした商品のうち 400,000 円分の返品を得意先から受けた。

イ 商品 400,000 円を掛で仕入れた際に勘定科目を貸借反対に仕訳していたので訂正した。

ウ 商品 400,000 円を仕入れ、為替手形を振り出し、得意先の引き受けを得て仕入先に渡した。

エ 商品 400,000 円を返品した際に誤って掛売りとして仕訳していたので訂正した。

平成**27**年度 第**3**問

決算日現在の当店の当座預金勘定の残高は 339,000 円であったが、銀行から受け取った残高証明書と一致しなかったので、原因を調査したところ、次の(1)〜(3)の事実が判明した。

(1) 福島商店に仕入代金として振り出した小切手 50,000 円が、決算日現在では銀行に未呈示であった。

(2) 得意先宮城商店から売掛金の支払いとして当座預金口座に 71,000 円が振り込まれていたが、決算日までに通知が届いていなかった。

(3) 販売手数料 34,000 円の入金を 43,000 円と誤って記帳していた。

問題編 **315**

このとき、当座預金の残高として最も適切なものはどれか。

ア　351,000 円

イ　401,000 円

ウ　409,000 円

エ　419,000 円

### 平成20年度　第3問

次のa～dのうち、繰延資産に計上することが認められるものとして最も適切なものの組み合わせを下記の解答群から選べ。

a　株式交付費

b　研究開発費

c　社債発行差金

d　創立費

〔解答群〕

ア　aとb

イ　aとd

ウ　bとc

エ　cとd

### 平成20年度　第4問

H 社は、8 月 24 日に公債(年利率 5 %)額面総額 5,000,000 円を 100 円につき98 円で買い入れた。債券価格には経過利息が含まれず、代金は端数利息とともに小切手で支払った。利払日は 3 月 31 日と 9 月 30 日の年 2 回である。この公債の取得原価として最も適切なものはどれか(単位：円)。ただし、手数料は考えないこととする。

ア　5,000,000

イ　5,000,000 × 0.98

ウ　$5,000,000 × 0.98 + 5,000,000 × 0.98 × 0.05 × \dfrac{146}{365}$

エ　$5,000,000 × 0.98 + 5,000,000 × 0.05 × \dfrac{145}{365}$

## 平成21年度　第3問

　期末現在において保有する有価証券の内訳は次のとおりである。貸借対照表の純資産の部に計上されるその他有価証券評価差額として、最も適切なものを下記の解答群から選べ（単位：千円）。

（単位：千円）

| 銘　柄 | 取得原価 | 時価評価額 | 備　　考 |
|---|---|---|---|
| A 社株式 | 1,800 | 2,100 | 売買目的で保有 |
| B 社社債 | 1,700 | 1,800 | 満期保有目的で保有 |
| C 社株式 | 6,000 | 6,100 | 関連会社株式 |
| D 社株式 | 4,000 | 4,600 | 持ち合い株式 |
| E 社株式 | 3,500 | 1,000 | 持ち合い株式、時価の著しい下落の回復は不明 |

〔解答群〕

ア　− 2,000

イ　− 1,800

ウ　　　500

エ　　　600

## 平成22年度　第5問

　次の文章の空欄A〜Cに入る最も適切なものの組み合わせを下記の解答群から選べ。

　株式会社の設立または株式の発行に際し、株主となる者が当該株式会社に払込み

または給付をした財産の　A　を資本金とするのが原則である。しかし、払込額または給付額の　B　を資本金としないで、資本準備金として計上することができる。また、公開会社では、設立に際し発行可能株式総数の　C　の株式を発行しなければならない。

〔解答群〕

ア　A：2分の1　　　　　　B：4分の1　　　　　　C：2分の1以上

イ　A：2分の1以上　　　　B：4分の1まで　　　　C：4分の1以上

ウ　A：全　額　　　　　　B：2分の1まで　　　　C：4分の1以上

エ　A：全　額　　　　　　B：2分の1まで　　　　C：2分の1

オ　A：全　額　　　　　　B：2分の1　　　　　　C：2分の1以上

## 平成30年度　第5問

　ソフトウェアの会計処理および開示に関する記述として、最も適切なものはどれか。

ア　自社利用目的のソフトウェアのうち、将来の収益獲得または費用削減が確実であるものについては、機械装置等に組み込まれたものを除き、その取得に要した費用を無形固定資産として計上する。

イ　市場販売を目的とするソフトウェアの製品マスターが完成するまでに要した制作費は、最初に製品化されたときに無形固定資産として計上する。

ウ　受注制作のソフトウェアは、その制作に要した費用を無形固定資産として計上する。

エ　無形固定資産として計上したソフトウェアは規則的な償却を行わず、価値の低下時に減損処理する。

## 平成**29**年度 第**7**問

固定資産の減損に関する記述として、最も適切なものはどれか。

ア 減損処理を行った場合でも、収益性の回復が認められる場合には減損損失の戻入れを行う。

イ 減損損失は、原則として特別損失とする。

ウ 減損損失を認識するかどうかの判定は、個別の資産について行わなければならず、複数の資産からなる資産グループについて行ってはならない。

エ 固定資産の回収可能価額とは、再調達原価である。

## 平成**23**年度 第**3**問

有形固定資産の減損損失を算定する式として、最も適切なものはどれか。

ア 正味売却価額－将来キャッシュ・フローの現在価値

イ 帳簿価額－回収可能価額

ウ 帳簿価額－時価

エ 帳簿価額－割引前将来キャッシュ・フロー

## 平成**23**年度 第**4**問

退職給付に係る負債の計上額として最も適切なものはどれか。ただし、年金資産は企業年金制度に係る退職給付債務を超えないものとする。

ア 退職給付債務から年金資産の額を控除した額

イ 退職給付債務に未認識過去勤務債務および未認識数理計算上の差異を加減した額

ウ 退職給付債務に未認識過去勤務債務および未認識数理計算上の差異を加減した額から年金資産の額を控除した額

エ 退職給付債務に未認識数理計算上の差異を加減した額から年金資産の額を控除した額

平成**25**年度　第**2**問

　剰余金の処分において、株主に対して配当金2,000千円を支払うことを決定した。以下の資料に基づいて、会社法に従うとき積み立てるべき利益準備金の最低額はいくらか。最も適切なものを下記の解答群から選べ。

【資　料】

　資　本　金　15,000千円

　資本準備金　　2,200千円

　利益準備金　　1,500千円(既積立額)

〔解答群〕

　ア　　　0千円

　イ　　50千円

　ウ　200千円

　エ　250千円


# II 損益計算書の知識

平成**28**年度　第**2**問

　売上控除と<u>ならない項目</u>として最も適切なものはどれか。


ア　売上値引

イ　売上戻り

ウ　売上割引

エ　売上割戻

### 平成**24**年度　第**3**問

仕入割引に関する記述として最も適切なものはどれか。

ア　一定期間に多額または多量の取引のあった仕入先による仕入代金の返戻額等である。

イ　仕入品の両目不足、品質不良、破損等の理由による代価からの控除額である。

ウ　代金支払期日前の支払に対する買掛金の一部免除等である。

エ　品質不良、破損等の理由による返品から生じる仕入代金の減少額である。


### 平成**30**年度　第**2**問

20X1年1月1日に購入した建物（取得原価800,000千円、耐用年数20年、残存価額ゼロ）を20X2年6月30日に725,000千円で売却した。ただし、決算日は12月31日（年1回）であり、定額法により減価償却している。売却にあたり計上される固定資産売却損益の金額として、最も適切なものはどれか。

ア　固定資産売却益：　5,000千円

イ　固定資産売却損：15,000千円

ウ　固定資産売却損：35,000千円

エ　固定資産売却損：75,000千円


## III 決算整理事項

### 平成**27**年度　第**1**問

以下の資料に基づいて、今期の売上原価として最も適切なものを下記の解答群から選べ。

【資　料】

期首商品棚卸高　　　　120,000円

当期商品純仕入高　　　650,000円

期末帳簿棚卸数量　　　1,300 個（原価@100 円）

期末実地棚卸数量　　　1,000 個

棚卸減耗損は売上原価とする。

〔解答群〕

　ア　610,000 円

　イ　640,000 円

　ウ　670,000 円

　エ　700,000 円

## 平成23年度　第1問

　閉鎖残高勘定は次のとおりである。このとき、貸借対照表の資産合計の金額として、最も適切なものを下記の解答群から選べ。

残　　　高

| | | | |
|---|---:|---|---:|
| 現　金　預　金 | 2,400,000 | 買　　掛　　金 | 8,300,000 |
| 売　　掛　　金 | 12,000,000 | 退 職 給 付 引 当 金 | 6,700,000 |
| 有　価　証　券 | 7,000,000 | 貸 倒 引 当 金 | 600,000 |
| 繰　越　商　品 | 1,500,000 | 建物減価償却累計額 | 8,100,000 |
| 前　払　保　険　料 | 600,000 | 資　　本　　金 | 40,000,000 |
| 建　　　　　　物 | 36,000,000 | 資　本　準　備　金 | 3,000,000 |
| 長　期　貸　付　金 | 8,200,000 | 利　益　準　備　金 | 2,400,000 |
| 株　式　交　付　費 | 1,000,000 | 繰 越 利 益 剰 余 金 | 5,600,000 |
| 自　己　株　式 | 6,000,000 | | |
| | 74,700,000 | | 74,700,000 |

〔解答群〕

　ア　52,300,000 円

　イ　60,000,000 円

　ウ　66,000,000 円

　エ　74,700,000 円

322　第2部　テーマ別1次過去問集

## 平成23年度 第2問

引当金への繰入れについての記述として、最も適切なものはどれか。

ア　偶発事象に係る費用または損失については、引当金を計上することはできない。

イ　将来の特定の損失であって、その発生が当期以前の事象に起因し、発生が確実に起こると予想され、かつ、その金額を合理的に見積ることができる場合には、当期の負担に属する金額を当期の損失として引当金に繰入れる。

ウ　将来の特定の費用であって、その発生が当期以前の事象に起因し、発生の可能性が高く、かつ、その金額を合理的に見積ることができる場合には、当期の負担に属する金額を当期の費用として引当金に繰入れる。

エ　将来の特定の費用または損失であって、その発生が当期以前の事象に起因し、発生の可能性が高く、かつ、その金額を合理的に見積ることができる場合には、当期の負担に属する金額を当期の費用または損失として引当金に繰入れる。

## 平成29年度 第1問

次の期末商品に関する資料に基づいて、棚卸減耗費と商品評価損の金額の組み合わせとして、最も適切なものを下記の解答群から選べ。

【資　料】

| 帳簿棚卸数量 | 60 個 |
|---|---|
| 実地棚卸数量 | 50 個 |
| 原価 | @ 200 円 |
| 正味売却価額 | @ 190 円 |

〔解答群〕

ア　棚卸減耗費：1,900 円　　商品評価損：500 円

イ　棚卸減耗費：1,900 円　　商品評価損：600 円

ウ　棚卸減耗費：2,000 円　　商品評価損：500 円

エ　棚卸減耗費：2,000 円　　商品評価損：600 円

問題編　323

## 平成 **22** 年度　第**3**問

当年度における次の勘定記入の空欄A～Cに入る最も適切なものの組み合わせを下記の解答群から選べ。

### 受 取 利 息

| | | | | | | | | |
|---|---|---|---|---|---|---|---|---|
| 1／1 | A | 5,000 | | 2／1 | 現　　金 | 6,000 |
| 12/31 | B | (　　　) | | 8／1 | 現　　金 | (　　　) |
| | | | | 12/31 | C | (　　　) |
| | | 17,000 | | | | 17,000 |

〔解答群〕

ア　A：前期繰越　　　　B：残　　高　　　　C：次期繰越

イ　A：前期繰越　　　　B：未収利息　　　　C：次期繰越

ウ　A：前受利息　　　　B：残　　高　　　　C：未収利息

エ　A：前受利息　　　　B：損　　益　　　　C：前受利息

オ　A：未収利息　　　　B：損　　益　　　　C：未収利息

## 令和 **元** 年度　第**4**問

決算日における当座預金勘定の残高は960,000円であったが、取引銀行から受け取った残高証明書の残高と一致していなかった。そこで、不一致の原因を調べたところ以下の事項が判明した。

・決算日に現金60,000円を当座預金口座へ預け入れたが、銀行の営業時間外のため、銀行側は翌日付の入金としていた。

・買掛金支払いのため振り出した小切手30,000円が、先方に未渡しであった。

・受取手形20,000円が取り立てられていたが、通知が未達であった。

このとき、銀行の残高証明書に記載されていた残高として、最も適切なものはどれか。

324　第2部　テーマ別1次過去問集

ア 890,000 円

イ 950,000 円

ウ 1,010,000 円

エ 1,070,000 円

第**3**章 <sup>問</sup><sub>題</sub>

# 会計帳簿の知識

**平成22年度** 第**4**問

次の商品有高帳(単位：円)に基づき、A品の先入先出法による月間の売上原価と次月繰越高として、最も適切なものの組み合わせを下記の解答群から選べ。

商 品 有 高 帳

先入先出法　　　　　　　　　品名　A品

| 月 | 日 | 摘　要 | 受　入 数量 | 受　入 単価 | 受　入 金　額 | 払　出 数量 | 払　出 単価 | 払　出 金　額 | 残　高 数量 | 残　高 単価 | 残　高 金　額 |
|---|---|---|---|---|---|---|---|---|---|---|---|
| 7 | 1 | 前 月 繰 越 | 20 | 600 | 12,000 | | | | 20 | 600 | 12,000 |
| | 7 | 仕　　　入 | 70 | 600 | 42,000 | | | | 90 | 600 | 54,000 |
| | 13 | 売　　　上 | | | | 50 | 600 | 30,000 | 40 | 600 | 24,000 |
| | 19 | 仕　　　入 | 55 | 640 | 35,200 | | | | | | |
| | 20 | **仕 入 戻 し** | 5 | 640 | 3,200 | | | | | | |
| | 25 | 売　　　上 | | | | 40 | | | | | |
| | 29 | 売　　　上 | | | | 20 | | | | | |
| | 31 | **次 月 繰 越** | | | | | | | | | |

〔解答群〕

　ア　売上原価：63,600円　　　次月繰越高：19,200円

　イ　売上原価：63,600円　　　次月繰越高：22,400円

　ウ　売上原価：66,800円　　　次月繰越高：16,000円

　エ　売上原価：66,800円　　　次月繰越高：19,200円

　オ　売上原価：70,000円　　　次月繰越高：16,000円

**平成24年度** **第2問**

次の商品有高帳、仕入帳および売上帳に基づき、甲品の月間の売上総利益として最も適切なものを下記の解答群から選べ。商品の評価は先入先出法による。

商 品 有 高 帳

品名　甲品

先入先出法

| 月 | 日 | 摘　要 | 受　入 | | | 払　出 | | | 残　高 | | |
|---|---|---|---|---|---|---|---|---|---|---|---|
| | | | 数量 | 単価 | 金額 | 数量 | 単価 | 金額 | 数量 | 単価 | 金額 |
| 7 | 1 | 前月繰越 | 20 | 410 | 8,200 | | | | 20 | 410 | 8,200 |
| | | 省　略 | | | | | | | | | |
| | | | 100 | | 41,000 | 100 | | 41,000 | | | |

仕 入 帳

| 月 | 日 | 摘　　要 | 内　訳 | 金 額 |
|---|---|---|---|---|
| 7 | 4 | A商店　　　　掛 | | |
| | | 甲品 50 @¥420 | 21,000 | |
| | | 乙品 40 @¥600 | 24,000 | 45,000 |
| | 5 | **A商店　　掛返品** | | |
| | | **甲品 10 @¥420** | | 4,200 |
| | 23 | B商店　　　　現金 | | |
| | | 甲品 40 @¥400 | | 16,000 |
| | | 総 仕 入 高 | | 61,000 |
| | | **仕 入 戻 し 高** | | **4,200** |
| | | 純 仕 入 高 | | 56,800 |

売 上 帳

| 月 | 日 | 摘　　要 | 内　訳 | 金 額 |
|---|---|---|---|---|
| 7 | 6 | C商店　　　　掛 | | |
| | | 甲品 40 @¥550 | | 22,000 |
| | 25 | D商店　　　　掛 | | |
| | | 甲品 30 @¥560 | 16,800 | |
| | | 乙品 40 @¥800 | 32,000 | 48,800 |
| | 26 | **D商店　　掛値引** | | |
| | | **甲品 16　　@¥50** | | 800 |
| | | 総 売 上 高 | | 70,800 |
| | | **売 上 値 引 高** | | **800** |
| | | 純 売 上 高 | | 70,000 |

〔解答群〕

ア　1,800 円

イ　4,900 円

ウ　5,800 円

エ　9,000 円

## 平成22年度 第1問

　主要簿と補助簿からなる帳簿組織における記録に関する記述として、最も適切なものの組み合わせを下記の解答群から選べ。

a　特殊仕訳帳を導入した場合、取引の内容に応じて、一定期間に発生した取引の合計額を一括してまたは取引ごとに個別に総勘定元帳への転記が行われる。

b　特殊仕訳帳を導入した場合、1つの取引が普通仕訳帳と特殊仕訳帳の両方に記録される。

c　普通仕訳帳のみを仕訳帳として用いる場合、取引の合計額を一括して総勘定元帳への転記が行われる。

d　普通仕訳帳のみを仕訳帳として用いる場合、取引は普通仕訳帳から総勘定元帳に転記される。

〔解答群〕

　ア　aとb

　イ　aとc

　ウ　aとd

　エ　bとc

　オ　cとd

328　第2部　テーマ別1次過去問集

**平成21年度** **第1問**

　期末の決算整理前残高試算表と決算整理事項(単位：千円)は次のとおりである。
当期の純損益として、最も適切なものを下記の解答群から選べ(単位：千円)。

### 決算整理前残高試算表

(単位：千円)

| 借　　　方 | 勘　定　科　目 | 貸　　　方 |
|---|---|---|
| 5,000 | 現　　　　　金 | |
| 15,000 | 当　座　預　金 | |
| 30,000 | 売　　掛　　金 | |
| | 貸　倒　引　当　金 | 1,000 |
| 6,000 | 繰　越　商　品 | |
| 12,000 | 備　　　　　品 | |
| | 備品減価償却累計額 | 5,400 |
| | 買　　掛　　金 | 7,600 |
| | 借　　入　　金 | 18,000 |
| | 資　　本　　金 | 40,000 |
| | 売　　　　　上 | 68,000 |
| 57,000 | 仕　　　　　入 | |
| 11,000 | 給　　　　　料 | |
| 3,000 | 支　払　家　賃 | |
| 1,000 | 支　払　利　息 | |
| 140,000 | | 140,000 |

決算整理事項：

① 商品の期末たな卸高は8,000である。

② 売掛金の残高に対して4％の貸倒引当金を設定する。

③ 備品(耐用年数6年、残存価額は取得原価の10％、取得後4年間経過)の減価償却を定額法により行う。

④ 家賃の前払い額は400、利息の未払い額は200である。

〔解答群〕

ア　損失　3,800　　　　　　イ　損失　10,600

ウ　利益　9,000　　　　　　エ　利益　13,200

## 平成**26**年度　第**1**問

　帳簿組織に関する記述として、最も適切なものはどれか。

ア　単一仕訳帳制においては、普通仕訳帳から総勘定元帳に合計転記される。

イ　単一仕訳帳制においては、補助記入帳から総勘定元帳に個別転記される。

ウ　特殊仕訳帳制においては、普通仕訳帳は不要である。

エ　特殊仕訳帳制においては、補助記入帳の特別欄の金額は総勘定元帳に合計転記
　　される。


## 平成**25**年度　第**1**問

　伝票式会計は、分業による経理処理の効率化のための工夫として広く採用されて
いる。伝票式会計に関する以下の設問に答えよ。


（設問１）

　伝票式会計に関する記述として、最も適切なものの組み合わせを下記の解答群
から選べ。


a　伝票式会計を導入している場合、売上戻りは売上伝票に記入される。

b　伝票式会計を導入している場合、仕訳帳は利用されない。

c　伝票式会計を導入している場合、仕訳日計表には売上伝票と仕入伝票を集計
　　しない。

d　伝票式会計を導入している場合、補助簿の記入は仕訳日計表を利用して行
　　う。

〔解答群〕

　ア　aとb

　イ　aとc

　ウ　bとc

　エ　bとd

　オ　cとd

（設問２）

本日における伝票の一部が以下に示されている。売掛金勘定の本日の残高として最も適切なものを下記の解答群から選べ。なお、昨日の売掛金勘定は借方残高120,000円であった。

```
┌─────────────────────────────┐
│     入金伝票   No.101        │
│  売掛金（A店）    ￥60,000   │
└─────────────────────────────┘
  ┌─────────────────────────────┐
  │     入金伝票   No.102        │
  │  受取手形（B店）  ￥70,000   │
  └─────────────────────────────┘
    ┌─────────────────────────────┐
    │     売上伝票   No.401        │
    │  B店           ￥50,000     │
    └─────────────────────────────┘
      ┌─────────────────────────────┐
      │     売上伝票   No.402        │
      │  C店           ￥70,000     │
      └─────────────────────────────┘
```

```
┌─────────────────────────────────────────┐
│     振替伝票             No.301          │
│  借方：買掛金（D店）￥40,000            │
│      貸方：支払手形（D店）￥40,000      │
└─────────────────────────────────────────┘
  ┌─────────────────────────────────────────┐
  │     振替伝票             No.302          │
  │  借方：裏書手形（E店）￥10,000          │
  │      貸方：受取手形（E店）￥10,000      │
  └─────────────────────────────────────────┘
    ┌─────────────────────────────────────────┐
    │     振替伝票             No.303          │
    │  借方：受取手形（B店）￥80,000          │
    │      貸方：売掛金（B店）￥80,000        │
    └─────────────────────────────────────────┘
```

〔解答群〕

　ア　40,000 円

　イ　90,000 円

　ウ　100,000 円

　エ　240,000 円

---

**平成30年度　第1問**

商品120,000円を売り上げ、代金のうち30,000円を現金で受け取り、残額を掛けとした。以下のように入金伝票を作成した場合、振替伝票はどのように記入すべきか。最も適切なものを下記の解答群から選べ。なお、当社では3伝票制が用いられているものとする。

```
┌─────────────────┐   ┌───────────────────────────────────┐
│    入金伝票      │   │          振替伝票                  │
│  売掛金   30,000 │   │ （                              ） │
└─────────────────┘   └───────────────────────────────────┘
```

〔解答群〕

ア　売掛金　90,000　　売　上　90,000

イ　売掛金　120,000　　売　上　120,000

ウ　現　金　30,000　　売　上　120,000

　　売掛金　90,000

エ　現　金　90,000　　売　上　120,000

　　売掛金　30,000

# 第4章 問題 その他財務諸表に関する知識

## I 株主資本等変動計算書の知識

平成25年度 第3問

　以下の株主資本等変動計算書に基づいて、当期末純資産合計として最も適切なものを下記の解答群から選べ。

（単位：千円）

| | 株　主　資　本 | | | | | | | | | 純資産合計 |
| | | 資本剰余金 | | | 利益剰余金 | | | | 株主資本合計 | |
| | | | | | | その他利益剰余金 | | | | |
| | 資本金 | 資本準備金 | その他資本剰余金 | 資本剰余金合計 | 利益準備金 | 別途積立金 | 繰越利益剰余金 | 利益剰余金合計 | | |
| 前期末残高 | 50,000 | 5,000 | 1,000 | 6,000 | 2,500 | | 2,400 | 4,900 | 60,900 | 60,900 |
| 当期変動額 | | | | | | | | | | |
| 剰余金の配当 | | | | | 600 | | △6,600 | △6,000 | ( ) | ( ) |
| 別途積立金の積み立て | | | | | | 3,800 | △3,800 | | | |
| 当期純利益 | | | | | | | 9,600 | 9,600 | ( ) | ( ) |
| 当期変動額合計 | | | | | ( ) | ( ) | ( ) | ( ) | ( ) | ( ) |
| 当期末残高 | 50,000 | 5,000 | 1,000 | 6,000 | ( ) | ( ) | ( ) | ( ) | ( ) | ( ) |

〔解答群〕

　ア　56,000 千円

　イ　59,100 千円

　ウ　60,900 千円

　エ　64,500 千円

# II キャッシュ・フロー計算書の知識

平成**20**年度 第**6**問

以下に掲げる当期のキャッシュ・フロー計算書(単位：千円)に基づいて、下記の設問に答えよ。

---

### キャッシュ・フロー計算書

I　営業活動によるキャッシュ・フロー

| | |
|---|---:|
| 税引前当期純利益 | 25,000 |
| 減価償却費 | 8,000 |
| 貸倒引当金の増加額 | A |
| 受取利息及び受取配当金 | − 4,300 |
| 支払利息 | 7,200 |
| 有形固定資産売却益 | B |
| 売上債権の増加額 | − 10,000 |
| たな卸資産の減少額 | 6,000 |
| 仕入債務の減少額 | − 17,000 |
| 小計 | (　　　) |
| 利息及び配当金の受取額 | 4,700 |
| 利息の支払額 | − 6,200 |
| 法人税等の支払額 | − 9,000 |
| 営業活動によるキャッシュ・フロー | 3,000 |

(以下省略)

---

(設問1)

空欄AとBに入る数値の組み合わせとして、最も適切なものはどれか。

ア　A：− 600　　　B：− 2,000

イ　A：− 600　　　B：　2,000

ウ　A：　600　　　B：− 2,000

エ　A：　600　　　B：　2,000

334　第2部　テーマ別1次過去問集

（設問２）

当期の営業損益に関するデータは次のとおりである。営業収入と原材料又は商品の仕入れによる支出の金額(単位：千円)の組み合わせとして、最も適切なものを下記の解答群から選べ。

営業損益に関するデータ

(単位：千円)

| | | | |
|---|---|---|---|
| 売　　上　　高 | 220,000 | 売　上　原　価 | 160,000 |
| 販売費及び一般管理費 | 34,100 | 営　業　利　益 | 25,900 |

〔解答群〕

ア　営業収入：190,000　　原材料又は商品の仕入れによる支出：171,000

イ　営業収入：190,000　　原材料又は商品の仕入れによる支出：183,000

ウ　営業収入：210,000　　原材料又は商品の仕入れによる支出：171,000

エ　営業収入：210,000　　原材料又は商品の仕入れによる支出：183,000

---

**平成21年度　第11問**

次年度の売上高と仕入高の四半期別予算額、その内訳および代金の決済条件は次のとおりである。第2四半期の売上収入(現金売上高および売掛金回収高)と仕入支出(買掛金支払高)の差額として、最も適切なものを下記の解答群から選べ(単位：千円)。

(単位：千円)

| | | 第1四半期 | 第2四半期 |
|---|---|---|---|
| 売上高 | 現金売上高 | 16,000 | 12,000 |
| | 掛売上高 | 24,000 | 18,000 |
| | 計 | 40,000 | 30,000 |
| 掛仕入高 | | 24,000 | 40,000 |

代金の決済条件：

① 売掛金は発生額の 50 ％ が商品を販売した期(四半期)に回収され、残りが次の
期(四半期)に回収される。

② 買掛金は発生額の 70 ％ が商品を仕入れた期(四半期)に支払われ、残りが次の
期(四半期)に支払われる。

〔解答群〕

ア 1,600 （支出超過）

イ 2,200 （支出超過）

ウ 16,200 （収入超過）

エ 20,200 （収入超過）

平成**22**年度 第**6**問

当期の資産と損益に関する次の資料(単位：千円)に基づいて、キャッシュ・フ
ロー計算書の空欄Aに入る数値として最も適切なものを下記の解答群から選べ(単
位：千円)。

| 資　産 | | | 損　益 | |
|---|---|---|---|---|
| | 期　首 | 期　末 | 減価償却費 | 2,040 |
| 有形固定資産 | 48,700 | 47,000 | 固定資産売却益 | 150 |
| 減価償却累計額 | 12,000 | 13,200 | | |
| | 36,700 | 33,800 | | |

```
キャッシュ・フロー計算書

営業活動によるキャッシュ・フロー

  営業収入                              186,600

  原材料または商品の仕入れによる支出    △  138,600

  人件費の支出                         △    9,300

  その他の営業支出                     △    7,800

   小  計                                30,900

  利息及び配当金の受取額                    1,500

  利息の支払額                         △      460

  法人税等の支払額                     △   11,800

   営業活動によるキャッシュ・フロー         20,140

投資活動によるキャッシュ・フロー

  有価証券の売却による収入                  1,850

  有形固定資産の売却による収入          [  A  ]

   投資活動によるキャッシュ・フロー      [      ]

              （ 以  下  省  略 ）
```

〔解答群〕

　ア　　840　　　　イ　　960　　　　ウ　1,010　　　　エ　1,200

### 平成24年度　第4問

　　次のキャッシュ・フロー計算書に基づき、支払利息勘定の空欄Aの金額として最も適切なものを下記の解答群から選べ。

#### キャッシュ・フロー計算書

（単位：千円）

| | |
|---|---:|
| Ⅰ営業活動によるキャッシュ・フロー | |
| 税引前当期純利益 | 52,100 |
| 減価償却費 | 78,400 |
| 退職給付引当金の増加額 | 8,800 |
| 貸倒引当金の増加額 | 400 |
| 受取利息及び受取配当金 | △2,600 |
| 支払利息 | 1,100 |

問題編　　337

| | |
|---|---|
| 有形固定資産売却損益（純額） | 600 |
| 売上債権の増加額 | △10,200 |
| たな卸資産の減少額 | 9,500 |
| 仕入債務の増加額 | 1,000 |
| 小　　計 | 139,100 |
| 利息及び配当金の受取額 | 3,200 |
| 利息の支払額 | △1,000 |
| 法人税等の支払額 | △10,400 |
| 営業活動によるキャッシュ・フロー | 130,900 |

（以　下　省　略）

（注）　金額の単位は千円である。

〔解答群〕

　ア　100 千円　　　イ　300 千円　　　ウ　500 千円

　エ　1,000 千円

---

**平成24年度　第13問**

次のデータに基づいて、営業キャッシュフローを求めた場合、最も適切な金額を下記の解答群から選べ。

売上高：100 百万円

現金支出を伴う費用：50 百万円

減価償却費：15 百万円

実効税率：40 %

〔解答群〕

　ア　21 百万円

　イ　35 百万円

　ウ　36 百万円

　エ　45 百万円

## 平成25年度　第12問

現金の増加要因となりうるものとして、最も不適切なものはどれか。

ア　株主資本の減少

イ　現金以外の流動資産の減少

ウ　固定資産の減少

エ　負債の増加

## 平成30年度　第12問

キャッシュ・フロー計算書に関する記述として、最も適切なものはどれか。

ア　財務活動によるキャッシュ・フローの区分には、資金調達に関する収入や支出、有価証券の取得や売却、および貸し付けに関する収入や支出が表示される。

イ　仕入債務の増加額は、営業活動によるキャッシュ・フローの区分（間接法）において、△（マイナス）を付けて表示される。

ウ　法人税等の支払額は、財務活動によるキャッシュ・フローの区分で表示される。

エ　利息および配当金の受取額については、営業活動によるキャッシュ・フローの区分で表示する方法と投資活動によるキャッシュ・フローの区分で表示する方法が認められている。

## 令和2年度　第13問

キャッシュ・フロー計算書に関する記述として、最も適切なものはどれか。

ア　「営業活動によるキャッシュ・フロー」の区分では、主要な取引ごとにキャッシュ・フローを総額表示しなければならない。

イ　受取利息及び受取配当金は、「営業活動によるキャッシュ・フロー」の区分に表示しなければならない。

ウ　キャッシュ・フロー計算書の現金及び現金同等物期末残高と、貸借対照表の現金及び預金の期末残高は一致するとは限らない。

エ　法人税等の支払額は、「財務活動によるキャッシュ・フロー」の区分に表示される。

# III 税務会計と税効果会計の知識

**平成20年度 第8問**

繰延税金資産および繰延税金負債に関する次の資料（単位：千円）に基づいて、損益計算書（抜粋）の空欄Aに入る最も適切なものを下記の解答群から選べ。

|          | 期首残高 | 当期計上額 | 当期取崩額 |
|----------|---------|-----------|-----------|
| 繰延税金資産 | 360     | 140       | 60        |
| 繰延税金負債 | 250     | 50        | 90        |

損益計算書（抜粋）

（単位：千円）

|   |   |
|---|---|
| ⋮ | ⋮ |

税引前当期純利益　　2,500

法　人　税　等　　　1,120

法人税等調整額　　　　A

当　期　純　利　益　　（　　　）

〔解答群〕

ア　△120　　　　イ　△40　　　　ウ　40　　　　エ　120

**平成23年度 第8問**

税効果会計に関する記述として、最も適切なものはどれか。

ア　重要性が乏しい一時差異等については、繰延税金資産および繰延税金負債を計上しないことができる。

イ　将来加算一時差異は、例えば、損金に算入されない棚卸資産等に係る評価損等がある場合に生ずる。

ウ　将来減算一時差異は、例えば、連結会社相互間の債権と債務の消去により貸倒引当金を減額した場合に生ずる。

エ　税効果会計における「法人税等」に含まれるのは、法人税と住民税である。

#### 令和元年度　第8問

　決算に当たり、期首に取得した備品 1,200 千円（耐用年数 4 年、残存価額ゼロ）について定額法で減価償却を行った。しかし、この備品の税法上の耐用年数は 6 年であった。このとき、計上される繰延税金資産または繰延税金負債の金額として、最も適切なものはどれか。なお、法人税等の実効税率は 30 ％とする。また、期首における一時差異はないものとする。

ア　繰延税金資産：30 千円

イ　繰延税金資産：70 千円

ウ　繰延税金負債：30 千円

エ　繰延税金負債：70 千円


# Ⅳ 連結財務諸表の知識

#### 平成28年度　第3問

　のれんに関する記述として最も適切なものはどれか。

ア　「中小企業の会計に関する指針」では、のれんの償却を行わないとしている。

イ　のれんとは、被合併会社から受け継ぐ総資産額が被合併会社の株主に交付される金額よりも大きいときに計上される。

ウ　のれんの償却期間は最長 5 年である。

エ　のれんはマイナスの金額になることもあり、その場合、発生時の損益計算書に特別利益として計上される。


#### 平成30年度　第4問

　A社は、20X1 年 12 月 31 日にB社株式の 80 ％を 85 百万円で取得した。取得時のA社およびB社の貸借対照表は以下のとおりである。なお、B社の諸資産および諸負債の簿価は、時価と一致している。取得時におけるのれんと非支配株主持分の金額の組み合わせとして、最も適切なものを下記の解答群から選べ。

問題編　341

A社貸借対照表　　（単位：百万円）

| 諸資産 | 415 | 諸負債 | 150 |
|---|---|---|---|
| B社株式 | 85 | 資本金 | 200 |
| | | 利益剰余金 | 150 |
| | 500 | | 500 |

B社貸借対照表　　（単位：百万円）

| 諸資産 | 200 | 諸負債 | 120 |
|---|---|---|---|
| | | 資本金 | 40 |
| | | 利益剰余金 | 40 |
| | 200 | | 200 |

〔解答群〕

　ア　のれん：　5百万円　　　非支配株主持分：　8百万円

　イ　のれん：　5百万円　　　非支配株主持分：16百万円

　ウ　のれん：21百万円　　　非支配株主持分：　8百万円

　エ　のれん：21百万円　　　非支配株主持分：16百万円

---

**平成23年度　第6問**

　連結財務諸表を作成する場合の「他の企業（更生会社、破産会社その他これらに準ずる企業であって、有効な支配従属関係が存在しないと認められる企業を除く）の意思決定機関を支配している企業」（親会社）として、最も不適切なものはどれか。

ア　自己と緊密な者および同意している者が所有している議決権を合わせて、他の企業の議決権の過半数を占めている企業であって、他の企業の意思決定機関を支配していることが推測される事実が存在する企業

イ　自己の計算において所有している40％に満たない議決権と、自己と緊密な者および同意している者が所有している議決権と合わせて、他の企業の議決権の過半数を占めている企業

ウ　他の企業の議決権の40％以上50％以下を自己の計算において所有している

企業であって、自己と緊密な者および同意している者が所有している議決権と合わせて、他の企業の議決権の過半数を占めている企業

エ　他の企業の議決権の過半数を自己の計算において所有している企業

　　(注)　「自己と緊密な者および同意している者」とは、「自己と出資、人事、資金、技術、取引等において緊密な関係があることにより自己の意思と同一の内容の議決権を行使すると認められる者および自己の意思と同一の内容の議決権を行使することに同意している者」である。

## 平成**24**年度　第**5**問

次の資料に基づき、連結当期純利益を算定するうえで、P社（親会社）とS社（子会社）の当期純利益合計から控除される金額の計算式として、最も適切なものを下記の解答群から選べ。

【資料】
1. P社はS社へ原価に対し一定の利益を付加して商品を販売している。
2. S社の期末商品たな卸高はすべてP社からの仕入分である。
3. P社はS社から配当金を受け取っている。

〔解答群〕
ア　S社当期純利益×少数株主の持分比率 ＋S社からの受取配当金

イ　S社当期純利益×少数株主の持分比率 ＋S社からの受取配当金 ＋S社期末たな卸商品未実現利益

ウ　（S社当期純利益 － S社期末たな卸商品未実現利益）×少数株主の持分比率

エ　（S社当期純利益 － S社期末たな卸商品未実現利益）×少数株主の持分比率 ＋S社からの受取配当金

※平成27年4月1日以後に開始する事業年度から、「少数株主持分」は「非支配株主持分」へと名称が変更されている。

### 平成25年度 第6問

　以下の資料はA社の貸借対照表および関連する情報である。A社を現金620,000千円で買収する際に生じる、会計上ののれんはいくらか。最も適切なものを下記の解答群から選べ。

【資　料】

貸借対照表

（単位：千円）

| 売 掛 金 | 200,000 | 借 入 金 | 300,000 |
|---|---|---|---|
| 棚卸資産 | 500,000 | 資 本 金 | 600,000 |
| 備　　品 | 400,000 | 剰 余 金 | 200,000 |
| | 1,100,000 | | 1,100,000 |

売掛金の時価　　　150,000千円

棚卸資産の時価　　450,000千円

備品の時価　　　　220,000千円

負債の簿価は時価と等しい。

〔解答群〕

　ア　のれん　　　　　　0千円

　イ　のれん　　　100,000千円

　ウ　負ののれん　 80,000千円

　エ　負ののれん　180,000千円

# Ⅴ　その他の会計に関する知識

### 平成29年度 第5問

　企業会計原則に関する記述として、最も適切なものはどれか。

　ア　会計処理の原則および手続きを毎期継続して適用し、みだりに変更してはならない。

　イ　株主総会提出のため、信用目的のため、租税目的のためなど種々の目的のため

に異なる形式の財務諸表を作成してはならない。

ウ　すべての費用および収益は、その支出および収入の時点において認識し、損益
　　計算書に計上しなければならない。

エ　予測される将来の危険に備えて、合理的な見積額を上回る費用を計上すること
　　は、保守的な会計処理として認められる。

---

### 平成**26**年度　第**4**問

　当社は支店分散計算制度を採用しており、本支店間の債権債務は支店勘定と本店
勘定をそれぞれ利用して会計処理している。未達事項整理前の本店の支店勘定残高
は 400,000 円(借方残高)であり、決算において判明した未達事項は以下のとおりで
あった。未達事項整理後の支店の本店勘定貸方残高として、最も適切なものを下記
の解答群から選べ。

【未達事項】
　・本店から支店に現金 70,000 円を送付した。
　・支店は本店負担の運送費 30,000 円を支払った。
　・支店は本店の売掛金 80,000 円を回収した。

〔解答群〕
　ア　300,000 円
　イ　350,000 円
　ウ　380,000 円
　エ　450,000 円

---

### 平成**22**年度　第**13**問

　ファイナンス・リースの特徴に関する説明として、最も不適切なものはどれか。

ア　借手が支払うリース料は目的物の経済価値全体ではなく、リース期間終了後の
　　目的物の残存価値や不特定多数の事業者に複数回賃貸することなどを考慮して算
　　定される。

イ　借手からみた場合、経済的には目的物の購入資金を融資されるのとほぼ同じ機能をもつ。

ウ　借手がリース契約を解約する場合には、通常、未経過リース料に相当する違約金を支払う。

エ　目的物を使用する借手が当該目的物の導入に際し、一度に多額の資金を必要としないメリットがある。

### 平成**25**年度　第**13**問

ファイナンス・リースに関する記述として、**最も不適切なものはどれか。**

ア　ファイナンス・リース取引によるリース契約では、通常、借り手側は中途解約ができない。

イ　ファイナンス・リース取引によるリース物件の維持管理費用は、貸し手が負担する。

ウ　ファイナンス・リース取引によるリース物件は、借り手側の貸借対照表上で開示される。

エ　ファイナンス・リース取引によるリース物件は、借り手において減価償却費が算定される。

### 令和**元**年度　第**2**問

A社は、20X1年4月1日に補助金6,000千円を現金で受け取った。続いて20X1年10月1日に、その補助金6,000千円と自己資金16,000千円で機械装置22,000千円を購入し、直ちに使用を開始した。その際、直接減額方式による圧縮記帳を行った。また、20X2年3月31日(決算日)に、定額法(耐用年数4年、残存価額ゼロ)により減価償却を行った。

購入時の固定資産圧縮損と決算時の減価償却費の組み合わせとして、最も適切なものはどれか。

ア　固定資産圧縮損：6,000千円　　減価償却費：2,000千円

346　第2部　テーマ別1次過去問集

イ　固定資産圧縮損：　6,000千円　　減価償却費：2,750千円

ウ　固定資産圧縮損：22,000千円　　減価償却費：2,000千円

エ　固定資産圧縮損：22,000千円　　減価償却費：2,750千円

第**5**章 問題 **原価計算の知識**

# I 原価計算の関連知識

平成**29**年度 第**10**問

原価計算基準における製造原価に関する記述として、最も適切なものはどれか。

ア 間接労務費には、直接工賃金は含まれない。

イ 形態別分類において、経費とは材料費、労務費、減価償却費以外の原価要素をいう。

ウ 原価の発生が特定の製品の生産との関連で直接的に把握されないものを間接費という。

エ 直接材料費、直接労務費以外の原価要素を加工費という。

平成**20**年度 第**10**問

労務費に関する次の資料に基づいて、製造原価明細書の空欄AとBに入る数値の計算式の組み合わせとして、最も適切なものを下記の解答群から選べ。

賃金：期首未払高3,600千円　当期支払高11,100千円　期末未払高2,500千円

## 製 造 原 価 明 細 書

(単位：千円)

| | | |
|---|---|---|
| Ⅰ　原 材 料 費 | （　　　） |
| Ⅱ　労　　務　　費 | A |
| Ⅲ　経　　　　　費 | （　　　） |
| 当 期 総 製 造 費 用 | B |
| 期首仕掛品たな卸高 | 8,200 |
| 合　　　計 | （　　　） |

**348** 第2部 テーマ別1次過去問集

|  |  |
|---|---|
| 期末仕掛品たな卸高 | 7,900 |
| 当期製品製造原価 | 37,100 |

〔解答群〕

ア　A：11,100 ＋ 2,500 － 3,600　　B：37,100 ＋ 7,900 － 8,200

イ　A：11,100 ＋ 2,500 － 3,600　　B：37,100 ＋ 8,200 － 7,900

ウ　A：11,100 ＋ 3,600 － 2,500　　B：37,100 ＋ 7,900 － 8,200

エ　A：11,100 ＋ 3,600 － 2,500　　B：37,100 ＋ 8,200 － 7,900

## 平成22年度　第7問

次の文章の空欄に入る最も適切なものを下記の解答群から選べ。

　原価計算制度において、原価とは、経営における一定の給付にかかわらせて、財貨または用役(以下「財貨」という。)の消費を把握し、貨幣価値的に表したものである。原価は、　　　　　　に関して消費された経済価値であり、正常な状態における経営活動を前提として把握された価値の消費である。

〔解答群〕

ア　財貨の生産

イ　財貨の生産、販売

ウ　財貨の生産、販売および財務活動

エ　財貨の調達、生産

## 平成24年度　第6問

　原価計算制度において、原価に算入される項目として最も適切なものはどれか。

ア　支払利息等の財務費用

イ　任意積立金繰入額

ウ　福利施設負担額

エ　臨時多額の退職手当

### 平成**24**年度 第**7**問

　当社は個別原価計算制度を採用している。当月における製造指図書別の製造・販売および製造原価に関する資料は次のとおりである。当月の売上原価として最も適切なものを下記の解答群から選べ。

【資料】

（単位：千円）

| 製造指図書 | ＃121 | ＃122 | ＃123 | ＃124 | 合　計 |
|---|---|---|---|---|---|
| 前月繰越 | 5,600 | 0 | 0 | 0 | 5,600 |
| 直接材料費 | 0 | 3,200 | 2,400 | 1,200 | 6,800 |
| 直接労務費 | 300 | 2,100 | 1,860 | 460 | 4,720 |
| 機械運転時間 | 100 時間 | 900 時間 | 700 時間 | 200 時間 | 1,900 時間 |
| 備　考 | 完成・引渡 | 完成・引渡 | 完成・未渡 | 未完成 | － |

（注）　製造間接費は機械運転時間に基づいて予定配賦している。本年度の製造間接費予算額は 48,000 千円（予定機械運転時間 24,000 時間）である。

〔解答群〕

　ア　7,600 千円

　イ　13,200 千円

　ウ　15,320 千円

　エ　18,860 千円

### 平成**25**年度 第**9**問

　次にあげる費目のうち、<u>労務費ではないものの組み合わせ</u>を下記の解答群から選べ。

a　外注加工賃

b　雑給

c　従業員賞与手当

d　所得税預り金

e　割増賃金

〔解答群〕

ア　aとb

イ　aとd

ウ　bとc

エ　cとd

オ　dとe

## 平成25年度　第11問

　以下のデータに基づき、期末仕掛品原価として最も適切なものを、下記の解答群から選べ。なお、材料は工程の始点で投入される。

・数量データ

　　当月投入　　　800単位

　　当月完成品　　600単位

　　月末仕掛品　　200単位　　（加工進捗度0.5）

・原価データ

　　直接材料費　1,440千円

　　加 工 費　1,400千円

〔解答群〕

ア　　560千円

イ　　710千円

ウ　2,130千円

エ　2,280千円

# III 原価計算の種類

**平成27年度 第6問**

原価計算に関する記述として最も適切なものはどれか。

ア　原価計算における総原価とは、製造原価を意味する。

イ　原価計算は、財務諸表を作成する目的のためだけに行う。

ウ　原価計算は、製造業にのみ必要とされる計算手続きである。

エ　材料費・労務費・経費の分類は、財務会計における費用の発生を基礎とする分類である。

**平成30年度 第9問**

当社は製造間接費の予定配賦を行っている。製造間接費予算については公式法変動予算を採用している。以下の資料に基づき、製造間接費配賦差異のうち、予算差異の金額として、最も適切なものを下記の解答群から選べ。

【資　料】

(1) 月間の製造間接費予算

基準操業度 5,000 時間　固定費 150,000 千円　変動費率 20 千円／時間

(2) 当月の実際操業度　4,000 時間

(3) 当月の製造間接費実際発生額　245,000 千円

〔解答群〕

ア　不利差異：15,000 千円

イ　不利差異：30,000 千円

ウ　有利差異：15,000 千円

エ　有利差異：30,000 千円

**平成28年度** 第7問

当月の直接材料に関するデータは以下のとおりであった。このとき価格差異として最も適切なものはどれか。

|  | 消費数量 | 価格 |
|---|---|---|
| 実際 | 820 kg | 490 円／kg |
| 標準 | 800 kg | 500 円／kg |

ア　8,000 円の有利差異

イ　8,200 円の有利差異

ウ　9,800 円の不利差異

エ　10,000 円の不利差異

**平成29年度** 第9問

標準原価計算を採用している B 工場の以下の資料に基づき、作業時間差異として、最も適切なものを下記の解答群から選べ。

【資　料】

(1)　原価標準(抜粋)

　　　直接労務費　　　　　300 円／時間 × 6 時間 ＝ 1,800 円

(2)　当月の生産量

| 月初仕掛品 | 40 個（加工進捗度 50 %） |
|---|---|
| 当月投入 | 120 個 |
| 合　計 | 160 個 |
| 月末仕掛品 | 60 個（加工進捗度 50 %） |
| 当月完成品 | 100 個 |

問題編　**353**

(3) 当月の実際直接労務費

実際賃率 310 円／時間

実際直接作業時間 700 時間

〔解答群〕

ア 不利差異：12,000円

イ 不利差異：12,400円

ウ 有利差異： 6,000円

エ 有利差異： 6,200円

# 第6章 問題 経営分析の知識

## I 収益性分析

平成**22**年度 第**8**問

当期の損益計算書は次のとおりである。総資本回転率が1.2回、経営資本回転率が1.4回であるとき、事業活動に使用している投下資本に対して本業から利益をどの程度生み出すことができたのかを示す資本利益率の値として、最も適切なものを下記の解答群から選べ。

損 益 計 算 書(要旨)

(単位：千円)

| | |
|---|---:|
| 売 上 高 | 500,000 |
| 売 上 原 価 | 307,000 |
| 売上総利益 | 193,000 |
| 販売費及び一般管理費 | 163,000 |
| 営 業 利 益 | 30,000 |
| 営業外収益 | 7,600 |
| 営業外費用 | 4,200 |
| 経 常 利 益 | 33,400 |
| 特 別 利 益 | 1,700 |
| 特 別 損 失 | 2,800 |
| 税引前当期純利益 | 32,300 |
| 法 人 税 等 | 12,300 |
| 当期純利益 | 20,000 |

〔解答群〕

ア　4.8 %

イ　5.6 %

ウ　7.2 %

エ　8.4 %

# II 安全性分析

### 平成20年度 第11問

次の表において記号「↑」は指標の値の上昇を、「↓」は指標の値の低下をそれぞれ表している。各指標が良好になる場合の空欄A～Cに入る記号の組み合わせとして、最も適切なものを下記の解答群から選べ。

| 指 標 | 算 定 式 | | 記 号 |
|---|---|---|---|
| | 分 子 | 分 母 | |
| 総資本回転率 | （　　） | （　　） | ↑ |
| 売上債権回転期間 | 売上債権 | （　　） | A |
| 当座比率 | （　　） | 流動負債 | B |
| 固定比率 | 固定資産 | （　　） | C |

〔解答群〕

ア　A：↑　B：↓　C：↑

イ　A：↑　B：↓　C：↓

ウ　A：↓　B：↑　C：↓

エ　A：↓　B：↑　C：↑

### 平成26年度 第10問

特定の資産を費用化することによる財務比率への影響に関する記述として、最も適切なものの組み合わせを下記の解答群から選べ。なお、純利益は自己資本よりも小さいものとする。

a　他の条件を一定とすると、自己資本純利益率は不変である。

b　他の条件を一定とすると、総資本純利益率は下落する。

c　他の条件を一定とすると、負債比率は上昇する。

d　他の条件を一定とすると、流動比率は上昇する。

356　第2部　テーマ別1次過去問集

〔解答群〕

ア　aとb

イ　aとc

ウ　bとc

エ　bとd

オ　cとd

**平成23年度**　**第9問**

　A社とB社の貸借対照表(要約)と損益計算書(要約)は次のとおりである。これらに基づいて下記の設問に答えよ。

貸借対照表(要約)

(単位：百万円)

| 資　　産 | A　社 | B　社 | 負債・純資産 | A　社 | B　社 |
|---|---|---|---|---|---|
| 現 金 預 金 | 120 | 50 | 支 払 手 形 | 70 | 40 |
| 受 取 手 形 | 80 | 70 | 買 掛 金 | 140 | 60 |
| 売 掛 金 | 160 | 80 | 短 期 借 入 金 | 90 | 50 |
| 有 価 証 券 | 40 | 50 | 長 期 借 入 金 | 100 | 150 |
| た な 卸 資 産 | 100 | 150 | 資 本 金 | 200 | 120 |
| 有 形 固 定 資 産 | 240 | 160 | 資 本 剰 余 金 | 140 | 110 |
| 無 形 固 定 資 産 | 60 | 40 | 利 益 剰 余 金 | 60 | 70 |
| 合　　計 | 800 | 600 | 合　　計 | 800 | 600 |

損益計算書(要約)

(単位：百万円)

| 科　　目 | A　社 | B　社 |
|---|---|---|
| 売 上 高 | 1,200 | 1,000 |
| 売 上 原 価 | 800 | 700 |
| 　売 上 総 利 益 | 400 | 300 |
| 販売費及び一般管理費 | 280 | 190 |
| 　営 業 利 益 | 120 | 110 |
| 営 業 外 収 益 | 90 | 40 |
| 営 業 外 費 用 | 30 | 20 |
| 　経 常 利 益 | 180 | 130 |

問題編　　357

| | | |
|---|---|---|
| 特　別　利　益 | 40 | 30 |
| 特　別　損　失 | 20 | 10 |
| 税引前当期純利益 | 200 | 150 |
| 法　人　税　等 | 80 | 60 |
| 当　期　純　利　益 | 120 | 90 |

（設問1）

　売上高売上原価率、売上高営業利益率、総資本回転率について、A社がB社より良好な場合（Ⓐで表す）とB社がA社より良好な場合（Ⓑで表す）の組み合せとして最も適切なものはどれか。

　ア　売上高売上原価率：Ⓐ　　　　売上高営業利益率：Ⓐ　　　　総資本回転率：Ⓐ

　イ　売上高売上原価率：Ⓐ　　　　売上高営業利益率：Ⓐ　　　　総資本回転率：Ⓑ

　ウ　売上高売上原価率：Ⓐ　　　　売上高営業利益率：Ⓑ　　　　総資本回転率：Ⓐ

　エ　売上高売上原価率：Ⓐ　　　　売上高営業利益率：Ⓑ　　　　総資本回転率：Ⓑ

　オ　売上高売上原価率：Ⓑ　　　　売上高営業利益率：Ⓑ　　　　総資本回転率：Ⓐ

（設問2）

　流動比率、当座比率、固定比率について、A社がB社より良好な場合（Ⓐで表す）とB社がA社より良好な場合（Ⓑで表す）の組み合わせとして最も適切なものはどれか。

　ア　流動比率：Ⓐ　　　　当座比率：Ⓐ　　　　固定比率：Ⓐ

　イ　流動比率：Ⓐ　　　　当座比率：Ⓐ　　　　固定比率：Ⓑ

　ウ　流動比率：Ⓐ　　　　当座比率：Ⓑ　　　　固定比率：Ⓐ

　エ　流動比率：Ⓑ　　　　当座比率：Ⓑ　　　　固定比率：Ⓐ

　オ　流動比率：Ⓑ　　　　当座比率：Ⓑ　　　　固定比率：Ⓑ

| 平成**25**年度 | 第**5**問 |

次に示す財務諸表に基づいて、以下の設問に答えよ(単位：千円)。

〈貸借対照表〉

|  | X1年度末 | X2年度末 |  | X1年度末 | X2年度末 |
|---|---|---|---|---|---|
| 流動資産 | 35,000 | 29,000 | 流動負債 | 16,000 | 15,000 |
| 固定資産 | 95,000 | 91,000 | 固定負債 | 28,000 | 20,000 |
|  |  |  | 純資産 | 86,000 | 85,000 |
| 資産合計 | 130,000 | 120,000 | 負債・純資産合計 | 130,000 | 120,000 |

〈損益計算書〉

|  | X1年度 | X2年度 |
|---|---|---|
| 売上高 | 180,000 | 170,000 |
| 営業費用 | 150,000 | 152,000 |
| 営業利益 | 30,000 | 18,000 |
| 支払利息 | 1,000 | 800 |
| 経常利益 | 29,000 | 17,200 |
| 固定資産売却損 | 1,000 | 200 |
| 税引前当期純利益 | 28,000 | 17,000 |
| 法人税等 | 10,000 | 4,000 |
| 当期純利益 | 18,000 | 13,000 |

(設問1)

収益性の動向に関する説明として最も適切なものはどれか。なお、比率の計算における総資本は年度末の金額を利用する。

ア　総資本営業利益率：悪化　　売上高営業利益率：悪化　　総資本回転率：改善

イ　総資本営業利益率：悪化　　売上高営業利益率：改善　　総資本回転率：改善

ウ　総資本営業利益率：改善　　売上高営業利益率：悪化　　総資本回転率：改善

エ　総資本営業利益率：改善　　売上高営業利益率：改善　　総資本回転率：悪化

問題編　359

（設問2）

安全性の動向に関する説明として最も適切なものはどれか。

ア　流動比率：悪化　　固定長期適合率：悪化　　負債比率：改善

イ　流動比率：悪化　　固定長期適合率：改善　　負債比率：改善

ウ　流動比率：改善　　固定長期適合率：悪化　　負債比率：改善

エ　流動比率：改善　　固定長期適合率：改善　　負債比率：悪化

## 平成**29**年度　第**11**問

次の資料に基づき計算された財務比率の値として、最も適切なものを下記の解答群から選べ。

【資　料】

貸借対照表　　　　　　　（単位：千円）

| 資産の部 | | 負債・純資産の部 | |
|---|---|---|---|
| 現金預金 | 40,000 | 買掛金 | 40,000 |
| 売掛金 | 30,000 | 長期借入金 | 60,000 |
| 商品 | 50,000 | 資本金 | 80,000 |
| 建物・備品 | 80,000 | 利益剰余金 | 20,000 |
| 資産合計 | 200,000 | 負債・純資産合計 | 200,000 |

損益計算書（単位：千円）

| | |
|---|---|
| 売上高 | 240,000 |
| 売上原価 | 120,000 |
| 給与 | 72,000 |
| 減価償却費 | 26,000 |
| 営業利益 | 22,000 |
| 支払利息 | 4,000 |
| 税引前当期純利益 | 18,000 |
| 法人税等 | 9,000 |
| 当期純利益 | 9,000 |

〔解答群〕

ア　インタレスト・カバレッジ・レシオは5.5倍である。

イ　固定長期適合率は80％である。

ウ　自己資本利益率は11.3％である。

エ　総資本営業利益率は27.5％である。

## 平成29年度 第12問

　長期借入金により資金を調達し、その全額を設備投資(新規の生産設備の取得)に使用したとする。他の条件を一定とすると、これによる財務比率への影響に関する記述として、最も適切なものの組み合わせを下記の解答群から選べ。

a　固定比率は不変である。

b　自己資本比率は悪化する。

c　当座比率は悪化する。

d　流動比率は不変である。

〔解答群〕

ア　aとb

イ　aとc

ウ　aとd

エ　bとc

オ　bとd

問題編　**361**

令和**元**年度 第**11**問

当社の貸借対照表および損益計算書は以下のとおりであった。下記の設問に答えよ。

貸借対照表 （単位：千円）

| 資産 | | | 負債・純資産 | | |
|---|---|---|---|---|---|
| | 20X1年 | 20X2年 | | 20X1年 | 20X2年 |
| 現金預金 | 11,000 | 12,000 | 買掛金 | 40,000 | 60,000 |
| 売掛金 | 34,000 | 38,000 | 長期借入金 | 40,000 | 50,000 |
| 商品 | 35,000 | 42,000 | 資本金 | 50,000 | 50,000 |
| 建物・備品 | 80,000 | 108,000 | 利益剰余金 | 30,000 | 40,000 |
| | 160,000 | 200,000 | | 160,000 | 200,000 |

損益計算書 （単位：千円）

| | 20X1年 | 20X2年 |
|---|---|---|
| 売上高 | 128,000 | 210,000 |
| 売上原価 | 84,000 | 159,000 |
| 売上総利益 | 44,000 | 51,000 |
| 販売費および一般管理費 | 28,000 | 30,000 |
| 営業利益 | 16,000 | 21,000 |
| （以下略） | | |

（設問1）

20X2年の固定比率の値として、最も適切なものはどれか。

ア 54 %

イ 77 %

ウ 120 %

エ 216 %

**362** 第2部 テーマ別1次過去問集

（設問2）

　20X1年から20X2年の総資本営業利益率の変化とその要因に関する記述として、最も適切なものはどれか。

ア　総資本営業利益率は上昇したが、その要因は売上高営業利益率の上昇である。

イ　総資本営業利益率は上昇したが、その要因は総資本回転率の上昇である。

ウ　総資本営業利益率は低下したが、その要因は売上高営業利益率の低下である。

エ　総資本営業利益率は低下したが、その要因は総資本回転率の低下である。

令和元年度　第12問

　有形固定資産を売却することで得た資金の全額を、長期借入金の返済にあてたとする。他の条件を一定とすると、これによるキャッシュ・フロー計算書および財務比率への影響に関する記述として、最も適切なものの組み合わせを下記の解答群から選べ。

a　財務活動によるキャッシュ・フローは減少する。

b　自己資本比率は上昇する。

c　投資活動によるキャッシュ・フローは減少する。

d　流動比率は上昇する。

〔解答群〕

ア　aとb

イ　aとc

ウ　aとd

エ　bとc

オ　cとd

問題編　363

# Ⅲ 生産性分析と成長性分析

**平成24年度　第10問**

当期と前期との比較損益計算書(要約)は次のとおりである。これに基づいて下記の設問に答えよ。

比較損益計算書(要約)

(単位：百万円)

| 科　　目 | 前期(第22期) | 当期(第23期) |
|---|---|---|
| 売　上　高 | 1,000 | 1,200 |
| 売　上　原　価 | 450 | 530 |
| 　売上総利益 | 550 | 670 |
| 販売費及び一般管理費 | 430 | 550 |
| 　営　業　利　益 | 120 | 120 |
| 営業外収益 | 40 | 60 |
| 営業外費用 | 30 | 60 |
| 　経　常　利　益 | 130 | 120 |
| 特　別　利　益 | 10 | 20 |
| 特　別　損　失 | 20 | 30 |
| 　税引前当期純利益 | 120 | 110 |
| 法　人　税　等 | 50 | 45 |
| 　当期純利益 | 70 | 65 |

(設問1)

付加価値率に前期と当期で変化がなく、平均従業員数が前期は30人、当期は32人であるとき、生産性の変化に関する記述として最も適切なものはどれか。

ア　従業員1人当たり売上高が上昇し、付加価値労働生産性が上昇した。

イ　従業員1人当たり売上高が上昇し、付加価値労働生産性が低下した。

ウ　従業員1人当たり売上高が低下し、付加価値労働生産性が上昇した。

エ　従業員1人当たり売上高が低下し、付加価値労働生産性が低下した。

(設問2)

前々期(第21期)の売上高が950百万円、経常利益が133百万円であるとき、成長性の変化に関する記述として最も適切なものはどれか。

364　第2部　テーマ別1次過去問集

ア　売上高と経常利益の成長性が上昇した。

イ　売上高と経常利益の成長性が低下した。

ウ　売上高の成長性は上昇し、経常利益の成長性は低下した。

エ　売上高の成長性は低下し、経常利益の成長性は上昇した。

# Ⅴ CVP分析

平成**21**年度　第**10**問

　Y社の以下に掲げる次年度の部門別損益計算書に基づいて、下記の設問に答えよ。ただし、費用の構造は一定とする。

（単位：百万円）

|  | A部門 | B部門 | C部門 | 合　計 |
|---|---|---|---|---|
| 売　　上　　高 | 1,800 | 1,200 | 1,000 | 4,000 |
| 変　　動　　費 | 1,080 | 840 | 580 | 2,500 |
| 個　別　固　定　費 | 240 | 220 | 100 | 560 |
| 共通固定費配賦額 | 280 | 240 | 120 | 640 |
| 純　　利　　益 | （　　　） | （　　　） | （　　　） | 300 |

（設問1）

　Y社全体に対するA部門の貢献を示す利益額として、最も適切なものはどれか（単位：百万円）。

ア　140

イ　200

ウ　320

エ　480

（設問2）

　仮にB部門を廃止するとすれば、Y社全体の純利益の増減額として最も適切なものはどれか（単位：百万円）。ただし、共通固定費は発生を回避することがで

きないものとする。

ア　減少 140

イ　減少 940

ウ　増加 100

エ　増加 320

### 平成24年度　第9問

　セグメントとしての事業部が各事業部に共通的に発生する固定費を回収し、さらに利益を獲得することに貢献する度合を示す利益額として最も適切なものはどれか。

ア　売上高 － 売上原価

イ　売上高 － 変動費

ウ　売上高 － 変動費 － 管理可能固定費

エ　売上高 － 変動費 － 個別固定費

### 平成26年度　第7問

　以下に示す今年度の実績資料に基づいて、目標営業利益 600,000 円を達成するときの総資本営業利益率を計算した場合、最も適切なものを下記の解答群から選べ。なお、総資本は売上高増加額の 10 ％分の増加が見込まれる。

【資料】

　売上高　　　　5,000,000 円

　営業費用の内訳

　　変動費　　　2,500,000 円

　　固定費　　　2,400,000 円

　営業利益　　　　100,000 円

　総資本　　　　2,400,000 円

366　第2部　テーマ別1次過去問集

〔解答群〕

ア　10.0 %

イ　12.0 %

ウ　24.0 %

エ　25.0 %

## 平成27年度　第10問

前期と今期の損益計算書は次のように要約される。下記の設問に答えよ。

|  | 損益計算書 |  | （単位：千円） |  |
|---|---|---|---|---|
|  | 前　期 |  | 今　期 |  |
| 売上高 |  | 24,000 |  | 28,000 |
| 変動費 | 14,400 |  | 15,400 |  |
| 固定費 | 7,200 | 21,600 | 9,000 | 24,400 |
| 営業利益 |  | 2,400 |  | 3,600 |

（設問1）

今期の損益分岐点売上高として最も適切なものはどれか。

ア　12,000 千円

イ　16,400 千円

ウ　18,000 千円

エ　20,000 千円

（設問2）

収益性に関する記述として最も適切なものはどれか。

ア　損益分岐点比率が前期よりも悪化したのは、固定費の増加による。

イ　損益分岐点比率が前期よりも悪化したのは、変動費率の低下による。

問題編　**367**

ウ　損益分岐点比率が前期よりも改善されたのは、固定費の増加による。

　　エ　損益分岐点比率が前期よりも改善されたのは、変動費率の低下による。

### 平成23年度　第11問

　公表されているY社の経営指標は、損益分岐点比率が75％、売上高営業利益率が10％、営業利益が1,600万円である。変動費率として最も適切なものはどれか。

　　ア　25％
　　イ　40％
　　ウ　60％
　　エ　90％

### 平成24年度　第11問

　損益分岐点分析に関する次の文章の空欄A～Cに入る用語の組み合わせとして最も適切なものを下記の解答群から選べ。

　損益分岐点売上高の定義より、利益は売上高に対する限界利益と損益分岐点売上高に対する限界利益の差として求められる。よって、限界利益と売上高との関係から、 A と B および C との間には、

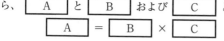

という関係がある。

〔解答群〕

　　ア　A：売上利益率　　B：安全余裕率　　　　C：限界利益率
　　イ　A：売上利益率　　B：損益分岐点比率　　C：限界利益率
　　ウ　A：限界利益率　　B：安全余裕率　　　　C：売上利益率
　　エ　A：限界利益率　　B：損益分岐点比率　　C：売上利益率

## 平成**25**年度 第**7**問

損益計算上の利益が増加することに関する説明として、最も適切なものの組み合わせを下記の解答群から選べ。

a 生産コストが低減し、その他の条件に変化がないとすれば、利益が増加する。

b 生産量が減少し、その他の条件に変化がないとすれば、利益が増加する。

c 生産量が増加し、その他の条件に変化がないとすれば、利益が増加する。

d 販売量が減少し、その他の条件に変化がないとすれば、利益が増加する。

〔解答群〕

ア　aとb

イ　aとc

ウ　aとd

エ　bとd

オ　cとd

## 平成**25**年度 第**8**問

A社の当期の売上高は 20,000 千円、費用は以下のとおりであった。なお、一般管理費はすべて固定費である。安全余裕率として最も適切なものを下記の解答群から選べ。

| | |
|---|---|
| 変動製造費用 | 5,000 千円 |
| 固定製造費用 | 9,000 千円 |
| 変動販売費 | 3,000 千円 |
| 固定販売費 | 800 千円 |
| 一般管理費 | 1,000 千円 |

〔解答群〕

ア　10.0 %

イ　10.9 %

ウ　25.0 %

エ　28.0 %

# 第7章 問題 利益管理と資金管理の知識

## I 利益管理

**平成22年度 第10問**

製品X（価格600円、単位あたり変動費360円）と製品Y（価格1,000円、単位あたり変動費700円）の実行可能な販売数量の組み合わせは下図のとおりである。利益を最大にする販売数量の組み合わせとして、最も適切なものを下記の解答群から選べ。

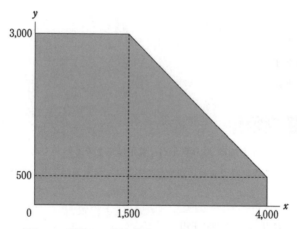

（注）$x$：製品Xの販売数量、$y$：製品Yの販売数量。

〔解答群〕

ア　Xの販売数量：　　　0　　　Yの販売数量：3,000
イ　Xの販売数量：1,500　　　Yの販売数量：3,000
ウ　Xの販売数量：2,250　　　Yの販売数量：2,250
エ　Xの販売数量：3,000　　　Yの販売数量：1,250
オ　Xの販売数量：4,000　　　Yの販売数量：　500

## 平成27年度 第8問

販売予算が以下のとおり編成されていたとする。いま、第2四半期（Q2）の実際販売量が1,100個、販売価格が99,000円であったとする。数量差異と価格差異の組み合わせとして、最も適切なものを下記の解答群から選べ。

| 販売予算 | Q1 | Q2 | Q3 | Q4 | 合 計 |
|---|---|---|---|---|---|
| 販売量（個） | 1,000 | 1,200 | 1,400 | 1,400 | 5,000 |
| 売上高（万円） | 10,000 | 12,000 | 14,000 | 14,000 | 50,000 |

〔解答群〕

ア　数量差異900万円（不利差異）と価格差異210万円（不利差異）

イ　数量差異1,000万円（不利差異）と価格差異110万円（不利差異）

ウ　数量差異1,100万円（不利差異）と価格差異10万円（不利差異）

エ　数量差異1,200万円（不利差異）と価格差異90万円（有利差異）

## 平成23年度 第12問

売上高の予算・実績差異を価格差異と数量差異とに分解するとき、次の価格差異の計算式の空欄A～Cに入る語句の最も適切な組み合わせを下記の解答群から選べ。ただし、正の値が有利差異を表すものとする。

価格差異 =（　A　－　B　）×　C

〔解答群〕

ア　A：実際価格　　B：予算価格　　C：実際販売量

イ　A：実際価格　　B：予算価格　　C：予算販売量

ウ　A：予算価格　　B：実際価格　　C：実際販売量

エ　A：予算価格　　B：実際価格　　C：（実際販売量－予算販売量）

オ　A：予算価格　　B：実際価格　　C：予算販売量

問題編　**371**

平成**24**年度　第**8**問

　次の資料に基づく売上総利益の増減分析における単位当たり利益の変化による売上総利益の増減額として、最も適切なものを下記の解答群から選べ。

| | 前　期 | 当　期 | 増　減 |
|---|---|---|---|
| 売　　上　　高 | 311,600 円 | 320,000 円 | 8,400 円 |
| 売　上　原　価 | 190,000 円 | 196,000 円 | 6,000 円 |
| 売　上　総　利　益 | 121,600 円 | 124,000 円 | 2,400 円 |
| 販　売　数　量 | 380 kg | 400 kg | 20 kg |
| 販　売　価　格 | 820 円 | 800 円 | −20 円 |
| 単　位　原　価 | 500 円 | 490 円 | −10 円 |

〔解答群〕

ア　−4,000 円

イ　−200 円

ウ　6,000 円

エ　6,400 円

# II 資金管理

平成**23**年度　第**13**問

　次のa～eのうち、正味運転資本の増加をもたらす要因の組み合わせとして最も適切なものを下記の解答群から選べ。

a　固定資産の増加

b　固定負債の増加

c　自己資本の減少

d　流動資産の減少

e　流動負債の減少

〔解答群〕

ア　aとe

イ　bとc

ウ　bとe

エ　cとd

オ　dとe

## 平成**24**年度 第**12**問

　当期の資金繰り表の記載項目 a ～ f のうち、経常外収支の項目として、最も適切なものの組み合わせを下記の解答群から選べ。

a　受取手形の期日入金

b　現金売上

c　支払手形の期日決済

d　設備投資

e　手形割引

f　未払金の支払

〔解答群〕

　ア　aとb　　イ　bとc　　ウ　dとe　　エ　eとf

## 平成**24**年度 第**14**問

　次のデータに基づいて前期から当期の1年間における正味運転資本の増減額を計算した場合、最も適切なものを下記の解答群から選べ。

（単位：百万円）

|  | 前期 | 当期 |
|---|---|---|
| 流動資産 |  |  |
| 　現金 | 32 | 5 |
| 　受取手形 | 20 | 30 |
| 　たな卸資産 | 30 | 40 |
| 流動負債 |  |  |
| 　買掛金 | 5 | 20 |
| 　支払手形 | 10 | 8 |
| 　未払税金 | 50 | 60 |

問題編　373

〔解答群〕

　ア　30百万円の減少

　イ　20百万円の減少

　ウ　6百万円の増加

　エ　16百万円の増加

# 第8章 問題 投資の意思決定の知識

## I ファイナンスの基礎

### 平成20年度 第14問

　今P円を借り入れ、N年後に元利合計Q円を満期時一括返済するとき、この資本コスト（r）を計算する方式についての次の説明のうち、最も適切なものの組み合わせを下記の解答群から選べ。ただし、Nは1より大きい整数で、QはPより大きい。

a　単利方式を用いると、$r = \dfrac{Q-P}{P}$ で算出される。

b　1年複利方式を用いると、$r = \sqrt[N]{\dfrac{Q}{P}} - 1$ で算出される。

c　単利方式による資本コストは、1年複利方式の資本コストより高く算出される。

d　単利方式による資本コストは、1年複利方式の資本コストより低く算出される。

〔解答群〕

　　ア　aとc　　　　　イ　aとd　　　　ウ　bとc　　　　エ　bとd

### 平成27年度 第15問

　C社は、取引先に対して貸付けを行っている。当該貸付金は、以下のようなキャッシュフローをもたらす予定である。現在価値の計算について、下記の設問に答えよ。なお、現行の会計基準との整合性を考慮する必要はない。

① 元本は100万円、貸付日は20X1年4月1日、貸付期間は4年である。

② 利息として、20X2年から20X5年までの毎年3月31日に6万円が支払われる。

③ 満期日の20X5年3月31日には元本の100万円が返済される。

問題編　375

（設問1）

この貸付金の、貸付日時点の現在価値として最も適切なものはどれか。なお、割引率は6％とする。

ア　　792,000 円
イ　　982,200 円
ウ　1,000,000 円
エ　1,240,000 円

（設問2）

貸付けを行っている取引先の財政状態が悪化し、元本の一部が回収不能となる可能性が高まっていることが確認された。このとき、現在価値の計算は（設問1）と比べてどのように変化するか、最も適切なものを選べ。

ア　割引率が高くなるため、現在価値は大きくなる。
イ　割引率が高くなるため、現在価値は小さくなる。
ウ　割引率が低くなるため、現在価値は大きくなる。
エ　割引率が低くなるため、現在価値は小さくなる。

# II 意思決定

平成**25**年度　第**16**問

代替案の選択によって金額に差異が生じないコストであり、将来の意思決定に無関連な原価を表すものとして、最も適切なものはどれか。

ア　機会原価
イ　限界原価
ウ　裁量可能原価
エ　埋没原価

**平成26年度 第12問**

X製品の需要が高まっているため、遊休機械設備を利用して月間1,200個増産することを検討中である。以下の資料に基づいて、増産によって得られる追加的な利益として、最も適切なものを下記の解答群から選べ。

【資料】

・遊休機械設備に関するデータ

月間減価償却費は500,000円であり、増産した場合には月間メンテナンス費用が追加的に120,000円かかる。

・X製品に関するデータ

X製品の販売価格は2,000円であり、単位当たり変動費は1,500円である。また、減価償却費以外の固定費が月間250,000円発生すると予測されるが、このうち60％は増産による追加的なコストである。

〔解答群〕

ア　－170,000円

イ　　330,000円

ウ　　450,000円

エ　　480,000円

**令和元年度 第10問**

当社では、製品の製造に当たり必要な部品Xを1か月に300個自製しているが、A工業から当該部品を1個当たり19千円で販売したいという提案があった。自製の場合と購入の場合ではどちらがいくら有利であるか。次月の予算に関する以下の資料に基づき、最も適切なものを下記の解答群から選べ。

【資料】

1. 部品Xの製造原価

| 変動費 | ＠15千円　300個 | 4,500千円 |
|---|---|---|
| 固定費 | | 2,300千円 |
| 合計 | | 6,800千円 |

問題編　377

2. 固定費には部品Xの製造に必要な特殊機械の賃借料900千円が含まれている
   が、部品Xを購入する場合には不要となる。

〔解答群〕

ア　購入の方が200千円有利

イ　購入の方が1,100千円有利

ウ　自製の方が300千円有利

エ　自製の方が1,200千円有利

# Ⅲ 正味現在価値法

平成**21**年度　第**16**問

　C社では、工場拡張投資を計画中である。この投資案の初期投資額は、4,000万円である。計画では、この投資により今後毎年売上高が2,400万円増加し、現金支出費用が1,200万円増加する。この投資物件の耐用年数は5年であり、残存価額はゼロである。減価償却法として定額法を用いており、実効税率は50％であるとする。なお、運転資金の額は変化しないものとする。

　資本コストが10％であるとき、この投資案の正味現在価値として、最も適切なものを下記の解答群から選べ(単位：万円)。なお、現価係数は下表のとおりである。

| 複利現価係数(10％, 5年) | 年金現価係数(10％, 5年) |
|---|---|
| 0.62 | 3.79 |

〔解答群〕

ア　　548

イ　－210

ウ　－280

エ　－900

**378**　第2部　テーマ別1次過去問集

**平成26年度 第16問**

次の文章の空欄A、Bに入る語句として、最も適切なものの組み合わせを下記の解答群から選べ。

A社は現在、相互に排他的な2つのプロジェクトX案とY案の評価を行っている。X案とY案のNPVとIRRは下表のとおりである。なお、2つのプロジェクトとも初期投資を行った後はプロジェクト期間の終わりまで常にプラスのキャッシュフローをもたらす。

|      | NPV（割引率10％） | IRR     |
|------|-----------------|---------|
| X案  | 669万円          | 16.04％ |
| Y案  | 751万円          | 12.94％ |

表のとおり、割引率10％のもとでNPVはY案のほうが高いが、IRRはX案のほうが上回っている。そこで、Y案のキャッシュフローからX案のキャッシュフローを差し引いた差額キャッシュフローのIRRを計算したところ、10.55％であった。したがって、資金制約がなく割引率が10.55％以下の時は差額キャッシュフローのNPVは　A　となり、　B　案が採択されることになる。

〔解答群〕

ア　A：プラス　　　B：X

イ　A：プラス　　　B：Y

ウ　A：マイナス　　B：X

エ　A：マイナス　　B：Y

# IV 内部収益率法（内部利益率法）

**平成28年度 第17問**

現在、3つのプロジェクト（プロジェクト①〜プロジェクト③）の採否について検討している。各プロジェクトの初期投資額、第1期末から第3期末に生じるキャッシュフロー、および内部収益率（IRR）は以下の表のとおり予測されている。いずれ

のプロジェクトも、経済命数は3年である。初期投資は第1期首に行われる。なお、法人税は存在しないと仮定する。

（金額の単位は百万円）

| | キャッシュフロー | | | | IRR |
| | 初期投資 | 第1期 | 第2期 | 第3期 | |
|---|---|---|---|---|---|
| プロジェクト① | − 500 | 120 | 200 | 280 | 8.5 % |
| プロジェクト② | − 500 | 200 | 200 | 200 | （　）% |
| プロジェクト③ | − 500 | 300 | 200 | 60 | 7.6 % |

内部収益率法を用いた場合のプロジェクトの順位づけとして、最も適切なものを下記の解答群から選べ。たとえば、プロジェクト①＞プロジェクト②は、プロジェクト①の優先順位が高いことを示す。なお、内部収益率の計算にあたっては、以下の表を用いること。

経済命数が3年の場合の複利現価係数および年金現価係数

| | 6 % | 7 % | 8 % | 9 % | 10 % | 11 % |
|---|---|---|---|---|---|---|
| 複利現価係数 | 0.840 | 0.816 | 0.794 | 0.772 | 0.751 | 0.731 |
| 年金現価係数 | 2.673 | 2.624 | 2.577 | 2.531 | 2.487 | 2.444 |

〔解答群〕

　ア　プロジェクト①＞プロジェクト②＞プロジェクト③

　イ　プロジェクト①＞プロジェクト③＞プロジェクト②

　ウ　プロジェクト②＞プロジェクト①＞プロジェクト③

　エ　プロジェクト②＞プロジェクト③＞プロジェクト①

　オ　プロジェクト③＞プロジェクト①＞プロジェクト②

# Ⅴ 回収期間法（ペイバック法）

### 平成25年度 第18問

　A社では、生産コストの低減を目的として新規設備の購入を検討している。新規設備の取得原価は4,500万円であり、その経済命数は5年である。また経済命数経過後の残存価額はゼロと見込まれている。A社では定額法によって減価償却を行っており、同社の法人税率は40％である。A社は当該投資案に対して回収期間法によって採否を決定することとしており、採択となる目標回収期間を3年と定めている。新規設備が採択されるために最低限必要とされる年間の生産コスト低減額として最も適切なものはどれか。なお、貨幣の時間価値は考慮せず、年間の生産コスト低減額は毎期一定である。また、当該投資案によって減価償却費以外の追加的費用は発生しない。


ア　　600万円

イ　　900万円

ウ　1,500万円

エ　1,900万円


# Ⅵ その他投資の意思決定手法

### 平成30年度 第13問

　A社は、額面100万円の社債（償還までの期間が3年、クーポン・レート3％（年1回払い））を発行しようと考えている。現在、複利最終利回りは2.0％と予想される。このとき、A社の社債の価格はおよそいくらと考えられるか。最も適切なものを下記の解答群から選べ。なお、複利現価係数と年金現価係数は以下のものを使用すること。

問題編　**381**

| 期間(年) | 複利現価係数 | | 年金現価係数 | |
|---|---|---|---|---|
| | 2 % | 3 % | 2 % | 3 % |
| 1 | 0.980 | 0.971 | 0.980 | 0.971 |
| 2 | 0.961 | 0.943 | 1.941 | 1.914 |
| 3 | 0.942 | 0.915 | 2.883 | 2.829 |

〔解答群〕

ア　98万円

イ　100万円

ウ　103万円

エ　105万円

## 平成**20**年度　第**15**問

　K社は次の条件で、普通社債を発行した。この普通社債の資本コスト(r)を算定するための計算式として最も適切なものを下記の解答群から選べ。ただし、税金は考えないものとする。また、式において、−(マイナス)はキャッシュ・アウトフローを意味している。

- 額面100円につき97円で発行
- 償還期限3年
- クーポンレート4％(1年後より年1回支払)
- 社債発行費は額面100円につき2円(発行時に現金支払)

〔解答群〕

ア　$95 - \dfrac{3.88}{(1+r)} - \dfrac{3.88}{(1+r)^2} - \dfrac{103.88}{(1+r)^3} = 0$

イ　$95 - \dfrac{4}{(1+r)} - \dfrac{4}{(1+r)^2} - \dfrac{104}{(1+r)^3} = 0$

ウ　$97 - \dfrac{3.88}{(1+r)} - \dfrac{3.88}{(1+r)^2} - \dfrac{103.88}{(1+r)^3} = 0$

エ　$97 - \dfrac{4}{(1+r)} - \dfrac{4}{(1+r)^2} - \dfrac{104}{(1+r)^3} = 0$

## 平成**20**年度 第**23**問

投資の経済性計算に関する記述として、最も適切なものの組み合わせを下記の解答群から選べ。

a 内部利益率は、投資案の正味現在価値をゼロとする割引率である。

b 内部利益率は、投資案の割引キャッシュ・フローの和をゼロとする割引率である。

c 収益性指数は、投資案の正味現在価値をその投資額で除して求められる。

d 回収期間法は、回収後のキャッシュ・フローを無視している。

e キャッシュ・フローが、当初マイナスでその後プラスになる投資案の場合、その正味現在価値は割引率が大きくなるほど大きくなる。

〔解答群〕

ア aとbとd　　イ aとcとd　　ウ bとcとe　　エ bとdとe

## 平成**20**年度 第**24**問

投資額500万円を必要とし、経済命数5年、各年度の減価償却費100万円の投資案の税引後キャッシュ・フローが220万円と予測されている。この投資案の税引後会計的投資利益率を算出するとき、最も適切な税引後利益額はどれか（単位：万円）。ただし、実効税率40％とし、減価償却費以外の費用および収益はすべてキャッシュ・フローとする。

ア 120　　　　　イ 132　　　　　ウ 280　　　　　エ 320

問題編　**383**

# 第**9**章 問題 資金調達の知識

## I 資金調達の形態

### 平成**23**年度 第**14**問

　次のa〜fのうち、一般に短期資金調達と呼ばれるものの組み合わせとして最も適切なものを下記の解答群から選べ。

a　買掛金

b　減価償却

c　コマーシャルペーパー

d　手形借入金

e　ファイナンス・リース

f　優先株式


〔解答群〕

　ア　aとbとc

　イ　aとcとd

　ウ　aとcとe

　エ　bとcとe

　オ　bとdとf


### 平成**24**年度 第**15**問

　内部金融に関する記述として、最も適切なものはどれか。


　ア　内部金融とは、企業の事業活動によって獲得された自己資本調達であり、利益の内部留保、企業間信用などから構成される。

　イ　内部金融とは、企業の事業活動によって獲得された他人資本調達であり、減価償却、ファイナンス・リースなどから構成される。

　ウ　内部金融とは、企業の事業活動によって獲得された短期資金調達であり、減価

**384**　第2部　テーマ別1次過去問集

償却、企業間信用などから構成される。

エ　内部金融とは、企業の事業活動によって獲得された長期資金調達であり、利益の内部留保、減価償却などから構成される。

---

**平成29年度　第14問**

次の文中の空欄A～Dに当てはまる語句の組み合わせとして、最も適切なものを下記の解答群から選べ。

企業の資金調達方法には、大きく分けて　A　と　B　がある。代表的な　A　としては　C　があり、　B　としては　D　があげられる。

〔解答群〕

ア　A：外部金融　　B：内部金融　　C：株式発行　　D：利益留保

イ　A：間接金融　　B：直接金融　　C：企業間信用　D：社債発行

ウ　A：直接金融　　B：間接金融　　C：社債発行　　D：利益留保

エ　A：内部金融　　B：外部金融　　C：社債発行　　D：減価償却

---

**平成28年度　第10問**

直接金融と間接金融に関する記述として最も適切なものはどれか。

ア　ある企業の増資に応じて、個人投資家が証券会社を通して株式を取得したとき、その企業にとっては直接金融となる。

イ　銀行が株式の発行を行った場合は間接金融となる。

ウ　金融庁は、「貯蓄から投資へ」というスローガンの下、直接金融の割合を減らし間接金融の割合を増やすことを目指している。

エ　社債の発行による資金調達は、借入金による資金調達と同じ負債の調達であり、間接金融である。

第9章 問題

# 第10章 問題 資本コストの知識

## I 資本コスト

**令和元年度 第21問**

負債と純資産の構成が2：1の企業がある。この企業の税引前負債資本コストが3％（税率は30％）、株主資本コストが12％であるときの加重平均資本コストとして、最も適切なものはどれか。

ア　3.8％

イ　5.4％

ウ　7.5％

エ　9.0％

**平成23年度 第16問**

D社では、新規投資に必要な資金10億円を内部留保、借入金、普通株式の発行によって調達しようと計画している。以下の資料に基づいて、この資金調達における加重平均資本コストを算出した場合、最も適切な数値を下記の解答群から選べ。なお、新株発行の場合、発行手数料等により既存の株主資本コストより1％高くなるものとする。

| | |
|---|---|
| 内部留保額 | 4億円 |
| 借入金の税引前コスト | 4％ |
| 既存の株主資本コスト | 10％ |
| 実効税率 | 50％ |
| 目標負債自己資本比率 | 4：6 |

〔解答群〕

ア　6.8％　　　　イ　7％　　　　　ウ　7.6％　　　　エ　10％

386　第2部　テーマ別1次過去問集

# II 最適資本構成

**平成20年度 第16問**

次の資料に基づいて、加重平均資本コストを求めよ(単位：%)。なお、自己資本のコストは CAPM により算出する。

| | | | |
|---|---|---|---|
| 負債の税引前コスト | 4 % | 実効税率 | 40 % |
| 安全利子率 | 2 % | 期待市場収益率 | 8 % |
| β値 | 1.2 | 自己資本比率(時価に基づく) | 40 % |

ア 3.04　　　　イ 4.8　　　　ウ 5.12　　　　エ 6

**平成27年度 第13問**

MM 理論に基づく最適資本構成に関する以下の記述について、下記の設問に答えよ。

MM 理論の主張によると、完全な資本市場の下では、企業の資本構成は企業価値に影響を与えない。しかし、現実の資本市場は完全な資本市場ではない。そこで、完全な資本市場の条件のうち、法人税が存在しないという仮定を緩め、法人税の存在を許容すると、負債の増加は　　A　　を通じて企業価値を　　B　　ことになる。この条件下では、負債比率が　　C　　の場合において企業価値が最大となる。

一方で、負債比率が高まると、　　D　　も高まることから、債権者も株主も　　E　　リターンを求めるようになる。結果として、　　A　　と　　D　　の　　F　　を考慮して最適資本構成を検討する必要がある。

(設問1)

記述中の空欄A～Cにあてはまる語句の組み合わせとして最も適切なものはどれか。

問題編　**387**

ア　A：支払利息の増加による株主価値の低下　　B：高める　　C：　0％

イ　A：支払利息の増加による株主価値の低下　　B：低める　　C：100％

ウ　A：節税効果　　　　　　　　　　　　　　　B：高める　　C：100％

エ　A：節税効果　　　　　　　　　　　　　　　B：低める　　C：　0％


（設問2）

　　記述中の空欄D～Fにあてはまる語句の組み合わせとして最も適切なものはどれか。


ア　D：債務不履行（デフォルト）リスク　　E：より高い　　F：トレードオフ

イ　D：債務不履行（デフォルト）リスク　　E：より低い　　F：相乗効果

ウ　D：財務レバレッジ　　　　　　　　　　E：より高い　　F：相乗効果

エ　D：財務レバレッジ　　　　　　　　　　E：より低い　　F：トレードオフ


## 平成30年度　第20問

市場の効率性に関する記述として、最も不適切なものはどれか。


ア　ウィーク型仮説とは、現在の株価は、過去の株価、取引高などを織り込んでいる結果、過去のデータから、将来の株価の変動を予測することは不可能であるとする仮説である。

イ　効率的市場仮説とは、情報が即座に価格に織り込まれることを通じて、市場では効率的な価格形成が達成されているとする仮説である。

ウ　資本市場における取引上の効率性とは、手数料、税金、制度、法律などの面で取引を円滑に実施するための取引システム全般が機能しているかどうかを意味する。

エ　セミストロング型仮説とは、市場の効率性は限定的であるので、ファンダメンタル分析を使って超過収益獲得の機会が存在することを示す仮説である。


**388**　第2部　テーマ別1次過去問集

**平成26年度** 第18問

　A証券および市場ポートフォリオの収益率に関する以下のデータに基づいて、A証券のベータ値を計算した場合、最も適切なものを下記の解答群から選べ。

【データ】

|  | 標準偏差 |
|---|---|
| A証券 | 10 % |
| 市場ポートフォリオ | 5 % |

A証券と市場ポートフォリオとの相関係数：0.4

〔解答群〕
ア　0.4
イ　0.5
ウ　0.8
エ　2

**平成22年度** 第14問

次の文章を読んで、下記の設問に答えよ。

B社は全額株主資本で事業活動を行っており、営業利益の確率分布は下表のとおりで今後毎期一定である。なお、営業利益は税・利息支払前利益（EBIT）に等しいものとする。

（単位：万円）

|  | 好況（確率：0.5） | 不況（確率：0.5） |
|---|---|---|
| 営業利益（EBIT） | 1,200 | 800 |

（設問1）

　B社の企業価値は、完全市場の仮定のもとで1億円と評価される。

　このとき、B社の事業活動のリスクに対して、市場が要求する株主資本収益率

問題編　　389

として最も適切なものはどれか。

ア　8 %

イ　10 %

ウ　12 %

エ　20 %

（設問2）

　　B社と資産内容が全く同じで、同一の事業を営むC社が存在するものとする。したがって、C社が生み出す毎期のEBITの確率分布は、B社と全く同一である。ただし、C社とB社では資本構成が異なっており、C社は5,000万円の負債を利用している。この負債の利子率は4 %である。この市場において、法人税のみが存在しその実効税率が40 %であるとすれば、B社の企業価値とC社の企業価値との差はどのようになるか、最も適切なものを選べ。

ア　C社の企業価値はB社と変わらない。

イ　C社の企業価値はB社より200万円小さい。

ウ　C社の企業価値はB社より2,000万円大きい。

エ　C社の企業価値はB社より5,000万円大きい。

### 平成23年度　第19問

　　F社が保有する株式ポートフォリオは、以下の3つの個別銘柄で構成されており、それらのデータは表のとおりである。このデータに基づいてF社が保有する株式ポートフォリオの$\beta$値を求めた場合の最も適切な数値を下記の解答群から選べ。

| 株　式 | ポートフォリオに占めるウェイト | $\beta$値 |
|---|---|---|
| A | 30 % | 1.00 |
| B | 30 % | 0.80 |
| C | 40 % | 1.80 |

390　第2部　テーマ別1次過去問集

〔解答群〕

　ア　1

　イ　1.2

　ウ　1.26

　エ　3.6

**平成29年度　第20問**

　CAPM が成立する市場において、マーケット・ポートフォリオの期待収益率が6％、安全利子率が1％のとき、当該資産の期待収益率が10％となるベータ値として、最も適切なものはどれか。

　ア　1.5

　イ　1.8

　ウ　2.0

　エ　3.0

**平成25年度　第14問**

　以下のデータから A 社の加重平均資本コストを計算した場合、最も適切なものを下記の解答群から選べ。

　　有利子負債額：4億円

　　株式時価総額：8億円

　　負債利子率：4％

　　法人税率：40％

　　A 社のベータ($\beta$)値：1.5

　　安全利子率：3％

　　市場ポートフォリオの期待収益率：8％

〔解答群〕

　ア　5.8％　　イ　6.7％　　ウ　7.8％　　エ　8.3％

**平成25年度　第15問**

以下の文章の空欄A、Bに入る最も適切な語句の組み合わせを、下記の解答群から選べ。

完全市場を前提としたMM理論では資本構成と企業価値は独立であり、最適な資本構成は存在しないとされる。しかし現実には市場は不完全であり、MM理論は現実の企業の資本調達行動をうまく説明できていない。こうした中で現実の企業の資本調達行動を説明するための様々な仮説が提示されており、それらのひとつにペッキングオーダー仮説がある。この仮説によれば、経営者は資本調達において、まず　　A　　などの内部資金を優先し、ついで外部資金のうちでも社債発行などの　　B　　を優先するとされている。

〔解答群〕

ア　A：企業間信用　　B：エクイティ・ファイナンス

イ　A：企業間信用　　B：デット・ファイナンス

ウ　A：内部留保　　　B：エクイティ・ファイナンス

エ　A：内部留保　　　B：デット・ファイナンス

# III　配当政策

**平成27年度　第12問**

A社は、株主に対する利益還元政策を行うこととした。利益還元政策として、最も不適切なものはどれか。なお、A社は十分な現金を所有しており、財務的破綻について考慮する必要はない。

ア　株式の分割

イ　記念配当の実施

ウ　自己株式の取得

エ　普通配当の増配

**平成20年度 第13問**

　株式評価に関する次の記述のうち、最も適切なものの組み合わせを下記の解答群から選べ。

a　PBR の値が1より小さいと、株価は1株当たり純資産より高く評価されている。

b　PBR の値が1より小さいと、株価は1株当たり純資産より低く評価されている。

c　PER は、EPS を株価で除して算出される。

d　PER は、株価を EPS で除して算出される。

〔解答群〕

　ア　aとc　　　　イ　aとd　　　　ウ　bとc　　　　エ　bとd

**平成22年度 第19問**

　次の文章の空欄AとBに入る語句の組み合わせとして、最も適切なものを下記の解答群から選べ。

　業績連動型の配当政策をとった場合、毎期の　　A　　は比較的安定するが1株当たり配当額の変動が大きくなる。また、　　B　　は ROE と　　A　　を掛け合わせたものであり、資本効率と利益還元政策のバランスを見る1つの指標である。

〔解答群〕

　ア　A：株主資本配当率　　　　　B：内部成長率

　イ　A：配当性向　　　　　　　　B：株主資本配当率

　ウ　A：配当性向　　　　　　　　B：内部成長率

　エ　A：配当利回り　　　　　　　B：株主資本配当率

　オ　A：配当利回り　　　　　　　B：内部成長率

問題編　　393

**平成25年度 第20問**

次のデータに基づき、以下の設問に答えよ。

| PBR | ROE | 自己資本比率 | 配当性向 | 配当利回り |
|:---:|:---:|:---:|:---:|:---:|
| 1.2 | 10 % | 60 % | 36 % | 3 % |

（設問1）

自己資本配当率（DOE）として、最も適切なものはどれか。

ア　3.6 %

イ　7.2 %

ウ　21.6 %

エ　43.2 %

（設問2）

PERとして、最も適切なものはどれか。

ア　2倍

イ　3.3倍

ウ　12倍

エ　40倍

**平成26年度 第20問** 設問2のみ

企業価値評価に関する次の文章を読んで、下記の設問に答えよ。

企業価値評価では、一般的に <u>PBR</u> や PER などの諸比率を用いた        に代
    ①
表されるマーケット・アプローチと呼ばれる手法のほか、企業の期待キャッシュフ
ローの割引現在価値によって評価額を推計する <u>DCF アプローチ</u>、企業の保有する
    ②
資産や負債の時価などから企業価値を評価するコスト・アプローチといった手法も
用いられている。

394　第2部　テーマ別1次過去問集

（設問2）

　　文中の下線部①に関する記述として、最も適切なものはどれか。


　ア　PBR とは、株価を 1 株当たり売上総利益で除して求められる。

　イ　PBR とは、株価を 1 株当たり売上高で除して求められる。

　ウ　PBR とは、株価を 1 株当たり純資産で除して求められる。

　エ　PBR とは、株価を 1 株当たり当期純利益で除して求められる。

# 第11章 企業価値の知識

## I 企業価値の概要

### 平成24年度 第16問

　以下のデータに基づいて、加重平均資本コストを計算したとき、最も適切な数値を下記の解答群から選べ。なお、自己資本コストは配当割引モデルによって求めるものとする。

（単位：万円）

|  | 時価 |
|---|---|
| 負債 | 5,000 |
| 自己資本 | 5,000 |

発行済み株式数：100万株

現在の1株当たり配当金：5円

配当成長率：10 %

負債の税引前コスト：4 %

実効税率：40 %

〔解答群〕

ア　6.7 %

イ　7 %

ウ　11.3 %

エ　11.7 %

### 平成24年度 第17問

　次の文章を読んで、下記の設問に答えよ。

　現在、X社は総資本10億円（時価ベース）の全額を株主資本で調達して事業活動を行っており、その税引前総資本営業利益率は12 % である。また、ここでの税引前営業利益は税引前当期利益に等しく、また同時に税引前キャッシュフローにも等しいものとする。X社は今後の事業活動において、負債の調達と自己株式の買い

396　第2部　テーマ別1次過去問集

入れによって総資本額を変えずに負債と株主資本との割合を 4 : 6 に変化させることを検討しており、その影響について議論している。

（設問 1 ）

　もし市場が完全で税金が存在しない場合、X 社が資本構成を変化させたとき、ROE は何％となるか。最も適切な数値を選べ。なお、負債利子率は 6 ％であり、資本構成の変化によって税引前総資本営業利益率は変化しないものとする。

ア　6 ％

イ　12 ％

ウ　16 ％

エ　18 ％

（設問 2 ）

　完全市場において法人税のみが存在する場合、X 社が資本構成を変化させることで、企業全体の価値にどのような影響があるか。最も適切なものを選べ。なお、実効税率は 40 ％である。

ア　2,400 万円企業価値が減少する。

イ　2,400 万円企業価値が上昇する。

ウ　16,000 万円企業価値が減少する。

エ　16,000 万円企業価値が上昇する。

## 平成 28 年度　第 16 問

　1 年後の配当は 105 千円、その後毎年 3 ％の成長が永続することを見込んでいる。割引率（株主資本コスト）が年 5 ％である場合、配当割引モデルに基づく企業価値の推定値として最も適切なものはどれか。

ア　1,575 千円

イ　2,100 千円

ウ　3,500 千円

エ　5,250 千円

## 平成**26**年度　第**19**問

　A 社の配当は 60 円で毎期一定であると期待されている。このとき、以下のデータに基づいて A 社の理論株価を算定した場合、最も適切なものを下記の解答群から選べ。

【データ】

　安全利子率：2 ％

　市場ポートフォリオの期待収益率：4 ％

　A 社のベータ値：1.5

〔解答群〕

　ア　1,000 円

　イ　1,200 円

　ウ　1,500 円

　エ　3,000 円

## 平成**21**年度　第**14**問

　以下の文章は、株式分割について述べたものである。文中の空欄A～Dに入る語句の組み合わせとして、最も適切なものを下記の解答群から選べ。

　完全市場を仮定するとき、株式分割によって 1 株当たり株価は　　A　　。なぜなら、株式分割によって株式数は増加するが、株主の持分割合は　　B　　、また、株式分割は企業の資産内容やキャッシュ・フローに影響を　　C　　ため、株主の富が　　D　　からである。

〔解答群〕

　ア　A：下落する　　　B：減少し　　　C：与える　　　D：減少する

　イ　A：下落する　　　B：変化せず　　　C：与えない　　D：変化しない

| ウ | A：上昇する | B：変化せず | C：与える | D：増加する |
|---|---|---|---|---|
| エ | A：変化しない | B：減少し | C：与えない | D：減少する |

### 平成26年度 第13問

　以下のデータに基づいて、A社のフリー・キャッシュフローを計算した場合、最も適切なものを下記の解答群から選べ。

【A社のデータ】

| 営業利益 | 200百万円 |
|---|---|
| 減価償却費 | 20百万円 |
| 売上債権の増加額 | 10百万円 |
| 棚卸資産の増加額 | 15百万円 |
| 仕入債務の減少額 | 5百万円 |
| 当期の設備投資額 | 40百万円 |
| 法人税率 | 40％ |

〔解答群〕

ア　70百万円

イ　80百万円

ウ　120百万円

エ　130百万円

### 平成23年度 第17問

次の文章を読んで、下記の設問に答えよ。

なお、以下では、市場は完全で、税金や取引コストは存在しないものとする。

　E社では現在、今期の配当政策を検討中である。E社は、全額自己資本からなる企業で今期末において現金1,000万円と固定資産9,000万円を保有している。E社の固定資産からは毎期900万円の営業利益があげられており、次期以降も同額の営業利益が期待されている。E社では減価償却費を営業活動維持のために全額設備投資にあてており、また運転資本の増減もなく、減価償却費以外の費用はすべて現金

問題編　**399**

支出であるため、上記の営業利益はフリーキャッシュフローに一致する。E 社の現在の株価は 100 円であり、発行済み株式数は 100 万株である。


（設問 1 ）

　E 社が現在保有する現金を全額配当した場合、配当支払後の株価を説明する記述として、最も適切なものはどれか。


ア　現金配当を行った場合、株価は配当前と配当後で変化しない。

イ　現金配当を行った場合、株価は配当前と比較して 10 円下落する。

ウ　現金配当を行った場合、株価は配当前と比較して 10 円上昇する。

エ　現金配当を行った場合、株価は配当前と比較して 20 円上昇する。

（設問 2 ）

　E 社が現在保有する現金を全額現金配当した場合と 1 株 100 円にて当該現金を自己株式の買戻しにあてた場合とでは、既存株主が得る価値にどのような影響があるか。既存株主が得る価値に与える影響の説明として、最も適切なものはどれか。


ア　現金配当を行った場合と自己株式の買戻しを行った場合との間で、既存株主が得る価値に差異は生じない。

イ　現金配当を行った場合の方が自己株式の買戻しを行った場合よりも、およそ 10 ％ ほど既存株主が得る価値が高くなる。

ウ　現金配当を行った場合の方が自己株式の買戻しを行った場合よりも、およそ 10 ％ ほど既存株主が得る価値が低くなる。

エ　現金配当を行った場合の方が自己株式の買戻しを行った場合よりも、およそ 20 ％ ほど既存株主が得る価値が高くなる。

**平成24年度 第20問**

次の文章を読んで下記の設問に答えよ。

　企業価値の評価手法には、伝統的な企業業績評価手法であるデュポン・システムを応用したものがある。これによれば株価は、1株当たり当期純利益と　A　との積に分解され、さらに1株当たり当期純利益は1株当たり純資産とROEとの積に分解される。こうした会計数値に基づく手法のほか、今日では企業価値評価手法として、キャッシュフローに基づく手法やEVAなどを利用した　B　といった手法も利用されている。

（設問1）

　文中の空欄AおよびBに入る用語の組み合わせとして最も適切なものはどれか。

ア　A：BPS　　B：資本資産評価モデル

イ　A：PBR　　B：割引超過利益モデル

ウ　A：PER　　B：市場株価比較方式

エ　A：PER　　B：割引超過利益モデル

（設問2）

　文中の下線部のROEを企業価値評価手法として直接使用する場合に考えられる問題点として、最も不適切なものはどれか。

ア　ROEによって測定される値では、企業規模による影響を考慮した比較が困難である。

イ　ROEによって測定される値には、株主の資本コストが反映されていない。

ウ　ROEによって測定される値は、企業の採用する会計処理方法によって影響を受けることがある。

エ　ROEによって測定される値は、財務レバレッジの影響を受けることがある。

問題編　**401**

## 平成26年度 第20問 設問3のみ

企業価値評価に関する次の文章を読んで、下記の設問に答えよ。

　　企業価値評価では、一般的に <u>PBR</u> や PER などの諸比率を用いた 　　　　　 に代
　　　　　　　　　　　　　　　　①
表されるマーケット・アプローチと呼ばれる手法のほか、企業の期待キャッシュフ
ローの割引現在価値によって評価額を推計する <u>DCF アプローチ</u>、企業の保有する
　　　　　　　　　　　　　　　　　　　　　　　②
資産や負債の時価などから企業価値を評価するコスト・アプローチといった手法も
用いられている。

（設問3）

　　文中の下線部②について、以下の問いに答えよ。

　　A 社の財務データは以下のとおりである。なお、A 社の営業利益は、利息・
税引前キャッシュフローに等しく、将来も永続的に期待されている。A 社は負
債を継続的に利用しており、その利息は毎年一定である。また、A 社の法人税
率は 40 ％ であり、税引後利益はすべて配当される。負債の利子率が 5 ％、株式
の要求収益率が 9 ％ であるとき、負債価値と株主資本価値とを合わせた A 社の
企業価値を DCF 法によって計算した場合、最も適切な金額を下記の解答群から
選べ。

【A 社のデータ】 （単位：万円）

| | |
|---|---|
| 営業利益 | 1,100 |
| 支払利息 | 500 |
| 税引前利益 | 600 |
| 法人税（税率：40 ％） | 240 |
| 税引後利益 | 360 |

〔解答群〕

　　ア　　4,000 万円

　　イ　　6,000 万円

　　ウ　　14,000 万円

　　エ　　14,333 万円

# II その他企業価値の関連知識

**平成26年度** **第20問** 設問1のみ

企業価値評価に関する次の文章を読んで、下記の設問に答えよ。

　企業価値評価では、一般的に<u>PBR</u>やPERなどの諸比率を用いた　　　　　　に代
　　　　　　　　　　　　　①
表されるマーケット・アプローチと呼ばれる手法のほか、企業の期待キャッシュフ
ローの割引現在価値によって評価額を推計する<u>DCFアプローチ</u>、企業の保有する
　　　　　　　　　　　　　　　　　　　　　　②
資産や負債の時価などから企業価値を評価するコスト・アプローチといった手法も
用いられている。

（設問1）

　文中の空欄に入る語句として、最も適切なものはどれか。

ア　収益還元法

イ　純資産価額法

ウ　マルチプル法（乗数法）

エ　リアルオプション法

**平成22年度** **第20問**

　E社では、創業以来のオーナー経営者が引退することとなり事業承継のあり方を
検討していたが、オーナー経営者の後継者として適当な人材がいなかった。そこ
で、M&Aを活用し外部の有能な経営者に事業を承継させたいと考えた。このよう
な場合において、友好的なM&Aを行う上でふさわしいと考えられる手段として、
最も適切なものはどれか。

ア　MBI

イ　MBO

ウ　TOB

エ　ホワイトナイト

問題編　**403**

**平成28年度　第13問**

企業買収に関する略語の説明として最も適切なものはどれか。

ア　KPIとは、同業他社の株価を参照することを通じて買収価格を決定したうえで、経営権の取得等を行うことである。

イ　LBOとは、従業員が資金を出し合って、経営権の取得等を行うことである。

ウ　MBOとは、金融機関が自身の資金によって経営権の取得等を行うことである。

エ　TOBとは、不特定多数の者に対し、証券市場以外の場における株券の買付け等の勧誘を通じて経営権の取得等を行うことである。

**平成23年度　第20問**

次の文章とデータに基づいて、下記の設問に答えよ。

企業評価の手法には、バランスシート上の純資産価値に着目するアプローチのほか、DCF法や収益還元方式に代表される　A　アプローチ、PERやPBRといった評価尺度を利用する　B　アプローチなどがある。以下のデータに基づいて、　A　アプローチの1つである配当割引モデルによって株式価値評価を行うと、株式価値は　C　と計算される。また、PBRは　D　倍と計算される。

なお、自己資本コストはCAPMにより算出する。

| | |
|---|---|
| ・総資産簿価 | 1億円 |
| ・負債 | 6,000万円 |
| ・当期純利益 | 500万円 |
| ・予想1株あたり配当額 | 30円 |
| ・発行済み株式数 | 10万株 |
| ・株価 | 500円 |
| ・$\beta$値 | 2 |
| ・安全利子率 | 2％ |
| ・期待市場収益率 | 6％ |

404　第2部　テーマ別1次過去問集

（設問1）

　文中の空欄AおよびBに入る語句の組み合わせとして、最も適切なものを下記の解答群から選べ。

a　2パラメーター
b　インカム
c　オプション
d　コスト
e　マーケット

〔解答群〕

ア　A：a　　B：e
イ　A：b　　B：a
ウ　A：b　　B：e
エ　A：d　　B：c
オ　A：e　　B：a

（設問2）

　文中の空欄Cに入る金額として最も適切なものはどれか。

ア　300円　　　　イ　500円　　　　ウ　750円　　　　エ　1,500円

（設問3）

　文中の空欄Dに入る数値として最も適切なものはどれか。

ア　1.25　　　　イ　8　　　　ウ　10　　　　エ　16.67

# 第12章 問題 リターンとリスクの知識

## II リターンとリスクの指標

**令和2年度 第18問**

ある企業において、業績が良くなると判断される新情報が市場に流れた場合（t = 0）、投資家が合理的に行動するならば、この企業の株式の超過収益率をグラフにしたものとして、最も適切なものはどれか。

ア

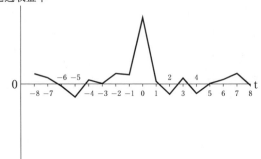

イ

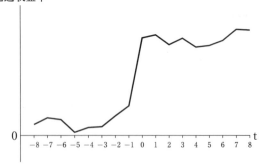

ウ

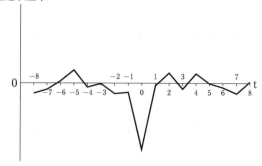

エ

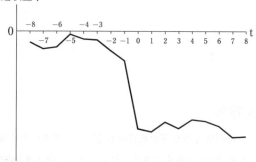

**平成29年度　第16問**

　来年度の当社の売上高は、好況の場合20億円、通常の場合15億円、不況の場合7億円と予想されている。好況になる確率が20％、通常の場合が70％、不況となる確率は10％と予想されているとき、当社の来年度の売上高の期待値として、最も適切なものはどれか。

ア　13.8億円
イ　14.0億円
ウ　14.8億円
エ　15.2億円

平成**23**年度 第**18**問

　以下の表は、ポートフォリオA～Iのそれぞれのリスクとリターンを示したものである。投資家がリスク回避的であるとき、選択されるべきポートフォリオとして最も適切なものを下記の解答群から選べ。ただし、リスクはリターンの標準偏差で測られたものとする。

(単位：%)

|  | A | B | C | D | E | F | G | H | I |
|---|---|---|---|---|---|---|---|---|---|
| リスク | 3 | 3 | 3 | 4 | 4 | 4 | 5 | 5 | 5 |
| リターン | 4 | 5 | 6 | 4 | 5 | 6 | 4 | 5 | 6 |

〔解答群〕

　ア　A

　イ　C

　ウ　G

　エ　H

平成**24**年度 第**19**問

　Z社は現在、余剰資金の全額を期待収益率8％、標準偏差6％の投資信託で運用している。Z社では余剰資金の運用方針を変更し、余剰資金の全額を、2％の収益率をもつ安全資産と上記投資信託に等額投資する運用を考えている。変更後の期待収益率と標準偏差の組み合わせとして最も適切なものはどれか。

　ア　期待収益率：5％　　　標準偏差：3％

　イ　期待収益率：5％　　　標準偏差：6％

　ウ　期待収益率：6％　　　標準偏差：6％

　エ　期待収益率：10％　　　標準偏差：6％

# III リスク管理

**令和元年度 第13問**

以下の図は、横軸にリスク、縦軸にリターンを取ったリスク・リターン平面上に、資産Aから資産Dのそれぞれのリスクとリターンをプロットしたものである。このとき、図中にある無差別曲線を有する投資家が、保有する際に最も望ましいと考えられる資産として、最も適切なものを下記の解答群から選べ。

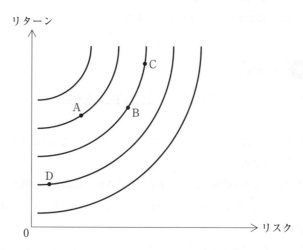

〔解答群〕

ア　A
イ　B
ウ　C
エ　D

**平成24年度 第22問**

先物取引に関する記述として、最も不適切なものはどれか。

ア　先物取引は、必ずしも現物の受渡しを必要としない。
イ　先物取引は、定型化されており取引所において取引される。
ウ　先物取引は、特定の受渡日に取引が決済される。
エ　先物取引は、日々証拠金の値洗いが行われる。

### 平成**25**年度 第**22**問

　輸入業を営むＡ社は、３か月後にドル建てで商品の仕入代金を支払う予定である。Ａ社が為替リスクをヘッジするときの取引として、最も適切なものはどれか。

ア　ドル売りの為替予約を行う。
イ　ドル買いの為替予約を行う。
ウ　ドル建ての借入を行い、為替の直物レートで円を買う。
エ　ドルの３か月物コール・オプションを売る。

### 平成**30**年度 第**14**問

　デリバティブに関する記述として、<u>最も不適切なものはどれか</u>。

ア　金利スワップ取引の代表的なものは、同一通貨における固定金利と変動金利を交換する取引である。
イ　先物取引では日々値洗いにより損益が計算され、証拠金に加減されている。
ウ　デリバティブ取引の代表的なものとして、先物取引、オプション取引、スワップ取引がある。
エ　わが国のデリバティブ取引において、想定元本ベースで今日最も多く取引されているものは、通貨スワップである。

### 平成**29**年度 第**22**問

　流動性リスクに関する記述として、最も適切なものはどれか。

ア　外国為替レートが変動することにより差損を被るリスク
イ　借入金や債券の金利支払いや元本の返済が遅れたり、支払いが不能となるリスク
ウ　債券を売却するときに、その債券の市場価格が金利変動の影響により値上がりしたり、値下がりするリスク
エ　市場取引において需給がマッチしないために売買が成立しなかったり、資金繰りに失敗するリスク

410　第2部　テーマ別1次過去問集

# IV 為替リスクとリスクの回避

## 平成26年度 第22問

コール・オプションの価値に関する記述として、最も不適切なものはどれか。

ア 他の条件が一定であるとき、金利が高ければコール・オプションの価値は高くなる。

イ 他の条件が一定であるとき、原資産の価格が高ければコール・オプションの価値は高くなる。

ウ 他の条件が一定であるとき、原資産の価格変動性が高ければコール・オプションの価値は低くなる。

エ 他の条件が一定であるとき、行使価格が高ければコール・オプションの価値は低くなる。

## 平成20年度 第21問

次の文章の空欄AとBに入る最も適切な語句の組み合わせを下記の解答群から選べ。ただし、手数料、金利等は考えないこととする。

現在1ドル105円の為替相場(直物)である。1か月後に決済日が来る1万ドルの債権を有する企業が、1ドル104円で1万ドルのドル売り為替予約(1か月後の受け渡し)を行うとすると、1か月後の為替相場にかかわらず、円手取金を確定できる。このとき、1か月後の為替相場(直物)が108円になると、為替予約をしなかった場合に比べて円手取収入は　A　。他方、1か月後の為替相場(直物)が103円になると、為替予約をしなかった場合に比べて円手取収入は　B　。

ア A：3万円多くなる B：2万円少なくなる
イ A：3万円少なくなる B：2万円多くなる
ウ A：4万円多くなる B：1万円少なくなる
エ A：4万円少なくなる B：1万円多くなる

## 平成30年度 第15問

コールオプションの価格に関する以下の文章の空欄①〜④に入る語句の組み合わせとして、最も適切なものを下記の解答群から選べ。

コールオプションの価格は、権利行使したときに得られる ① 価値とこれに上乗せされる ② 価値の合計から構成されている。 ① 価値は ③ 価格から ④ 価格を控除することにより得られる。 ③ 価格 − ④ 価格 ≦ 0 のときは ① 価値はゼロとなる。

〔解答群〕

ア ①：時間的 ②：本質的 ③：権利行使 ④：原資産
イ ①：時間的 ②：本質的 ③：原資産 ④：権利行使
ウ ①：本質的 ②：時間的 ③：権利行使 ④：原資産
エ ①：本質的 ②：時間的 ③：原資産 ④：権利行使

## 平成21年度 第17問

リスク資産に加え、リスクフリーレートで自由に借り入れと貸し出しができる場合、投資機会集合の効率的フロンティアを表す曲線として最も適切なものを下記の解答群から選べ。

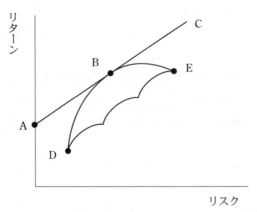

〔解答群〕

ア 曲線ABC　　イ 曲線ABE　　ウ 曲線DBC　　エ 曲線DBE

## 平成22年度 第15問

　ある投資プロジェクトによって1年後にもたらされるキャッシュ・フローは、50％の確率で3,000万円であるか、50％の確率で1,000万円であるかのどちらかであるという。今、安全利子率は10％である。意思決定者がリスク中立的であるとき、この意思決定者は、当該投資プロジェクトに現在約何万円まで拠出するか、最も適切なものを選べ。

ア　　　454万円

イ　　　909万円

ウ　1,818万円

エ　2,727万円

## 平成22年度 第16問

　資金を2つの証券に分散して投資を行う場合、投資収益率のリスク低減効果が最大になるのはどれか、最も適切なものを選べ。

ア　2つの証券の投資収益率が完全に相関している場合

イ　2つの証券の投資収益率が完全に負相関している場合

ウ　2つの証券の投資収益率間に全く相関がない場合

エ　2つの証券の投資収益率間に弱い負相関がある場合

## 平成30年度 第16問

分散投資によるポートフォリオのリスク減少の様子を示した以下の図と、図中の①と②に当てはまる用語の組み合わせのうち、最も適切なものを下記の解答群から選べ。

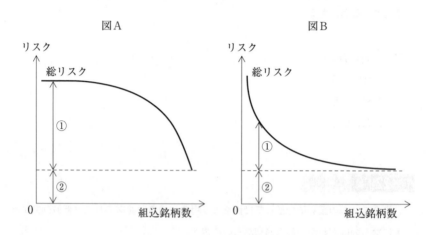

〔解答群〕

ア　図A　①：システマティック・リスク
　　　　　②：非システマティック・リスク

イ　図A　①：非システマティック・リスク
　　　　　②：システマティック・リスク

ウ　図B　①：システマティック・リスク
　　　　　②：非システマティック・リスク

エ　図B　①：非システマティック・リスク
　　　　　②：システマティック・リスク

A、Bの2つの株式から構成されるポートフォリオにおいて、相関係数をさまざまに設定した場合のリターンとリスクを表した下図の①〜④のうち、相関係数が－1であるケースとして、最も適切なものを下記の解答群から選べ。

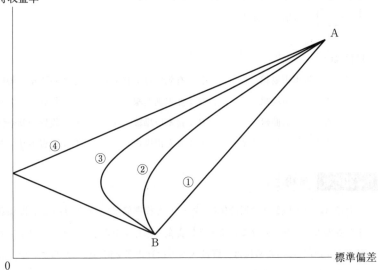

〔解答群〕

　ア　①
　イ　②
　ウ　③
　エ　④

平成29年度　第23問

　最適ポートフォリオの選択に関する次の文中の空欄A〜Cに当てはまる用語の組み合わせとして、最も適切なものを下記の解答群から選べ。

危険資産と安全資産が存在する市場では、どのような投資家であっても、選択されるポートフォリオは　A　上にある。これは、選択可能な危険資産ポートフォリオの組み合わせは無数に存在するが、選択される危険資産の組み合わせは、　A　と危険資産ポートフォリオの　B　が接する点に限られることを意味している。

　C　に左右される部分は、この唯一選択される危険資産ポートフォリオと安全資産への投資比率の決定のみとなり、危険資産ポートフォリオ自体の選択は　C　とは別に決定される。

〔解答群〕

ア　A：資本市場線　　　　B：有効フロンティア　　C：投資家の効用

イ　A：証券市場線　　　　B：無差別曲線　　　　　C：投資のリターン

ウ　A：無差別曲線　　　　B：資本市場線　　　　　C：投資の効率性

エ　A：有効フロンティア　B：証券市場線　　　　　C：投資のリスク

**平成30年度　第18問**

資産A、Bの収益率の期待値（リターン）と標準偏差（リスク）および相関係数が以下の表のように与えられているとき、資産A、Bを組み込んだポートフォリオの収益率が16％になるためには、資産Aへの投資比率を何％にしたらよいか。最も適切なものを下記の解答群から選べ。

|  | 資産A | 資産B |
|---|---|---|
| 期　待　値 | 10 ％ | 20 ％ |
| 標 準 偏 差 | 15 ％ | 25 ％ |
| 相関係数 | −0.35 | |

〔解答群〕

ア　20 ％

イ　30 ％

ウ　40 ％

エ　50 ％

**平成22年度　第18問**

次の文章を読んで、下記の設問に答えよ。

事務機器の販売を行っているF社は、得意先であるアメリカの会社から販売代金100万ドルを1カ月後に受け取ることになっている。F社は円高傾向を予想しており、為替変動リスクをヘッジするためにZ銀行と1ドル98円の予約レートで為替予約(ドル売り)を結んだ。一方、ゲームソフトの販売を行っているG社も同じく販売代金20万ドルをアメリカの会社から1カ月後に受け取ることになっている。G社もまた為替変動リスクに備えるため、先物市場においてドルの1カ月物先物を先物価格100円にて20万ドル分売建てた。なお、両者の商品販売時であるこの時点での直物レートは1ドル＝102円であった。

さて、1週間が経過した後、当初の予想に反し、直物レートは1ドル＝105円の円安となった。これを受けてG社は反対売買による差金決済を行った。このときの先物価格は1ドル＝103円であった。

その後1カ月が経過し、販売代金受け取り時における直物レートは1ドル＝108円になっていた。

（設問1）

　F社の為替予約による損益と直物による損益とをあわせたネットの損益として最も適切なものはどれか。

　ア　1,000万円の損失

　イ　400万円の損失

　ウ　600万円の利益

　エ　1,000万円の利益

（設問2）

　G社の通貨先物取引による損益と直物による損益とをあわせたネットの損益として最も適切なものはどれか。

　ア　160万円の損失

問題編　**417**

イ　60万円の損失

ウ　60万円の利益

エ　120万円の利益

### 平成23年度　第21問

金利スワップ取引に関する記述として、最も適切なものはどれか。

ア　2つの企業が異なる市場で異なる評価を受けているとき、それぞれが比較優位にある市場で資金を調達するとともに、その債務をスワップすれば、互いに有利な資金調達ができる。

イ　Z社は現在、変動金利で借入を行っており、金利上昇のリスクをヘッジするため固定金利受取・変動金利支払のスワップ契約を結んだ。

ウ　金利スワップでは、通常、金利交換だけでなく、元本の交換も行われる。

エ　金利スワップを締結した後、金利が下落すると、変動金利を受け取る側が有利になる。

### 平成24年度　第21問

オプション取引に関する記述として、最も適切なものはどれか。

ア　コール・オプションの買いの場合、原資産価格が行使価格を上回ったときにアウト・オブ・ザ・マネーとなる。

イ　コール・オプションの買いの場合、原資産価格が行使価格を下回ったときにイン・ザ・マネーとなる。

ウ　プット・オプションの買いの場合、原資産価格が行使価格を上回ったときにアット・ザ・マネーとなる。

エ　プット・オプションの買いの場合、原資産価格が行使価格を下回ったときにイン・ザ・マネーとなる。

## 平成25年度 第19問

縦軸に投資の期待収益率、横軸に当該投資収益率の標準偏差をとった平面上における リスク回避者の無差別曲線を表す図形として、最も適切なものはどれか。

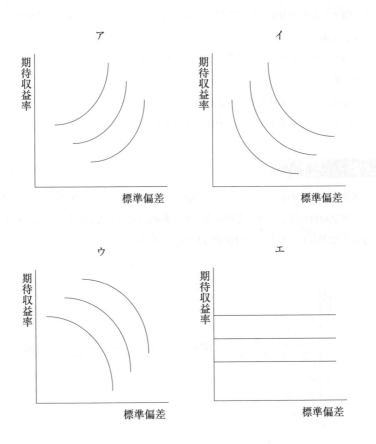

平成**25**年度　第**21**問

資本市場理論におけるベータ値に関する説明として、最も不適切なものはどれか。

ア　個々の証券の収益率の全変動におけるアンシステマティック・リスクを測定する値である。
イ　市場全体の変動に対して個々の証券の収益率がどの程度変動するかの感応度を表す値である。
ウ　市場ポートフォリオのベータ値は1である。
エ　ベータ値は理論上マイナスの値もとりうる。

平成**25**年度　第**23**問

現物株1単位の買いポジションと当該株式を原資産とする個別株プットオプション1単位の買いポジションを組み合わせた戦略の損益を表す図表として、最も適切なものはどれか。なお、$X$は権利行使価格である。

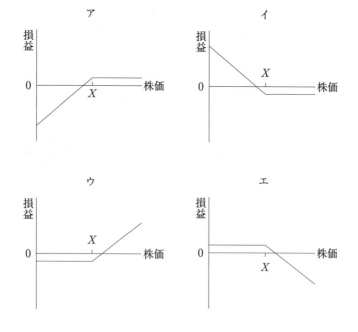

## 令和元年度 第17問

次の文章は、X、Yの2資産から構成されるポートフォリオのリターンとリスクの変化について、説明したものである。空欄A～Dに入る語句の組み合わせとして、最も適切なものを下記の解答群から選べ。

以下の図は、X、Yの2資産から構成されるポートフォリオについて、投資比率をさまざまに変化させた場合のポートフォリオのリターンとリスクが描く軌跡を、2資産間の　A　が異なる4つの値について求めたものである。
　X、Yの　A　が　B　のとき、ポートフォリオのリターンとリスクの軌跡は①に示されるように直線となる。　A　が　C　なるにつれて、②、③のようにポートフォリオのリスクをより小さくすることが可能となる。　A　が　D　のとき、ポートフォリオのリスクをゼロにすることが可能となり、④のような軌跡を描く。

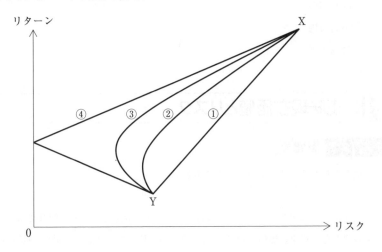

〔解答群〕
ア　A：相関係数　　B：－1　　C：大きく　　D：ゼロ
イ　A：相関係数　　B：＋1　　C：小さく　　D：－1
ウ　A：ベータ値　　B：ゼロ　　C：大きく　　D：＋1
エ　A：ベータ値　　B：＋1　　C：小さく　　D：－1

# 第13章 <sub>問題</sub> その他ファイナンスの知識

## I タックス・シールド

### 平成29年度 第15問

　当社は、来年度の期首に新設備を購入しようと検討中である。新設備の購入価額は100百万円であり、購入によって毎年(ただし、5年間)の現金支出費用が30百万円節約されると期待される。減価償却方法は、耐用年数5年、残存価額がゼロの定額法を採用する予定でいる。税率を40％とするとき、この投資案の各期の税引後キャッシュフローとして、最も適切なものはどれか。

- ア　12百万円
- イ　18百万円
- ウ　26百万円
- エ　34百万円

## II 正味現在価値とリスク

### 平成27年度 第16問

　次の文章を読んで、下記の設問に答えよ。

　D社は、4つの投資案(①～④)の採否について検討している。同社では、投資案の採否を正味現在価値法(NPV法)に基づいて判断している。いずれの投資案も、経済命数は3年である。

　4つの投資案の初期投資額および第1期末から第3期末に生じるキャッシュフローは、以下の表のとおり予測されている。初期投資は第1期首に行われる。なお、法人税は存在せず、割引率は8％とする。

422　第2部　テーマ別1次過去問集

（単位：百万円）

|  | キャッシュフロー | | | | NPV |
|---|---|---|---|---|---|
|  | 初期投資 | 第1期 | 第2期 | 第3期 | |
| 投資案① | −120 | 50 | 60 | 70 | 33 |
| 投資案② | −120 | 70 | 60 | 50 | A |
| 投資案③ | −160 | 80 | 80 | 80 | B |
| 投資案④ | −120 | 40 | 40 | 40 | C |

（設問1）

　投資案②のNPV（空欄A）および投資案③のNPV（空欄B）にあてはまる金額の組み合わせとして、最も適切なものを下記の解答群から選べ。なお、NPVの計算にあたっては、以下の表を用いること。

割引率8％の場合の複利現価係数および年金現価係数

|  | 1年 | 2年 | 3年 |
|---|---|---|---|
| 複利現価係数 | 0.93 | 0.86 | 0.79 |
| 年金現価係数 | 0.93 | 1.78 | 2.58 |

〔解答群〕

ア　A：22百万円　　　B：30百万円

イ　A：33百万円　　　B：30百万円

ウ　A：33百万円　　　B：46百万円

エ　A：36百万円　　　B：30百万円

オ　A：36百万円　　　B：46百万円

（設問2）

　4つの投資案は相互に独立しており、D社は複数の投資案を採択することが可能である。しかし、資金の制約があり、初期投資額の上限は380百万円である。このとき、採択すべき投資案の組み合わせとして最も適切なものはどれか。

　なお、D社は他の投資案を有しておらず、380百万円のうち初期投資に使用されなかった残額から追加のキャッシュフローは生じない。

ア　投資案①、投資案②、および投資案③

イ　投資案①、投資案②、および投資案④

ウ　投資案②および投資案③

エ　投資案②および投資案④

オ　投資案③および投資案④

# Ⅲ 不確実性下の意思決定

平成**25**年度　第**17**問

　以下の文章の空欄A、Bに入る最も適切な語句の組み合わせを、下記の解答群から選べ。


　投資プロジェクトの評価方法には、正味現在価値法のほか、　　A　　、回収期間法、会計的投資利益率法など多くの代替的手法がある。さらに近年では、不確実性の高い経営環境のもとで投資プロジェクトに対する経営の柔軟性を評価する　　B　　も提唱されている。


〔解答群〕

ア　A：線形計画法　　　　B：平均・分散モデル

イ　A：線形計画法　　　　B：リアル・オプション・アプローチ

ウ　A：内部収益率法　　　B：マーケット・アプローチ

エ　A：内部収益率法　　　B：リアル・オプション・アプローチ

平成**20**年度 第**25**問

　初期投資額 400 万円を必要とする投資案(経済命数 2 年)の第 1 年度のキャッシュ・フローの現在価値が 200 万円となる確率が 0.5、300 万円となる確率が 0.5 と予測されている。

　第 1 年度に 200 万円のキャッシュ・フローの現在価値が生じた場合に、第 2 年度のキャッシュ・フローの現在価値が 300 万円となる確率が 0.5、400 万円となる確率が 0.5 と予想されている。

　また、第 1 年度に 300 万円のキャッシュ・フローの現在価値が生じた場合に、第 2 年度のキャッシュ・フローの現在価値が 300 万円となる確率が 0.5、400 万円となる確率が 0.5 と予測されている。

　この投資案についての記述として最も適切なものはどれか。


ア　正味現在価値が 100 万円となる確率は 0.5 である。

イ　正味現在価値が 300 万円となる確率は 0.5 である。

ウ　正味現在価値の期待値は 200 万円である。

エ　正味現在価値の期待値は 300 万円である。

テーマ別1次過去問題集
**2 財務・会計**

# 解答・解説編

| 第1章 | 財務・会計の基本 | 428 |
|---|---|---|
| 第2章 | 財務諸表の知識 | 432 |
| 第3章 | 会計帳簿の知識 | 447 |
| 第4章 | その他財務諸表に関する知識 | 454 |
| 第5章 | 原価計算の知識 | 471 |
| 第6章 | 経営分析の知識 | 480 |
| 第7章 | 利益管理と資金管理の知識 | 499 |
| 第8章 | 投資の意思決定の知識 | 505 |
| 第9章 | 資金調達の知識 | 515 |
| 第10章 | 資本コストの知識 | 518 |
| 第11章 | 企業価値の知識 | 531 |
| 第12章 | リターンとリスクの知識 | 544 |
| 第13章 | その他ファイナンスの知識 | 569 |

| 第**1**章 | 財務・会計の基本 | 解答・解説 |

| 平成**19**年度 | 第**7**問 | 解答：ウ |

　平成18年5月1日に施行された会社法により計算書類及び計算書類等が変更されている。会社法上の計算書類は、貸借対照表、損益計算書、株主資本等変動計算書、個別注記表である。計算書類に、附属明細書、事業報告書、監査報告書などを含めたものを計算書類等という（会社法第435条2項）。

　**ア：不適切である。**事業報告、附属明細書は計算書類ではない。

　**イ：不適切である。**事業報告は計算書類ではない。

　**ウ：適切である。**

　**エ：不適切である。**事業報告は計算書類ではない。また、個別注記表がもれている。

| 平成**22**年度 | 第**2**問 |

**［設問1］　解答：イ**

　工事収益の計上基準に関する出題である。

　企業会計原則損益計算書原則三のBでは売上高の計上基準について次のように記述されている。

　「売上高は、実現主義の原則に従い、商品等の販売又は役務の給付によって実現したものに限る。ただし、長期の未完成請負工事等については、合理的に収益を見積もり、これを当期の損益計算に計上することができる。」

　企業会計原則損益計算書原則三のBのただし書の内容について、企業会計原則注解7では、次のように記述されている。

　「長期の請負工事に関する収益の計上については、工事進行基準又は工事完成基準のいずれかを選択適用することができる。」

　また、企業会計基準第15号「工事契約に関する会計基準」では、工事契約の認識基準について、次のように記述されている。

　「9. 工事契約に関して、工事の進行途上においても、その進捗部分について成果の確実性が認められる場合には工事進行基準を適用し、この要件を満たさない場合には工事完成基準を適用する。」

　よって、空欄Aには「完成」、空欄Bには「進行」、空欄Cには「成果」が入る。

◎参考文献

『会計諸則集最新増補十版』税務経理協会

## ［設問2］ 解答：ウ

　実現主義により売上収益を計上する場合の、実現時期に関する出題である。実現の要件は、次の①、②のとおりであり、通常は販売の時点で要件を満たすこととなる。

①商品等の引渡し

②対価の受領

**ア：不適切である。** 委託販売については、受託者が委託品を販売した日をもって売上収益の実現の日としており、積送品に対する荷付為替手形の取り組み時点では実現してない。

**イ：不適切である。** 鉱産物については販売の時点で売上収益が実現することとなるため、市場性が高くても採掘の時点では実現していない。

**ウ：適切である。** 試用販売については、得意先が買取りの意思を表示することによって売上収益が実現する。

**エ：不適切である。** 予約販売については、商品の引渡し又は役務の給付が完了した日をもって売上収益実現の日としており、予約金の受け取り時点では実現していない。

◎参考文献

『会計諸則集最新増補十版』税務経理協会

## ［設問3］ 解答：エ

　企業会計基準第15号「工事契約に関する会計基準」についての知識を問う出題である。

**a：不適切である。** 工事契約に関する会計基準では、工事契約は土木、建築、造船や一定の機械装置の製造等、仕事の完成に対して対価が支払われる請負契約であるもののうち、基本的な仕様や作業内容を顧客の指図に基づいて行うものに限られる。

**b：適切である。** 選択肢のとおりである。

**c：不適切である。** 選択肢の内容は正しいが、工事契約に関する会計基準は工事収益および工事原価の開示についても適用される点が記述されていない。他の選択肢に、より適切なものがあるため当該選択肢は不適切である。

**d：不適切である。** 選択肢の内容は正しいが、工事契約に関する会計基準は工事原価の会計処理ならびに開示にも適用される点が記述されていない。他の選択肢に、より適切なものがあるため当該選択肢は不適切である。

**e：適切である。** 受注制作のソフトウェアについても工事契約に関する会計基準が適用される。

　よってbとeが最も適切である。

◎参考文献

『会計諸則集最新増補十版』税務経理協会

### 平成16年度 第1問 解答：ウ

簿記一巡の手続きに関する問題である。7つの手続きのうち、「試算表の作成」「棚卸帳の作成」「決算整理手続き」の3つの順序を事実上は問われている。解答に当たっては、『財務管理と診断』(菊池高昭・竹本達広著　同友館) P34が参考となる。

試算表とは総勘定元帳に記載された各勘定を一覧表にまとめ、総勘定元帳の記載に間違いがないか否かを確認するためのものである。総勘定元帳のすべての勘定科目について、借方合計と貸方合計を算出し、双方の数値が合致していれば、絶対とはいえないが、総勘定元帳の記録は正しいと推測される。

一方で、試算表の金額は帳簿上の金額であり、必ずしも実際に保有する資産や負債の期末有高であるとは限らない。また、試算表に記載されている繰越商品は期首の商品有高であって、期末有高ではない。そのため、各種資産や負債について実際の有高を確認し、帳簿上の残高を実際の有高に調整する必要がある。この一連の調整手続きを棚卸しといい、棚卸しによって作成される一覧表を棚卸帳(表)という。棚卸しでは、商品のみが対象なのではなく各種の資産、負債も対象である。帳簿上の各勘定科目の残高を確定し、棚卸しによって確定した実物の有高との差違を調整する、という手順がとられる。この試算表の作成と棚卸帳の作成を合わせて「決算予備手続き」という。

「決算予備手続き」が終了すると、次に「決算整理手続き」に入る。「決算整理手続き」とは試算表の各勘定科目の残高と、棚卸帳の残高の差違を修正する決算修正仕訳の実施、修正仕訳の総勘定元帳への転記、損益勘定の開設、法人税、住民税の算出、各勘定科目の次期繰越高の算出等が含まれる。以上より、正解は選択肢「ウ」である。

### 令和2年度 第9問 解答：ア

消費税における税抜方式に関する出題である。消費税の納税義務者である事業者は、消費税の経理について、税抜方式又は税込方式のどちらを選択してもよいとされている。

税抜方式とは、課税売上に係る消費税等の額は仮受消費税等とし、課税仕入れに係る消費税等の額については仮払消費税等とする方式である。

税込方式とは、課税売上に係る消費税等の額は売上金額、課税仕入れに係る消費税等の額は仕入金額などに含めて計上し、消費税等の納付税額は租税公課として必要経費又は損金の額に算入する方式である。

本問には「商品を仕入れ、代金は現金で支払った」「仕訳は税抜方式によるもの」との記載があるため、課税仕入れに係る税抜方式を選ぶ。課税仕入れに係る消費税の額は仮払消費税を用いて計上するため、仮払消費税を用いた仕訳のアが正解である。

# 第2章 財務諸表の知識

解答・解説

## I 貸借対照表の知識

**平成24年度 第1問 解答：ウ**

　仕訳と取引内容に関する出題である。選択肢の取引内容を正確に仕訳することが求められる。特に、本問では為替手形の取引に対する理解が、正解を導き出す上でのポイントとなる。

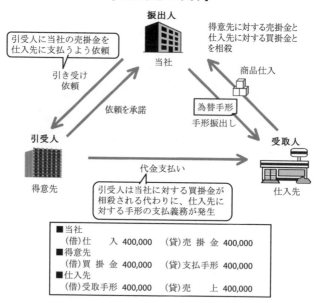

【為替手形の取引】

■当社
　（借）仕　　　　入 400,000　（貸）売　掛　金 400,000
■得意先
　（借）買　掛　金 400,000　（貸）支払手形 400,000
■仕入先
　（借）受取手形 400,000　（貸）売　　　　上 400,000

　ア：**不適切である。**掛売りした商品の返品を受けた場合は、売掛金発生時の仕訳である（借）売掛金　（貸）売上　という仕訳のうち、返品の400,000分のみ逆仕訳を行う。

　　　（借）売　上 400,000　（貸）売掛金 400,000

　イ：**不適切である。**誤った仕訳を訂正する場合は、まず、誤った仕訳の逆仕訳を行い、次に、正しい仕訳を行うことが多い。

　　　誤った仕訳　　　　　：（借）買掛金 400,000　（貸）仕　　入 400,000
　　　誤った仕訳の逆仕訳　：（借）仕　　入 400,000　（貸）買掛金 400,000

正しい仕訳(訂正仕訳)：(借)仕　入 400,000　(貸)買掛金 400,000

**ウ：適切である。** 為替手形は原則として3者間取引に用いる手形であり、振出人、受取人、引受人(支払人)が存在する。為替手形の振出人は手形を作成するだけであるため、支払義務を負わない。支払義務は、引受人が負う。

　　本問では、得意先を引受人とすることで、得意先に対する売掛金(得意先側の買掛金)と仕入先に対する買掛金(仕入先側の売掛金)とを相殺して、得意先から仕入先に代金を支払ってもらうことになる。

　　以上より、振出人側では、借方で仕入先からの仕入を計上し、貸方で得意先に対する売掛金を減少させる仕訳を行う。

　　(借)仕　入 400,000　(貸)売掛金 400,000

**エ：不適切である。** 勘定科目を誤って仕訳した場合も、イで解説したように、まず、誤った仕訳の逆仕訳を行い、次に、正しい仕訳を行うことが多い。

　　誤った仕訳　　　　　：(借)売掛金 400,000　(貸)売　上 400,000
　　誤った仕訳の逆仕訳　：(借)売　上 400,000　(貸)売掛金 400,000
　　正しい仕訳(訂正仕訳)：(借)買掛金 400,000　(貸)仕　入 400,000

◎参考文献

吉田康久・魏巍著『簿記原理入門』中央経済社

---

**平成27年度　第3問**　　**解答：イ**

判明した事実に基づき修正仕訳をする問題である。

(1) 仕訳不要

　　不一致の原因は未取付小切手(未呈示小切手・未落小切手)であるが、この場合、修正仕訳は不要である。

　　未取付小切手(未呈示小切手・未落小切手)とは、会社が小切手を振り出し、帳簿上は出金処理を行ったが、銀行ではまだ小切手が呈示されていない(取引先が銀行に小切手を呈示していないため、当座預金から引き落としされていない)状態である。

(2) (借)当座預金　71,000　／(貸)売掛金　71,000

　　不一致の原因は、銀行から売掛金の振り込み通知が届いていないことである。この場合、当座預金勘定の残高を加算する修正仕訳を行う。

(3) (借)受取手数料　9,000　／(貸)当座預金　9,000

　　不一致の原因は誤記帳(違算)であるため、修正仕訳を行う。本問では入金を9,000円多く記帳しているため、当座預金勘定の減算処理を行う。

以上より、求める金額は次のように計算する。

　　修正前の当座預金勘定の残高339,000円＋(2)71,000円－(3)9,000円

＝401,000円

| 平成**20**年度 | 第**3**問 | 解答：イ |

繰延資産の計上に関する出題である。

**a：適切である。**株式交付費は、原則として、支出時に営業外費用として計上するが、企業規模拡大のためにする資金調達などの財務活動に係る費用は繰延資産に計上することが認められる。株式交付費とは、株式募集の広告費や証券会社の取扱手数料、株式申込証・目論見書などの株式交付に直接的に要した費用である。繰延資産に計上する場合は、3年以内で償却する。

**b：不適切である。**「研究開発費等に係る会計基準」によれば、研究開発費は、すべて発生時に費用として処理しなければならないとされている。支出時には将来の収益獲得が確実ではないため、資産計上することは適当ではないということを根拠としている。研究とは、新しい知識の発見を目的とした計画的な調査および探求をいい、開発とは、新しい製品・サービス・生産方法についての計画もしくは設計または既存の製品等を著しく改良するための計画もしくは設計として、研究の成果その他の知識を具体化することをいうと定義されている。

**c：不適切である。**社債発行差金は、額面を下回る価額で社債を発行した場合の券面額と発行額の差額である。社債発行差金は、原則として、社債額（債務額）から直接控除して表示し、資産計上はしないこととされている。会社計算規則第6条2項2号に「払い込みを受けた金額が債務と異なる社債は事業年度末日に適正な価額を付して計上する」との規定があること、「金融商品に関する会計基準」において社債金額から直接控除すると定めていることが解答の根拠である。

**d：適切である。**創立費は、原則として、支出時に営業外費用として処理するが、繰延資産に計上することもできる。創立費は、会社設立のために支出した金額であり、将来にわたって、その支出効果は無限に続くともいえる。定款作成費、株式募集の費用、創立総会の費用などがある。繰延資産で計上する場合には、会社成立後5年以内に均等額以上で償却する。

よって、最も適切な組み合わせは、aとdであり、イが正解となる。

◎参考文献

企業会計基準委員会『実務対応報告第19号　繰延資産計上の会計処理に関する当面の取扱い』
　http://www.strategy-sc.com/group/pdf/kurinobe_jitumu19_draft.pdf

企業会計基準委員会『研究開発費に関する論点の整理』
　http://www.asb.or.jp/html/documents/summary_issue/kenkyukaihatsu/kenkyukaihatsu.pdf

企業会計審議会『研究開発費等に係る会計基準の設定に関する意見書』

http://www.fsa.go.jp/p_mof/singikai/kaikei/tosin/1a909e1.htm

広瀬義州著『財務会計第6版』中央経済社

### 平成**20**年度 第**4**問 ▶解答：イ

　債券の取得原価の計算方法を問う出題である。端数利息とは、直前の利払日から取得日までの経過利息である。公債、社債などの有価証券の場合には、取得原価に端数利息を含めない。なお、購入手数料は取得原価に含めるが、本問では、考えないこととされている。

★解答プロセス

　取得原価の計算は次のようになる。

$$取得原価＝額面総額×買い入れ相場＝5,000,000×\frac{98}{100}＝4,900,000円$$

本問の取引を仕訳で示せば次のようになる。

| 有価証券 | 4,900,000 | 当座預金 | 5,000,000 |
|---|---|---|---|
| 有価証券利息 | 100,000 | | |

参考までに、端数利息の計算は次のようになる。

$$端数利息＝額面総額×年利率×経過日数割合$$

$$＝5,000,000×0.05×\frac{146}{365}＝100,000円$$

◎参考文献

広瀬義州著『財務会計第6版』中央経済社

### 平成**21**年度 第**3**問 ▶解答：エ

　金融商品の会計基準に関する出題である。

　その他有価証券とは、売買目的有価証券、満期保有目的の債券、子会社関連会社株式のいずれにも分類できない有価証券である。持ち合い株式はその他有価証券にあたる。持ち合い株式とは、安定株主として双方が持ち合う株式のことである。償却原価法とは、債券を債券金額よりも低いまたは高い価額で取得した場合に、当該差額に相当する金額を償還期に至るまで毎期貸借対照表に加減する方法である。

　評価差額の計上について銘柄ごとに検証していく。

　A社株式：売買目的有価証券なので、時価で評価し、損益計算書に評価益300千円が計上される。

解説編　**435**

B社社債：満期保有目的の債券なので、取得原価で評価し、評価益は計上されない。

C社株式：関連会社株式なので、取得原価で評価し、評価益は計上されない。

D社株式：持ち合い株式なので、その他有価証券に該当する。時価評価し、純資産の部にプラスの差額4,600－4,000＝600千円が計上される。

E社株式：持ち合い株式なので、その他有価証券に該当し、時価評価する。ただし、著しく時価(50％以上下落)が低下しているため、純資産の部ではなく、損益計算書に評価損3,500－1,000＝2,500千円が計上される。

したがって、D社株式のプラスの差額600千円のみが、その他有価証券評価差額として純資産の部に計上される。

◎参考文献

広瀬義州著『財務会計第6版』中央経済社

企業会計基準委員会『会計基準第10号　金融商品に関する会計基準』

---

**平成22年度** **第5問** **解答：ウ**

株式会社の設立と株式発行に関する資本金と資本準備金の計上および発行株式数についての出題である。

資本金の額及び準備金の額については、会社法に次の規定がある。会社法445条1項「株式会社の資本金の額は、この法律に別の定めがある場合を除き、設立又は株式の発行に際して株主となる者が当該株式会社に対して払込み又は給付した財産の額とする。」、同第2項「前項の払込み又は給付に係る額の二分の一を超えない額は、資本金として計上しないことができる。」、同第3項「前項の規定により資本金として計上しないこととした額は、資本準備金として計上しなければならない。」の3つの規定がある。

設立に際しての発行株式数については、会社法に次の規定がある。会社法37条3項「設立時発行株式の総数は、発行可能株式総数の四分の一を下ることができない。ただし、設立しようとする株式会社が公開会社でない場合は、この限りでない。」発行可能株式総数とは、株式会社が発行することができる株式の総数のことで、定款に定めが必要である。なお、公開会社とは、発行する全部または一部の株式について譲渡制限を定めていない株式会社をいう。

Aは、会社法445条1項、Bは、会社法445条2項、Cは、会社法37条3項とそれぞれ照らし合わせる。

**ア：不適切である。** A、B、Cいずれも法令に合致していない。

**イ：不適切である。** A、Bが法令に合致していない。

**ウ：適切である。** A、B、Cいずれも法令に合致している。

**エ：不適切である。** Cが法令に合致していない。

**オ：不適切である。** B、Cが法令に合致していない。

◎参考文献

　広瀬義州著『財務会計第6版』中央経済社


**平成30年度　第5問　解答：ア**

ソフトウェアの会計処理に関する出題である。

**ア：適切である。**

**イ：不適切である。** 最初に製品化された製品マスターの完成時点までに発生した費用は、研究開発費として一般管理費に計上される。

**ウ：不適切である。** 受注制作のソフトウェアは、成果の確実性が見込まれる場合は工事進行基準を適用し、要件を満たさない場合は工事完成基準を適用する。

**エ：不適切である。** 自社利用目的の場合は定額法で償却し、市場販売目的の場合は見込販売数量（または見込販売収益）に基づく償却額と残存有効期間に基づく均等配分額とを比較し、いずれか大きい額で償却する。


**平成29年度　第7問　解答：イ**

固定資産の減損に関する出題である。

**ア：不適切である。** 日本式会計基準で戻入れを認めていない。

**イ：適切である。** 特別損失は、企業の通常の経営活動では発生しない、その期だけ例外的に発生した損失である。

**ウ：不適切である。** 減損損失を認識するかどうかの判定は、個別の資産または複数の資産からなる資産グループについて行う。

**エ：不適切である。** 回収可能価額は、正味売却価額と使用価値のいずれか高い方の金額である。


**平成23年度　第3問　解答：イ**

有形固定資産の減損損失に関する出題である。

★解答プロセス

　固定資産の減損に係る会計基準二2.(1)では、キャッシュ・フローの悪化などの、減損の兆候がある資産等についての減損損失を認識するかどうかの判定は、資産等から得られる割引前将来キャッシュ・フローの総額と帳簿価額を比較することによって行い、資産等から得られる割引前将来キャッシュ・フローの総額が帳簿価額を下回る場合には、減損損失を認識すると規定している。また、同基準二3.では、減

解説編　437

損損失を認識すると判定された資産等については、帳簿価額を回収可能価額まで減額し、当該減額分を減損損失として当期の損失とすることを規定している。

◎参考文献

『会計諸則集最新増補十一版』税務経理協会

太田達也著『減損会計実務のすべて』税務経理協会


平成**23**年度　第**4**問　**解答：ウ**

退職給付の負債計上額に関する出題である。

退職給付に係る負債は、将来の退職金などの退職給付の支払に備えて計上するもので、退職給付引当金として貸借対照表の負債の部に記載する。

★解答プロセス

退職給付に係る会計基準二1では退職給付債務に未認識過去勤務債務及び未認識数理計算上の差異を加減した額から年金資産の額を控除した額を退職給付に係る負債として計上すると規定している。これを算式で表すと次のとおりである。

退職給付に係る負債計上額＝退職給付債務±未認識過去勤務債務±未認識数理計算上の差異−年金資産の額

**ア：不適切である。**未認識過去勤務債務及び未認識数理計算上の差異が加減されていない。

**イ：不適切である。**年金資産の額が控除されていない。

**ウ：適切である。**

**エ：不適切である。**未認識過去勤務債務が加減されていない。


◎参考文献

『会計諸則集最新増補十一版』税務経理協会


平成**25**年度　第**2**問　**解答：イ**

剰余金の配当を行う際の会社法の規定による準備金の計上に関する出題である。株式会社が剰余金の配当をする場合には、その配当として分配した剰余金の額に10分の1を乗じて得た金額を資本準備金または利益準備金として積み立てなければならない（会社法第445条第4項）。ただし、当該剰余金の配当をする日における準備金の額が基準資本金額（資本金の額に4分の1を乗じて得た額）に達すれば、それ以上積み立てる必要はない（会社計算規則第22条）。本問の正解を導く考え方と計算プロセスは、以下のとおりである。

①基準資本金額（資本金の4分の1の額）を計算する。

資本金 $(15,000) \times \dfrac{1}{4} = 3,750$

②準備金（資本準備金＋利益準備金）の額を計算し、それが基準資本金額に達しているか否かを確認する。

資本準備金 $(2,200)$ ＋利益準備金 $(1,500) = 3,700 < 3,750 \cdots$ 達していない

③剰余金の積み立て不足額を計算する。

基準資本金額 $(3,750)$ －準備金の額 $(3,700) = 50$

④配当として分配した剰余金の額の10分の1の金額を計算する。

配当金 $(2,000) \times 0.1 = 200$

⑤利益準備金として積み立てる金額は、上記③または④のいずれか少ない金額となる。→ $50 < 200 \cdots$ 少ない金額は50である

◎参考文献

株主資本実務研究会編『Q＆A 株主資本の実務』新日本法規出版株式会社

## II 損益計算書の知識

**平成28年度　第2問**　解答：ウ

　売上控除に関する出題である。「財務諸表等の用語、様式及び作成方法に関する規則（第72条第1項第2号）」は、「売上値引及び戻り」を売上控除科目としている。また、「財務諸表等の用語、様式及び作成方法に関する規則の取扱いに関する留意事項について（財務諸表等規則ガイドライン）（72-1-2）」は、「売上割戻は、売上値引に準じて取扱うものとする」としている。

　一方、「財務諸表等の用語、様式及び作成方法に関する規則（第93条）」は、「売上割引」を営業外費用としている。

**ア：売上値引は、売上控除となる。**

**イ：売上戻りは、売上控除となる。**

**ウ：売上割引は、売上控除とならない。**売上割引は、営業外費用である。

**エ：売上割戻は、売上控除となる。**

◎参考文献

内閣府『財務諸表等の用語、様式及び作成方法に関する規則』

金融庁総務企画局『財務諸表等の用語、様式及び作成方法に関する規則の取扱いに関する留意事項について（財務諸表等規則ガイドライン）』

### 平成24年度　第3問　解答：ウ

　仕入割引に関する出題である。ただし、選択肢には、仕入割戻、仕入値引、仕入戻しの説明もあるため、各用語の違いを理解しておく必要がある。

　**ア：不適切である。**選択肢の説明は、仕入割戻のものである。

　**イ：不適切である。**選択肢の説明は、仕入値引のものである。

　**ウ：適切である。**仕入割引は、代金の早期支払いに対する金融上の収益であると認識するため、営業外収益に計上する。一方、仕入割戻、仕入値引、仕入戻しは、仕入勘定を減少させる会計処理を行う。

　**エ：不適切である。**選択肢の説明は、仕入戻しのものである。


### 平成30年度　第2問　解答：イ

　固定資産売却損益に関する出題である。期中に売却を行った場合、資産の価値が使用によって減少していることを考慮に入れ、売却月までの減価償却費を月割計算したうえで、売却の処理を行う。

$$減価償却費＝取得原価800,000千円÷耐用年数20年×\frac{18カ月}{12カ月}$$

$$＝60,000千円$$

　帳簿価額＝取得原価800,000千円－減価償却費60,000千円＝740,000千円

　売却価額と帳簿価額を比較すると、売却価額725,000千円＜帳簿価額740,000千円であるため、差額15,000千円は固定資産売却損となる。


## III　決算整理事項

### 平成27年度　第1問　解答：ウ

　売上原価を算出する出題である。

　売上原価＝期首商品棚卸高＋当期商品純仕入高－期末商品棚卸高

$$＝120,000円＋650,000円－130,000円$$

$$＝640,000円…①$$

　※期末商品棚卸高＝原価×期末帳簿棚卸数量

$$＝@100円×1,300個＝130,000円$$

　仕訳を行うと以下の通りとなる。

　期首商品棚卸高を繰越商品勘定より仕入勘定へ振替える。

440　第2部　テーマ別1次過去問集

（借）仕入　　　120,000円　　　（貸）繰越商品　120,000円
　期末商品棚卸高を仕入勘定より繰越商品勘定へ振替える。
　　　（借）繰越商品130,000円　　　（貸）仕入　　　　130,000円
本問では、棚卸減耗損が発生している。
　棚卸減耗損＝原価×（期末帳簿棚卸数量－期末実地棚卸数量）
　　　　　　＝100円×（1,300個－1,000個）
　　　　　　＝30,000円…②
　なお、棚卸減耗とは、期中に何らかの原因で、商品の実地棚卸数量が帳簿棚卸数量より減少していることをいう。
　仕訳を行うと以下の通りとなる。
　　棚卸減耗損を計上し、繰越商品の減算を行う。
　　　（借）棚卸減耗損　30,000円／（貸）繰越商品　　30,000円
　売上原価に算入するため、棚卸減耗損を仕入勘定に振替える。
　　　（借）仕入　　　　　30,000円／（貸）棚卸減耗損　30,000円
　売上原価①に棚卸減耗損②を加算した670,000円が本問の正解である。

| 期首商品棚卸高<br>120,000円 | 売上原価①<br>640,000円 |
| 当期商品純仕入高<br>650,000円 | 棚卸減耗損②<br>30,000円 |
| | 期末商品棚卸高<br>100,000円 |

平成23年度　第1問　　解答：イ

　残高勘定と貸借対照表の関係に関する出題である。
　残高勘定は、決算整理後の資産、負債及び純資産の各勘定科目の総勘定元帳貸借差額を集計する勘定である。借方（左側）には主に資産、貸方（右側）には主に負債及び純資産を集計し、貸借の合計額が一致しているかを確認する。なお、残高勘定を採用する決算方法を「大陸式決算法」という。
★解答プロセス
　残高勘定には決算整理後の各勘定科目の貸借差額を金額が多い方に集計するため、原則として残高勘定の借方合計が貸借対照表の資産合計に一致する。しかし、貸借対照表の表示の方法には、次の①及び②があるため、残高勘定の借方合計と貸借対照表の資産合計とは一致しないことがある。

解説編　441

①貸倒引当金、減価償却累計額（企業会計原則注解17）

　　貸倒引当金又は減価償却累計額は、その債権又は有形固定資産が属する科目ごとに控除する形式で表示することを原則とする。本問では、残高勘定の貸方に記載されている貸倒引当金と建物減価償却累計額を、貸借対照表借方の資産の部から控除する形式でマイナス表示する。

②自己株式（財務諸表等規則第66条）

　　貸借対照表の自己株式は、株主資本に対する控除項目として利益剰余金の次に自己株式の科目をもって掲記しなければならない。本問では、残高勘定の借方に記載されている自己株式を、貸借対照表貸方の純資産の部から控除する形式でマイナス表示する。

　残高勘定の借方合計額に、上記①及び②の調整をすると、資産合計の金額は60,000,000円になる。

資産合計の金額＝74,700,000円（残高勘定の借方合計額）－600,000円（貸倒引当金）
　　　　　　　　－8,100,000円（建物減価償却累計額）－6,000,000円（自己株式）
　　　　　　　　＝60,000,000円

　本問の残高勘定を基に作成した簡易な貸借対照表は、次のとおりである。

| 貸借対照表 | | | | | |
|---|---|---|---|---|---|
| 資産の部 | | | 負債の部 | | |
| Ⅰ 流動資産 | | | Ⅰ 流動負債 | | |
| 　現金預金 | | 2,400,000 | 　買掛金 | | 8,300,000 |
| 　売掛金 | 12,000,000 | | 　流動負債合計 | | 8,300,000 |
| 　貸倒引当金 | △600,000 | 11,400,000 | Ⅱ 固定負債 | | |
| 　有価証券 | | 7,000,000 | 　退職給付引当金 | | 6,700,000 |
| 　商品 | | 1,500,000 | 　固定負債合計 | | 6,700,000 |
| 　前払保険料 | | 600,000 | 　負債の部合計 | | 15,000,000 |
| 　流動資産合計 | | 22,900,000 | 純資産の部 | | |
| Ⅱ 固定資産 | | | Ⅰ 株主資本 | | |
| 　有形固定資産 | | | 　資本金 | | 40,000,000 |
| 　建物 | 36,000,000 | | 　資本剰余金 | | |
| 　建物減価償却累計額 | △8,100,000 | 27,900,000 | 　　資本準備金 | | 3,000,000 |
| 　有形固定資産合計 | | 27,900,000 | 　　資本剰余金合計 | | 3,000,000 |
| 　投資その他の資産 | | | 　利益剰余金 | | |
| 　　長期貸付金 | | 8,200,000 | 　　利益準備金 | | 2,400,000 |
| 　投資その他の資産合計 | | 8,200,000 | 　　繰越利益剰余金 | | 5,600,000 |
| 　固定資産合計 | | 36,100,000 | 　　利益剰余金合計 | | 8,000,000 |
| Ⅲ 繰延資産 | | | 　自己株式 | | △6,000,000 |
| 　株式交付費 | | 1,000,000 | 　株主資本合計 | | 45,000,000 |

| 繰延資産合計 | 1,000,000 | 純資産の部合計 | 45,000,000 |
| 資産の部合計 | 60,000,000 | 負債・純資産の部合計 | 60,000,000 |

◎参考文献

『会計諸則集最新増補十一版』税務経理協会

三枝幸文著『現代簿記会計論』税務経理協会

---

**平成23年度　第2問**　解答：エ

引当金の企業会計原則の規定に関する出題である。企業会計原則注解18では、「引当金とは将来の特定の費用又は損失であって、その発生が当期以前の事象に起因し、発生の可能性が高く、かつ、その金額を合理的に見積もることができる場合には、当期の負担に属する金額を当期の費用又は損失として引当金に繰入れ、当該引当金の残高を貸借対照表の負債の部又は資産の部に記載する」と規定されている。

つまり、①将来の特定の費用又は損失であること、②発生が当期以前の事象に起因すること、③発生の可能性が高いこと、④金額を合理的に見積もることができること、の4つが引当金計上の要件となる。

**ア：不適切である。**偶発事象に係る費用または損失であっても、引当金計上の4つの要件を満たす場合には、引当金の計上は可能である。偶発事象とは、利益又は損失の発生する可能性が確実な状況が貸借対照表日（決算日）現在に存在しており、その不確実性が将来事象の発生すること又は発生しないことによって最終的に解消されるものである。具体的には、他社に対する債務保証、係争中の事件に係る賠償義務、受取手形の割引などが該当する。

**イ：不適切である。**選択肢の内容は正しいが、将来の特定の費用についても対象になることが記述されていない。このため、選択肢エのほうがより適切である。

**ウ：不適切である。**選択肢の内容は正しいが、将来の特定の損失についても対象になることが記述されていない。このため、選択肢エのほうがより適切である。

**エ：適切である。**企業会計原則注解18の規定どおりである。

◎参考文献

『会計諸則集最新増補十一版』税務経理協会

山下寿文編著『偶発事象会計の展開』創成社

---

**平成29年度　第1問**　解答：ウ

棚卸資産の評価に関する出題である。棚卸減耗費（棚卸減耗損）と商品評価損（商品棚卸減耗損）が同時に発生する場合は、次の箱図を用いてそれぞれを求める。

---

解説編　**443**

原価
@200円

正味売却価額
@190円

**【棚卸減耗費と商品評価損の箱図】**

商品評価損
500円

棚卸減耗費
2,000円

実地棚卸数量　　帳簿棚卸数量
　50個　　　　　　60個

---

平成**22**年度　第**3**問　　解答：オ

　受取利息勘定の記入に関する出題である。期首の再振替仕訳、期末の決算整理仕訳および決算振替仕訳について正確な理解が求められる。

★解答プロセス

（1）空欄A

　空欄Aの選択肢は、前期繰越、前受利息、未収利息の3種類である。このうち、前期繰越は貸借対照表項目について記入する勘定であり、損益計算書項目である受取利息勘定には記入しないため、前受利息と未収利息が残る。

　よって、空欄Aには、前受利息又は未収利息に係る期首の再振替仕訳のいずれかが該当すると判断できる。それぞれの具体的な仕訳は、次の①および②のとおりとなる。

　①　受取利息　××　／　未収利息　××　…下記③の再振替仕訳
　②　前受利息　××　／　受取利息　××　…下記④の再振替仕訳

　空欄Aは受取利息勘定の借方に発生しているため、仕訳では①が該当する。よって、「未収利息」が適切である。

（2）空欄B、空欄C

　空欄Bの選択肢は、残高、未収利息、損益、空欄Cの選択肢は、次期繰越、未収利息、前受利息である。このうち、残高および次期繰越は貸借対照表項目について記入する勘定であり、損益計算書項目である受取利息勘定には記入しないため、空欄Bは、未収利息と損益、空欄Cは未収利息と前受利息が残る。

　よって、空欄Bには決算整理仕訳または決算振替仕訳のいずれかが該当し、空欄Cには決算整理仕訳が該当すると判断できる。

　受取利息に関する決算整理仕訳は、次の2とおりがある。

　③　未収利息　××　／　受取利息　××　…受取利息の見越し

444　第2部　テーマ別1次過去問集

④　受取利息　××　／　前受利息　××　…受取利息の繰延べ

また、決算振替仕訳については次の2とおりがある。

⑤　損益　　　××　／　受取利息　××　…受取利息の借方残高の振替

⑥　受取利息　××　／　損益　　　××　…受取利息の貸方残高の振替

　空欄Bは受取利息勘定の借方に発生しているため、仕訳では④または⑥が該当する。そのうち、選択肢の中に「損益」があるため、これが適切である。

　空欄Cは、受取利息勘定の貸方に発生しているため、仕訳では③または⑤が該当する。そのうち、選択肢の中に「未収利息」があるため、これが適切である。

　よって、空欄Aが「未収利息」、空欄Bが「損益」、空欄Cが「未収利息」となる。

---

**令和元年度　第4問　解答：イ**

　当座預金勘定と銀行発行の残高証明書の不一致に関する出題である。

　企業は、決算時や月末などに当座預金の勘定と銀行発行の残高証明書との照合を行う。その際、双方の金額が一致しない場合がある。

　企業による誤記入がないと仮定すると、残高の不一致の原因としては、①企業では勘定記入しているが、銀行では記録していない取引、②銀行では記録されているが、企業では未記入の取引、が挙げられる。

　残高証明書の金額と当座預金勘定の残高との不一致を分析するために、銀行勘定調整表を作成し、不一致の原因を分析する。銀行勘定調整表の作成方法として、①企業の当座預金勘定に残高を一致させる方法、②銀行の残高証明書の残高に一致させる方法、③企業の当座預金勘定と銀行の残高証明書の残高のそれぞれに不一致の原因となる項目を加減して、2つの金額を一致させる方法、がある。

　ここでは、当座預金勘定の残高から、銀行の残高証明書に記載されていた残高を推測する。

**【手順1】**

　決算日に現金60,000円を当座預金口座へ預け入れたが、銀行の営業時間外のため、銀行側は翌日付の入金としていた。

　銀行の残高証明書には反映されていないため、減算する。

　960,000円－60,000円＝900,000円…①

**【手順2】**

　買掛金支払いのため振り出した小切手30,000円が、先方に未渡しであった。

　先方に未渡しであったため、銀行にも呈示されていないことから、加算する。

　900,000円（①）＋30,000円＝930,000円…②

解説編　445

## 【手順3】

受取手形20,000円が取り立てられていたが、通知が未達であった。

受取手形が取り立てられ、当座預金に入金されたが、企業に入金の通知が届いていなかったため記帳ができていなかったことから、加算する。

930,000円（②）＋20,000円＝950,000円…③

銀行の残高証明書に記載されていた残高は、950,000円となる。

よって、正解はイである。

# 第3章　会計帳簿の知識

解答・解説

**平成22年度**　**第4問**　**解答：エ**

先入先出法によるA品の月間の売上原価と次月繰越高を問う出題である。

★解答プロセス

月間の売上原価＝前月繰越高＋当月仕入高－次月繰越高

次月繰越高＝次月繰越数量×単価

次月繰越数量＝前月繰越数量20＋当月仕入数量（70＋55－5）－当月払出数量（50＋40＋20）＝30個

したがって、次月繰越高＝30個×640円＝19,200円である。また、月間の売上原価＝前月繰越高12,000＋当月仕入高（42,000＋35,200－3,200）－次月繰越高19,200＝66,800円である。なお、仕入戻しとは、購入した商品を返品することをいい、仕入額から控除する。

### 【月間の売上原価の算定】

◎参考文献

『会計諸則集最新増補十版』税務経理協会

解説編　447

| 平成**24**年度 | 第**2**問 | **解答：エ** |

商品売買と補助簿に関する出題である。甲品について、補助簿から月中の取引を読み取り、また、先入先出法に基づいて月末繰越高を計算することが必要となる。

(1) 売上原価と売上総利益を計算する。

売上原価＝前月繰越高＋純仕入高－次月繰越高

売上総利益＝純売上高－売上原価

(2) 純売上高と純仕入高、および次月繰越高を計算する。

純売上高＝総売上高(22,000＋16,800)－売上値引高(800)＝38,000

純仕入高＝総仕入高(21,000＋16,000)－仕入戻し高(4,200)＝32,800

商品の評価は先入先出法によるため、先に仕入れた商品から先に売れていったとみなし、次月繰越高の商品は、仕入れた日付が新しい順に残っているとみなす。

次月繰越数量＝前月繰越数量(20)＋当月仕入数量(50－10＋40)

$\qquad$ －売上数量(40＋30)＝30

30個の次月繰越商品は、7月23日に仕入れた商品であり、単価は400円である。

次月繰越高＝400×30＝12,000

(3) 売上総利益を計算する。

売上原価＝前月繰越高(8,200)＋純仕入高(32,800)－次月繰越高(12,000)

$\qquad$ ＝29,000

売上総利益＝純売上高(38,000)－売上原価(29,000)＝9,000


| 平成**22**年度 | 第**1**問 | **解答：ウ** |

帳簿組織のうち、普通仕訳帳および特殊仕訳帳に関する出題である。特殊仕訳帳とは、頻繁に発生する特定の取引のみを記入する仕訳帳であり、現金出納帳、当座預金出納帳、仕入帳、売上帳等の補助記入帳を、仕訳帳としても機能するようにしたものである。

**a：適切である。**特殊仕訳帳を導入した場合には、特殊仕訳帳の設定されている勘定科目および特別欄（頻繁に発生する取引について相手勘定欄に設けた記入欄）の金額は、一定期間ごとに合計額を一括して総勘定元帳に転記し、諸口欄の金額は個別に転記する。

**b：不適切である。**特殊仕訳帳を導入した場合には、原則として、1つの取引は普通仕訳帳又は特殊仕訳帳のいずれかに記録されることになる。ただし、特殊仕訳帳として現金出納帳を導入している場合の、一部現金取引などの例外的なケースでは、1つの取引が普通仕訳帳と特殊仕訳帳の両方に記録されることもある。

448　第2部　テーマ別1次過去問集

**c：不適切である。**普通仕訳帳のみを仕訳帳として用いる場合には、すべての取引を個別に総勘定元帳に転記するため、一括して転記をすることはない。

**d：適切である。**普通仕訳帳のみを仕訳帳として用いる場合には、すべての取引は普通仕訳帳を経由して総勘定元帳に転記される。

よって最も適切な組み合わせはａとｄとなり、正解はウとなる。

◎参考文献

『新検定簿記講義』中央経済社

『簿記論六訂版』税務経理協会

---

平成**21**年度　第**1**問　**解答：ア**

　決算整理事項修正後の当期の純損益を求める出題である。決算整理とは、期間損益を正しくするために勘定残高を修正することである。決算整理事項修正後の当期の純損益は決算整理前損益に決算整理事項による利益の増減を加算して求めることができる。

　①〜④の決算整理事項による利益の増減を計算する。

　①利益の増加：期末たな卸高8,000－繰越商品（決算整理前たな卸高）6,000＝2,000千円分の仕入金額が修正され売上原価が減少する。売上原価＝仕入57,000＋繰越商品6,000－期末たな卸8,000＝55,000千円

　②利益の減少：決算整理後貸倒引当金設定額＝売掛金30,000×0.04＝1,200千円である。差額補充法ならば、決算整理後貸倒引当金設定額1,200－決算整理前貸倒引当金設定額1,000＝200千円なので、貸倒引当金繰入200千円を費用計上する。洗替法で貸倒引当金戻入を特別利益として処理した場合でも、当期純損益の段階では200千円の利益減少になる。

　③利益の減少：備品減価償却累計額が計上されていることから、備品残高12,000千円は取得価額である。

$$定額法による1年間の備品減価償却費＝\frac{取得価額12,000×0.9}{耐用年数6年}＝1,800千円$$

　　である。取得後4年間経過しているので、減価償却費1,800千円を費用計上する。

　④利益の増加と減少：家賃の前払い額400千円が前払家賃に計上され、その額分の支払家賃が減少する。利息の未払い額200千円が未払利息に計上され、その額分の支払利息が増加する。

　決算整理事項による利益の増減をまとめて計算する。

　2,000－200－1,800＋400－200＝200千円（利益の増加）

　決算整理前損益をまとめて計算する。

　売上68,000－仕入57,000－給料11,000－支払家賃3,000－支払利息1,000

---

第**3**章

解説

＝－4,000千円

したがって、決算整理後の当期の純損益は、－4,000＋200＝－3,800千円（当期損失）となる。

決算整理により勘定残高を修正した後に利益計算をする帳票として精算表がある。本問を精算表で示せば、次のようになる。

## 【精算表】

(単位：千円)

| 勘定科目 | 決算整理前試算表 | | 決算整理 | | 損益計算書 | | 貸借対照表 | |
|---|---|---|---|---|---|---|---|---|
| | 借方 | 貸方 | 借方 | 貸方 | 借方 | 貸方 | 借方 | 貸方 |
| 現　　　　金 | 5,000 | | | | | | 5,000 | |
| 当　座　預　金 | 15,000 | | | | | | 15,000 | |
| 売　　掛　　金 | 30,000 | | | | | | 30,000 | |
| 貸 倒 引 当 金 | | 1,000 | | 200 | | | | 1,200 |
| 繰　越　商　品 | 6,000 | | 8,000 | 6,000 | | | 8,000 | |
| 備　　　　品 | 12,000 | | | | | | 12,000 | |
| 備品減価償却累計額 | | 5,400 | | 1,800 | | | | 7,200 |
| 買　　掛　　金 | | 7,600 | | | | | | 7,600 |
| 借　　入　　金 | | 18,000 | | | | | | 18,000 |
| 資　　本　　金 | | 40,000 | | | | | | 40,000 |
| 売　　　　上 | | 68,000 | | | | 68,000 | | |
| 仕　　　　入 | 57,000 | | 6,000 | 8,000 | 55,000 | | | |
| 給　　　　料 | 11,000 | | | | 11,000 | | | |
| 支　払　家　賃 | 3,000 | | | 400 | 2,600 | | | |
| 支　払　利　息 | 1,000 | | 200 | | 1,200 | | | |
| | 140,000 | 140,000 | | | | | | |
| 貸倒引当金繰入 | | | 200 | | 200 | | | |
| 減　価　償　却　費 | | | 1,800 | | 1,800 | | | |
| 前　払　家　賃 | | | 400 | | | | 400 | |
| 未　払　利　息 | | | | 200 | | | | 200 |
| 当　期　純　損　失 | | | | | | 3,800 | 3,800 | |
| | | | 16,600 | 16,600 | 71,800 | 71,800 | 74,200 | 74,200 |

---

**平成26年度　第1問**　▶ **解答：エ**

帳簿組織のうち、単一仕訳帳制および特殊仕訳帳制に関する出題である。単一仕訳帳制とは、すべての取引を1つの仕訳帳（普通仕訳帳）に記帳して、元帳に転記する帳簿組織であり、特殊仕訳帳制とは特殊仕訳帳を使用する帳簿組織である。

**ア：不適切である。** 単一仕訳帳制においては、普通仕訳帳から総勘定元帳に個別

450　第2部　テーマ別1次過去問集

転記される。

**イ：不適切である。**単一仕訳帳制においては、普通仕訳帳から総勘定元帳に個別転記される。

**ウ：不適切である。**特殊仕訳帳は、頻繁に発生する特定の取引のみを記帳する仕訳帳であり、その他の取引は普通仕訳帳に記帳する。

**エ：適切である。**特殊仕訳帳制においては、特殊仕訳帳に設定されている勘定科目および特別欄の金額は、一定期間ごとに合計額を一括して総勘定元帳に転記する。

---

## 平成**25**年度　第**1**問

### ［設問1］　解答：ア

伝票式会計に関する出題である。

**a：適切である。**売上戻りとは、販売した商品に何らかの問題があるなどの理由で返品されることをいう。この場合、逆仕訳によって売上高を取り消すことになるため、売上伝票にマイナス金額を記入する。

**b：適切である。**伝票式会計では、伝票を発生順ないし科目別に集めて、仕訳帳や元帳の代わりとして利用する。したがって仕訳帳は利用されない。

**c：不適切である。**伝票式会計では伝票を総勘定元帳に個別転記するが、取引の多い企業では、一定期間（1日、1週間、10日間など）ごとに伝票を貸借それぞれの勘定科目別に集計して合計転記することがある。このとき、1日分の伝票を集計した仕訳集計表を仕訳日計表という。仕訳日計表には、売上伝票や仕入伝票も含め、その日に使用されたすべての勘定科目を集計する。

**d：不適切である。**補助簿とは、主要簿（仕訳帳や総勘定元帳）の記録を補足して個別的に記録する帳簿であり、現金出納帳や仕入帳などの補助記入帳と売掛金元帳や買掛金元帳などの補助元帳に分類される。いずれも重要な取引や勘定を詳細に記録するものであり、補助簿への転記は、仕訳日計表からではなく伝票から個別に行う。

よって適切な組み合わせはaとbであり、アが正解となる。

◎参考文献

『初級簿記』齋藤正章著　放送大学教育振興会

### ［設問2］　解答：ウ

伝票式会計における勘定残高計算に関する出題である。示された伝票から売掛金にかかわる取引を正しく抽出し、売掛金勘定の本日の残高を計算する。

売掛金に関する取引は、勘定科目に売掛金のあるNo.101の入金伝票、No.303

第3章 解説

451

の振替伝票が該当する。また、売上取引はすべて掛け（売掛金）で行われたとするため、No.401とNo.402の売上伝票も該当する。これらの仕訳は次のとおりである。

No.101［入金伝票］（借）現　　　金　60,000　（貸）売掛金　60,000
No.303［振替伝票］（借）受取手形　80,000　（貸）売掛金　80,000
No.401［売上伝票］（借）売　掛　金　50,000　（貸）売　上　50,000
No.402［売上伝票］（借）売　掛　金　70,000　（貸）売　上　70,000

昨日の売掛金残高に上記の本日の増減を加えて、本日の残高を計算する。

【 売掛金残高 】

（単位：円）

|  | 借方 | 貸方 |
|---|---|---|
| 昨日の売掛金残高 | 120,000 | |
| No.101　売掛金（A店）の現金入金 | | 60,000 |
| No.303　売掛金（B店）の手形受領 | | 80,000 |
| No.401　売上計上（B店） | 50,000 | |
| No.402　売上計上（C店） | 70,000 | |
| 計 | 240,000 | 140,000 |
| 本日の売掛金残高 | 100,000 | |

◎参考文献

『初級簿記』齋藤正章著　放送大学教育振興会

平成**30**年度　第**1**問　解答：イ

　振替伝票に関する出題である。貸借に複数の勘定科目が発生する、いわゆる複合仕訳を、貸借に各1つの勘定科目が発生する伝票で記帳する場合、1つの複合仕訳を複数の伝票に分割して記帳する方法がある。

〈複合仕訳〉

　本問の複合仕訳は、売上代金の一部を現金で受け取る売上取引である。

　　　（現　金）30,000／（売上）120,000
　　　（売掛金）90,000／

　本問の複合仕訳を記帳するためには、借方に（現金）30,000と（売掛金）90,000、貸方に（売上）120,000が必要である。

〈入金伝票の仕訳〉

　入金伝票は、借方の勘定科目が（現金）に特定された仕訳の伝票である。本問の

入金伝票の仕訳は、現金で売掛金の入金があった取引である。

(現金) 30,000／(売掛金) 30,000

借方に (現金) 30,000がある。貸方に (売掛金) 30,000がある。複合仕訳の記帳に必要な勘定科目と金額のうち、借方の (現金) 30,000は〈入金伝票の仕訳〉で記帳済となる。

### 〈振替伝票の仕訳〉

〈入金伝票の仕訳〉と〈振替伝票の仕訳〉とを併合して、複合仕訳の借方に (現金) 30,000と (売掛金) 90,000、貸方に (売上) 120,000とを記帳する。

(売掛金) 120,000／(売上) 120,000

〈入金伝票の仕訳〉で (売掛金) が貸方に30,000あることから、振替伝票の借方を (売掛金) 120,000とすることで、貸方に30,000あった売掛金を相殺して、さらに借方に (売掛金) 90,000が記帳済となる。入金伝票には (売上) の勘定科目がなかったため、振替伝票の貸方を (売上) 120,000とすることで、貸方に (売上) 120,000が記入済となる。

| 借方に (現金) 30,000 | 〈入金伝票の仕訳〉から記帳済 |
|---|---|
| 借方に (売掛金) 90,000 | 〈入金伝票の仕訳〉の貸方30,000<br>〈振替伝票の仕訳〉の借方120,000<br>の合計から記帳済 |
| 貸方に (売上) 120,000 | 〈振替伝票の仕訳〉から記帳済 |

解説編　**453**

| 第**4**章 | その他財務諸表に関する知識 | 解答・解説 |
|---|---|---|

## Ⅰ 株主資本等変動計算書の知識

| 平成**25**年度 | 第**3**問 | 解答：エ |
|---|---|---|

　株主資本等変動計算書に関する出題である。株主資本等変動計算書の横方向には、貸借対照表の「純資産の部」の項目を記載し、縦方向には、変動事由の項目を記載する。一般的な作成手順は以下のとおりである。

①前期末残高の各項目に前期末の純資産の部の数値を転記する。

　なお、問題用紙で「前期末残高」と記されている項目名は、古い表記である。

　試験実施時点の会社計算規則では「当期首残高」と記すことになっている。

②株主資本の各項目は、変動事由ごとに変動額を総額表示する。

③株主資本以外の各項目は、変動額を純額表示する。

④当期変動額合計を各項目について計算する。

⑤当期末残高を各項目について計算する。

　本問の株主資本等変動計算書の（　　）をすべて埋めると次のとおりである。

### 【 株主資本等変動計算書① 】

（単位：千円）

| | 株　主　資　本 | | | | | | | | | 純資産合計 |
|---|---|---|---|---|---|---|---|---|---|---|
| | | 資本剰余金 | | | 利益剰余金 | | | | 株主資本合計 | |
| | 資本金 | 資本準備金 | その他資本剰余金 | 資本剰余金合計 | 利益準備金 | その他利益剰余金 | | 利益剰余金合計 | | |
| | | | | | | 別途積立金 | 繰越利益剰余金 | | | |
| 前期末残高 | 50,000 | 5,000 | 1,000 | 6,000 | 2,500 | | 2,400 | 4,900 | 60,900 | 60,900 |
| 当期変動額 | | | | | | | | | | |
| 剰余金の配当 | | | | | 600 | | △6,600 | △6,000 | （△6,000） | （△6,000） |
| 別途積立金の積み立て | | | | | | 3,800 | △3,800 | | | |
| 当期純利益 | | | | | | | 9,600 | 9,600 | （ 9,600） | （ 9,600） |
| 当期変動額合計 | | | | | （ 600） | （ 3,800） | （ △800） | （ 3,600） | （ 3,600） | （ 3,600） |
| 当期末残高 | 50,000 | 5,000 | 1,000 | 6,000 | （ 3,100） | （ 3,800） | （ 1,600） | （ 8,500） | （ 64,500） | （ 64,500） |

### 【スピード解法】

　以下は、すべての（　　）を埋めることなく正解を導く解法である。

　本問の株主資本等変動計算書は、横方向に株主資本以外の項目がなく、純資産が株主資本のみである。また、資本金および資本剰余金には当期変動額がないため「利

益剰余金合計の当期変動額＝株主資本合計の当期変動額＝純資産合計の当期変動額」である。そこで、利益剰余金合計の当期変動額を純資産合計の当期変動額とみなし、純資産合計の前期末残高と当期変動額から当期末残高を計算する。

　　純資産合計の当期変動額　　△6,000＋9,600＝　3,600

　　純資産合計の当期末残高　　60,900＋3,600＝64,500

　なお、貸借対照表の「純資産の部」を構成する株主資本以外の項目には、評価・換算差額等および新株予約権があり、これらに当期変動額がある場合、株主資本等変動計算書に「株主資本以外の項目の当期変動額（純額）」の欄を設けて、次のように記載する。

### 【 株主資本等変動計算書② 】

| | | 株主資本 | | | | | 評価・換算差額等 | | | |
| | | 資本剰余金 | | 利益剰余金 | | 株主資本合計 | その他有価証券評価差額金 | 評価・換算差額等合計 | 新株予約権 | 純資産合計 |
| | 資本金 | | | | | | | | | |
| 前期末残高 | | | | | | | XXX | XXX | XXX | XXX |
| 当期変動額 | | | | | | | | | | |
| ⋮ | | | | | | | | | | |
| 株主資本以外の項目の当期変動額（純額） | | | | | | | XXX | XXX | XXX | XXX |
| 当期変動額合計 | | | | | | | XXX | XXX | XXX | XXX |
| 当期末残高 | | | | | | | XXX | XXX | XXX | XXX |

# II　キャッシュ・フロー計算書の知識

平成20年度　第6問

## ［設問1］　解答：ウ

　間接法によるキャッシュ・フロー計算書の穴埋めの出題である。

★解答プロセス

　本問では、営業活動によるキャッシュ・フローの金額（3,000）が与えられているので、営業活動キャッシュ・フロー計算書を下からさかのぼる方法で計算する。

　まず、営業活動によるキャッシュ・フローからさかのぼって小計までを計算する。

　小計＝営業活動によるキャッシュ・フロー＋法人税等の支払額＋利息の支払額－利息及び配当金の受取額＝3,000＋9,000＋6,200－4,700＝13,500

　本問では、貸借対照表および固定資産売却の状況は与えられていないので、空欄Aと空欄Bの合計金額を求める。

解説編　455

小計＝税引前当期純利益＋減価償却費±　Ａ　－受取利息及び受取配当金＋支払利息±　Ｂ　－売上債権の増加額＋たな卸資産の減少額－仕入債務の減少額、であることから空欄Ａと空欄Ｂの合計金額は次のように求められる。

空欄Ａと空欄Ｂの合計金額

＝小計－税引前当期純利益－減価償却費＋受取利息及び受取配当金－支払利息＋売上債権の増加額－たな卸資産の減少額＋仕入債務の減少額

＝ 13,500 － 25,000 － 8,000 ＋ 4,300 － 7,200 ＋ 10,000 － 6,000 ＋ 17,000 ＝－ 1,400 となる。よって、Ａ欄とＢ欄の合計が－ 1,400 になる組み合わせが最も適切であり、ウが正解となる。

★別解：スピード解法

空欄Ａの項目名は「貸倒引当金の増加額」なので、数値の符号はプラスになる。空欄Ｂの項目名は「有形固定資産売却益」なので、数値の符号はマイナスになる。選択肢の中で、Ａがプラス、かつＢがマイナスになるものは、ウしかない。

[ 設問２ ]　解答：ウ

直接法によるキャッシュ・フロー計算書の一部を問う出題である。営業収入は、「売上高±売上債権の増減」で計算する。売上債権の増加は、計算期間内の収入を減少させる。売上債権の減少は収入を増加させる。仕入支出は、「売上原価±たな卸資産の増減±仕入債務の増減」で計算する。たな卸資産の減少は、計算期間内の仕入れによる支出を減少させる。たな卸資産の増加は、支出を増加させる。仕入債務の減少は、計算期間内の仕入れによる支出を増加させる。仕入債務の増加は支出を減少させる。

★解答プロセス

●営業収入

売上債権の増加によりキャッシュが減少（収入が減少）している。

営業収入＝売上高－売上債権の増加額＝ 220,000 － 10,000 ＝ 210,000（千円）

●原材料又は商品の仕入れによる支出

たな卸資産の減少によりキャッシュが増加（支出が減少）している。一方で、仕入債務の減少によりキャッシュが減少（支出が増加）している。

原材料又は商品の仕入れによる支出＝売上原価－たな卸資産の減少額＋仕入債務の減少額＝ 160,000 － 6,000 ＋ 17,000 ＝ 171,000（千円）

よってウが正解となる。

| 平成**21**年度 | 第**11**問 | **解答：イ** |

売上債権からの収入と仕入債務の支出から資金収支を求める出題である。回収額よりも支払い額が多ければ、支出超過となり、資金に余裕がなくなる。支払い額よりも回収額が多ければ、回収差により資金に余裕がでる。与えられた売上高と仕入高および代金の決済条件：①および②から第1四半期と第2四半期の収入支出を表にまとめると次のようになる。

(単位：千円)

| | 第1四半期 | | 第2四半期 | |
|---|---|---|---|---|
| 売上収入 | ・現金売上分<br>・掛売上の50％分<br>・前四半期掛売上<br>　の未回収分 | 16,000<br>12,000<br><br>資料なし | ・現金売上分<br>・掛売上の50％分<br>・第1四半期掛売上<br>　の未回収分 | 12,000<br>9,000<br><br>12,000 |
| 仕入支出 | ・掛仕入の70％分<br>・前四半期掛仕入<br>　の未払い分 | 16,800<br><br>資料なし | ・掛仕入の70％分<br>・第1四半期掛仕入<br>　の未支払い分 | 28,000<br><br>7,200 |
| 収支 | — | | △2,200 | |

| 平成**22**年度 | 第**6**問 | **解答：ウ** |

キャッシュ・フロー計算書の投資活動によるキャッシュ・フローの内訳項目である有形固定資産の売却による収入を計算させる出題である。

★解答プロセス

有形固定資産の売却による収入は、一般論として「売却した有形固定資産の簿価±売却損益」で求めることができる。本問では売却益が発生しているため、有形固定資産の売却による収入は、「売却した有形固定資産の簿価＋売却益」となる。

本問では減価償却の記帳に間接法を採用し、減価償却累計額を資産の内訳項目として表示しているため、有形固定資産の期首残高および期末残高は、取得価額である。

まず、期首有形固定資産簿価と期末有形固定資産簿価の差額を求める。

　　期首有形固定資産簿価36,700－期末有形固定資産簿価33,800＝2,900千円

2,900千円だけ簿価が減少している。本問では、有形固定資産について取得および除却の存在は示されていないため、もし売却がなければ当期の減価償却費は2,900千円になっているはずである。

ここで、損益欄の減価償却費2,040円に着目する。売却した有形固定資産の残存簿価は、簿価の減少額と当期の減価償却費との差額である。

　　有形固定資産簿価の減少額2,900－当期の減価償却費2,040＝860千円

1つの式に整理すると、次のようになる。

解説編　457

有形固定資産の売却簿価
　＝期首有形固定資産簿価－当期の減価償却費－期末有形固定資産簿価
　＝36,700－2,040－33,800＝860千円
　よって「有形固定資産の売却による収入額＝有形固定資産売却簿価860＋固定資産売却益150＝1,010千円」である。

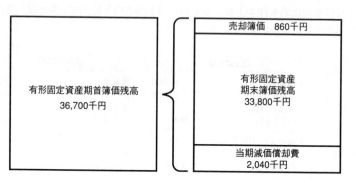

★別解法
　売却した有形固定資産の減価償却累計額を求めた後に売却した有形固定資産の残存簿価を算出し、その後に資料の各勘定科目の動きを仕訳で示し、有形固定資産の売却による収入額を算出する方法である。
　まず、売却した有形固定資産の減価償却累計額を求める。
　　売却した有形固定資産の減価償却累計額＝期首減価償却累計額12,000＋当期の減価償却費2,040－期末減価償却累計額13,200＝840千円
　次に売却した有形固定資産の残存簿価を求める。
　　売却した有形固定資産の残存簿価＝期首有形固定資産残高(取得価額)48,700－売却した有形固定資産の減価償却累計額840－期末有形固定資産残高(取得価額)47,000＝860千円
仕訳で示すと次のようになる。
①(借方)減価償却費　　　2,040　　(貸方)減価償却累計額　2,040
②(借方)減価償却累計額　　840　　(貸方)有形固定資産　　　840
③(借方)現預金　　　　　1,010　　(貸方)有形固定資産　　　860
　　　　　　　　　　　　　　　　　　　固定資産売却益　　　150
　したがって、有形固定資産の売却による収入額は、現預金の増加を示している③仕訳から、1,010千円となる。

## 【空欄補充後のキャッシュ・フロー計算書】

### キャッシュ・フロー計算書

| | |
|---|---:|
| 営業活動によるキャッシュ・フロー | |
| 　　　営業収入 | 186,600 |
| 　　　原材料または商品の仕入れによる支出 | △138,600 |
| 　　　人件費の支出 | △9,300 |
| 　　　その他営業支出 | △7,800 |
| 　　　　　　小計 | 30,900 |
| 　　　利息及び配当金の受取額 | 1,500 |
| 　　　利息の支払額 | △460 |
| 　　　法人税等の支払額 | △11,800 |
| 　　　　営業活動によるキャッシュ・フロー | 20,140 |
| 投資活動によるキャッシュ・フロー | |
| 　　　有価証券の売却による収入 | 1,850 |
| 　　　有形固定資産の売却による収入 | 1,010 |
| 　　　投資活動によるキャッシュ・フロー | 2,860 |
| （以　下　省　略） | |

---

**平成24年度　第4問　解答：イ**

キャッシュ・フロー計算書と支払利息勘定口座に関する出題である。

(1) キャッシュ・フロー計算書の中で、支払利息に関する項目に注目する

　営業活動によるキャッシュ・フローの小計の上に記載されている損益計算書上の「支払利息（1,100）」と、小計の下に記載されているキャッシュの支出額である「利息の支払額（1,000）」に差分（100）が発生していることから、前払利息の増減または未払利息の増減が存在することになる。

(2) 支払利息の勘定口座に注目する

　支払利息の勘定口座の中の空欄を、金額が確定するものから埋めていく。

　①損益には、損益計算書上の支払利息（1,100）が該当する。

　②当座預金には、キャッシュの支払額（1,000）が該当する。

　③空欄Aは、次のように計算する。

　　　貸方空欄A＝借方合計額（400＋1,000）－貸方損益（1,100）＝300

第4章

解説

解説編　**459**

支払利息

| 前払利息 | 400 | 損　　益 | 1,100 |
| 当座預金 | 1,000 | 前払利息 | 300 |
| | 1,400 | | 1,400 |

**平成24年度　第13問　解答：ウ**

　営業キャッシュ・フローに関する出題である。間接法による営業キャッシュ・フローを求める具体的な手順は次のとおりである。

　与えられたデータに基づいて簡易損益計算書を作成する。

| 売上高 | 100百万円 |
| 現金支出を伴う費用 | 50百万円 |
| 減価償却費 | 15百万円 |
| 税引前当期純利益 | 35百万円 |
| 法人税 | 14百万円（35百万円×実効税率40％＝14百万円） |
| 当期純利益 | 21百万円 |

　間接法によるキャッシュ・フロー計算書の考え方で、営業キャッシュ・フローを求める。

| 税引前当期純利益 | 35百万円 |
| 減価償却費 | 15百万円 |
| 小計 | 50百万円 |
| 法人税等の支払額 | △14百万円 |
| 営業キャッシュ・フロー | 36百万円 |

【スピード解法】

　本問は、タックス・シールド（損金算入できる費用による節税効果）を考慮して営業キャッシュ・フローを求める問題である。タックス・シールドを考慮した営業キャッシュ・フロー（営業CF）は、次の2通りの計算方法のうち、どちらを用いても求めることができる。

(1) 営業CF＝税引後利益＋減価償却費

　　営業CF＝21＋15＝36百万円

(2) 営業CF＝（売上高－現金支出費用）×（1－税率）＋減価償却費×税率

　　営業CF＝（100－50）×（1－0.4）＋15×0.4＝36百万円

460　第2部　テーマ別1次過去問集

## 平成 **25**年度 第**12**問 解答：**ア**

　現金の増加要因となりうるものに関する出題である。仕訳やキャッシュ・フロー計算書の知識を使って、現金が増減する状況を考える。

**ア：不適切である。**自己株式の取得や配当金の支払いなどの株主資本の減少は、現金の減少要因となる。

**イ：適切である。**売上債権や棚卸資産などの現金以外の流動資産の減少は、現金の増加要因となる。

**ウ：適切である。**建物や設備などの固定資産の減少は、現金の増加要因となる。

**エ：適切である。**仕入債務や借入金などの負債の増加は、現金の増加要因となる。


【スピード解法】

　貸借対照表の構造から、現金の増減要因を次のようにとらえる。

総資産＝総負債＋純資産

現金＋現金以外の資産＝総負債＋純資産

現金＝総負債＋純資産－現金以外の資産

　つまり、負債の増加、純資産の増加（株主資本の増加）、現金以外の資産の減少（現金以外の流動資産の減少、固定資産の減少）が、現金の増加要因となる。


## 平成 **30**年度 第**12**問 解答：**エ**

キャッシュ・フロー計算書に関する出題である。

**ア：不適切である。**有価証券の取得や売却、および貸し付けに関する収入や支出は、「財務活動」でなく、「投資活動」によるキャッシュ・フローの区分に表示される。

**イ：不適切である。**仕入債務の増加額は、キャッシュ・フローの増加になるため、（マイナス）を付けずに表示される。

**ウ：不適切である。**「財務活動」でなく、「営業活動」によるキャッシュ・フローの区分で表示される。

**エ：適切である。**受取利息および受取配当金は、「投資活動の成果」と考えることもできる。

| 令和**2**年度 | 第**13**問 | 解答：**ウ** |

キャッシュ・フロー計算書に関する出題である。

**ア：不適切である。** 主要な取引ごとにキャッシュ・フローを総額表示する直接法以外に、損益計算書や貸借対照表などに示された金額を使用し、現金収入または現金支払いを伴わない取引等の調整をして現金ベースに修正する間接法も認められている。

**イ：不適切である。** 受取利息及び受取配当金は、「投資活動によるキャッシュ・フロー」の区分に表示する方法もある。

**ウ：適切である。** キャッシュ・フロー計算書の現金同等物は、容易に換金可能で価値の変動について僅少なリスクしか負わない短期投資であり、満期日または償還日までの期間が３カ月以内の定期預金や、コマーシャル・ペーパー等を含むため、預金の内訳に３カ月超１年以内に満期日が到来する定期預金があるなど、貸借対照表の現金及び預金の期末残高と一致しない場合がある。

**エ：不適切である。** 法人税等の支払額は「営業活動によるキャッシュ・フロー」の区分に表示される。

# III 税務会計と税効果会計の知識

| 平成**20**年度 | 第**8**問 | 解答：**ア** |

税効果会計における繰延税金資産と繰延税金負債の計上および取崩と損益計算書に計上される法人税等調整額の関係を問う出題である。

★解答プロセス

本問の仕訳は次のようになる。

- ●繰延税金資産にかかる仕訳

当期計上　（借方）繰延税金資産　　140　　（貸方）法人税等調整額　140

当期取崩　（借方）法人税等調整額　 60　　（貸方）繰延税金資産　　 60

- ●繰延税金負債にかかる仕訳

当期計上　（借方）法人税等調整額　 50　　（貸方）繰延税金負債　　 50

当期取崩　（借方）繰延税金負債　　 90　　（貸方）法人税等調整額　 90

以上の仕訳から法人税等調整額の計算は次のようになる。

借方計上額−貸方計上額＝（60＋50）−（140＋90）＝110−230＝△120

貸方が大きいので税金費用（法人税等）を減少させる表示となる。

損益計算書（抜粋）を完成させると次のようになる。

<u>損益計算書（抜粋）</u>

（単位：千円）

⋮

| 税引前当期純利益 | 2,500 |
|---|---|
| 法人税等 | 1,120 |
| 法人税等調整額 | △120 |
| 当期純利益 | 1,500 |

よって正解はアとなる。

◎参考文献

広瀬義州著『財務会計第6版』中央経済社

---

**平成23年度　第8問　解答：ア**

税効果会計の一時差異に関する出題である。

**ア：適切である。**繰延税金資産及び繰延税金負債の計上については重要性の原則を適用し、重要性が乏しい一時差異等については、繰延税金資産及び繰延税金負債を計上しないことができる（税効果会計に係る会計基準注解4）。重要性の原則とは、金額が小さいなど重要性の乏しい項目について、本来の厳密な会計処理でなく、他の簡便な会計処理を認めるものである。（企業会計原則注解1）。

**イ：不適切である。**損金に算入されない棚卸資産等にかかる評価損等がある場合に生じるのは将来減算一時差異である。

**ウ：不適切である。**引当金の繰入限度超過額がある場合には将来減算一時差異が生じるが、本問のように連結会社相互間の債権と債務の消去により貸倒引当金を減額した場合、将来加算一時差異が生じる。

**エ：不適切である。**税効果会計における「法人税等」には法人税のほか、住民税、及び利益に関連する金額を課税標準とする事業税が含まれる（税効果会計に係る会計基準注解1）。住民税は都道府県民税、市町村民税の総称である。

◎参考文献

『会計諸則集最新増補十一版（企業会計原則注解　税効果会計に係る会計基準）』税務経理協会

---

第4章

解説

解説編　463

| 令和**元**年度 | 第**8**問 | 解答：ア |

税効果会計に関する出題である。

|  | 会計上 | 税法上 |
|---|---|---|
| 減価償却費 | 1,200千円÷4年＝300千円 | 1,200千円÷6年＝200千円 |

　会計上の減価償却費は300千円、税法上200千円となっており、300－200千円＝100千円は、税法で認められた償却額を超過しているため、損金への算入が認められない。減価償却費の損金算入限度超過額は、一時差異として税効果会計の適用対象となる。減価償却費の損金不算入額は、将来、その差異が解消するときに課税所得を減少させる効果をもつため、将来減算一時差異となる。

　100千円（将来減算一時差異）×30％（法人税等の実効税率）＝30千円
　30千円分は、法人税等の前払額に相当し、資産としての性格を有するものと考えられるため、繰延税金資産となる。
　よって、繰延税金資産30千円が計上されるため、正解はアとなる。


# IV　連結財務諸表の知識

| 平成**28**年度 | 第**3**問 | 解答：エ |

　買収する際に生じる、会計上ののれんに関する出題である。のれんに関する基本的な知識が問われている。

**ア：不適切である。**のれんは、その効果の及ぶ期間にわたり償却することとされている。「中小企業の会計に関する指針」でも、無形固定資産の減価償却方法の中で、のれんの償却が記されている。

**イ：不適切である。**のれんは、被合併会社から受け継ぐ純資産額が被合併会社に交付される金額よりも大きいときに計上される。選択肢の説明では「総資産額が」となっていることが不適切である。

**ウ：不適切である。**のれんの償却期間は、最長20年である。

**エ：適切である。**マイナスの金額ののれんは、負ののれんという。

◎参考文献

企業会計基準第21号『企業結合に関する会計基準』企業会計基準委員会

『中小企業の会計に関する指針』中小企業の会計に関する指針作成検討委員会

464　第2部　テーマ別1次過去問集

| 平成**30**年度 | 第**4**問 | 解答：エ |

　連結財務諸表の作成における、資本連結に関する出題である。資本連結は、親会社の投資と子会社の資本を相殺消去し、消去差額が生じる場合にはのれんとして計上するとともに、子会社の資本のうち親会社に帰属しない部分を非支配株主持分に振り替える手続である。

　　のれん＝親会社の投資－子会社の資本×親会社の持分比率

　　　　　＝A社投資85－B社資本（資本金40＋利益剰余金40）×80％

　　　　　＝21（百万円）

　　非支配株主持分＝子会社の資本×非支配株主の持分比率

　　　　　　　　　＝B社資本（資本金40＋利益剰余金40）×20％

　　　　　　　　　＝16（百万円）

　仕訳は次のようになる（単位：百万円）。

　　（借方）B社資本金　　　40　　（貸方）A社投資　　　　　85

　　　　　　B社利益剰余金　40　　　　　　非支配株主持分　16

　　　　　　のれん　　　　　21

| 平成**23**年度 | 第**6**問 | 解答：イ |

　連結財務諸表を作成する場合の親会社に関する出題である。

★解答プロセス

　「親会社」とは、他の会社等の財務及び営業又は事業の方針を決定する機関（株主総会その他これに準ずる機関をいう。以下「意思決定機関」という。）を支配している会社等である。意思決定機関を支配している会社等とは、次の会社等である（財務諸表等の用語、様式及び作成方法に関する規則第八条）。

　1　他の会社等（民事再生法の規定による再生手続開始の決定を受けた会社等、会社更生法の規定による更生手続開始の決定を受けた株式会社、破産法の規定による破産手続開始の決定を受けた会社等その他これらに準ずる会社等であって、かつ、有効な支配従属関係が存在しないと認められる会社等を除く）の議決権の過半数を自己の計算において所有している会社等。

　2　他の会社等の議決権の40％以上、50％以下を自己の計算において所有している会社等であって、かつ、次に掲げるいずれかの要件に該当する会社等。

　　イ　自己の計算において所有している議決権と自己と出資、人事、資金、技術、取引等において緊密な関係があることにより自己の意思と同一の内容の議決権を行使すると認められる者及び自己の意思と同一の内容の議決権を行使することに同意している者が所有している議決権とを合わせて、他の会

社等の議決権の過半数を占めていること。

ロ 役員若しくは使用人である者、又はこれらであった者で自己が他の会社等の財務及び営業又は事業の方針の決定に関して影響を与えることができる者が、当該他の会社等の取締役会その他これに準ずる機関の構成員の過半数を占めていること。

ハ 他の会社等の重要な財務及び営業又は事業の方針の決定を支配する契約等が存在すること。

ニ 他の会社等の資金調達額（貸借対照表の負債の部に計上されているものに限る。）の総額の過半について融資を行っていること（自己と出資、人事、資金、技術、取引等において緊密な関係のある者が行う融資の額を合わせて資金調達額の総額の過半となる場合を含む）。

ホ その他他の会社等の意思決定機関を支配していることが推測される事実が存在すること。

**ア：適切である。**上記2イ、ホに該当する。

**イ：不適切である。**イの場合、上記2ロ～ホのいずれにも該当しなければ、親会社ではない（上記規則第八条3）。

**ウ：適切である。**上記2イに該当する。

**エ：適切である。**上記1に該当する。

◎参考文献

『会計諸則集最新増補十一版（財務諸表等の用語、様式及び作成方法に関する規則）』税務経理協会

---

**平成24年度** **第5問**　**解答：イ**

連結財務諸表についての出題である。【資料】1.および【資料】2.から、S社の未実現利益はすべてP社との取引であることがわかる。連結会社相互間の取引によって取得したたな卸資産に含まれる未実現損益はその全額を消去しなければならないため、S社期末たな卸商品未実現利益は、連結当期純利益から控除する必要がある。

【資料】3.から、P社はS社から配当金を受け取っていることがわかる。連結会社相互間の債務（配当金）と債権（受取配当金）は相殺消去しなければならないため、S社からP社への配当金は連結当期純利益から控除する必要がある。

また、S社の株主資本のうち、P社に帰属しない部分は非支配株主持分となる。S社当期純利益のうち、非支配株主持分に帰属する部分（S社当期純利益×非支配株主の持分比率＝非支配株主利益）はP社の利益にならないため、連結当期純利益から非支配株主の持分を控除する必要がある。

**ア：不適切である。**S社期末たな卸商品未実現利益も控除する必要がある。

**イ：適切である。**

466　第2部　テーマ別1次過去問集

**ウ：不適切である。** S社期末たな卸商品未実現利益は全額控除する必要がある。また、S社からの受取配当金も控除する必要がある。

**エ：不適切である。** S社期末たな卸商品未実現利益は全額控除する必要がある。

◎参考文献

企業会計基準第22号『連結財務諸表に関する会計基準』企業会計基準委員会

---

**平成25年度　第6問　解答：イ**

買収する際に生じる、会計上ののれんに関する出題である。

【資料】により、A社の売掛金、棚卸資産、備品、負債である借入金を時価で算定すると、A社の時価貸借対照表は以下のとおりとなる。

### 時価評価貸借対照表

(単位：千円)

| 売　掛　金 | 150,000 | 借入金 | 300,000 |
|---|---|---|---|
| 棚 卸 資 産 | 450,000 | 純資産 | 520,000 |
| 備　　　品 | 220,000 | | |
| | 820,000 | | 820,000 |

時価純資産が520,000千円のA社を620,000千円で買収する際、取得の対価は時価純資産520,000千円を100,000千円上回る。よって、100,000千円の超過額をのれんとして認識する。

◎参考文献

企業会計基準第21号『企業結合に関する会計基準』企業会計基準委員会

企業会計基準適用指針第10号『企業結合会計基準及び事業分離等会計基準に関する適用指針』企業会計基準委員会

---

# Ⅴ　その他の会計に関する知識

**平成29年度　第5問　解答：ア**

企業会計原則に関する出題である。

**ア：適切である。** 一般原則のうち、継続性の原則の記述である。

**イ：不適切である。** 一般原則のうち、単一性の原則では、真実な表示をゆがめなければ、異なる形式の財務諸表を作成することを禁止していない。

**ウ：不適切である。** 費用は発生時点で認識し、収益は実現時点で認識する。

**エ：不適切である。**一般原則である保守主義の原則では、合理的な見積額の費用を計上することを認めている。

---

平成**26**年度　第**4**問　　解答：**エ**

支店独立会計制度を採用している場合の本支店会計の勘定残高を問う出題である。

決算期においては、本支店の合併財務諸表を作成しなければならないが、まず、未達事項を整理して本店の支店勘定と支店の本店勘定を一致させる必要がある。

★解答プロセス

未達事項修正仕訳を行うと次のようになる。

(1)：支店側で未達現金を計上する。

(借方) 未達現金　　　70,000　　　(貸方) 本店　　　70,000

(2)：本店側で運送費を計上する。

(借方) 運送費　　　　30,000　　　(貸方) 支店　　　30,000

(3)：本店側で売掛金の減少を計上する。

(借方) 支店　　　　　80,000　　　(貸方) 売掛金　　80,000

未達事項整理後の本店の支店勘定残高と支店の本店勘定貸方残高は一致する。本問では、未達事項整理前の本店の支店勘定残高が与えられているため、この残高に未達事項を加減算して、未達事項整理後の支店の本店勘定残高（＝本店の支店勘定残高）を求める。

本店の支店勘定残高の修正は、(2)と(3)のみである。(2)は貸方に発生しているため、未達事項整理前支店勘定残高（借方）から減算し、(3)は借方に発生しているため、未達事項整理前支店勘定残高（借方）に加算する。

よって、求める未達事項整理後の支店の本店勘定残高（＝本店の支店勘定残高）の計算は、400,000－30,000＋80,000＝450,000円である。

---

平成**22**年度　第**13**問　　解答：**ア**

ファイナンス・リースとオペレーティング・リースに関する出題である。

**ア：不適切である。**オペレーティング・リースの説明である。オペレーティング・リースでは、借手はリース期間中にリース目的物の取得価額と諸費用の全額を支払うわけではない。したがってリース料は、リース期間満了後に残るリース目的物の残存価値を控除されて算定されている。

**イ：適切である。**ファイナンス・リースは、リース会社が購入した目的物の購入代金を、借手がリース期間中にフルペイアウトで支払う取引であるため、実

---

**468**　第2部　テーマ別1次過去問集

質的な金融機能を有している。

**ウ：適切である。** ファイナンス・リースは、リース会社が目的物代金の全額をサプライヤーに支払い、その金額をリース期間中で回収するようにリース料が算定されている。そのため中途解約は禁止されている。借手は、リース目的物が不要となってもリース料を期間終了まで支払い続けるか、残リース料相当額の違約金を支払って契約解除することになる。

**エ：適切である。** ファイナンス・リースは、借手が物件を購入する代わりに、リース会社が目的物を購入することになる。借手側にとっては、一度に手持ち資金が大量に流出することを避けることができ、また資金不足を補うことができるというメリットがある。

◎参考文献

芥川基・久納幹史著『リースの知識と実務』日本実業出版社

---

### 平成**25**年度 第**13**問　解答：イ

リース取引の1形態であるファイナンス・リースに関する出題である。

ファイナンス・リースとは、中途解約の原則禁止（ノン・キャンセラブル）、およびリース料総額によるリース物件の購入価額や諸費用の全額回収（フル・ペイアウト）を要件とするリース取引である。『リース取引の会計処理及び開示に関する実務指針』によると、ノン・キャンセラブルとは、「リース期間の中途において当該契約を解除することができないこと」を指す。また、法的形式上は解約可能としても、相応の違約金を支払う必要があるとしている。一方、フル・ペイアウトとは、「契約に基づき使用する物件からもたらされる経済的利益を実質的に享受すること」、「リース物件の使用に伴って生じるコストを実質的に負担すること」を指す。つまり、当該リース物件を利用することで得られる利益のほとんどすべてを借り手が享受できる一方で、取得価額相当額、維持管理費用、陳腐化リスクのほとんどすべてを借り手が負うものとされている。

**ア：適切である。** ファイナンス・リースは、ノン・キャンセラブルを要件とする。

**イ：不適切である。** ファイナンス・リースは、フル・ペイアウトを要件とする。

**ウ：適切である。** リース物件は、借り手側の貸借対照表上で開示される。

**エ：適切である。** リース物件は、借り手において減価償却費が算定される。

◎参考文献

広瀬義州著『財務会計』中央経済社

企業会計基準第13号『リース取引に関する会計基準』企業会計基準委員会

企業会計基準適用指針第16号『リース取引に関する会計基準の適用指針』企業会計基準委員会

J-Net21『新リース会計基準によってリース取引の賃貸借処理が変わる！』中小企業基盤整備機構

令和**元**年度　第**2**問　　**解答：ア**

　圧縮記帳に関する出題である。本問の取引の仕訳は次のとおりである。

　①20X1年4月1日に補助金6,000千円を現金で受け取った。

| 現金　　6,000千円 | 国庫補助金受贈益　　6,000千円 |
|---|---|

　②20X1年10月1日に、その補助金6,000千円と自己資金16,000千円で機械装置22,000千円を購入。

| 機械装置　　22,000千円 | 現金　　22,000千円 |
|---|---|

　③その際、直接減額方式による圧縮記帳を行った。

| 固定資産圧縮損　　6,000千円 | 機械装置　　6,000千円 |
|---|---|

　④20X2年3月31日（決算日）に、減価償却を行った。

| 減価償却費　　2,000千円 | 機械装置減価償却累計額　　2,000千円 |
|---|---|

　　※減価償却費＝（22,000千円－6,000千円）÷耐用年数4年×$\dfrac{6}{12 \text{ヶ月}}$

　　　　　　　　＝2,000千円

　よって、固定資産圧縮損は6,000千円、減価償却費は2,000千円のアが正解となる。

# 第5章 原価計算の知識 　解答・解説

## I 原価計算の関連知識

### 平成29年度 第10問 　解答：ウ

原価計算基準における製造原価に関する出題である。

**ア：不適切である。** 間接労務費の内訳例は「間接作業賃金、間接工賃金、手待賃金、休業賃金、給料、従業員賞与手当、退職給付引当金繰入額、福利費（健康保険料負担金等）」のように示されている。このうち間接作業賃金とは、直接工が行った間接作業に対する賃金であり、これは直接工賃金に該当する。

**イ：不適切である。** 経費については「経費とは、材料費、労務費以外の原価要素をいい、減価償却費、たな卸減耗費および福利施設負担額、賃借料、修繕料、電力料、旅費交通費等の諸支払経費に細分する」と説明されている。よって、減価償却費は経費に含まれる。

**ウ：適切である。** 直接費と間接費については「製品との関連における分類とは、製品に対する原価発生の態様、すなわち原価の発生が一定単位の製品の生成に関して直接的に認識されるかどうかの性質上の区別による分類であり、原価要素は、この分類基準によってこれを直接費と間接費とに分類する」と説明されている。

**エ：不適切である。** 加工費については「必要ある場合には、直接労務費と製造間接費とを合わせ、又は直接材料費以外の原価要素を総括して、これを加工費として分類することができる」と説明されている。よって、直接労務費は加工費に含まれる。

◎参考文献

『原価計算基準』企業会計審議会

### 平成20年度 第10問 　解答：ア

製造原価明細書の記載内容を問う出題である。

★解答プロセス

製造原価明細書の当該部分を作成するのに必要な勘定関連図は次のとおりである。

解説編　471

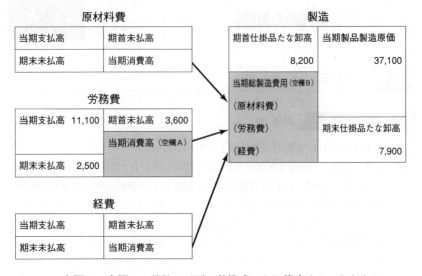

よって、空欄A、空欄Bの数値は以下の計算式により算出することとなる。

空欄A＝当期支払高＋期末未払高－期首未払高
　　　＝11,100＋2,500－3,600＝10,000

空欄B＝当期製品製造原価＋期末仕掛品たな卸高－期首仕掛品たな卸高
　　　＝37,100＋7,900－8,200＝36,800

よって正解はアとなる。

### 平成22年度　第7問　解答：イ

　原価計算制度における原価の本質を問う出題である。原価計算とは、製品やサービスを生産・販売するために要した経済価値の消費分を貨幣単位を用い、分類・測定・集計し、生産物1単位当りの原価を算出することである。

　原価計算制度とは、財務諸表の作成、原価管理、予算統制等のために必要な原価数値を計算する手続きである。企業会計原則の一環を成すものとして、「原価計算基準」(昭和37年10月8日)が企業会計審議会より公表されている。「原価計算基準」の第一章三節　原価の本質　には、次のように記述されている。

　「原価は、経営目的に関連したものである。経営の目的は、一定の財貨を生産し販売することにあり、経営過程は、このための価値の消費と生成の過程である。原価は、かかる財貨の生産、販売に関して消費された経済価値であり、経営目的に関連しない価値の消費を含まない。財務活動は、財貨の生成および消費の過程たる経営過程以外の資本の調達、返還、利益処分等の活動であり、したがってこれに関する費用たるいわゆる財務費用は、原則として原価を構成しない。」

本問の給付とは、経営が作り出す財貨であり、製品やサービスのことである。また、貨幣価値的に表したとは、具体的な会計数値で表すことである。

**ア：不適切である。** 財貨の販売が含まれていない。

**イ：適切である。** 原価計算基準における原価の本質に合致している。

**ウ：不適切である。** 財務活動は含まない。

**エ：不適切である。** 財貨の調達に関して消費された経済価値は、財務費用であれば原則として含まない。また、財貨の販売が含まれていない。

◎参考文献

企業会計審議会 原価計算基準

http://www.obenet.jp/RULES/ACRULE21.html

http://www.ipc.hokusei.ac.jp/~z00153/cost_accounting_standards.pdf

山田庫平編著『基本原価計算用語辞典』白桃書房

加登豊・山本浩二著『原価計算の知識』日経文庫

---

**平成24年度　第6問　解答：ウ**

原価計算制度についての出題である。

原価計算基準では、原価計算制度において材料費、労務費、及び経費を原価の要素としてあげている。

一方、原価計算基準では、次の項目を原価に算入しないと定めている。

(1) 経営目的に関連しない価値の減少

(2) 異常な状態を原因とする価値の減少

(3) 税法上とくに認められている損金算入項目

(4) その他の利益剰余金に課する項目

**ア：不適切である。** 支払利息等の財務費用は、経営目的に関連しない価値の減少に該当するため、原価に算入しない。一般的には営業外費用の要素となる。

**イ：不適切である。** 任意積立金繰入額は、その他の利益剰余金に課する項目に該当するため、原価に算入しない。

**ウ：適切である。** 福利施設負担額は、原価要素の中の経費に該当する。

**エ：不適切である。** 臨時多額の退職手当は、異常な状態を原因とする価値の減少に該当するため、原価に算入しない。一般的には、特別損失の要素となる。

◎参考文献

原価計算基準大蔵省企業会計審議会中間報告（昭和37年11月8日）

第5章 解説

### 平成24年度　第7問　解答：イ

　個別原価計算についての出題である。製造間接費は機械運転時間に基づいて予定配賦しているため、予定機械運転時間24,000時間に対する本年度の製造間接費予算額が48,000千円であることから、製造間接費は1時間当たり2千円となる。

　当月の売上原価を求める問題であるため、対象となる製造指図書は、備考欄に完成・引渡との記載がある#121および#122となる。

　#121の売上原価は前月繰越、直接労務費、製造間接費の合計となる。

　#121の売上原価＝5,600千円＋300千円＋2千円×100時間＝6,100千円

　#122の売上原価は直接材料費、直接労務費、製造間接費の合計となる。

　#122の売上原価＝3,200千円＋2,100千円＋2千円×900時間＝7,100千円

　当月の売上原価は#121の売上原価と#122の売上原価の合計となる。

　当月の売上原価＝6,100千円＋7,100千円＝13,200千円

### 平成25年度　第9問　解答：イ

　労務費の費目に関する出題である。参考文献にあげた試験委員の著書『管理会計』には、「労務費は、労務用役の消費から生じる原価であり、賃金、給料、従業員手当、退職給付引当金、福利費などに分類される」と記述されている。

- **a：労務費ではない。** 外注加工費は経費に該当する。
- **b：労務費である。** 雑給とは、アルバイトやパートタイマーに支払うものである。
- **c：労務費である。** 従業員賞与手当は、いわゆる賞与（ボーナス）である。
- **d：労務費ではない。** 所得税預り金は負債勘定に該当する。
- **e：労務費である。** 作業者と作業内容により、賃金は、直接工賃金、直接工間接賃金、間接工賃金のいずれかの費目に該当する。

◎参考文献

　齋藤正章著『管理会計』放送大学教育振興会

　岡本清著『原価計算』国元書房

### 平成25年度　第11問　解答：ア

　総合原価計算の月末仕掛品原価を算出する出題である。

　本問では月初仕掛品原価はないため、当月発生原価を完成品原価と月末仕掛品原価に按分する。

材料は工程の始点で投入するため、当月投入分800単位を当月完成品600単位と月末仕掛品200単位の数量に基づいて按分する。

　加工費を算出するため、まず当月加工数量を求める。数量データから、当月完成品の600単位については600単位分の加工が完了していることがわかる。月末仕掛品の200単位については加工進捗度が0.5であるため、完成品換算で「200単位×0.5＝100単位」の加工が完了していることがわかる。よって、当月加工した数量は、完成品換算で「600単位＋100単位＝700単位」となる。

　次に、原価データにある直接材料費と加工費から、それぞれの単価を算出する。算出した単価に月末仕掛品量を乗じて、月末仕掛品の原価を算出する。

①月末仕掛品材料費＝1,440千円÷800単位×200単位＝360千円
②月末仕掛品加工費＝1,400千円÷700単位×100単位＝200千円
③合計＝360千円＋200千円＝560千円

**【月末仕掛品原価】**

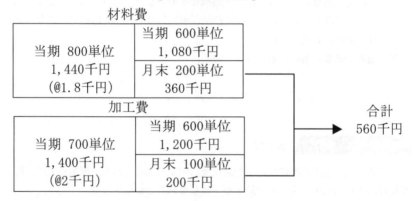

◎参考文献
齋藤正章著『管理会計』放送大学教育振興会

# Ⅲ 原価計算の種類

**平成27年度　第6問**　　解答：エ

原価計算に関する出題である。

**ア：不適切である。** 原価計算における総原価とは、製造活動にかかるコストである製造原価、販売活動にかかるコストである販売費、管理活動にかかるコストである一般管理費の合計を意味する。

**イ：不適切である。** 原価計算基準では、原価計算の目的を5つ挙げている。目的は、財務諸表を作成すること以外に、①価格計算に必要な原価資料を提供するため、②原価管理に必要な原価資料を提供するため、③予算の編成ならびに予算統制に必要な原価資料を提供するため、④経営の基本計画を設定するに当たり必要な原価資料を提供するため、がある。

**ウ：不適切である。** 原価計算には、選択肢イで示したとおり、大きく分けて主に5つの目的がある。企業の経営管理に不可欠であり、製造業だけでなくあらゆる業種に必要とされる。

**エ：適切である。** 選択肢のとおりである。

◎参考文献

岡本清著『原価計算　六訂版』国元書房

**平成30年度　第9問**　　解答：ア

製造間接費の予定配賦における配賦差異に関する出題である。配賦差異は、製造間接費の予定配賦額と実際発生額とが一致しないことから生じる。

予定配賦では、売上高予算および製造数量予算などから基準操業度（直接作業時間や機械運転時間などの配賦基準数値）を設定して、一定期間における製造間接費の発生額を見積もり、予定配賦率を算出する必要がある。

製造間接費予算における公式法変動予算では、原価を固定費と変動費に分け、予定される操業度の範囲内では、$y = a + bx$（$y$：予算額、$a$：固定費、$b$：変動費率、$x$：操業度）という一次関数の形で製造間接費を定義する方法を用いて予算を設定する。

予定配賦率と予定配賦額は、次の式で求められる。

$$予定配賦率 = \frac{一定期間における製造間接費予算}{基準操業度}$$

$$= \frac{（固定費150,000千円＋変動費率20千円／時間×基準操業度5,000時間）}{基準操業度5,000時間}$$

$$= 50千円／時間$$

予定配賦額＝予定配賦率×実際操業度
　　　　　　　＝50千円／時間×4,000時間
　　　　　　　＝200,000千円

配賦差異は、次のとおり算定できる。

　　　配賦差異＝予定配賦額－実際発生額
　　　　　　　＝200,000千円－245,000千円
　　　　　　　＝－45,000千円（不利差異）

配賦差異は、さらに予算差異と操業度差異とに分けられる。予算差異は、実際発生額が実際操業度に許容された製造間接費予算と一致しなかったことにより発生する差異である。実際発生額が予算を超過した場合には不利差異となる。一方、操業度差異は、実際操業度が基準操業度と異なったことにより発生する差異であり、実際操業度に許容された製造間接費予算と予定配賦額との差額で表される。実際操業度が基準操業度を下回った場合、設備の遊休時間が発生したことになり不利差異となる。

　　　予算差異＝実際操業度に許容された製造間接費予算－実際発生額
　　　　　　　＝（150,000千円＋20千円／時間×4,000時間）－245,000千円
　　　　　　　＝－15,000千円（不利差異）
　　　操業度差異＝予定配賦額－実際操業度に許容された製造間接費予算
　　　　　　　　＝200,000千円－（150,000千円＋20千円／時間×4,000時間）
　　　　　　　　＝－30,000千円（不利差異）

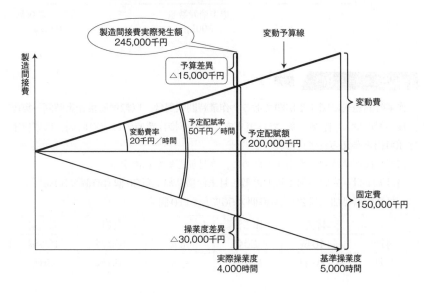

◎参考文献

岡本清著『原価計算 (六訂版)』国元書房

建部宏明他著『基本原価計算 (第五版)』同文舘出版

---

平成**28**年度　第**7**問　▶解答：**イ**

　直接材料費の差異分析に関する出題である。標準直接材料費と実際直接材料費の差異は、次の式および図の考え方で計算する。

　　　総差異＝標準直接材料費－実際直接材料費

　　　　　　＝標準価格×標準消費数量－実際価格×実際消費数量

　　　総差異＝価格差異＋数量差異

　　　価格差異＝(標準価格－実際価格)×実際消費数量

　　　数量差異＝標準価格×(標準消費数量－実際消費数量)

### 【 直接材料費の差異分析 】

実際価格
490円／kg

標準価格
500円／kg

|  | 価格差異<br>(500円／kg－490円／kg)×820kg＝8,200円　(有利差異) | |
|---|---|---|
|  | 標準直接材料費<br>500円／kg×800kg＝400,000円 | 数量差異<br>500円／kg×(800kg－820kg)<br>＝－10,000円　(不利差異) |

標準消費数量
800kg　　　　　　　　　実際消費数量
820kg

---

平成**29**年度　第**9**問　▶解答：**ア**

　作業時間差異に関する出題である。作業時間差異は、「(標準直接作業時間－実際直接作業時間)×標準賃率」で算出する。実際直接作業時間は700時間、標準賃率は300円と与えられている。

　標準直接作業時間を算出するために、当月加工量を算出する。

　当月加工量＝完成品加工量100個＋月末仕掛品加工量30個(60個×50％)

　　　　　　－月初仕掛品加工量20個(40個×50％)＝110個

|  | 材料 | 加工量 |  | 材料 | 加工量 |
|---|---|---|---|---|---|
| 月初 | 40個 | 20個 | 完成 | 100個 | 100個 |
| 当月 | 120個 | 110個 | 月末 | 60個 | 30個 |

標準直接作業時間＝110個×6時間（原価標準）＝660時間
作業時間差異＝（標準直接作業時間（660時間）－実際直接作業時間（700時間））
×標準賃率（300円）＝－12,000円（不利差異）

## 第6章 経営分析の知識 　解答・解説

## I 収益性分析

平成**22**年度　第**8**問　　**解答：エ**

　経営分析における資本利益率を求める出題である。資本利益率は、投下した資本に対する利益の割合であり、資本回転率と売上高利益率の積に分解することができる。解答にあたり、総資本回転率と経営資本回転率のどちらを選択するかということと、どの段階の利益を使用して算出するかということがポイントである。

★解答プロセス

　まず、2つの資本利益率の算式を確認する。

　総資本利益率は、総資本回転率と売上高利益率の積で求められる。

$$\text{総資本利益率} = \frac{\text{売上高}}{\text{総資本}} \times \frac{\text{利益}}{\text{売上高}} \times 100\,(\%)$$

　経営資本利益率は、経営資本回転率と売上高利益率の積で求められる。

$$\text{経営資本利益率} = \frac{\text{売上高}}{\text{経営資本}} \times \frac{\text{利益}}{\text{売上高}} \times 100\,(\%)$$

　比率の分子と分母に何を使用すべきかの基準として、中小企業庁が取りまとめている『中小企業の財務指標』がある。具体的には同書の中の比率分析指標の説明である。本問に関係するものを抜粋した。

| 比率および算定式 | 比率の意味 |
|---|---|
| **総資本回転率**<br>売上高÷総資本【回】 | 企業が経営活動に投下した総資本の回収速度を示し、総資本の運用効率を示す指標である。 |
| **総資本営業利益率**<br>営業利益÷総資本×100【％】 | 企業が総資本を使って営業活動を行った結果、どの程度営業利益を上げたかを示す指標である。 |
| **経営資本営業利益率**<br>営業利益÷（総資本−建設仮勘定−投資その他の資産−繰延資産）×100【％】 | 総資本のうち、企業が本来の目的である事業活動に使用している投下資本が、事業活動によって、どれだけ効率活用され営業利益を上げたかを示す指標である。 |
| **売上高営業利益率**<br>営業利益÷売上高×100【％】 | 当期の売上高に対して本業からの利益をどの程度生み出すことができたかを示す指標である。 |

**480**　第2部　テーマ別1次過去問集

図表の比率の意味と問題文を比較してみる。

問題文では、「事業活動に使用している投下資本に対して本業から利益をどの程度生み出すことができたのかを示す資本利益率の値」である。経営資本回転率は、『中小企業の財務指標』の中に比率としてとりあげられていない。ただし、経営資本営業利益率の比率の意味から考えると、「事業活動に使用している投下資本」とは「経営資本」であると判断すべきであり、回転率は、「経営資本回転率」であると判断すべきである。

また、「本業から利益をどの程度生み出すことができたのか」の記述から、ここでいう利益は、本業以外の損益が含まれてしまう経常利益から下の利益は含まないものと判断すべきである。よって、営業利益を指すものと考えられる。このことは、売上高営業利益率の比率の意味とも合致する。

したがって、本問の資本利益率は、経営資本営業利益率であると判断すべきである。

本問の資本利益率＝経営資本営業利益率

$$= \frac{売上高}{経営資本} \times \frac{営業利益}{売上高} \times 100(\%) = 1.4回 \times \frac{30,000}{500,000} \times 100(\%) = 8.4\%$$

◎参考文献

中小企業庁ホームページ「中小企業の財務指標」

http://www.chusho.meti.go.jp/koukai/chousa/zaimu_sihyou/download/H19zaimu_sihyou_gaiyou.pdf

# II 安全性分析

平成**20**年度 第**11**問 解答：ウ

財務分析のうち、収益性分析（総資本回転率・売上債権回転期間）と安全性分析（当座比率・固定比率）の各指標に関する出題である。

★解答プロセス

・総資本回転率（回）$= \dfrac{売上高}{総資本}$

総資本回転率とは、会社が調達・投下した資本全体が営業循環の中で、売上高として何回回収されたかを示す指標であり、投下資本をいかに効率的に利用したかを示す。前述の計算式から、指標の値が高いほど投下資本が効率的に利用されたといえるため、良好になる（記号は↑）。

・売上債権回転期間（月）＝ $\dfrac{売上債権}{売上高÷12ヵ月}$

　売上債権回転期間とは、単位期間（月単位が一般的）当たりの売上高に対して何ヵ月分の売上債権を持っているかを示す指標である。売上債権の減少が現預金による回収だとすれば、売上を計上してから現預金で回収するまでの期間を示していることになる。上記の計算式から、指標の値が低いほど資金回収が早く資本効率が高いといえるため、良好になる（記号は↓）。

・当座比率（％）＝ $\dfrac{当座資産}{流動負債} \times 100$

　[当座資産＝現金預金＋受取手形＋売掛金＋有価証券]

　当座比率とは、流動資産の中でも特に換金性が高いとみなせる資産を当座資産と呼び、当座資産と流動負債との比率により、当座の支払い能力を示す指標である。上記の計算式から、指標の値が高いほど当座の支払い能力が高く安全性が高いといえるため、良好になる（記号は↑）。

・固定比率（％）＝ $\dfrac{固定資産}{自己資本} \times 100$

　固定比率とは、固定資産と自己資本との比率により、固定資産投資の安全性を測定する指標である。上記の計算式から、指標の値が低いほど固定資産投資を自己資本でまかなえていることになるので、良好になる（記号は↓）。

　以上から、A：↓、B：↑、C：↓の組み合わせとなり、正解はウとなる。

---

**平成26年度　第10問**　　**解答：ウ**

資産を費用化した場合の財務比率への影響に関する出題である。

資産を費用化した場合、資産（総資本）と自己資本と純利益が減る。

**a：不適切である。** 自己資本と純利益とが同額だけ減るため、自己資本純利益率は下落する。

**b：適切である。** 総資本と純利益とが同額だけ減る、純利益が自己資本よりも小さい場合、総資本純利益率は下落する。

**c：適切である。** 負債が一定で自己資本が減るため、負債比率は上昇する。

**d：不適切である。** 流動資産を費用化した場合、流動資産が減ると流動比率が下落する。固定資産を費用化した場合、流動比率は不変である。

平成**23**年度　第**9**問

## ［設問1］　解答：エ

　財務分析のうち、収益性分析（売上高売上原価率・売上高営業利益率・総資本回転率）の各指標に関する出題である。収益性分析では「少ない資産で収益や利益が多い」状態を良好と考える。

　各指標の計算と良好判断は、次のとおりである。（計算は、数値が百万円単位で、小数点第3位を四捨五入している）

### 【指標の良好判断】

●売上高売上原価率 → 売上原価÷売上高 → 低い方が良好
●売上高営業利益率 → 営業利益÷売上高 → 高い方が良好
●総資本回転率　　 → 売上高　÷総資本 → 高い方が良好

★解答プロセス

●売上高売上原価率 $(\%) = \dfrac{売上原価}{売上高} \times 100$

　A社：$\dfrac{800}{1,200} \times 100\,(\%) \fallingdotseq 66.67\,(\%)$

　B社：$\dfrac{700}{1,000} \times 100\,(\%) = 70.00\,(\%)$

　⇒指標が低いA社の方が良好である。

●売上高営業利益率 $(\%) = \dfrac{営業利益}{売上高} \times 100$

　A社：$\dfrac{120}{1,200} \times 100\,(\%) = 10.00\,(\%)$

　B社：$\dfrac{110}{1,000} \times 100\,(\%) = 11.00\,(\%)$

　⇒指標が高いB社の方が良好である。

●総資本回転率 $(回) = \dfrac{売上高}{総資本}$

　A社：$\dfrac{1,200}{800}\,(回) = 1.50\,(回)$

解説編　**483**

B社：$\dfrac{1{,}000}{600}$（回）$\fallingdotseq 1.67$（回）

⇒指標が高いB社の方が良好である。

**ア：不適切である。**売上高営業利益率、総資本回転率はB社の方が良好である。

**イ：不適切である。**売上高営業利益率はB社の方が良好である。

**ウ：不適切である。**総資本回転率はB社の方が良好である。

**エ：適切である。**

**オ：不適切である。**売上高売上原価率はA社、総資本回転率はB社の方が良好である。

## ［設問2］　解答：オ

　財務分析のうち、安全性分析（流動比率・当座比率・固定比率）の各指標に関する出題である。安全性分析では「流動資産が多い」「固定資産が少ない」「負債が少ない」「純資産が多い」状態を良好と考える。

　各指標の計算と良好判断は、次のとおりである。（計算は、数値が百万円単位で、小数点第3位を四捨五入している）

### 【指標の良好判断】

- 流動比率 → 流動資産÷流動負債 → 高い方が良好
- 当座比率 → 当座資産÷流動負債 → 高い方が良好
- 固定比率 → 固定資産÷純資産　　→ 低い方が良好

★解答プロセス

- 流動比率（%）$= \dfrac{\text{流動資産}}{\text{流動負債}} \times 100$

A社：$\dfrac{500}{300} \times 100$（%）$\fallingdotseq 166.67$（%）

B社：$\dfrac{400}{150} \times 100$（%）$\fallingdotseq 266.67$（%）

⇒指標が高いB社の方が良好である。

- 当座比率（%）$= \dfrac{\text{当座資産}}{\text{流動負債}} \times 100$

A社：$\dfrac{(120+80+160+40)}{300} \times 100$（%）$\fallingdotseq 133.33$（%）

B社：$\dfrac{(50+70+80+50)}{150} \times 100\,(\%) \fallingdotseq 166.67\,(\%)$

⇒指標が高いB社の方が良好である。

●固定比率$(\%) = \dfrac{\text{固定資産}}{\text{純資産}} \times 100$

A社：$\dfrac{300}{400} \times 100\,(\%) = 75.00\,(\%)$

B社：$\dfrac{200}{300} \times 100\,(\%) = 66.67\,(\%)$

⇒指標が低いB社の方が良好である。

よって、選択肢オが適切である。

---

### 平成**25**年度　第**5**問

**［設問1］　解答：ア**

　収益性の動向に関する出題である。本設問で問われている収益性の比率には、次の関係が成り立つ。

$$\text{総資本営業利益率}\,(\%) = \dfrac{\text{営業利益}}{\text{総資本}} \times 100 = \dfrac{\text{営業利益}}{\text{売上高}} \times \dfrac{\text{売上高}}{\text{総資本}} \times 100$$

$$= \text{売上高営業利益率}\,(\%) \times \text{総資本回転率}\,(回)$$

**【 収益性の比率の計算結果 (小数点第3位を四捨五入) 】**

| | X1年度 | X2年度 | 判定 |
|---|---|---|---|
| 総資本営業利益率 (%)<br>＝営業利益÷総資本×100 | 30,000÷130,000×100<br>≒23.08% | 18,000÷120,000×100<br>＝15.00% | 悪化 |
| 売上高営業利益率 (%)<br>＝営業利益÷売上高×100 | 30,000÷180,000×100<br>≒16.67% | 18,000÷170,000×100<br>≒10.59% | 悪化 |
| 総資本回転率 (回)<br>＝売上高÷総資本×100 | 180,000÷130,000<br>≒1.38回 | 170,000÷120,000<br>≒1.42回 | 改善 |

**【スピード解法】**

●総資本営業利益率

X1年度：$\dfrac{30,000}{130,000} = \dfrac{3}{13}$

X2年度：$\dfrac{18,000}{120,000} = \dfrac{18}{120} = \dfrac{3}{20}$

解説編　485

$$\frac{3}{13} > \frac{3}{20} \quad \Rightarrow 総資本営業利益率は悪化している（分母の大小で判断する）$$

- 売上高営業利益率

$$X1年度：\frac{30,000}{180,000} = \frac{3}{18} = \frac{1}{6} = \frac{9}{54}$$

$$X2年度：\frac{18,000}{170,000} = \frac{18}{170} = \frac{9}{85}$$

$$\frac{9}{54} > \frac{9}{85} \quad \Rightarrow 売上高営業利益率は悪化している（分母の大小で判断する）。$$

総資本営業利益率と売上高営業利益率がともに悪化するのはアのみである。

[設問2] 解答：ア

安全性の動向に関する出題である。本問では、短期、長期、資本構成の安全性から、それぞれ流動比率、固定長期適合率、負債比率が問われている。

**【 安全性の比率の計算結果（小数点第3位を四捨五入） 】**

|  | X1年度 | X2年度 | 判定 |
|---|---|---|---|
| 流動比率 (%)<br>＝流動資産÷流動負債×100 | 35÷16×100<br>＝218.75% | 29÷15×100<br>≒193.33% | 悪化 |
| 固定長期適合率 (%)<br>＝固定資産÷（固定負債<br>＋自己資本）×100 | 95÷（28＋86）×100<br>≒83.33% | 91÷（20＋85）×100<br>≒86.67% | 悪化 |
| 負債比率 (%)<br>＝負債合計÷自己資本×100 | （16＋28）÷86×100<br>≒51.16% | （15＋20）÷85×100<br>≒41.18% | 改善 |

【スピード解法】

- 流動比率

$$X1年度：\frac{35,000}{16,000} = \frac{35}{16} > 2 \qquad X2年度：\frac{29,000}{15,000} = \frac{29}{15} < 2$$

⇒流動比率は悪化している（概算結果が2を超えるか否かで判断する）。

ここまででアとイに絞り込む。次に、負債比率ではアとイを区別できないため、固定長期適合率を計算してアを選ぶ。

---

**平成 29 年度　第 11 問**　解答：ア

財務比率に関する出題である。

**ア：適切である。**インタレスト・カバレッジ・レシオ＝（営業利益22,000＋金融収益ゼロ）÷支払利息4,000＝5.5回である。

486　第2部　テーマ別1次過去問集

**イ：不適切である。**固定長期適合率＝建物・備品80,000÷（資本金80,000＋利益剰余金20,000＋長期借入金60,000）＝50％である。

**ウ：不適切である。**自己資本利益率＝当期純利益9,000÷（資本金80,000＋利益剰余金20,000）＝9％である。

**エ：不適切である。**総資本営業利益率＝営業利益22,000÷資産合計200,000＝11％である。

---

**平成29年度　第12問**　解答：オ

　長期借入金で調達した資金で設備投資した場合の財務比率への影響に関する出題である。

　長期借入金で調達した資金で設備投資し、他の条件が変わらない場合、総資産と有形固定資産と固定負債が増える。

**a：不適切である。**有形固定資産が増えるため、固定比率は悪化する。

**b：適切である。**総資産が増えるため、自己資本比率は悪化する。

**c：不適切である。**当座資産も流動負債も変わらないため、当座比率は不変である。

**d：適切である。**流動資産も流動負債も変わらないため、流動比率は不変である。

---

**令和元年度　第11問**

**［設問1］　解答：ウ**

　固定比率に関する出題である。

　固定比率の式は次の通りである。

$$固定比率（\%）＝\frac{固定資産}{自己資本}×100$$

　固定資産には、建物・備品の108,000千円が入り、自己資本には、資本金50,000千円と利益剰余金40,000千円を合計した90,000千円が入る。

$$固定比率（\%）＝\frac{108,000千円}{（50,000千円＋40,000千円）}＝120\%$$

　よって、正解はウである。

**［設問2］　解答：イ**

　総資本営業利益率の変化とその要因に関する出題である。

　本問では、総資本営業利益率と売上高営業利益率と総資本回転率の計算が必要であり、それぞれの式は次の通りである。

$$総資本営業利益率 (\%) = \frac{営業利益}{総資本} \times 100$$

$$売上高営業利益率 (\%) = \frac{営業利益}{売上高} \times 100$$

$$総資本回転率 (回) = \frac{売上高}{総資本}$$

|  | 20X1年 | 20X2年 |  |
|---|---|---|---|
| 総資本営業利益率 | 10% | 10.5% | 上昇 |
| 売上高営業利益率 | 12.5% | 10% | 低下 |
| 総資本回転率 | 0.8回 | 1.05回 | 上昇 |

総資本営業利益率と総資本回転率が上昇している。

よって、正解はイである。

令和元年度　第12問　解答：ア

キャッシュ・フロー計算書および財務比率への影響に関する出題である。

● キャッシュ・フロー計算書について

有形固定資産の売却による収入は投資活動によるキャッシュ・フローを増加させる。そして、長期借入金の返済による支出は財務活動によるキャッシュ・フローを減少させる。

● 財務比率について

有形固定資産の売却と長期借入金の返済は、総資本を減少させるため、自己資本比率は上昇する。

有形固定資産を売却して得た資金の全額を長期借入金の返済にあてたため、流動資産はプラスマイナスゼロであり、流動比率も変わらない。

# Ⅲ 生産性分析と成長性分析

### 平成 **24** 年度 第 **10** 問

## [設問1] 解答：ア

付加価値労働生産性に関する出題である。

付加価値労働生産性は、労働力（従業員数）によって生み出された付加価値と考え、次のように定義する。

$$付加価値労働生産性（円／人）＝\frac{付加価値}{従業員数}$$

さらに、付加価値労働生産性は、売上高を用いて次のように分解できる。

$$付加価値労働生産性（円／人）＝\frac{付加価値}{従業員数}$$

$$＝\frac{売上高}{従業員数}×\frac{付加価値}{売上高}$$

$$＝従業員1人当たり売上高×付加価値率$$

「付加価値率に前期と当期で変化がない」という条件から、付加価値労働生産性の変化は、従業員1人当たり売上高の変化に依存することがわかる。

前期および当期の「従業員1人当たり売上高」は、それぞれ次のように計算する。

$$前期の従業員1人当たり売上高＝\frac{1,000百万円}{30人}＝33.33百万円／人$$

$$当期の従業員1人当たり売上高＝\frac{1,200百万円}{32人}＝37.50百万円／人$$

※数値については、小数点第3位を四捨五入している。

以上より、「従業員1人当たり売上高が上昇し、付加価値労働生産性が上昇した」と判断できる。

## [設問2] 解答：ウ

売上高および経常利益の成長性に関する出題である。成長性は、基準時点の値に対する、評価時点の値または変化した値の比で表す。本問では、前々期（第21期）、前期（第22期）、当期（23期）の3期分のデータを用いる。

売上高および経常利益について、成長性の評価値を「基準時点の値に対する、評価時点の値の比」にて計算すると、次のようになるため、「売上高の成長性は上昇し、経常利益の成長性は低下した」ことがわかる。

解説編　**489**

|  | 売上高の成長性 | 経常利益の成長性 |
|---|---|---|
| 前々期～前期 | 1.05倍 $\left(\dfrac{1,000百万円}{950百万円}\right)$ | 0.98倍 $\left(\dfrac{130百万円}{133百万円}\right)$ |
| 前期～当期 | 1.20倍 $\left(\dfrac{1,200百万円}{1,000百万円}\right)$ | 0.92倍 $\left(\dfrac{120百万円}{130百万円}\right)$ |

※数値については、小数点第3位を四捨五入している。

# Ⅴ　CVP分析

平成**21**年度　第**10**問

## ［設問1］　解答：エ

　費用を変動費と個別固定費と共通固定費とに分解した部門別損益計算書による部門評価に関する出題である。

　「貢献を示す利益額」とは、貢献利益のことである。

　部門別損益計算書に「限界利益」と「貢献利益」とを追加すると次のとおりである。

### 【部門別損益計算書（限界利益・貢献利益追加）】

（単位：百万円）

|  | A部門 | B部門 | C部門 | 合計 |
|---|---|---|---|---|
| 売上高 | 1,800 | 1,200 | 1,000 | 4,000 |
| 変動費 | 1,080 | 840 | 580 | 2,500 |
| 限界利益 | 720 | 360 | 420 | 1,500 |
| 個別固定費 | 240 | 220 | 100 | 560 |
| 貢献利益 | 480 | 140 | 320 | 940 |
| 共通固定費配賦額 | 280 | 240 | 120 | 640 |
| 純利益 | 200 | △100 | 200 | 300 |

　A部門の限界利益＝A部門の売上高（1,800百万円）－A部門の変動費（1,080百万円）＝720百万円

　A部門の貢献利益＝A部門の限界利益（720百万円）－A部門の個別固定費（240百万円）＝480百万円

## ［設問2］　解答：ア

　純利益がマイナスの部門を廃止した場合に、企業全体の純利益に与える影響に関する出題である。

　前記「部門別損益計算書（限界利益・貢献利益追加）」で純利益がマイナスのB部門を廃止した場合、Y社全体の損益計算書は次のとおりである。

## 【B部門を廃止した場合のY社損益計算書】

(単位：百万円)

| 売上高 | 2,800 | A部門(1,800)＋C部門(1,000)＝2,800 |
|---|---|---|
| 変動費 | 1,660 | A部門(1,080)＋C部門(580)＝1,660 |
| 限界利益 個別固定費 | 1,140 340 | A部門(720)＋C部門(420)＝1,140 A部門(240)＋C部門(100)＝340 |
| 貢献利益 共通固定費 | 800 640 | A部門(480)＋C部門(320)＝800 共通固定費配賦額合計(640) |
| 純利益 | 160 | |

共通固定費配賦額は、Y社全体の共通固定費を各部門に配賦したものである。出題に「費用の構造は一定とする」とあることから、B部門が廃止されてもされなくてもY社全体の共通固定費は一定の640百万円である。

Y社全体の純利益は、B部門廃止前(300百万円)→B部門廃止後(160百万円)である。B部門を廃止した場合のY社全体の純利益の増減額は、減少140百万円である。

誤った判断として「純利益がマイナスの部門を廃止すれば、全社利益が必ず増加する」というものがある。本設問では、純利益がマイナスだからといってB部門を廃止すると、全社利益(Y社全体の純利益)が減少する。

他部門の収益費用が一定の場合、本設問におけるB部門のように貢献利益がプラスの部門を廃止すると、全社利益は減少する。なぜこのようなことが起きるかというと、全社利益は、貢献利益が共通固定費を上回ることで創出されるからである。

★スピード解法

貢献利益とは、全社利益の増加に貢献する利益のことである。つまり、貢献利益が増減すれば、全社利益は同額だけ増減する。よって、B部門を廃止すればB部門で発生していた貢献利益140百万円を失うので、全社利益(Y社全体の純利益)は140百万円減少する。貢献利益の意味を理解している受験生ならば、設問1と設問2は本質的に同じ内容だということが分かるので、スピード解法ができたはずである。

◎参考文献

辻正雄　大塚宗春　共著『管理会計の基礎』税務経理協会

---

平成**24**年度　第**9**問　解答：**エ**

貢献利益の定義に関する出題である。貢献利益は、各事業部に共通的に発生する固定費(共通固定費)を回収し、さらに利益を獲得することに貢献する度合いを示

す事業部固有の利益額である。貢献利益は、「売上高－変動費－個別固定費」と定義することが望ましい。

固定費のすべてが共通固定費であり、個別固定費がないならば、「売上高－変動費」すなわち限界利益が貢献利益になるため、限界利益のことを貢献利益と呼ぶこともある。ただし、個別固定費の存在を考慮して「売上高－変動費－個別固定費」と定義したほうが、より詳細かつ実務的であるため望ましい。

また、個別固定費を各事業部における管理可能性に基づいて、さらに分けて考える場合は、「管理可能固定費」と「管理不能固定費」に分類する。

**ア：不適切である。**売上総利益の定義である。

**イ：不適切である。**限界利益の定義である。限界利益のことを貢献利益であると認識することもできるが、貢献利益の定義としては、選択肢エのほうがより適切である。

**ウ：不適切である。**限界利益から、個別固定費の内訳である管理可能固定費のみしか差引いていないため、貢献利益の定義ではない。

**エ：適切である。**貢献利益の定義である。

---

### 平成**26**年度　第**7**問　解答：ウ

目標営業利益を達成するときの総資本営業利益率を問う出題である。

★解答プロセス

まず、目標営業利益達成売上高を求めるために、目標営業利益、変動費率、固定費を確認する。

目標営業利益＝600,000円

$$変動費率＝\frac{変動費}{売上高}$$

$$＝\frac{2,500,000}{5,000,000}＝0.5$$

固定費＝2,400,000円

以上から、目標営業利益を達成するための売上高を算出する。

$$目標営業利益達成売上高＝\frac{固定費＋目標営業利益}{1－変動費率}$$

$$＝\frac{2,400,000＋600,000}{1－0.5}$$

$$＝6,000,000円$$

次に、目標営業利益達成時の総資本営業利益率を算出するために、総資本の増加額を算出する。

492　第2部　テーマ別1次過去問集

$$総資本の増加額 = (目標営業利益達成売上高 - 今年度の実績売上高) \times 10\%$$
$$= (6{,}000{,}000 - 5{,}000{,}000) \times 10\%$$
$$= 100{,}000\,円$$

以上から、目標営業利益達成時の総資本営業利益率を算出する。

$$目標営業利益達成時の総資本営業利益率 = \frac{目標営業利益}{今年度の実績総資本 + 総資本の増加額}$$

$$= \frac{600{,}000}{2{,}400{,}000 + 100{,}000}$$

$$= \frac{600{,}000}{2{,}500{,}000}$$

$$= 24.0\%$$

## 平成27年度 第10問

### ［設問1］ 解答：エ

損益分岐点売上高に関する出題である。

損益分岐点売上高は、次の公式により固定費を限界利益率で除して求められる。

$$損益分岐点売上高 = \frac{固定費}{1 - 変動費率} = \frac{固定費}{限界利益率}$$

今期の限界利益率は、次のように計算できる。

$$今期の限界利益率 = 1 - 変動費率 = 1 - \frac{15{,}400\,千円}{28{,}000\,千円} \times 100 = 45\%$$

限界利益率を損益分岐点売上高の公式に代入する。

$$今期の損益分岐点売上高 = \frac{9{,}000\,千円}{0.45} = 20{,}000\,千円$$

### ［設問2］ 解答：エ

損益分岐点分析による収益性の変化に関する出題である。損益分岐点比率は、売上高に対する損益分岐点売上高の比率であるため、低いほど収益性が高く、余裕のある状態であると言える。

まず、与えられた損益計算書から、前期の損益分岐点売上高を求める。

$$前期の限界利益率 = 1 - 変動費率 = 1 - \frac{14{,}400\,千円}{24{,}000\,千円} \times 100 = 40\%$$

$$前期の損益分岐点売上高 = \frac{7{,}200\,千円}{0.4} = 18{,}000\,千円$$

次に、2期分の損益分岐点比率を計算する。

$$前期の損益分岐点比率 = \frac{18,000 千円}{24,000 千円} \times 100 = 75\%$$

$$今期の損益分岐点比率 = \frac{20,000 千円}{28,000 千円} \times 100 \fallingdotseq 71.4\%$$

　今期の損益分岐点比率は改善している（75％→71.4％）。これに対して、変動費率は低下しており（限界利益率40％→限界利益率45％であることから、変動費率60％→変動費率55％）、固定費は増加している（21,600千円→24,400千円）。

　以上から、損益分岐点比率の改善は、変動費率の低下要因による影響が、固定費の増加要因による影響を上回っていることでもたらされていることがわかる。

### 平成23年度　第11問　解答：ウ

　損益分岐点分析の変動費率の計算に関する出題である。

★解答プロセス

　売上高営業利益率が10％、営業利益が1,600万円なので、売上高は16,000万円（1,600万円÷10％）である。

　売上高＝（固定費＋営業利益）÷（1－変動費率）　であるため数値を代入すると、

　16,000万円＝（固定費＋1,600万円）÷（1－変動費率）……①

　損益分岐点比率は売上高に対する損益分岐点売上高の比率である。売上高が16,000万円なので損益分岐点売上高は12,000万円（16,000万円×75％）となる。

　損益分岐点売上高＝固定費÷（1－変動費率）　であるため数値を代入すると、

　12,000万円＝固定費÷（1－変動費率）……②

　上記②を変形し、（1－変動費率）＝Aとすると

　固定費＝12,000万円×Aとなる。これを上記①に代入すると

　16,000万円＝（12,000万円×A＋1,600万円）÷A

　16,000万円×A＝12,000万円×A＋1,600万円

　（16,000万円－12,000万円）×A＝1,600万円

　4,000万円×A＝1,600万円

　A＝40％→（1－変動費率）＝40％→変動費率＝60％

### 平成24年度　第11問　解答：ア

　損益分岐点分析に関する出題である。損益分岐点分析では、売上高、変動費、固定費、利益の関係を次の式で表すことができる。

　　売上高＝変動費＋固定費＋利益

　解答するにあたり、損益分岐点図表も利用するとわかりやすい。

494　第2部　テーマ別1次過去問集

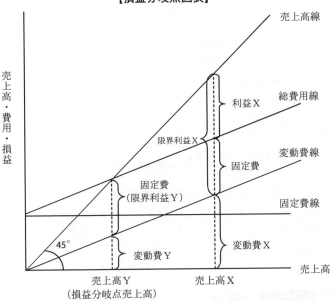

(1) 売上高・費用・損益の関係から、以下が成り立つ。

売上高X＝変動費X＋固定費＋利益X

利益X＝売上高X－変動費X－固定費

利益X＝限界利益X－固定費……式①

売上高Yは損益分岐点売上高であり、売上高と総費用が均衡する点、すなわち利益が0となる売上高である。したがって、次の関係が成り立つ。

売上高Y＝変動費Y＋固定費

固定費＝売上高Y－変動費Y

固定費＝限界利益Y……式②

式①に式②を代入する。

利益X＝限界利益X－限界利益Y……式③

式③から、利益（利益X）は売上高に対する限界利益（売上高Xに対する限界利益X）と損益分岐点売上高に対する限界利益（売上高Yに対する限界利益Y）との差として求められる。

（2）限界利益と売上高の関係から、以下が成り立つ。

$$限界利益率＝\frac{限界利益X}{売上高X}＝\frac{限界利益Y}{売上高Y}\cdots\cdots式④$$

また、式③は次のように変形できる。

　　利益X＝限界利益X－限界利益Y……式③

　　利益X＝限界利益率×売上高X－限界利益率×売上高Y

変形した式の限界利益率に、式④を代入する。

$$利益X＝\frac{限界利益X}{売上高X}×売上高X－\frac{限界利益X}{売上高X}×売上高Y$$

$$利益X＝\frac{売上高X－売上高Y}{売上高X}×限界利益X$$

両辺を売上高Xで除すと、次の関係が成り立つ。

$$\frac{利益X}{売上高X}＝\frac{売上高X－売上高Y}{売上高X}×\frac{限界利益X}{売上高X}$$

　　売上利益率＝安全余裕率×限界利益率

---

**平成25年度　第7問　　解答：イ**

損益計算上の利益が増加することに関する出題である。

限界利益は、売上高から変動費を減じたものであるため、操業度の増減や、製品1単位当たり販売価格または生産コスト（製品1単位当たり変動費）の増減に伴い変化する。限界利益がゼロ以下になると、企業は固定費の回収ができなくなるため、限界利益がゼロ以下では操業を続ける意味がない。よって、限界利益は正の値をとるものとして、各選択肢を説明する。

　a：**適切である。**生産コストが低減し、その他の条件が不変であるならば、限界利益が増加する。固定費は不変なため、限界利益の増加分だけ利益は増加する。

　b：**不適切である。**生産量が減少し、その他の条件が不変であるならば、限界利益が減少する。固定費は不変なため、限界利益の減少分だけ利益は減少する。

　c：**適切である。**生産量が増加し、その他の条件に変化がないとすると、限界利益が増加する。固定費は不変なため、限界利益の増加分だけ利益は増加する。

　d：**不適切である。**販売量が減少し、その他の条件に変化がないとすると、限界利益が減少する。固定費は不変なため、限界利益の減少分だけ利益は減少する。

◎参考文献

『管理会計』齋藤正章著　放送大学教育振興会

**496**　第2部　テーマ別1次過去問集

| 平成**25**年度 | 第**8**問 | 解答：ア |

　安全余裕率に関する出題である。安全余裕率とは、CVP分析において、現在また
は予想の売上高が損益分岐点売上高をどれくらい上回っているかを示す比率である。

　安全余裕率は、次の式で求めることができる。

$$安全余裕率（\%）= \frac{売上高 - 損益分岐点売上高}{売上高} \times 100 \cdots\cdots ①$$

損益分岐点売上高は、次の式で求めることができる。

$$損益分岐点売上高 = \frac{固定費}{1 - 変動費率} = \frac{固定費}{限界利益率} \cdots\cdots ②$$

　本設問の一般管理費はすべて固定費であると問題文に記述があるため、費用は変
動費と固定費に分類できる。本問で与えられた数値を売上高、変動費、固定費、営
業利益としてまとめたCVP分析による損益計算書は、次のとおりである。

### 【 CVP分析による損益計算書 】

（単位：千円）

| 売上高 | 20,000 |
|---|---|
| 変動製造費用 | 5,000 |
| 変動販売費 | 3,000 |
| **変動費計** | **8,000** |
| 変動費率 | 0.4 |
| 限界利益 | 12,000 |
| 限界利益率 | 0.6 |
| 固定製造費用 | 9,000 |
| 固定販売費 | 800 |
| 一般管理費 | 1,000 |
| **固定費計** | **10,800** |
| **営業利益** | **1,200** |

これらの数値を②式と①式の順に代入して計算する。

$$損益分岐点売上高 = \frac{固定費}{限界利益率} = \frac{10,800}{0.6} = 18,000 千円$$

$$安全余裕率（\%）= \frac{売上高 - 損益分岐点売上高}{売上高} \times 100$$

$$= \frac{20,000 - 18,000}{20,000} \times 100 = 10.0\%$$

解説編　**497**

【スピード解法】
　固定費と利益が明らかなとき、安全余裕率は次の式で求めることができる。

$$安全余裕率（\%）= \frac{利益}{固定費＋利益} \times 100$$

$$= \frac{利益}{限界利益} \times 100$$

$$= \frac{1,200}{10,800＋1,200} \times 100 = 10.0\%$$

本問では問われていないが、損益分岐点比率は次の式で求めることができる。

$$損益分岐点比率（\%）= \frac{固定費}{固定費＋利益} \times 100$$

| 第**7**章 | 利益管理と資金管理の知識 | 解答・解説 |
|---|---|---|

## Ⅰ 利益管理

### 平成**22**年度 第**10**問 　解答：イ

　利益を最大にするためのプロダクトミックスに関する出題である。プロダクトミックスでは、制約条件の下で、目標とする利益が最大になるように販売数量を決める。そこで、最初に製品の単位当たり限界利益を計算する。

　　製品Xの限界利益：価格（600円）－単位当たり変動費（360円）＝240円

　　製品Yの限界利益：価格（1,000円）－単位当たり変動費（700円）＝300円

　本問では製品Yの限界利益が製品Xよりも大きい。したがって問題の図表から、製品Yの最大販売数である3,000、その際の製品Xの最大販売数である1,500の組み合わせを選べばよいことになる。

### 平成**27**年度 第**8**問 　解答：イ

　売上高差異分析に関する出題である。

　数量差異（1,000万円の不利差異）と価格差異（110万円の不利差異）は、次の箱図を用いて求められる。

**【数量差異と価格差異の箱図】**

| | | |
|---|---|---|
| 実際販売価格<br>99,000円 | 価格差異（－110万円）<br>予算販売価格と実際販売価格の差（1,000円）<br>×実際販売量（1,100個）＝110万円（不利差異） | |
| 予算販売価格<br>100,000円 | 予算売上高<br>（12,000万円） | 数量差異（－1,000万円）<br>予算販売量と実際販売量の差<br>（100個）×予算販売価格（10万円）<br>＝1,000万円（不利差異） |
| | 予算販売量<br>1,200個 | 実際販売量<br>1,100個 |

第**7**章 解説

解説編　**499**

### 平成23年度 第12問　解答：ア

売上高の予算・実績差異における価格差異に関する出題である。

★解答プロセス

空欄A、Bでは、有利差異のとき、（ A － B ）の計算結果がプラスの値になり、不利差異のとき、（ A － B ）の計算結果がマイナスになる組み合わせを考える。空欄Aを実際価格、空欄Bを予算価格とすれば、実際価格が予定価格よりも大きいときに計算結果がプラスの有利差異になる。

価格差異は、（実際価格と予算価格との差）×実際販売量で評価するため、空欄Cには実際販売量が当てはまる。

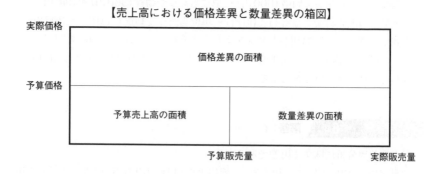

【売上高における価格差異と数量差異の箱図】

### 平成24年度 第8問　解答：ア

売上総利益の増減分析に関する出題である。「単位当たり利益の変化による売上総利益の増減額」とは、売上高差異分析における価格差異と費用差異分析による価格差異の合計である。その合計は、単位当たり売上総利益を原因とする差異であるため、以降では求める数値を「単位当たり売上総利益差異」と呼ぶことにする。単位当たり売上総利益差異は、前期と当期の単位当たり売上総利益の差に当期販売数量を乗じて計算できる。

単位当たり売上総利益差異
　＝前期と当期の単位当たり売上総利益の差×当期販売数量
　＝｛当期の単位当たり売上総利益（800円－490円＝310円）
　　－前期の単位当たり売上総利益（820円－500円＝320円）｝
　　×当期販売数量（400kg）＝－4,000円

また、販売数量の変化による売上総利益の増減額（数量差異）は、前期と当期の

販売数量の差に前期の単位当たり売上総利益を乗じて計算できる。
　数量差異
　　＝前期と当期の販売数量の差×前期の単位当たり売上総利益
　　＝前期と当期の販売数量の差（400kg － 380kg ＝ 20kg）
　　　×前期の単位当たり売上総利益（320円）＝ 6,400円
売上総利益の増減分析の内容を図示すると、次のようになる。

## II　資金管理

### 平成23年度　第13問　解答：ウ

　正味運転資本の増加要因に関する出題である。正味運転資本とは、企業が事業（仕入から販売までの営業活動）を続けるために必要な資金のことである。正味運転資本が増加するとキャッシュ・フローはマイナスとなり、減少するとキャッシュ・フローはプラスとなる。
★解答プロセス
　正味運転資本は流動資産と流動負債の差額、または固定負債と純資産（自己資本）の合計と固定資産の差額と定義される。

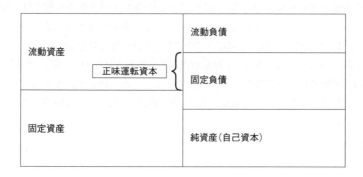

正味運転資本＝流動資産－流動負債＝固定負債＋純資産（自己資本）－固定資産

　定義から正味運転資本の増減と資産・負債・純資産（自己資本）の増減との関係は次のようになる。

**【正味運転資本の増減と資産・負債・純資産（自己資本）の増減】**

- ●正味運転資本の増加 → 流動資産の増加
  - → 流動負債の減少
  - → 固定負債の増加
  - → 純資産（自己資本）の増加
  - → 固定資産の減少
- ●正味運転資本の減少 → 流動資産の減少
  - →流動負債の増加
  - → 固定負債の減少
  - → 純資産（自己資本）の減少
  - → 固定資産の増加

- a．固定資産の増加は、正味運転資本の減少要因である。
- b．固定負債の増加は、正味運転資本の増加要因である。
- c．純資産（自己資本）の減少は、正味運転資本の減少要因である。
- d．流動資産の減少は、正味運転資本の減少要因である。
- e．流動負債の減少は、正味運転資本の増加要因である。

---

平成**24**年度　第**12**問　**解答：ウ**

　資金繰り表に関する出題である。資金繰り表は、一定期間における資金の収入と支出を一定区分と科目を用いて分類および集計することで、資金の繰越、調達、過不足の状況を表したものである。なお、資金繰り表における資金の概念は、現金・預金である。資金繰り表を作成することで、現在の資金で将来の支払いができるかどうか、支払いできない場合、調達をどうするかといった対策を講じることができる。

　資金収支の科目は大別すると、経常収支と経常外収支に区分できる。経常収支は、本来の営業取引によって生じた資金収支である。一方、経常外収支は、本来の営業取引以外によって生じた資金収支であり、財務関係の収支とその他の収支に分けることができる。

**【資金収支の分類】**

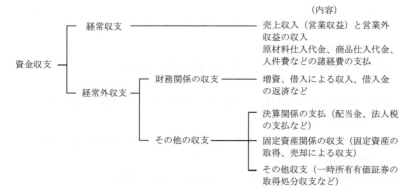

出典:細野康弘著 『資金繰りの手ほどき』 日本経済新聞社 を一部修正

a：**不適切である。**満期日に入金された受取手形による資金の増加は、売上収入（営業収益）であるため、経常収支に該当する。

b：**不適切である。**現金売上による資金の増加は、売上収入（営業収益）であるため、経常収支に該当する。

c：**不適切である。**期日に決済された支払手形による資金の減少は、原材料仕入代金や商品仕入代金の支払であるため、経常収支に該当する。

d：**適切である。**設備投資による資金の減少は、固定資産などの取得による一時的な支出であるため、経常外収支に該当する。

e：**適切である。**手形割引は、手形を担保に現金を借入れたと認識できるため、経常外収支に該当する。

f：**不適切である。**未払金の発生原因には、本来の営業取引によるものと、本来の営業取引以外によるものとがある。このうち、本来の営業取引によるものは経常収支に該当する。本来の営業取引による未払債務のうち、買掛金では処理せず、未払金で処理することがある項目には、水道光熱費、外注加工費、広告料、販売手数料、売上割戻金などがある。

◎参考文献

細野康弘著『資金繰りの手ほどき』日本経済新聞社

**平成24年度　第14問　解答：ア**

正味運転資本に関する出題である。

正味運転資本の増減は、当期の正味運転資本から前期の正味運転資本を減じて計算する。

前期流動資産＝現金32百万円＋受取手形20百万円＋たな卸資産30百万円
　　＝82百万円

前期流動負債＝買掛金5百万円＋支払手形10百万円＋未払税金50百万円
　　＝65百万円

前期正味運転資本＝82百万円－65百万円＝17百万円


当期流動資産＝現金5百万円＋受取手形30百万円＋たな卸資産40百万円
　　＝75百万円

当期流動負債＝買掛金20百万円＋支払手形8百万円＋未払税金60百万円
　　＝88百万円

当期正味運転資本＝75百万円－88百万円＝－13百万円


当期正味運転資本 - 前期正味運転資本＝－13百万円－17百万円
　　＝－30百万円


◎参考文献

現代財務管理論研究会著『テキスト　財務管理論』中央経済社

<table>
<tr><td>第**8**章</td><td>投資の意思決定の知識</td><td>解答・解説</td></tr>
</table>

## I ファイナンスの基礎

平成**20**年度 第**14**問 **解答：ウ**

負債の資本コストを問う出題である。

★解答プロセス

まず、満期に返済すべき元利合計Qを算出する計算式を組み立て、次に資本コストrを算出する計算式へと変形する。

単利方式：$Q = (1 + r \times N) \times P \quad \rightarrow \quad r = \dfrac{Q - P}{P \times N}$

1年複利方式：$Q = (1 + r)^{N} \times P \quad \rightarrow \quad r = \sqrt[N]{\dfrac{Q}{P}} - 1$

そのため、aは誤りであり、bは正しい。

また、上記の計算式によれば、P、Qが各々同じ値で、N＞1のとき、単利方式に比べ1年複利方式のrの値は小さくなる。元本の金額・借入期間・資本コストが同じ借入金の場合、1年複利方式に比べ単利方式は孫利息がつかない分だけ支払利息が少額ですむ。逆に考えれば、同じ元本をN年後に同じ元利合計にするために必要な資本コストは、1年複利方式に比べて単利方式が高くなる。

そのため、cが正しく、dは誤りである。

よって、最も適切なものの組み合わせは「bとc」となり、正解はウとなる。

平成**27**年度 第**15**問

貸付金の現在価値の計算に関する出題である。問題文に毎年6万円（定額）の利息が支払われる旨の記載があるため、当該貸付金は単利計算を採用していると判断できる。

**［設問1］ 解答：ウ**

将来価値の合計を算出し、設問文に記載されている割引率（6%）を用いて割引計算を行い、現在価値を算出する。

将来価値の合計＝将来の利息の金額×年数＋将来の返済額

＝6×4＋100

＝24＋100＝124万円

解説編　**505**

単利の場合における現在価値算出のための算式は、次のとおりである。なお、将来価値をFV、現在価値をPV、割引率をr、経過年数をNとする。

$FV = (1 + r \times N) \times PV$

$PV = FV \div (1 + r \times N)$

$\quad = 124 \div (1 + 0.06 \times 4)$

$\quad = 124 \div 1.24 = 100 万円$

### ［設問2］　解答：イ

貸付先の財政状態が悪化し、元本の一部が回収不能となる可能性が高まっている場合における、現在価値の変化に関する出題である。

現在価値は、将来の予測にもとづいて求めるため、リスク（広義のリスク＝不確実性）の存在を考慮する必要がある。投資家は一般的にリスクを嫌うため、次のような考え方で投資プロジェクトの評価をすることになる。

①リスクが小さい→期待収益率を低く見込む→現在価値は大きい

②リスクが大きい→期待収益率を高く見込む→現在価値は小さい

本問では、元本の一部が回収不能となる可能性が高まっていることが確認されており、リスクが高まっている。そのため、割引率が高くなり、結果として現在価値は小さくなる。

**ア：不適切である。**現在価値は小さくなる。

**イ：適切である。**

**ウ：不適切である。**割引率は高くなり、現在価値は小さくなる。

**エ：不適切である。**割引率は高くなる。

## II 意思決定

平成**25**年度 第**16**問　　**解答：エ**

問題文の原価の定義を表す原価の名称を選択肢の中から選択する出題である。問題文に記述のある「代替案の選択によって金額に差異が生じないコストであり、将来の意思決定に無関連な原価」は、意思決定の立場では意識する必要がなく、埋没していると認識できるため、「埋没原価」という。

なお、原価の種類の詳細な解説は省略するが、代替案の選択によって差異が生じる原価を総称して「差額原価」と呼ぶ。「差額原価」は将来の意思決定に関連する原価という観点から「関連原価」とも呼ぶ。一方、将来の意思決定に無関連な原価を「無関連原価」と呼ぶ。

506　第2部　テーマ別1次過去問集

**ア：不適切である。** 機会原価は、独立した複数の投資案の選択権があるとき、特定の投資案を選択したことにより、選択しなかった投資案から得られたであろう利益のうちで最大の利益である。他の投資案を選択しないことにより利益を得る機会も喪失するため、機会原価と呼ぶ。機会原価は、代替案の選択によって金額に差異が生じるコストであるため、関連原価である。

**イ：不適切である。** 限界原価とは、売上高の変動により変化する原価のことであり、変動費がこれにあたる。限界原価は、代替案の選択によって差異が生じるコストであるため、関連原価である。

**ウ：不適切である。** 裁量可能原価とは、経営者や管理者の裁量により原価の発生をコントロールできる原価のことである。管理可能原価、管理可能費とも呼ぶ。裁量可能原価は、代替案の選択によって金額に差異が生じるコストであるため、関連原価である。

**エ：適切である。**

◎参考文献

齋藤正章著『管理会計』放送大学教育振興会

大塚宗春著『意思決定会計講義ノート』税務経理協会

---

平成**26**年度 第**12**問 **解答：イ**

差額原価収益分析に関する出題である。本問では、増産した場合と増産しない場合との差額から、増産した場合の利益を算出する。

差額原価収益は次のとおりである。

| 差額収益 | 2,400,000円 | 2,000円×1,200個＝2,400,000円 |
|---|---|---|
| 差額変動原価 | 1,800,000円 | 1,500円×1,200個＝1,800,000円 |
| 差額固定原価 | 270,000円 | ● 月間メンテナンス費用＝120,000円<br>● 減価償却費以外の固定費＝250,000円×60%<br>　　　　　　　　　　　　　　＝150,000円 |

月間減価償却費は増産前から発生している原価であるため、本問の差額原価収益分析では無関連原価とする。

増産によって得られる追加的な利益

＝差額収益2,400,000円－差額変動原価1,800,000円－差額固定原価270,000
＝330,000円

---

令和**元**年度 第**10**問 **解答：ウ**

差額原価収益分析に関する出題である。部品Ⅹについて、自製の場合と購入の場

合を比較して、差額利益を計算し、どちらがどれだけ有利であるかを求める。

【自製の場合】
　部品Ｘの製造原価のうち、変動費と部品Ｘの製造に必要な特殊機械の賃借料900千円をたす。差額原価収益法では、同じ部分を考慮する必要はなく、異なる部分に注目して判断をすればよいとされているため、固定費については考えなくてよい。
　4,500千円＋900千円（特殊機械の賃借料）＝5,400千円

【購入の場合】
　19千円×300個＝5,700千円

　5,700千円（購入の場合）－5,400千円（自製の場合）＝300千円
　この場合、自製の方が300千円有利となることがわかる。

よって、正解はウである。

## III　正味現在価値法

**平成21年度　第16問　解答：イ**

　投資の意思決定における正味現在価値を求める出題である。
　時系列にそってキャッシュ・インフロー（CIF）とキャッシュ・アウトフロー（COF）を示すと次図のとおりである。

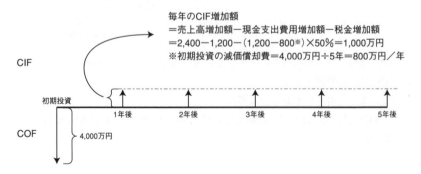

　本問における正味現在価値（NPV；Net Present Value）は、毎年のCIF増加額が同じであるため、年金現価係数を用いて求める。

NPV＝－4,000＋1,000×3.79＝－4,000＋3,790＝－210万円

### 平成26年度 第16問　解答：イ

　正味現在価値（NPV）と内部収益率（IRR）との関係に関する出題である。縦軸をNPV、横軸を割引率のグラフを作成すると、右下がりの曲線の関係になり、NPV＝ゼロになる割引率が内部収益率である。グラフは右下がりの曲線なので、割引率がIRR10.55％未満のときにNPVはプラスとなり、割引率がIRR10.55％超のときにNPVはマイナスとなる。本問では、Y案のキャッシュ・フローからX案のキャッシュ・フローを差し引いた差額キャッシュ・フローのNPVがプラスならばY案のキャッシュ・フローのNPVがX案のキャッシュ・フローのNPVより大きい状態であるため、Y案が採択される。なお、相互排他的な2つのプロジェクトの投資案の採択ではNPVの最大化のみを考慮する。

**【正味現在価値と内部収益率の関係】**

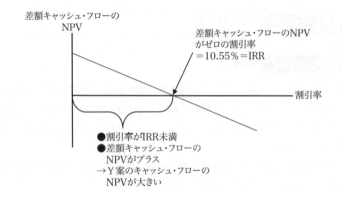

## Ⅳ　内部収益率法（内部利益率法）

### 平成28年度 第17問　解答：ウ

　内部収益率法に関する出題である。解答にあたり「内部収益率が大きいプロジェクトから順位づけすること」と「プロジェクト②の内部収益率の存在範囲を推定する方法」について理解しておく必要がある。
　内部収益率法では、内部収益率が大きいプロジェクトほど有利であると判断するため、プロジェクト②の内部収益率が計算できれば正解を選べる。しかし、内部収

益率を端数桁まで手計算で計算することは困難であるため、「内部収益率の存在範囲を推定する」ことで、正解を選ぶ。具体的な解法は、次のとおりである。

プロジェクト②の内部収益率をx%とすれば、次の式が成り立つ。

初期投資額＝毎期同額のキャッシュ・フロー×{(x%, 3年)の年金現価係数}

この式にプロジェクト②に関する数値を代入し、内部収益率の存在範囲を推定する。

500百万円＝200百万円×{(x%, 3年)の年金現価係数}

{(x%, 3年)の年金現価係数}＝500百万円÷200百万円＝2.5

経済命数が3年の場合の年金現価係数表を見ると、年金現価係数が2.5になる内部収益率の範囲は「9％＜x%＜10％」であることがわかる。

以上から、3つのプロジェクトについて内部収益率の大小関係が判明するため、プロジェクトの順位づけは、次のようになる。

プロジェクト②＞プロジェクト①＞プロジェクト③

# Ⅴ 回収期間法(ペイバック法)

**平成25年度　第18問**　　解答：エ

回収期間法に関する出題である。本問では、新規設備の取得原価と目標回収期間が与えられている。このため、投資案を採択するために最低限必要となる毎期一定の年間の生産コスト低減額(将来のキャッシュ・イン・フロー)を問題文の制約条件にしたがって計算を行う。

まず、取得原価4,500万円を経済命数5年、残存価値をゼロと見込み定額法により減価償却を行うため、毎年の減価償却費が900万円となる。

次に、毎期一定の年間の生産コストの低減額をX万円とすると、法人税率40％のとき、目標回収期間3年を達成するためには、以下の①式または②式が成り立つ必要がある。

$(X - 900) \times (1 - 0.4) + 900 \geqq 4,500 \div 3 = 1,500$……①

この式をXについて解く。

$X \geqq 1,900$

なお、次の②式によって計算しても結果は同じになる。

$X \times (1 - 0.4) + 900 \times 0.4 \geqq 1,500$……②

# Ⅵ その他投資の意思決定手法

### 平成30年度 第13問　解答：ウ

普通社債の発行価額に関する問題である。

★解答プロセス

「社債の発行価額」は「投資家が得る金額の現在価値」に等しい。「投資家が得る金額の現在価値」は「社債利息の現在価値」と「償還する額面の現在価値」との合計金額である。

①社債利息の現在価値＝（毎年発生する利息額）×（資本コスト（複利最終利回り）2％、3年の年金現価係数）
　　　　　　　　　＝（100万円×0.03）×2.883＝8.649万円

②償還する額面の現在価値＝（3年後に返済する額面金額）×（資本コスト（複利最終利回り）2％、3年の複利現価係数）
　　　　　　　　　　　＝100万円×0.942＝94.2万円

社債の発行価格＝①＋②
　　　　　　　＝8.649万円＋94.2万円
　　　　　　　＝102.849万円≒103万円

### 平成20年度 第15問　解答：イ

社債の資本コストを問う出題である。

★解答プロセス

まず、時系列に沿ってキャッシュ・イン・フロー（CIF）とキャッシュ・アウト・フロー（COF）を示すと次図になる。このとき、発行時のキャッシュ・イン・フローは正味調達額なので、割引発行価格から社債発行費を控除する。またクーポンレート4％とは社債利息を計算する際の券面利率なので、社債利息は額面に対して計算する。

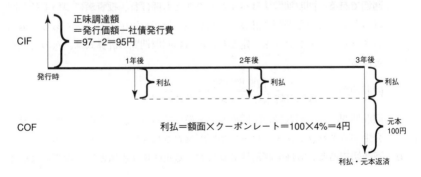

1年後から3年後のキャッシュ・アウトフローを現在価値に割引くと発行時の
キャッシュ・インフローと等価になる。この計算式を変形することで、選択肢イの
計算式を導くことができる。

$$95 = \frac{4}{1+r} + \frac{4}{(1+r)^2} + \frac{104}{(1+r)^3} \rightarrow 95 - \frac{4}{1+r} - \frac{4}{(1+r)^2} - \frac{104}{(1+r)^3} = 0$$

### 平成**20**年度　第**23**問　解答：**ア**

投資の経済性計算に関する出題である。設備投資は一度支出が行われると長期間
にわたり企業活動を拘束し、一般的に多額の支出となることから、意思決定は慎重
に行わなければならない。

- **a：適切である。**内部利益率とは、投資の正味現在価値をゼロとする割引率のこ
  とである。内部利益率が投資の必要収益率を上回っていれば、その投資案を
  採用する。
- **b：適切である。**「割引キャッシュ・フローの和」という言葉を「初期投資額も含
  めた現在価値の和」または「収入の現在価値と支出の現在価値の和」と捉えれ
  ば、「割引キャッシュ・フローの和＝正味現在価値」なので、本肢は選択肢a
  と同じ意味になる。
- **c：不適切である。**収益性指数の計算式は、

$$収益性指数 = \frac{将来キャッシュ・フローの現在価値合計}{投資額}　であって、本肢にある$$

$$\frac{正味現在価値}{投資額}　ではない。収益性指数が1を超えれば投資案を採用し、1未満$$

  であれば投資案を採用しないと判断するものなので、採否の判断結果は正味
  現在価値法と同じになる。

- **d：適切である。**回収期間法はペイバック法とも呼ばれ、投資額についてその回
  収のために必要な期間を計算し、投資案の採否を決定する方法である。毎期
  のキャッシュ・フローを一定とした場合の回収期間の計算式は、次のとおり
  となる。

$$回収期間 = \frac{初期投資額}{毎期の将来キャッシュ・フロー}$$

  回収期間法は、回収額の時間価値を考慮しておらず、投資額を回収した後に
  発生するキャッシュ・フローの多寡が反映されないという短所がある。

- **e：不適切である。**設備の経済性計算における正味現在価値とは、投資によって

発生する将来キャッシュ・フローをすべて現在価値に修正した値の合計額から初期投資額を差し引いた値である。割引計算では、基本的により近い将来のキャッシュ・フローほど、正味現在価値の増減に与える影響が大きい。割引計算を行うと将来キャッシュ・フローの絶対値が小さくなるので、キャッシュ・フローが当初マイナスの部分では現在価値のマイナス額が減少し、その後キャッシュ・フローがプラスになる部分では現在価値のプラス額が減少する。ここで改めて、より近い将来のキャッシュ・フローほど、正味現在価値の増減に与える影響が大きいことを加味して考えれば、割引率が大きくなるほど正味現在価値が大きくなる可能性はある。ただし、将来キャッシュ・フローの毎期の金額と、キャッシュ・フローがマイナスになる期間の長さおよびプラスになる期間の長さによって、正味現在価値が小さくなる可能性もある。

よって、最も適切な組み合わせはaとbとdであり、正解はアとなる。

◎参考文献

菊井髙昭・竹本達広著『財務管理と診断』同友館

大塚宗春著『意思決定会計講義ノート』税務経理協会

## 平成20年度 第24問 解答：ア

会計的投資利益率とキャッシュ・フローに関する出題である。会計的投資利益率は投資から予想される平均利益を分子とし、総投資額または耐用年数の全期間を通ずる平均投資額を分母とする比率である。

$$会計的投資利益率（\%）= \frac{平均利益}{総投資額または平均投資額} \times 100$$

あらかじめ基準となる投資利益率が決められ、投資案の利益率が基準値を上回れば採用される。なお、経済命数とは、投資の始点（設備投資の時点）から終点（設備の除却時点）までの期間のことである。

★解答プロセス

税引前利益をX万円とし、税引後利益をY万円とすると、実効税率が40%であるため、$Y = (1 - 0.4)X$である。

| 税引前利益 | X |
| --- | --- |
| 税額（40%） | 0.4X（－ |
| 税引後利益 | Y（＝0.6X） |
| 減価償却費 | 100（＋ |
| 税引後キャッシュ・フロー | 220（＝Y＋100） |

問題文から減価償却費以外の費用および収益はすべてキャッシュ・フローである。各年度の減価償却費が100万円であることから、税引後キャッシュ・フロー220万円はY＋100に等しくなる。したがって、

　　　0.6X＋100＝220　　から　　X＝200

　よって、求める税引後利益額はY＝120（万円）であり、正解はアとなる。

◎参考文献

　菊井髙昭・竹本達広著『財務管理と診断』同友館

　大塚宗春著『意思決定会計講義ノート』税務経理協会

<table>
<tr><td>第**9**章</td><td colspan="2">資金調達の知識</td><td>解答・解説</td></tr>
</table>

## I 資金調達の形態

| 平成**23**年度 | 第**14**問 | 解答：イ |

短期資金調達方法に関する出題である。

★解答プロセス

一般に「短期資金調達」とは、その対象期間が概ね1年間を超えるか否かで判断される。

**a：適切である。**「買掛金」は「企業間信用」の一つとされ、一般的に「短期資金調達」に分類される。買掛金は、商品の仕入代金の決済を短期の一定期間猶予されることで発生する債務である。

**b：不適切である。**「減価償却」は「自己金融」の一つとされ、一般的に「長期資金調達」に分類される。減価償却を行うと減価償却費が費用計上される。利益計算の過程で費用は現金の裏付けがある収益から差引かれ、費用相当額の現金が企業内に留保される。現金支出を伴う人件費などは、留保された現金から支払われて社外流出するが、現金支出を伴わない費用は留保されたまま企業内に残る。

**c：適切である。**「コマーシャルペーパー(CP)」は「直接金融」の一つとされ、一般的に「短期資金調達」に分類される。CPは、企業が短期資金の調達を目的に発行する無担保の約束手形である。企業が直接金融で資金を調達するという点では社債と類似しているが、CPの償還期間は通常1年未満の短期であるものが多い。

**d：適切である。**「手形借入金」は「間接金融」の一つとされ、一般的に「短期資金調達」に分類される。手形借入金は、企業が約束手形を振出してこれを銀行が割引いて引き受けることによって資金を調達する方法である。

**e：不適切である。**「ファイナンス・リース」は「間接金融」の一つとされ、一般に「長期資金調達」に分類される。ファイナンス・リースは、「①中途解約の禁止」・「②フルペイアウト(リース会社がリース目的物取得に投資した資金のほぼ全額を借手がリース期間中に支払うこと)」の2要件が含まれたリース契約のことである。

**f：不適切である。**「優先株式」は、「直接金融」の一つとされ、一般に長期資金調達目的で選択されるものである。

◎参考文献

『金融商品取引法 (第二条第一項第十五号)』、『金融商品取引法第二条に規定する定義に関する内閣府令 (第二条)』http://law.e-gov.go.jp/

### 平成24年度 第15問　解答：エ

　資金調達手段のうち内部金融に関する出題である。資金を外部から調達せず、企業内部の源泉に頼ることを内部金融といい、自己金融ともいう。内部金融による資金調達には、内部留保と減価償却があり、株式発行と並び長期資金調達源の1つである。

　選択肢イにあるファイナンス・リースは、リース会社が物件の売り手から必要な物件を購入し、物件の借り手へ貸し出してリース料を受け取る賃貸借契約であるため、実質的な金融機能を有する。

**ア：不適切である。**企業間信用は、外部金融の構成要素である。また、内部金融の構成要素である減価償却は自己資本調達ではないため「内部金融とは、自己資本調達であり」とは言えない。

**イ：不適切である。**内部金融は、他人資本調達ではない。また、ファイナンス・リースは、資産を用いた外部金融の構成要素である。

**ウ：不適切である。**内部金融は、長期資金調達である。また、企業間信用は、外部金融の構成要素である。

**エ：適切である。**

◎参考文献

　現代財務管理論研究会著『テキスト　財務管理論』中央経済社

　会計中辞典編集委員会『会計中辞典』青木書店

### 平成29年度 第14問　解答：ア

　資金調達方法の区分に関する出題である。資金調達方法には、直接金融と間接金融、外部金融と内部金融などの区分がある。

**ア：適切である。**外部金融の例が直接金融の株式発行、内部金融の例が利益留保である。

**イ：不適切である。**企業間信用は、外部金融の例である。

**ウ：不適切である。**利益留保は、内部金融の例である。

**エ：不適切である。**社債発行は、外部金融の中の直接金融の例である。減価償却費は内部金融の例である。

平成**28**年度 第**10**問 **解答：ア**

直接金融と間接金融に関する出題である。

**ア：適切である。**直接金融は、株式発行や社債発行などで、市場から直接に資金
　調達する金融である。

**イ：不適切である。**株式発行による資金調達は、直接金融である。

**ウ：不適切である。**「貯蓄から投資へ」というスローガンは、直接金融を増やす
　ことにつながるものである。

**エ：不適切である。**社債の発行による資金調達は直接金融である。

第9章

解説

解説編　517

## 第10章 資本コストの知識

解答・解説

## Ⅰ 資本コスト

### 令和元年度 第21問 解答：イ

加重平均資本コストに関する出題である。

企業の加重平均資本コスト（WACC）の式は次のとおりである。

企業の加重平均資本コスト（WACC）

$$= \frac{D}{D+E} \times r_d \times (1-t) + \frac{E}{D+E} \times r_e$$

$$= \frac{2}{2+1} \times 3\% \times (1-0.3) + \frac{1}{2+1} \times 12\%$$

$$= 5.4\%$$

| 資産 | 負債 2<br>コスト 3% |
| | 株主資本 1<br>コスト 12% |

D → 負債金額
E → 株主資本
$r_d$ → 負債の平均コスト
$r_e$ → 株主資本の平均コスト
t → 実効税率

よって、正解はイである。

### 平成23年度 第16問 解答：イ

加重平均資本コスト（WACC：Weighted Average Cost of Capital）の計算に関する出題である。

★解答プロセス

企業全体の資本コストである加重平均資本コストは、税引後の負債資本コストと株主資本コストとを、負債の価値および株主資本の価値との比率（本問では目標負債自己資本比率）で加重平均して求める。具体的な公式は次のとおりである。

企業の加重平均資本コスト（WACC）

518 第2部 テーマ別1次過去問集

$$= \frac{E}{D+E} \times r_e + \frac{D}{D+E} \times r_d \times (1-t)$$

D：負債　　E：株主資本　　$r_d$：負債の平均コスト　　$r_e$：株主資本の平均コスト
t：実行税率

　問題文の中で提示されている資料を整理した上で、上記公式に当てはめることで解答を求めることが可能である。

〈各資金調達額の算出〉

「内部留保額」　　　＝4億円

「普通株式の発行額」＝10億円（必要な資金）×$\dfrac{6}{10}$（目標負債自己資本比率）－4億円＝2億円

「借入金」　　　　　＝10億円（必要な資金）×$\dfrac{4}{10}$（目標負債自己資本比率）＝4億円

　上記のうち「内部留保額」・「普通株式の発行額」は「株主資本」に該当し、「借入金」は「負債」に該当する。

〈各資金調達の資本コストの算出〉

「内部留保額の資本コスト」（$r_e$）　　＝ 10％（既存の株主資本コスト）
「普通株式の発行資本コスト」（$r_e$）　＝ 11％（既存の株主資本コスト＋発行手数料等1％）
「借入金の資本コスト」（$r_d$）　　　　＝　4％（借入金の税引前コスト）

〈加重平均資本コストの算出〉

　最後に整理した情報を従前の公式にあてはめ、加重平均資本コストを算出する。

加重平均資本コスト（WACC）

$$= \frac{4億円}{4億円＋4億円＋2億円} \times 4\% \times (1-0.5) + \frac{4億円}{4億円＋4億円＋2億円} \times 10\%$$

$$+ \frac{2億円}{4億円＋4億円＋2億円} \times 11\% = 0.8\% ＋ 4\% ＋ 2.2\% = 7\%$$

---

# Ⅱ　最適資本構成

平成**20**年度　第**16**問　　**解答：ウ**

　加重平均資本コスト（WACC：Weighted Average Cost of Capital）を問う出題である。

★解答プロセス

　株主資本コスト（$r_E$）をCAPMにより算出すると、

株主資本コスト＝安全利子率＋$\beta$値×（期待市場収益率－安全利子率）
$$= 2 + 1.2 \times (8 - 2) = 9.2\%$$
となる。

加重平均資本コストの計算式は、負債の価値をD、負債資本コストを$r_D$、株主資本の価値をE、株主資本コストを$r_E$、実効税率をtとすると、次のようになる。

$$加重平均資本コスト = \frac{D}{D+E} \times r_D \times (1-t) + \frac{E}{D+E} \times r_E$$

問題文中に「自己資本比率40%」とあるので$\frac{E}{D+E} = 40\%$であり、

$\frac{D}{D+E} = 60\%$である。

さらに負債の税引前コスト4%、実効税率40%、株主資本コスト9.2%を計算式に代入して、加重平均資本コストを算出する。

加重平均資本コスト＝$0.6 \times 4\% \times (1-0.4) + 0.4 \times 9.2\% = 5.12\%$

よって正解はウとなる。

## 平成27年度 第13問

MM理論に基づく最適資本構成に関する出題である。MM理論はモジリアーニとミラーが主張した理論であり、「完全な資本市場の下では、企業の資本構成は企業価値に影響を与えない」とするものである。

［設問1］　解答：ウ
［設問2］　解答：ア

MM理論における完全な資本市場の条件のうち、法人税の存在を許容した場合の企業価値の変化に関する問題である。

法人税が存在する場合、負債に対する利子は損金算入の対象となるため節税効果が存在する。節税効果が存在すると、損金算入できない資本コスト（株主資本コスト）よりもキャッシュ・アウト・フローが減少するため、企業価値は増大することになる。この場合、負債を100%にすれば企業価値が最大になることになる。

しかし、資金調達に占める負債の割合が高まると、自己資本比率が低くなり、自己資本比率の逆数である財務レバレッジは高くなる。財務レバレッジを高めると、一般的に金利負担が固定費として増加するため、財務リスクが大きくなり、債務不履行（デフォルト）の危険性が高まる。債権者や株主は、財務リスクを意識することにより、より高いリターンを要求するようになり、結果的に企業価値が減少することになる。

節税効果を得るためには、債務不履行リスクを負担しなければならず、債務不履行リスクを避けるためには、節税効果を放棄しなければならないため、節税効果と債務不履行リスクは、トレードオフの関係にある。

　よって、Aは「節税効果」、Bは「高める」、Cは「100％」、Dは「債務不履行（デフォルト）リスク」、Eは「より高い」、Fは「トレードオフ」となる。

◎参考文献

『ビジネス・ファイナンス』菊井髙昭・宮本順二朗著　（一財）放送大学教育振興会

---

**平成30年度　第20問**　　**解答：エ**

　効率的市場仮説に関する出題である。情報が即座に価格に織り込まれることを通じて、効率的な価格形成が行われる概念を、効率的市場仮説という。効率的市場仮説では、特定の情報に基づいて投資を行ったとしても、期待される水準を超える収益を得ることができないと考えられている。効率的市場仮説では、効率的な特定情報レベルに応じて3つのレベルが検討されている。

**【 分析の種類 】**

| テクニカル分析 | 過去の株価変動や取引高など、過去のデータから、経験則で、将来の株価の変動を予測し、株を購入するかなどを分析する |
|---|---|
| ファンダメンタルズ分析 | 過去の株価変動以外の公表されたマクロ経済指標や利益予想、財務状況など、をもとにして、企業の本質的な価値を分析する |

**ア：適切である。** 過去の株価変動や取引高など、過去のデータから、将来の株価の変動を予測する方法を、テクニカル分析という。

**イ：適切である。** 効率的市場仮説は、効率的市場の状態にある情報レベルによって、ウィーク仮説、セミストロング仮説、ストロング仮説がある。

**ウ：適切である。** 選択肢のとおり。

**エ：不適切である。** 株価以外の一般に公表された情報に関しても市場は効率的であるとするセミストロング型の効率性が成立するならば、いわゆるファンダメンタル分析を用いた超過収益獲得の機会は難しいとされている。

---

**平成26年度　第18問**　　**解答：ウ**

　証券市場におけるベータ値を計算させる出題である。ベータ値とは、市場ポートフォリオの値動きに対する個別証券の値動きを表した感応値であり、ベータ値は次の式で定義される。

第10章

解説

解説編　　**521**

$$ベータ値＝\frac{個別証券と市場ポートフォリオとの共分散}{市場ポートフォリオの分散}$$

　本問では、個別証券がA証券である。「市場ポートフォリオの分散」および「個別証券と市場ポートフォリオとの共分散」は記されていないが、与えられたデータから考えると、どちらも計算することができる。

★解答プロセス

（1）市場ポートフォリオの分散の計算

　　市場ポートフォリオの標準偏差＝$\sqrt{市場ポートフォリオの分散}$

　　市場ポートフォリオの分散＝（市場ポートフォリオの標準偏差）$^2$

　　市場ポートフォリオの分散＝$(5\%)^2＝25\%^2$

（2）個別証券と市場ポートフォリオとの共分散の計算

　　個別証券と市場ポートフォリオとの相関係数

$$＝\frac{個別証券と市場ポートフォリオとの共分散}{個別証券の標準偏差×市場ポートフォリオの標準偏差}$$

　　個別証券と市場ポートフォリオとの共分散

　　　＝個別証券と市場ポートフォリオとの相関係数×個別証券の標準偏差

　　　　×市場ポートフォリオの標準偏差

　　個別証券と市場ポートフォリオとの共分散

　　　＝$0.4×10\%×5\%$

　　　＝$20\%^2$

（3）ベータ値の計算

$$ベータ値＝\frac{個別証券と市場ポートフォリオとの共分散}{市場ポートフォリオの分散}$$

$$ベータ値＝\frac{20\%^2}{25\%^2}＝0.8$$

---

### 平成**22**年度　第**14**問

　最適資本構成に関する出題である。

### ［設問1］　解答：イ

　最適資本構成に関する理論の代表であるMM理論（モジリアーニとミラーの理論）からの出題である。MM理論の内容は、「完全市場のもとでは、企業価値は資本構成の影響を受けない」というものである。

　MM理論に基づくと、完全市場のもとでは、どのような資本構成でも企業価値は変わらないので、加重平均資本コスト（WACC）は一定となる。

B社の企業価値は1億円であり、調達源泉は全額株主資本である。また、営業利益（EBIT）の期待値は1,000万円（＝1,200×0.5＋800×0.5）である。

B社の状況を貸借対照表（時価）と損益計算書（予想）で示すと、次図のとおりである（単位：万円）。

B社には有利子負債がない。また完全市場を仮定しているため、税金が存在しない。よって、「営業利益（EBIT）＝当期純利益」とみなせるため、市場が要求する株主資本収益率は、次の計算により10％となる。

$$株主資本収益率＝\frac{営業利益（EBIT）}{株主資本}×100＝\frac{1,000}{10,000}×100＝10\%$$

[設問2]　解答：ウ

B社とC社の違いは、資本調達方法のみである。
　B社：調達源泉は、全額株主資本である。
　C社：調達源泉のうち、5,000万円は利子率4％の負債である。

また、本問では法人税のみが存在するものとし、実効税率を40％としている。法人税のみが存在するという仮定ならば、倒産リスクに対するコスト（負債の構成比率が一定水準を超えると信用力が低下するため、信用力の低下分だけ資本コストが上昇すること）を無視できるため、負債の構成比率が高まるほど節税効果の分だけ企業価値が高まる。

具体的には、次の計算で節税効果による企業価値の上昇額を求めると、C社の企業価値はB社よりも2,000万円大きくなることが分かる。

　節税効果による企業価値の上昇額
　　＝負債額×実効税率＝5,000×0.4＝2,000万円

なお、節税効果による企業価値の上昇額の計算では、負債の利子率が何パーセントであるかは計算結果に影響しない。なぜなら、節税効果による企業価値の上昇額は、本来次のように計算するのだが、分数式の分子と分母の両方に「負債の利子率」があるため、負債の利子率が約分されるからである。

　節税効果による企業価値の上昇額

$$= \frac{支払利息に対する節税効果}{債権者の要求収益率} = \frac{負債額 \times 負債の利子率 \times 実効税率}{負債の利子率} = 負債額 \times 実効税率$$

**平成23年度　第19問　解答：ウ**

　株式ポートフォリオの$\beta$値に関する出題である。$\beta$値とは市場平均の値動きに対する個別銘柄の値動きを示す値である。本問では3つの個別銘柄を合わせたときポートフォリオ全体として、$\beta$値がどうなるかが問われている。

★解答プロセス

　株式ポートフォリオの$\beta$値である$\beta$pは、各銘柄の$\beta$値を各銘柄への投資金額のポートフォリオに占めるウェイトをもって加重平均した値の合計である。

　本問では、F社が保有する株式ポートフォリオの$\beta$値は次のように計算する。

| 株式 | ①ポートフォリオに占めるウェイト | ②$\beta$値 | 加重平均①×② |
|---|---|---|---|
| A | 30% | 1.00 | 0.3 |
| B | 30% | 0.80 | 0.24 |
| C | 40% | 1.80 | 0.72 |
| 合計 | 100% | | 1.26 |

　したがって、F社が保有する株式ポートフォリオの$\beta$値は1.26となる。

◎参考文献

日本証券アナリスト協会編『新・証券投資論』日本経済新聞社

**平成29年度　第20問　解答：イ**

　CAPMの計算に関する出題である。CAPMは、株式の期待リターン（株式発行企業にとっては株主資本コスト）を算出する手法のひとつである。CAPMの計算式は次のとおりである。

　安全利子率（リスクフリーレート）＋ベータ値×（マーケット全体の期待収益率－安全利子率）

　ベータ値とは、市場全体に対する、各個別銘柄の株価の感応度である。例えば、日経平均株価などの株価指数が1％動いたとき、個別銘柄が何％動くかを示している。

　本問ではベータ値を算出する。

524　第2部　テーマ別1次過去問集

安全利子率1%＋ベータ値×（マーケット・ポートフォリオの期待収益率6%－安全利子率1%）＝10%

1%＋ベータ値×5%＝10%

ベータ値×5%＝9%

ベータ値＝1.8

---

**平成25年度 第14問**　**解答：ウ**

加重平均資本コスト（WACC）に関する出題である。本問では、与えられたデータの内容から、株主資本コストをCAPMで求める必要があることにも気づく必要がある。

①株主資本コストを計算する

CAPMを用いると、A社の株主資本コストは次のように計算できる。

株主資本コスト

＝安全利子率＋ベータ値×（市場ポートフォリオの期待収益率－安全利子率）

＝3%＋1.5×（8%－3%）

＝10.5%

②加重平均資本コストを計算する

負債価値D、株主資本価値E、有利子負債コスト$r_d$、株主資本コスト$r_e$、実効税率tのとき、A社の加重平均資本コストは、次のように計算できる。

$$加重平均資本コスト（WACC）＝\frac{D}{D+E}×r_d×(1-t)+\frac{E}{D+E}×r_e$$

$$＝\frac{4億円}{4億円＋8億円}×4\%×(1-0.4)+\frac{8億円}{4億円＋8億円}×10.5\%$$

$$＝7.8\%$$

◎参考文献

齋藤正章・阿部圭司著『ファイナンス入門』放送大学教育振興会

---

**平成25年度 第15問**　**解答：エ**

ペッキングオーダー仮説に基づいた資本調達の順番に関する出題である。ペッキングオーダー仮説とは、資本の調達源によって調達コストの違いがあるならば、企業は調達源をミックスして選択するよりも、調達コストの低いものから順番で選択する、という考え方である。ペッキングオーダー仮説によると、企業は次の順番で調達源を選択するとされる。

①内部資金

②デット・ファイナンス

③エクイティ・ファイナンス

解答にあたっては、空欄AおよびBの前後にある「まず」「ついで」という語句に注目すればよい。ペッキングオーダー仮説によれば、「まず」内部資金を優先し、「ついで」デット・ファイナンスを優先することになる。

よって、「A：内部留保」「B：デット・ファイナンス」となる。

なお、問題文の前半に最適資本構成に関する記述がある理由は、現実の市場は不完全であるため、調達源によって調達コストが変わることを説明するためである。

◎参考文献

中小企業庁編『2005年版中小企業白書』

## III  配当政策

**平成27年度**　**第12問**　**解答：ア**

株主に対する利益還元政策に関する出題である。投資家（株主）に対する利益還元の代表的な方法に、配当がある。配当とは、利益が発生したときに、その一部または全部を投資家（株主）に分配する利益還元方法である。このため、利益が発生しなければ配当はできない。

**ア：不適切である。** 株式の分割とは、株式を細分化して、多数の株式とすることであるが、会社法では、同一の種類の株式について一定の割合で一律にその数を増加させることである（183条1項）。例えば、1株を2株に、2株を3株に増加させることである。株主の所有する株数は増加するが、1株当たりの株式の価値もそれに反比例して減少するため、株主利益への実質的な影響はない。

**イ：適切である。** 記念配当とは、会社の創立記念日や創立10周年などを記念して行う配当であり、株主利益の増加に寄与する。

**ウ：適切である。** 企業がすでに発行した自社の株式を取得し、保有している場合に自己株式と呼ばれる。保有した自己株式は純資産の部にマイナス表示される。自己株式は議決権や剰余金配当請求権を有しないため、自己株式以外の株式の価値は相対的に高まり、結果として株主利益の増加に寄与する。

**エ：適切である。** 普通配当の増配により、株主利益の増加に寄与する。

**平成20年度 第13問** 解答：エ

　株式評価の基本的な指標に関する出題である。

★解答プロセス

　PBR（Price Book-value Ratio）は株価純資産倍率とも呼び、次の計算式により算出する。

$$PBR（倍）＝\frac{株価}{1株当たり純資産}$$

　上記の計算式から、「PBRの値が1より小さいと、株価は1株当たり純資産より低く評価されている」こととなる。

　そのため、aは誤りであり、bが正しい。

　PER（Price Earnings Ratio）は株価収益率とも呼び、次の計算式により算出する。

$$PER（倍）＝\frac{株価}{1株当たり当期純利益（EPS：Earnings Per Share）}$$

　そのため、cは誤りであり、dが正しい。

　よって、最も適切なものの組み合わせは「bとd」となり、正解はエとなる。

◎参考文献

　東京証券取引所ホームページ用語集

　http://www.tse.or.jp/glossary/index.html


**平成22年度 第19問** 解答：イ

　配当政策の効果に関する出題である。配当政策とは、株主への配当をどのような考え方に基づき、配当可能利益に対してどのような比率で配分するかを決定することである。

★解答プロセス

　（空欄A）配当政策には、配当性向主義と安定配当主義がある。配当性向主義は当期純利益に対して一定割合を配当とし、安定配当主義は配当額を一定とする政策である。業績連動型の配当政策では、当期純利益の増減に連動して配当額が変動することから、配当性向主義を採用していることが分かる。よって、空欄Aには「配当性向」が入る。

　（空欄B）株主にとっては、株主の持分である株主資本に対し、配当原資となる

当期純利益がどれだけあるのかが重要な関心事である。株主資本と当期純利益とを対比して投下資本の収益性を測定する指標に、自己資本当期純利益率（ROE：Return On Equity）がある。

ROEと配当性向の定義式は、次のとおりである。なお、本問では「株主資本」という用語を使っているため、「自己資本＝株主資本」として説明する。

- $ROE = \dfrac{当期純利益}{株主資本} \times 100\,(\%)$

- $配当性向 = \dfrac{配当総額}{当期純利益} \times 100\,(\%)$

さらに、ROEと配当性向を掛け合わせる。

- $ROE \times 配当性向 = \dfrac{当期純利益}{株主資本} \times \dfrac{配当総額}{当期純利益} \times 100\,(\%)$

$$= \dfrac{配当総額}{株主資本} \times 100\,(\%)$$

となり、株主資本に対する配当総額の割合を示す「株主資本配当率」が導き出される。よって、空欄Bには「株主資本配当率」が入る。

**ア：不適切である。**内部成長率（サスティナブル成長率）は、企業が外部資金調達（増資）を行わずに達成できる1株当たりの利益・配当の増加率のことである。ROEと配当性向が一定であると仮定すると、企業の当期純利益が増加した場合、毎年、内部留保の分だけ株主資本が大きくなる。株主にとっては株主資本の増加に伴い、株価の上昇が期待できる。

- $内部成長率 = ROE \times (1 - 配当性向)$

**イ：適切である。**

**ウ：不適切である。**上記の「★解答プロセス」により不適切である。

**エ：不適切である。**配当利回りとは、株主にとってのインカムゲイン（配当による利益）の収益性を評価する指標である。

- $配当利回り = \dfrac{1株当たり配当}{株価} \times 100\,(\%)$

$$= \dfrac{配当総額}{株価 \times 発行済株式数} \times 100\,(\%)$$

**オ：不適切である。**上記の「★解答プロセス」により不適切である。

◎参考文献

菊井髙昭・竹本達広著『財務管理と診断』同友館

井出正介・高橋文郎著『経営財務入門　第4版』日本経済新聞出版社

**平成25年度　第20問**

**[設問1]　解答：ア**

　自己資本配当率（DOE）に関する出題である。データとして与えられた指標の定義を正しく理解していることと、各指標を使った複数の計算式に分解できることが解答を導くためのポイントである。

　なお、純資産と自己資本は厳密には異なるが、本問には新株予約権、少数株主持分などのデータがないため、純資産と自己資本を同一とみなして解答する。また、下記解説では、純利益は当期純利益を表す。

　データとして与えられた指標は以下のとおりである。

PBR（倍）：Price Book-value Ratio（株価純資産倍率）

$$= \frac{株価}{1株当たり簿価純資産} = \frac{株価 \times 発行済株式数}{簿価純資産}$$

ROE（％）：Return On Equity（自己資本利益率）

$$= \frac{純利益}{自己資本} \times 100$$

$$自己資本比率（％）= \frac{自己資本}{総資本} \times 100$$

$$配当性向（％）= \frac{1株当たり配当}{1株当たり純利益} \times 100$$

$$= \frac{1株当たり配当 \times 発行済株式数}{1株当たり純利益 \times 発行済株式数} \times 100$$

$$= \frac{配当総額}{純利益} \times 100$$

$$配当利回り（％）= \frac{1株当たり配当}{株価} \times 100 = \frac{\dfrac{配当総額}{発行済株式数}}{株価} \times 100$$

$$= \frac{配当総額}{株価 \times 発行済株式数} \times 100$$

　DOEは配当総額を自己資本で除したものである。分母・分子に純利益を乗じると、ROEと配当性向の積で表せるため、それぞれのデータを代入して求める。

　DOE（％）：Dividends on Equity（自己資本配当率）

解説編　**529**

$$= \frac{\text{配当総額}}{\text{自己資本}} \times 100 = \frac{\text{純利益}}{\text{自己資本}} \times \frac{\text{配当総額}}{\text{純利益}} \times 100$$

$$= \text{ROE} \times \text{配当性向} \times 100$$

$$= 0.1 \times 0.36 \times 100 = 3.6$$

## ［設問2］　解答：ウ

　株価収益率（PER）に関する出題である。PERの定義式の分母・分子に純資産を乗じると、ROEの逆数とPBRの積になるので、それぞれのデータ値を代入して求める。

　PER（倍）：Price Earnings Ratio（株価収益率）

$$= \frac{\text{株価}}{\text{1株当たり純利益}} = \frac{\text{株価}}{\dfrac{\text{純利益}}{\text{発行済株式数}}} = \frac{\text{株価} \times \text{発行済株式数}}{\text{純利益}}$$

$$= \frac{\text{純資産}}{\text{純利益}} \times \frac{\text{株価} \times \text{発行済株式数}}{\text{純資産}} = \frac{1}{\text{ROE}} \times \text{PBR}$$

$$= \frac{1}{0.1} \times 1.2 = 12$$

　なお、PBRの分母は「簿価純資産」であるが、本設問では「簿価」と「時価」を区別するデータはないため、簿価純資産と純資産を同一とみなす。

<hr>

**平成26年度**　**第20問**　設問2のみ

## ［設問2］　解答：ウ

　PBRに関する出題である。PBR（Price Book-value Ratio）とは、株価純資産倍率で、株価を1株当たり簿価純資産で除して求める。PER（Price Earnings Ratio）とは、株価収益率で、株価を1株あたり純利益で除して求める。

# 第11章 企業価値の知識

解答・解説

## I 企業価値の概要

| 平成**24**年度 | 第**16**問 | 解答：**エ** |

　加重平均資本コストに関する出題である。加重平均資本コストは税引後の負債コスト（利子率）と自己資本コスト（株主の期待収益率）を加重平均することで計算する。本問では配当成長率が与えられているため、配当割引モデルのうち、一定成長モデルを使って自己資本コストを求める。

(1) 自己資本コストを求める。

　現在の株価を$P$、1年後の配当金を$D_1$、自己資本コストを$r$、配当成長率を$g$とすると、一定成長モデルによって次の式が成り立つ。

$$P = \frac{D_1}{r-g} \quad (ただし、r > g)$$

$r$について解くと、次のようになる。

$$r = \frac{D_1}{P} + g$$

　現在の株価：5,000万円 ÷ 100万株 = 50円

　配当成長率：10%

　1年後の1株当たり配当金：5円 × (1 + 0.1) = 5.5円

$$r = \frac{5.5円}{50円} + 0.1 = 0.21 \rightarrow 21\%$$

(2) 加重平均資本コストを計算する。

　負債価値を$D$、自己資本価値を$E$、負債コストを$r_d$、自己資本コストを$r_e$、実効税率を$t$とすると、企業の加重平均資本コストは、次のように計算できる。

$$加重平均資本コスト = \frac{D}{D+E} r_d \times (1-t) + \frac{E}{D+E} r_e$$

　加重平均資本コスト

$$= \frac{5,000万円}{5,000万円+5,000万円} \times 4\% \times (1-0.4) + \frac{5,000万円}{5,000万円+5,000万円} \times 21\%$$

$$= 1.2\% + 10.5\%$$

$$= 11.7\%$$

解説編　531

◎参考文献

井出正介・高橋文郎著『経営財務入門』日本経済新聞社

## 平成24年度 第17問

### [設問1] 解答：ウ

　資本構成と企業価値に関する出題である。設問1では、市場が完全で税金が存在しない場合を想定している。

　ROEは株主資本当期利益率であり、次の式で計算する。

$$\text{ROE}（\%）= \frac{\text{当期利益}}{\text{株主資本}} \times 100$$

そこで、株主資本と当期利益をそれぞれ計算した後にROEを計算する。

（1）株主資本の計算

　　総資本10億円を変えずに負債と株主資本の割合を4：6に変化させる。

$$\text{株主資本} = 10\text{億円} \times \frac{6}{4+6} = 6\text{億円}$$

（2）当期利益の計算

　　資本構成変化後も税引前総資本営業利益率は12％である。

　　　税引前営業利益＝10億円×0.12＝1.2億円

　　負債4億円に対する負債利子率は6％である。

　　　支払利息＝4億円×0.06＝0.24億円

　　税金が存在しないため、税引前当期利益と当期利益は等しい。

　　　当期利益＝1.2億円－0.24億円＝0.96億円

（3）ROEの計算

$$\text{ROE}（\%）= \frac{0.96\text{億円}}{6\text{億円}} \times 100 = 16\%$$

### [設問2] 解答：エ

　資本構成と企業価値に関する出題である。設問2では、市場が完全で法人税のみが存在する場合を想定している。

　負債を利用した場合には、支払利息が生じる。支払利息は損金算入できるため、支払利息には節税効果がある。節税効果は、キャッシュアウトフローを減少させるため、資本構成以外の条件が同じならば、負債を利用した場合は、負債を利用しない場合に比べて企業全体の価値が上昇する。具体的には、節税額の現在価値分だけ大きくなる。なお、節税効果は永久に続くものと考えるため、節税額の現在価値計

532　第2部　テーマ別1次過去問集

算には、

$$\text{ゼロ成長モデル}\left(\text{現在価値}=\frac{\text{毎年同額のキャッシュフロー}}{\text{割引率}}\right)\text{を適用する。}$$

節税額＝負債額×負債利子率×実効税率
　　　＝4億円×0.06×0.4＝960万円

負債を利用した場合の企業価値
　＝負債を利用しない場合の企業価値＋節税額の現在価値

$$=10\text{億円}+\frac{960\text{万円}}{0.06}=11.6\text{億円}$$

以上から、企業価値の上昇額は、$\dfrac{960\text{万円}}{0.06}=16{,}000\text{万円}$である。

【スピード解法】
　節税額の現在価値は、次のように計算している。
　　節税額＝負債額×負債利子率×実効税率
　　　　　＝4億円×0.06×0.4＝960万円

$$\text{節税額の現在価値}=\frac{960\text{万円}}{0.06}=16{,}000\text{万円}$$

　ここで負債利子率の扱いに注目すると、節税額の計算では負債利子率を乗じており、節税額の現在価値の計算では節税額を負債利子率で除している。このことから、次のことがわかる。
　　節税額の現在価値＝負債額×実効税率
　よって、次の計算で正解を導ける。
　　企業価値の上昇額＝節税額の現在価値
　　　　　　　　　　＝4億円×0.4＝1.6億円 → 16,000万円

◎参考文献
大塚宗春・佐藤紘光著『ベーシック　財務管理　第二版』同文舘出版

**平成28年度　第16問**　解答：エ

　配当割引モデルを用いた企業価値の推定に関する出題である。問題文には、株主価値に関する情報しか記されていないため、推定すべき企業価値は、株主価値であることがわかる。
　配当割引モデルを用いて株主価値を推定する場合は、「株主価値＝理論株価×発

解説編　　533

行済株式数」とした上で、配当割引モデルを用いて理論株価を求める。しかし、問題文には発行済株式数が記されていないことと、配当の金額が配当総額と考えられる金額（105千円）で記されていることから、「配当総額＝1株当たり配当×発行済株式数」であると考えて、配当割引モデルを用いる。

問題文には、配当の成長率が記されているため、一定成長モデルを用いることがわかる。

以上から、企業価値の推定値を以下のように計算する。

$$企業価値＝\frac{配当総額}{割引率－配当の成長率}$$

$$企業価値＝\frac{105千円}{0.05－0.03}＝5,250千円$$

---

平成**26**年度 第**19**問 **解答：イ**

配当割引モデルのうち、ゼロ成長モデルを用いて理論株価を算定させる出題である。
★解答プロセス
(1) 資本コストの計算
資本コスト
＝安全利子率2％＋ベータ値1.5×（市場ポートフォリオの期待収益率4％－安全利子率2％）
＝5％

(2) 理論株価の計算

$$理論株価＝\frac{毎期一定の配当60円}{資本コスト0.05}$$

$$＝1,200円$$

---

平成**21**年度 第**14**問 **解答：イ**

株式分割に関する出題である。

株式分割とは、既に発行されている株式を細分化し、既存株主にその所有株式数に応じて株式を配分することである。例えば現在の1株を2株に分割する場合、株式数のみが2倍となる。個々の株主の持ち株数は2倍となるが、発行済株式総数も2倍となるため、株主の持分割合は変化しない。また株式分割により変化するのは株式数のみである。株主の富を表示する株主資本あるいは資産内容やキャッシュ・フローには変化がないため、企業価値には影響しない。

534　第2部　テーマ別1次過去問集

以上から、企業価値は変わらないまま、発行済株式総数のみが増加するので、完全市場においては1株あたりの価値、すなわち株価は下落することになる。

### 平成**26**年度 第**13**問 解答：ア

フリー・キャッシュフローに関する出題である。フリー・キャッシュフローの定義は一意に定まっていないが、本問で与えられたデータから考えると、次の定義式を使うことが求められていると考えられる。

フリー・キャッシュフロー＝NOPAT＋減価償却費－設備投資額±運転資本増減額
　　※NOPAT＝EBIT×（1－法人税率）
　　※EBIT＝経常利益－受取利息＋支払利息

★解答プロセス

（1）EBITの計算

本問では、経常利益、受取利息、支払利息のデータは与えられていないため、「EBIT＝営業利益」となる。

EBIT＝営業利益200百万円

（2）NOPATの計算

NOPAT＝EBIT 200×（1－法人税率0.4）＝120百万円

（3）フリー・キャッシュフローの計算

フリー・キャッシュフロー
＝NOPAT 120＋減価償却費20－設備投資額40－運転資本の増加額30（売上債権の増加額10＋棚卸資産の増加額15＋仕入債務の減少額5）
＝70百万円

### 平成**23**年度 第**17**問

**［設問1］　解答：イ**

市場は完全で税金や取引コストが存在しないことを前提条件とした場合の現金配当が株価に与える影響に関する出題である。

★解答プロセス

現在のE社の自己資本である株式価値総額は株価100円×発行済み株式数100万株＝10,000万円である。

E社には負債がなく全額自己資本なので、E社の企業価値も自己資本の10,000万円である。

E社が保有する現金資産1,000万円を全額配当すると、E社の企業価値は、10,000万円－1,000万円＝9,000万円となる。

E社には負債がないので、E社の株式価値総額も9,000万円となる。株式価値総額を発行済み株式数で除すと、1株当たりの株価が算出できる。1株当たり株価＝9,000万円÷100万株＝90円となる。

したがって、現金配当を行った場合の株価は90円となり、配当前の100円と比較して10円下落する。

## ［設問2］　解答：ア

企業が保有する現金を使って現金配当する場合と自己株式の買戻しにあてた場合とで、既存株主が得る価値に与える影響の違いに関する出題である。市場は完全で、税金や取引コストが存在しないことが前提条件となっている。

★解答プロセス

①現金配当を行った場合の既存株主が得る価値

設問1のとおり、現金配当を行った場合、株価は1株当たり100円から90円に下落する。しかし、1,000万円の現金配当は、1株当たり10円（1,000万円÷100万株）の価値を既存株主に与えたことになる。したがって、この場合の既存株主が得る1株当たり価値は、株価90円＋配当10円＝100円となる。

②自己株式の買戻しを行った場合の既存株主が得る価値

E社が保有する現金1,000万円で自己株式の買戻しを行うと、既存株主が得る1株当たりの価値計算上の発行済み株式数は90万株に減少する。

買戻しの株式数＝1,000万円÷1株当たり株価100円＝10万株

発行済み株式数100万株－買戻しの株式数10万株＝発行済み株式数90万株

自己株式の買戻しのために1,000万円の現金預金を支出したので、E社の企業価値は、10,000万円－1,000万円＝9,000万円となり、1株当たり株価は9,000万円÷90万株＝100円となる。

上記のとおり、E社が保有する現金で現金配当を行った場合と自己株式の買戻しを行った場合との間で、既存株主が得る価値に差異は生じない。

よって、選択肢アが適切である。

問題文には「消却」に関する記述がない。「自己株式の消却」とは、自社の発行済み株式を自ら買戻し、買戻した株式を絶対的に消滅させることである。

自己株式を買戻しただけで消却しない場合、発行済み株式数が減少しないと考えることもできる。その場合、発行済み株式数は100万株のままである。E社の企業価値は、9,000万円なので、1株当たり株価は9,000万円÷100万株＝90円となり、解答は「イ」になる。

しかし、日本の「1株当たりの利益」等の会計基準では、「発行済み株式数－自己株式数」を分母とすることから、自己株式の買戻し時点で、既存株主が得る1株当

たりの価値計算上の発行済み株式数を減少させた。

◎参考文献

　野間幹晴・本多俊毅著『コーポレートファイナンス入門』共立出版

　日本アナリスト協会編『証券投資論』日本経済新聞社

## 平成 **24**年度　第**20**問

### ［設問 1 ］　解答：エ

　企業価値の評価手法に関する出題である。デュポン・システムとは、20世紀初頭にアメリカのデュポン社が開発した財務管理システムである。概要は、ROA（Return On Assets：総資本利益率）を式①のように売上高利益率と総資本回転率の積に分解し、さらに総資本と利益を構成要素別に分析することにより、全社的な業績評価や事業部業績の評価に役立てようとするものである。

$$ROA = \frac{利益}{総資本}$$

$$= \frac{利益}{売上高} \times \frac{売上高}{総資本}$$

$$=売上高利益率 \times 総資本回転率 \cdots\cdots 式①$$

ROAは、次のようにも表せる。

$$ROA = \frac{利益}{純資産} \times \frac{純資産}{総資本}$$

$$= ROE \times 自己資本比率 \cdots\cdots 式②$$

　自己資本比率は、負債の有効活用度を示す財務レバレッジ$\left( \dfrac{総資本}{純資産} \right)$の逆数であるため、式②は次のように変形できる。

$$ROE = ROA \times 財務レバレッジ \cdots\cdots 式③$$

　デュポン・システムは、ある経営指標を 2 つの要素の積に分解する手法であったが、ROAからROEを算出したプロセスをさらにたどると、次のように表せる。

$$ROA \xrightarrow[財務レバレッジ]{} ROE \xrightarrow[BPS]{} EPS \xrightarrow[PER]{} 株価$$

　このプロセスに注目し、株価を出発点として説明しているのが問題文である。株価を出発点とすると、株価は、1 株当たり当期純利益と株価を 1 株当たり当期純利益で除したものの積に分解できる。なお、1 株当たり当期純利益のことをEPS

解説編　**537**

(Earnings Per Share) という。また、株価をEPSで除したものを、PER (Price Earinigs Ratio：株価収益率) という。

$$株価 = \frac{当期純利益}{発行済株式数} \times \frac{株価}{\dfrac{当期純利益}{発行済株式数}}$$

$$= 1株当たり当期純利益 \times \frac{株価}{1株当たり当期純利益}$$

$$= EPS \times PER \cdots\cdots 式④$$

さらに、EPSは、1株当たり純資産 (BPS) とROEの積に分解できる。

$$EPS = \frac{純資産}{発行済株式数} \times \frac{当期純利益}{純資産}$$

$$EPS = 1株当たり純資産 \times ROE \cdots\cdots 式⑤$$

今日的な企業価値評価手法の一つには、企業が将来にわたって獲得できるキャッシュフローを加重平均資本コストで割引計算し、現在価値の総和から負債価値を減じてを企業価値を求めるディスカウント・キャッシュフロー法 (DCF法) がある。その他には、EVA (Economic Value Added：経済的付加価値) などを利用した手法もある。EVAは、NOPAT (Net Operating Profit After Tax：税引後営業利益) から資本コスト額を減じたものであり、次のように定義する。

EVA = NOPAT － 資本コスト額

EVA = NOPAT － 投下資本 × 平均資本コスト率

EVA = (投下資本利益率 － 平均資本コスト率) × 投下資本 ……式⑥

EVAを利用した手法では、各期のEVAを現在価値に割引いた現在価値の総和を企業価値とする。この手法は、各期の超過利益を現在価値に割引いていることになるため、割引超過利益モデルという。

以上のうち、式④から空欄AはPERであり、式⑥の考察から空欄Bは割引超過モデルである。

## ［設問2］　解答：ア

ROEを企業評価手法として直接使用する場合の問題点に関する出題である。ROEを企業価値評価手法として直接使用し、ROEによって測定される値の考えられる問題点は、ROEを3つの構成要素の積に分解して考察することができる。設問1で考察した式①、式②、式③において、利益を当期純利益に置き換えると、ROEは、次のように表せる。

$$ROE = \frac{当期純利益}{純資産}$$

$$= \frac{当期純利益}{売上高} \times \frac{売上高}{総資産} \times \frac{総資産}{純資産} \cdots\cdots 式⑦$$

$$= 売上高当期純利益率 \times 総資本回転率 \times 財務レバレッジ \cdots\cdots 式⑧$$

$$= ROA \times 財務レバレッジ \cdots\cdots 式⑨$$

**ア：不適切である。** 式⑦の総資本回転率の分母かつ財務レバレッジの分子である総資産は、企業規模を表すため、企業規模による影響を考慮した比較が容易である。

**イ：適切である。** 式⑦、式⑧、式⑨で表されたROEには、株主の期待収益率や配当といった株主の資本コストを構成する要素がないため、株主の資本コストが反映されていないことがわかる。

**ウ：適切である。** ROEは会計上の数値から計算するため、企業の採用する会計処理方法によって影響を受けることがあることがわかる。

**エ：適切である。** 式⑨から、ROEは、ROAと財務レバレッジから影響を受けることがわかる。

◎参考文献

菊井髙昭・宮本順二朗著『企業ファイナンス入門』財団法人放送大学教育振興会

菊井髙昭・宮本順二朗著『ビジネス・ファイナンス』財団法人放送大学教育振興会

---

**平成26年度 第20問** 設問3のみ

**[設問3] 解答：ウ**

DCF法による企業価値の計算に関する出題である。企業価値は負債価値と株主価値との合計であることから、DCF法で算出した負債価値と株主価値との合計を企業価値とする。

**(1) 負債価値**

負債価値は有利子負債の価値の総和である。負債の利子率5%、支払利息500（万円）であることから、負債価値は10,000（万円）である。

支払利息500万円÷負債の利子率5％＝10,000（万円）

**(2) 株主価値**

税引後利益はすべて配当されることから、配当還元方式で算出すると、株主価値は4,000（万円）である。

税引後利益360（万円）÷株式の要求収益率9％＝4,000（万円）

**(3) 企業価値**

負債価値10,000（万円）＋株主価値4,000（万円）＝14,000（万円）

## II　その他企業価値の関連知識

平成**26**年度　第**20**問　設問1のみ

**［設問1］　解答：ウ**

企業価値評価アプローチに関する出題である。

　**ア：不適切である。**収益還元法は、DCFアプローチの手法である。

　**イ：不適切である。**純資産価額法は、コスト・アプローチの手法である。

　**ウ：適切である。**マルチプル法（類似会社比較法）は、マーケット・アプローチ
　　　の手法である。類似する上場企業の市場株価や、類似するM＆A取引にお
　　　いて成立した価格をベースにした一定の倍率（マルチプル）を評価対象企業
　　　の経営指標（PER、PBR）に乗じる方法である。

　**エ：不適切である。**リアルオプション法は、DCFアプローチの手法である。

平成**22**年度　第**20**問　解答：ア

M&Aの用語に関する出題である。「外部の有能な経営者に事業を承継させたい
と考えた」という内容に一致する手段は、選択肢アのMBI である。

　**ア：MBI** ／マネジメント・バイ・イン（Management Buy In）の略語である。

　**イ：MBO** ／マネジメント・バイ・アウト（Management Buy Out）の略語である。

　**ウ：TOB** ／テイクオーバー・ビッド（Take-Over Bid）の略語であり、日本語で
　　　は株式公開買付という。

　**エ：ホワイト・ナイト（白馬の騎士）**／敵対的買収者に対抗し、買収の対象企業
　　　にとって都合のよい友好的な立場で合併、買収する第三者のことである。

平成**28**年度　第**13**問　解答：エ

企業買収に関する略語の理解を問う出題である。選択肢の適不適および各略語の
意味は、次の通りである。

　**ア：不適切である。**KPI（Key Performance Indicator）とは、企業の業績を評
　　　価する際に用いる、重要業績評価指標のことである。

　**イ：不適切である。**LBO（Leveraged Buy Out）とは、買収企業が、買収のため
　　　の資金を被買収企業の資産を担保にして調達する買収の方法である。

　**ウ：不適切である。**MBO（Management Buy Out）とは、経営陣が、会社から
　　　特定の部門を買い取って独立する買収の方法である。

　**エ：適切である。**TOB（Take-Over Bid）は、株式公開買付とも呼ばれる。

**平成23年度　第20問**

## [設問1]　解答：ウ

企業評価手法の種類に関する出題である。

★解答プロセス

【企業評価の手法】

①インカム・アプローチ

将来期待される会計上の利益またはキャッシュ・フローに基づいて企業価値を評価する手法である。企業独自の収益性をもとに評価するため、企業固有の価値を表すといわれる。

- 主な評価尺度：DCF法、収益還元方式、調整現在価値法　等

②マーケット・アプローチ

上場している同業他社の株価や類似取引事例などと比較することによって相対的に企業価値を評価する手法である。評価対象企業が上場している場合には、株式市場での取引環境をもとに評価するため、客観性が高いといわれる。

- 主な評価尺度：市場株価法（PER、PBR等）、類似上場会社法、類似取引法 等

③ネットアセット・アプローチ（またはコスト・アプローチ）

株式の評価を前提とした場合、企業の貸借対照表上の純資産に基づいて企業価値を評価する手法である。貸借対照表をもとに評価するため、一般的に理解されやすく、客観性が高いといわれる。

- 主な評価尺度：簿価純資産法、時価純資産法　等

（空欄A）評価尺度としてDCF法や収益還元方式を採用していることから、空欄Aには「インカム」が入る。

（空欄B）評価尺度としてPERやPBRを採用していることから、空欄Bには「マーケット」が入る。

**ア：不適切である。**「2パラメーター・アプローチ」という企業評価の手法はない。

**イ：不適切である。**「2パラメーター・アプローチ」という企業評価の手法はない。

**ウ：適切である。**

**エ：不適切である。**「コスト・アプローチ」とは、問題文中にあるように「バランスシート上の純資産価値に着目するアプローチ」のことである。一方、「オプション・アプローチ」という企業評価の手法はない。なお、「オプション」とは、将来の一定日または一定期間に取引される商品（原資産）の取引価格を定めておき、「その定められた価格で取引できる権利」を売買できるようにした取引のことである。

**オ：不適切である。**空欄A・Bの選択肢が両方とも誤っている。

◎参考文献

『企業価値評価ガイドライン』日本公認会計士協会

笠原真人著『最新　企業価値評価の基本と仕組みがよ～くわかる本　IFRS対応』秀和システム

## ［設問2］　解答：ア

配当割引モデルによる株式価値評価に関する出題である。

★解答プロセス

①問題文中のデータには、「予想1株あたり配当額」があるものの、配当の成長率に関する記述がないため、ゼロ成長モデルに基づいて株式価値を算出することが分かる。

●配当割引モデル（ゼロ成長モデル）

---

株式価値（理論株価）$= \dfrac{D}{r}$

$D$：第n期の配当額、$r$：自己資本コスト（割引率）

---

②割引率である自己資本コストについては、問題文中に「自己資本コストはCAPMにより算出する」とあるため、資本資産評価モデル（CAPM）に基づいて算出する。CAPMは、市場全体の値動きに対する個別銘柄の値動きを表す$\beta$値（株式市況感応値）を利用して、個別銘柄の株式リスク・プレミアムとそれに基づく自己資本コストを求めようとする考え方である。

●自己資本コスト

---

$r_e = r_f + \beta \times (r_m - r_f)$

　$r_e$　：自己資本コスト（個別銘柄の期待収益率）

　$r_f$　：安全利子率

　$r_m$　：期待市場収益率

　$\beta$　：株式市況感応値

---

問題文中のデータ「$\beta$値＝2、安全利子率＝2％、期待市場収益率＝6％」を上記の公式に当てはめると、

自己資本コスト＝2％＋2×（6％－2％）＝10％

となる。

③上記②で求めた「自己資本コスト＝10％」および問題文中のデータ「予想1株あたり配当額＝30円」を上記①の公式（ゼロ成長モデル）に当てはめると、

　株式価値（理論株価）＝30円÷10％＝300円

となるため、空欄Cには「300円」が入る。

## ［設問3］　解答：ア

株価純資産倍率（PBR）の計算に関する出題である。

★解答プロセス

①株価純資産倍率（PBR：Price Book-value Ratio）とは、株価が簿価の1株当たり純資産の何倍になっているかを示す指標である。PBRが高ければ株価は割高であり、低ければ割安であることを意味する。なお、問題文中の「株式価値」（理論株価）と「株価」の違いに注意しなければならない。前者は「将来にわたり受け取れるであろう配当を現在価値に割引き、総計したもの」であるのに対し、後者は「現時点で、株式市場における株式の売り手と買い手の株式売買で成立した価格（時価）」である。

●株価純資産倍率

$$株価純資産倍率（倍）＝\frac{株価}{1株当たり純資産簿価}（倍）$$

②問題文中のデータ「総資産簿価＝1億円、負債＝6,000万円」より、純資産簿価が4,000万円であることが分かる（次ページの図参照）。

③上記②で求めた「純資産簿価＝4,000万円」および問題文中のデータ「発行済み株式数＝10万株、株価＝500円」を、上記①の公式に当てはめると、

$$株価純資産倍率＝\frac{500円}{40,000,000円÷100,000株}＝\frac{500円}{400円}＝1.25（倍）$$

となるため、空欄Dには「1.25」が入る。

| | 負債<br>6,000万円 |
|---|---|
| 総資産簿価<br>1億円 | |
| | 純資産簿価<br>4,000万円 |

# 第12章 リターンとリスクの知識 解答・解説

## II リターンとリスクの指標

**令和2年度 第18問** 解答：ア

　効率的市場仮説のうちセミストロング仮説のイベントスタディに関する出題である。ある企業の業績が良くなると判断される情報が市場に流れるイベントが発生した直後、当該企業の株価が一時的に上昇し、平常の当該株式の収益率を上回る（異常な）超過収益率も一時的に上昇する。しかし、すぐに流れた情報を織り込んだ株価が形成されて平常に戻るため、情報が市場に流れる前後の（異常な）超過収益率はゼロ付近を推移する。

**平成29年度 第16問** 解答：エ

　期待値に関する出題である。期待値の計算では、発生が予想される事象ごとに、リターンの大きさおよび生起確率を設定し、次の式を用いて値を求める。
　期待値＝Σ（事象ごとのリターンの大きさ×事象ごとの生起確率）
　　与えられた情報を、期待値の計算式に代入する。
　　期待値＝（20億円×0.2）＋（15億円×0.7）＋（7億円×0.1）
　　　　　＝4億円＋10.5億円＋0.7億円
　　　　　＝15.2億円

**平成23年度 第18問** 解答：イ

　リスク回避的投資家の投資案の選好についての出題である。
　リスク回避的投資家とは、リターンの期待値が同じあれば、リスクの小さい投資対象を選び、同じリスクであればリターンの大きい投資対象を選ぶ投資家を指す。
★解答プロセス
　投資家の主観的満足度が等しいリターンとリスクの組み合わせを結んだ線を効用無差別曲線と呼ぶが、本問の前提となっているリスク回避的投資家の効用無差別曲線の典型的な形状は下記のとおり右上がりかつ下に凸である。
　AからIまでの投資案を、リターンとリスクのグラフにプロットすると次のページの図のとおりとなる。
　リスク回避的投資家にとって、無差別曲線が一番左上に来る投資案が最も効用が

544　第2部 テーマ別1次過去問集

高いと判断されるため、一番左上にプロットされるCが選択される。Cは、全投資案の中でリスクが最小の「3」でリターンは最大の「6」となっている。

よって、選択肢イが適切である。

【投資案とリスク回避者の効用無差別曲線】

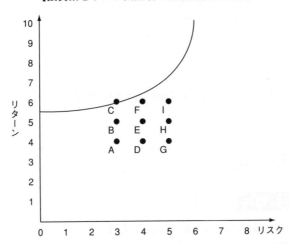

◎参考文献

日本証券アナリスト協会編『証券投資論』日本経済新聞社

## 平成24年度 第19問　解答：ア

ポートフォリオのリターンとリスクに関する出題である。本問では、ポートフォリオ変更後の期待収益率と標準偏差を計算する。

ポートフォリオ変更後の期待収益率、標準偏差は次のとおりである。

(1) 期待収益率

　期待収益率8％の投資信託と期待収益率2％の安全資産へ等額投資する場合の期待収益率を計算する。ポートフォリオの期待収益率は、2つの資産の期待収益率を投資比率で加重平均した値になる。

　期待収益率＝8％×0.5＋2％×0.5＝5％

(2) 標準偏差

　理論的には、まず、標準偏差6％の投資信託と標準偏差0％の安全資産へ等額投資する場合の分散を計算し、次に分散の正の平方根をとって標準偏差を計算する必要がある。ただし、本問では標準偏差を簡便に計算することができる。

　ポートフォリオを危険資産のみで組む場合は、相関係数または共分散の数値

が与えられていないと、ポートフォリオの分散および標準偏差は計算できない。また、その場合の計算過程は複雑であり、かつポートフォリオの標準偏差は、必ずしも2つの証券の標準偏差を投資比率で加重平均した値にはならない。

しかし、本問ではポートフォリオを危険資産と安全資産で組む。安全資産の標準偏差は与えられていないが、理論的には0％であると推定できるため、ポートフォリオの標準偏差は、次のように計算できる。

標準偏差＝危険資産の標準偏差×投資比率
$$= 6\% \times 0.5 = 3\%$$

◎参考文献

大塚宗春・佐藤紘光著『ベーシック　財務管理　第二版』同文舘出版

# Ⅲ　リスク管理

**令和元年度　第13問**　**解答：ア**

無差別曲線による資産選択に関する出題である。

リスク回避的投資家の無差別曲線は右下に向かって凸の形状になる。左上にある点ほどリターンが高く、リスクが低い資産となるため、より左上に位置する無差別曲線上にある資産Aが最も望ましい資産となる。

よって、正解はアである。

**平成24年度　第22問**　**解答：ウ**

先物取引の取引内容に関する出題である。先物取引の契約者は、商品の受渡日よりも前に反対売買を行い、売買代金の差額のみを決済することが多い。先物取引では、商品（現物）の受渡しを必要としない。ただし、商品の受渡日よりも前に反対売買をしなかった場合は、商品の受渡しと商品代金の受渡しを行うことになる。

先物取引は、商品を取り扱う各取引所において取引するため、商品の種類、取引単位、受渡日等の取引条件が定型化されている。取引条件の一つである証拠金とは、先物取引の契約者が契約の履行を保証するために取引所に差入れる担保のことである。証拠金は、商品の約定代金に一定率を乗じて当初算出するが、商品の価格変動により、証拠金の価値も毎日変動する。したがって、値洗いと呼ばれる評価替えが毎日行われ、当初差入れた証拠金では担保として不足が生じた場合、不足分を取引所に追加担保として差入れる義務がある。この義務を履行できない場合、強制的な反対売買により契約を終了する。

**ア：適切である。**

**イ：適切である。**

**ウ：不適切である。**「特定の受渡日に」ではなく、「反対売買を行って直ちに」が正しい。反対売買を行った場合は、特定の受渡日に取引を決済するのではなく、直ちに差金決済する。ただし、反対売買を行わなかった場合、特定の受渡日に取引を決済する。

**エ：適切である。**

◎参考文献

菊井髙昭・宮本順二朗著『企業ファイナンス入門』財団法人放送大学教育振興会

---

**平成25年度 第22問** 解答：**イ**

輸入業者が行う為替リスクのヘッジに関する出題である。3か月後に現時点よりも円安になった場合、支払通貨のドルを購入するために円を売却すると、輸入業者は円換算での支払金額が多くなる。為替リスクをヘッジするために輸入業者がとりうる主な手法には、以下の3つがある。

①ドル買いの為替予約をする。

将来ドルを購入する円の金額を事前に確定する契約を結ぶ。

②円建ての借り入れを行い、為替の直物レートでドルを買う。

金融機関から円を調達し、調達した円を売ってドルを買う直物為替を行い、事前にドルを購入しておくことである。

③ドルの3か月物コール・オプションを買う。

3か月後のドルを行使価格で購入できる権利を購入することである。3か月後にドルの為替レートが行使価格と同一か円安になれば、コール・オプションを行使し、為替レートが行使価格よりも円高になれば、コール・オプションを行使せずに放棄し、直物為替レートでドルを購入する。

**ア：不適切である。**ドル売りではなく、ドル買いの為替予約を行うのが正しい。

**イ：適切である。**

**ウ：不適切である。**円建ての借り入れを行い、為替の直物レートでドルを買うのが正しい。

**エ：不適切である。**コール・オプションを買うのが正しい。

---

**平成30年度 第14問** 解答：**エ**

デリバティブに関する出題である。

**ア：適切である。**スワップ取引のうち、同種通貨間の異種金利（たとえば固定金

利と変動金利)を交換するのが金利スワップである。

### 【 主なデリバティブ取引 】

| 先物取引 | ある商品を将来の特定日に特定の価格で特定の金額だけ売買することを約束する取引 |
|---|---|
| オプション取引 | ある金融商品を、将来の一定期間内または一定期日に、あらかじめ定められた価格 (権利行使価格) で買ったり売ったりする権利を売買する取引 |
| スワップ取引 | 2つの企業が、自社の希望する金利形態や通貨で資金調達を行うために債務を交換する取引 |

**イ:適切である。**先物取引における証拠金とは、取引に参加するために必要な担保金で、取引を決済するまでは定められた金額を維持する必要がある。決済前の先物取引について、値洗いを行って、相場変動により計算上の損益が発生した場合、証拠金に加減される。

**ウ:適切である。**上記【主なデリバティブ取引】参照

**エ:不適切である。**2018年6月末の「デリバティブ取引に関する定例市場報告」において、想定元本ベースで今日最も多く取引されているものは、金利スワップである。

---

**平成29年度** **第22問** **解答:エ**

流動性リスクに関する出題である。流動性リスクは、投機的リスク (損失と利益とのどちらにも可能性があるリスク) のひとつである。

### 【 主な投機的リスク 】

| 流動性リスク | 資産を売りたいときに買い手がつかない、資産を買いたいときに売り手が現れない、値がつかない、というリスク |
|---|---|
| 為替リスク | 外貨建て取引の場合、為替レートの変動で損益が生じるリスク |
| 信用リスク | 負債における金利の支払いや元本の返済が遅れたり、不可能となるリスクで、デフォルトリスクとも呼ばれる |
| 金利リスク | 市中金利の変動によって債券価格が変化するリスク |

**ア:不適切である。**為替リスクの例である。

**イ:不適切である。**信用リスクの例である。

**ウ:不適切である。**金利リスクの例である。

**エ:適切である。**流動性リスクの例である。

# Ⅳ 為替リスクとリスクの回避

### 平成26年度 第22問　解答：ウ

コール・オプションの価値に関する出題である。コール・オプションの価値は、コール・オプションの買い手の立場で考えるとわかりやすい。

- **ア：適切である。** 資金を借りて原資産を買うことを考えるならば、早い時期に資金を借りると、決済日までの期間が長くなるため、金利分が不利になる。これに対し、コール・オプションでは、早い時期に権利の内容を確定してしまう。このため、金利が高ければコール・オプションの価値は高くなる。
- **イ：適切である。** 原資産の価格が高ければ、行使価格は、原資産の価格よりも相対的に低くなる。このため、原資産の価格が高ければコール・オプションの価値は高くなる。
- **ウ：不適切である。** 原資産の価格変動性が高いとき、原資産の価格が高いほうに変動した場合は、選択肢イの内容によってコール・オプションの価値は高くなる。原資産の価格変動性が高いとき、原資産の価格が低いほうに変動した場合は、損失をオプション料以内に抑えられるため、コール・オプションの価値は高くなる。
- **エ：適切である。** 行使価格が高ければ、原資産の価格に対する行使価格の有利性が小さくなるため、コール・オプションの価値は低くなる。

### 平成20年度 第21問　解答：エ

為替予約に関する出題である。為替相場の変動によるリスクを回避する方法の1つとして（先物）為替予約がある。将来の一定の期日に一定の価格で外貨を売買する契約を行うことである。

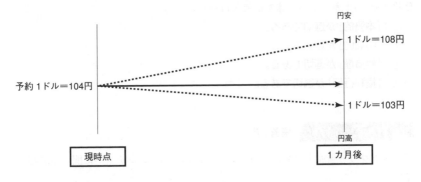

★解答プロセス

　1ドル＝104円で為替予約を行うと、1ヵ月後の受取額は104万円である。為替予約を行わずに1ヵ月後の為替相場 (直物) が1ドル＝108円となった場合の受取額は108万円なので、為替予約をした場合の円手取収入は4万円少なくなる。

　また、1ヵ月後の為替相場 (直物) が1ドル＝103円となった場合の受取額は103万円なので、為替予約をした場合の円手取収入は1万円多くなる。

　よって正解はエとなる。

### 平成**30**年度　第**15**問　　解答：**エ**

　コールオプションの価格に関する出題である。オプションの価格は、本質的価値と時間的価値との合計である。

| 本質的価値 | 権利行使したときに得られる利益の価値 |
|---|---|
| 時間的価値 | 将来、原資産が値上がり、または値下がりする期待の価値 |

　原資産を購入する権利であるコールオプションの場合、権利行使時の原資産価格が1,000円の時、権利行使価格が1,200円の場合と800円の場合との本質的価値は次のようになる。

**【 コールオプションの本質的価値例 】**

| 原資産価格が1,000円 | ●権利行使価格が1,200円→権利行使しないで1,000円で購入<br>●権利行使しない→本質的価値＝ゼロ |
|---|---|
| | ○権利行使価格が800円→権利行使して、800円で購入<br>○1,000円の原資産を800円で購入→本質的価値＝200円 |

　コールオプションの場合、本質的価値は原資産価格から権利行使価格を控除することにより得られる。原資産価格が権利行使価格を下回る (原資産価格－権利行使価格≦ゼロ) 状態のとき、本質的価値はゼロになる。

①：「本質的」が適切である。

②：「時間的」が適切である。

③：「原資産」が適切である。

④：「権利行使」が適切である。

### 平成**21**年度　第**17**問　　解答：**ア**

　リスクフリー資産を含めた投資機会集合の効率的フロンティアに関する出題である。

550　第2部　テーマ別1次過去問集

出題の図では、曲線（直線）ABCと曲線DBEという投資機会集合が示されている。

効率的フロンティア図（左）にあるように、出題の図上に特定のリスク水準を決めて垂線（点線部分）を立てると、当該垂線上には、リスク水準が同じでリターンの異なる投資機会が並ぶ。そのときに、各垂線上で最もリターンが大きい投資機会は曲線ABC（太線部分）上にある。

効率的フロンティア図（右）にあるように、出題の図上に特定のリターンをとって水平線（点線部分）を引くと、当該水平線上には、リターンが同じでリスク水準の異なる投資機会が並ぶ。そのときに、各水平線上で最もリスクが小さい投資機会は曲線ABC（太線部分）である。

以上から、効率的フロンティアは曲線ABCとなる。

【効率的フロンティア図】

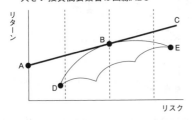

同じリスクの垂線上で最もリターンが
大きい投資機会集合は曲線ABC

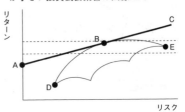

同じリターンの水平線上で最もリスク
が小さい投資機会集合は曲線ABC

出題の図は、リスク資産のみで構成される投資機会集合DBEとリスクフリー資産とリスク資産とで構成される投資機会集合ABCとを組み合わせたものである。

リスク資産のみで構成される投資機会集合DBEにおいて、構成された複数のリスク資産のリスク同士が全て相関係数＝1であるならば、当該投資機会集合はローリスク・ローリターンの点Dとハイリスク・ハイリターンの点Eを結ぶ直線になる。しかし、実際には複数のリスク資産のリスク同士は、負の相関関係であったり、無相関であったりする。相関関係が異なる複数のリスク資産のみで投資機会を構成する場合、リスクは相殺されて減るが、リターンは増えるというケースが現れる。ローリスク・ハイリターンの投資機会集合は、直線DEが左に膨らみ、出題の図のように、曲線DBEとなる。

リスク資産とリスクのない資産（リスクフリー資産）とで構成される投資機会では、リスクフリー資産の構成割合100％すなわちリスクのない場合にリスクフリー資産のみによるリターンを確保できる。出題の図では点Aがリスクフリー資産の構成割合100％の場合のリターンである。

リスク資産とリスクフリーの資産とで構成される投資機会（ポートフォリオ）を評価する指標としてシャープレシオがある。

シャープレシオはリターンの大きさとリスクの小ささとを同時に評価する指標である。シャープレシオが大きい投資機会ほど、ローリスク・ハイリターンの投資機会（ポートフォリオ）と評価される。

$$シャープレシオ = \frac{（リターン）-（リスクフリーレート）}{（リスク）}$$

シャープレシオを図示するとシャープレシオのイメージ図（左）のように、リスクフリーレートと投資機会とを結ぶ直線の傾きになる。シャープレシオの考え方から、投資機会（ポートフォリオ）を評価する場合にリターンとリスクとの関係を線形（一次式）で考える手法を用いることがわかる。

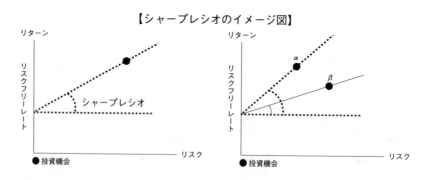

【シャープレシオのイメージ図】

シャープレシオのイメージ図（右）では、投資機会 $\alpha$ のシャープレシオが投資機会 $\beta$ のシャープレシオよりも大きいので投資機会 $\alpha$ が優位と評価する。

リスク資産のみの投資機会集合（曲線DBE）内の個別の投資機会にリスクフリー資産を組み込んだ場合、リスクフリー資産を組み込んだ個別の投資機会を評価するシャープレシオの最大値は、リスクフリーレートの点Aと曲線DBEの上方の接点（点B）を通る直線（曲線）ABCで求められる。このようにリスクフリーレートの点とリスク資産のみで構成される投資機会集合との接点をつなぐ直線の中でシャープレシオが最大となるものを資本市場線という。

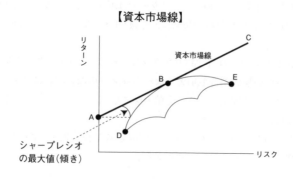

【資本市場線】

資本市場線は、シャープレシオの最大値の直線であるため、特定のリスク水準において最大のリターンとなる投資機会集合と考えられる。そこでリスク資産とリスクフリー資産とで構成される投資機会を選択する場合、合理的な投資家は、資本市場線である直線ＡＢＣ上にある投資機会から自身が投資する投資機会を選択する。

◎参考文献

葛山康典著『企業財務のための金融工学』朝倉書店

菊井高昭・竹本達広著『財務管理と診断』同友館

グロービス・マネジメント・インスティテュート著『MBAファイナンス』ダイヤモンド社

## 平成**22**年度　第**15**問　**解答：ウ**

期待効用仮説およびリスクに対する投資家の選好に関する出題である。本テーマは中小企業診断士試験において、主に経済学・経済政策で学ぶ内容だが、財務・会計でも証券投資論の一つに位置づけられる。

期待効用仮説に基づけば、本問の投資プロジェクトによって1年後にもたらされるキャッシュ・フローの期待効用は、キャッシュ・フローの期待値として次のように求められる。

キャッシュ・フローの期待値＝$3,000 \times 0.5 + 1,000 \times 0.5 = 2,000$万円

時間価値を考慮すると、1年後に2,000万円のキャッシュ・フローをもたらす投資プロジェクトの現在価値が、当該投資プロジェクトへの現在の拠出上限額となる。

リスクに対する投資家の選好において、意思決定者がリスク中立的であるということは、限界効用が一定で、効用関数が直線で表される態度をとるということである。

意思決定者がリスク中立的であるならば、リスクの大小を考慮せずに意思決定をするため、リスクは意思決定の要因にならない。よって、リスクプレミアムはゼロになり、投資プロジェクトに対する期待収益率は安全利子率になる。

以上から、次式が成り立つ。

投資プロジェクトへの拠出上限額×$(1+安全利子率)^{経済命数}$

　＝キャッシュ・フローの期待値

投資プロジェクトへの拠出上限額＝$\dfrac{キャッシュ・フローの期待値}{(1+安全利子率)^{経済命数}}$

上式に本問の数値を代入すると、正解は1,818万円となる。

投資プロジェクトへの拠出上限額＝$\dfrac{2,000}{(1+0.1)^{1}} = 1,818.18\cdots \rightarrow 1,818$万円

## 平成22年度 第16問　解答：イ

　2証券ポートフォリオのリスク低減に関する出題である。ポートフォリオとは、複数の投資の組み合わせ、すなわち分散投資の組み合わせのことであり、目的はリスクの低減である。ポートフォリオの有用性は、ある投資の結果が不利なものであっても、他の投資の結果が有利であれば、投資全体としてはリスクを低減できるだろうという考え方に基づいている。

　リスクを変動性と捉えた場合、ポーフォリオのリスクを低減するためには、変動の方向が反対の投資同士をバランスよく保有することが望ましい。投資が2つ（証券Aへの投資と証券Bへの投資）の場合のポートフォリオのリスク（標準偏差）とリターン（投資収益率）の関係は、次図のようになる。

**【証券が2つの場合のポートフォリオ】**

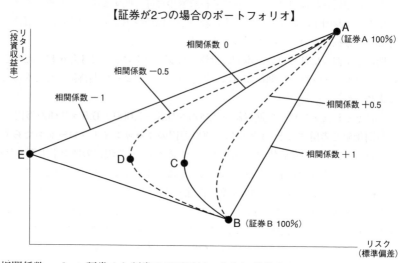

相関係数 －1 → 証券Aと証券Bが正反対の方向に変動する
相関係数 　0 → 証券Aと証券Bが無関連に変動する
相関係数 ＋1 → 証券Aと証券Bが全く同じ方向に変動する

　相関係数は－1から＋1の値をとる。相関係数が正の場合は2つの証券が同じ方向に変動することを意味し、負の場合は反対の方向に変動することを意味する。相関係数が0の場合は2つの証券の変動は無関連であることを意味する。相関係数の絶対値の大きさは関連性の強さを意味する。

　以上の知識を使って、選択肢を考察する。

　　**ア：不適切である。**「完全に相関している」という表現は、相関係数が＋1であることを意味していると考えられる。グラフの直線ABを見ると、リスクの低減効果は最小である。

**イ：適切である。**「完全に負相関している」という表現は、相関係数が－1である
ことを意味していると考えられる。グラフの折れ線AEBを見ると、点Eに
おいてリスクがゼロになっており、リスク低減効果は最大である。

**ウ：不適切である。**「全く相関がない」という表現は、相関係数が0であることを
意味していると考えられる。グラフの曲線ACBを見ると、リスクの低減効
果は、相関係数が－1のときよりも小さい。

**エ：不適切である。**「弱い負相関がある」という表現は、相関係数が－1超0未満
であることを意味していると考えられる。例として相関係数－0.5を想定し、
グラフの曲線ADBを見ると、リスクの低減効果は、相関係数が－1のとき
よりも小さい。

---

### 平成**30**年度 第**16**問　解答：**エ**

ポートフォリオのリスクに関する出題である。

非システマティック・リスク（アンシステマティック・リスク）は個々の投資対
象ごとにそれぞれが持つリスクのことであり、分散投資により低減することができ
る。組み込み銘柄数の増加により非システマティック・リスクを低減することがで
きるが、そのリスク低減効果は逓減する。このため、グラフは原点に対して凸となる。

システマティック・リスクは分散投資では低減できないリスクである。分散投資
により、非システマティック・リスク（①の部分）がゼロに収束しても残るリスク
であるグラフ②の部分がシステマティック・リスクとなる。

◎参考文献

齋藤正章・阿部圭司著『ファイナンス入門』放送大学教育振興会

---

### 平成**29**年度 第**19**問　解答：**エ**

ポートフォリオに関する出題である。与えられた図は、2証券ポートフォリオに
おけるリターンとリスクの関係を示している。リターンには期待収益率が該当し、
リスクには標準偏差が該当する。

A、Bの2つの株式から構成されるポートフォリオにおいて、相関係数が－1で
あるということは、2つの株式が正反対の性質の変動をするということである。そ
の場合は、ポートフォリオの標準偏差を0にすることができる。

与えられた図の中で、標準偏差が0になることを示しているものは④である。な
お、相関係数の大小関係は「④（＝－1）＜③＜②＜①（＝1）」である。

解説編　**555**

## 平成**29**年度 第**23**問 解答：ア

　最適ポートフォリオの選択に関する出題である。危険資産と安全資産とが存在する市場では、どの投資家であっても、選択されるポートフォリオは資本市場線上にある。これは、選択可能な危険資産ポートフォリオの組み合わせは無数に存在するが、選択される危険資産の組み合わせは、資本市場線と危険資産ポートフォリオの有効フロンティアが接する点に限られることを意味している。

　投資家の効用に左右される部分は、この唯一選択される危険資産ポートフォリオと安全資産への投資比率の決定のみとなり、危険資産ポートフォリオ自体の選択は投資家の効用とは別に決定される。

　資本市場線とは、危険資産のみのポートフォリオの有効フロンティアに、安全資産を導入した新しい有効フロンティアである。

**A：「資本市場線」が適切である。**

**B：「有効フロンティア」が適切である。**

**C：「投資家の効用」が適切である。**

## 平成**30**年度 第**18**問 解答：ウ

　ポートフォリオの収益率（期待収益率）に関する出題である。ポートフォリオの収益率（期待収益率）は、個別資産の期待値に、それぞれの投資比率を乗じて合計（加重平均）することで算出する。標準偏差や相関係数は、本問の算出過程で使わない。

　資産Aの投資比率をrAとした場合、本問のポートフォリオの収益率は、次の式で算出する。

　資産Aの期待値（10%）×rA＋資産Bの期待値（20%）×（1−rA）＝16%

　10%×rA＋20%−20%×rA＝16%

　−10%×rA＝−4%

　rA＝0.4

556　第2部　テーマ別1次過去問集

## 平成22年度 第18問

[設問1]　解答：イ

為替予約（先物為替予約）の損益に関する出題である。

★解答プロセス

F社の取引に関する損益を考えてみよう。

①事務機器の販売時

　　（借方）売掛金　10,200万円　／　（貸方）売上　10,200万円

　　※売掛金：100万ドル×102円／ドル（直物レート）＝10,200万円

②予約レート（1ドル＝98円）締結時

　　※債権・債務の変動がないため仕訳なし。

③売掛金および為替予約の決済時（1ヵ月後）

　　（借方）現金　　　　9,800万円　／　（貸方）売掛金　10,200万円
　　　　　為替差損益　　 400万円

　　※販売代金として受け取った100万ドルをZ銀行にて現物決済する。

　　　現金：100万ドル×98円／ドル（予約レート）＝9,800万円

したがって、「為替予約による損益」、「直物による損益」、および「為替予約による損益と直物による損益とをあわせたネットの損益」は以下のようになる。

●為替予約による損益

上記③より、為替予約の決済によって為替差損益400万円の損失が発生する（借方発生）。

　　※為替予約による損益＝－400万円

●直物による損益

為替予約によってF社とZ銀行間における円換算レートが確定しているため、直物レートの変動の影響を受けない。

　　※直物による損益＝0万円

●為替予約による損益と直物による損益とをあわせたネットの損益

　　為替予約による損益＋直物による損益＝－400万円＋0万円＝－400万円

よって、F社の為替予約による損益と直物による損益とをあわせたネットの損益として、「400万円の損失」が発生する。

なお、外貨建取引発生後に為替予約を締結した場合、直直差額（じきじきさがく）

や直先差額（じきさきさがく）の処理が必要であるが、本問では具体的な取引日の設定がないため、これらの会計処理を割愛した。

　※直直差額とは、外貨建取引時の直物レートによる円換算額と為替予約時の直物レートによる円換算額の差額であり、当期の為替差損益として処理する。

　※直先差額とは、為替予約時の直物レートによる円換算額と予約レートによる円換算額の差額であり、為替予約の予約日から決済日までの間で期間配分する（前払費用または前受収益）。

**ア：不適切である。**上記の「★解答プロセス」により不適切である。
**イ：適切である。**
**ウ：不適切である。**上記の「★解答プロセス」により不適切である。
**エ：不適切である。**上記の「★解答プロセス」により不適切である。

◎参考文献

大塚宗春・辻正雄著『管理会計の基礎』税務経理協会

福島三千代著『サクッとうかる日商1級商業簿記・会計学3テキスト』ネットスクール出版

[設問2]　解答：ウ

　通貨先物取引の損益に関する出題である。

★解答プロセス

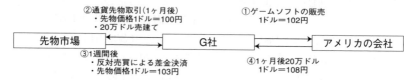

　G社の取引に関する損益を考えてみよう。

| | 先物市場 | 現物市場 |
|---|---|---|
| 販売時 | | ①1ドル＝102円 |
| 先物取引締結時 | ②1ドル＝100円、20万ドル売建て<br>※ドル安円高を予想 | |
| 1週間後 | ③反対売買（買戻し）による差金決済<br>1ドル＝103円<br>〈損益〉<br>（100－103）円×20万ドル＝－60万円 | 1ドル＝105円<br>※予想に反して、ドル高円安 |
| 1ヶ月後 | | ④1ドル＝108円 |

①ゲームソフトの販売時

　（借方）売掛金　2,040万円　／　（貸方）売上　2,040万円

※売掛金：20万ドル×102円／ドル（直物レート）＝2,040万円
②通貨先物取引の締結時
　　※債権・債務の変動がないため仕訳なし。
③反対売買（買戻し）による差金決済
　　（借方）先物損失　　60万円　／　（貸方）現金　　　　60万円
④販売代金の受け取り時
　　（借方）現金　　　2,160万円　／　（貸方）売掛金　2,040万円
　　　　　　　　　　　　　　　　　　　　　為替差損益　　120万円
　　※現金：20万ドル×108円／ドル（直物レート）＝2,160万円
したがって、「通貨先物取引による損益」、「直物による損益」、および「通貨先物取引による損益と直物による損益とをあわせたネットの損益」は以下のようになる。

●通貨先物取引による損益
　　上記③の反対売買（買戻し）による差金決済によって、先物損失60万円が発生する。　　　※通貨先物取引による損益＝－60万円
●直物による損益
　　上記①・④より、販売代金の受け取り時の円換算額からゲームソフトの販売時の円換算額を差し引くと、2,160万円－2,040万円＝120万円の為替差損益（利益）が発生する。　　　※直物による損益＝120万円
●通貨先物取引による損益と直物による損益とをあわせたネットの損益
　　通貨先物取引による損益＋直物による損益＝－60万円＋120万円＝60万円
　　よって、G社の通貨先物取引による損益と直物による損益とをあわせたネットの損益として、「60万円の利益」が発生する。
なお、先物取引では、参加時および取引ごとに委託証拠金（保証金）が必要であるが、本問では具体的な金額の設定がないため、これらの会計処理を割愛した。

**ア：不適切である。**上記の「★解答プロセス」により不適切である。
**イ：不適切である。**上記の「★解答プロセス」により不適切である。
**ウ：適切である。**
**エ：不適切である。**上記の「★解答プロセス」により不適切である。

◎参考文献
　銀行研修社編『デリバティブ取引入門』銀行研修社
　『やさしい日経経済用語辞典』日本経済新聞社
　武田昌輔・上村達男・森平爽一郎・淵田康之編集『第5版　証券用語辞典』銀行研修社

`平成23年度` `第21問` ▶ **解答：ア**

金利スワップに関する出題である。ファイナンスの世界では、スワップ（swap）

解説編　**559**

とは、「金利や為替などのキャッシュ・フローを交換する」という意味で用いられている。金利スワップとは、元本交換は伴わず、金利部分のみのキャッシュ・フローを交換するものであり、代表的な例では、同一通貨における固定金利と変動金利 (または異なった形態の変動金利同士) を交換する。

★解答プロセス

**ア：適切である。** 資金調達を検討中の企業Aと企業Bが、短期変動市場 (変動金利) と長期固定市場 (固定金利) で次のような条件を提示されたとする。企業Aは変動金利での資金調達を希望しており、企業Bは固定金利での資金調達を希望している。

|  |  | 短期変動市場 | 長期固定市場 |
|---|---|---|---|
| 企業A | 変動金利を希望 | LIBOR＋0.5% | 5% |
| 企業B | 固定金利を希望 | LIBOR＋1.0% | 7% |
| 企業Aと企業Bとの差 |  | −0.5% | −2% |
| 評価結果 |  | 企業Bが比較優位 | 企業Aが比較優位 |

※ロンドン銀行間出し手レート (LIBOR：London Inter-Bank Offered Rate) LIBORは変動金利である。

　この場合、注目すべき点は、両市場で企業Aと企業Bに提示された金利の差が異なっていることである。長期固定市場での企業Aと企業Bとの差は−2%であるが、短期変動市場では−0.5%となっている。つまり、変動金利を希望している企業Aは固定金利での資金調達に比較優位があり、固定金利を希望している企業Bは変動金利での資金調達に比較優位がある。

　そこで、例えば、変動金利を希望している企業Aは比較優位がある長期固定市場から固定金利で、固定金利を希望している企業Bは比較優位がある短期変動市場から変動金利で、それぞれ資金調達を行い、企業Aと企業Bが合意して下記のような金利スワップ契約を締結して金利部分を交換する。

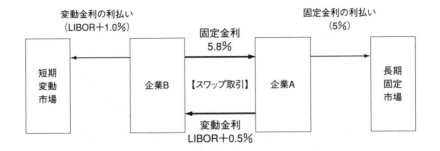

　この金利スワップによって企業Aが実際に負担する金利は、「LIBOR－0.3％」(LIBOR＋0.5％＋5％－5.8％) である。企業Bが実際に負担する金利は「6.3％」(5.8％＋LIBOR＋1.0％－(LIBOR＋0.5％))である。変動金利を希望する企業Aは短期変動市場から「LIBOR＋0.5％」で調達するよりも有利になる。企業Bは長期固定市場から「7％」で調達するよりも有利になる。

**イ：不適切である。** 上記企業Aのような固定金利受取・変動金利支払のスワップ契約では、変動金利が上昇して固定金利を上回った場合には、超過分の金利支払いが発生するため、金利上昇のリスクをヘッジすることはできない。

**ウ：不適切である。** 金利スワップでは、元本交換は行われない。

**エ：不適切である。** 金利が下落すると、受取金利が下落分だけ減少するため変動金利を受け取る側(例えば上記企業B)が不利となる。

◎参考文献
銀行研修社編『デリバティブ取引入門』銀行研修社
井出正介・高橋文郎著『経営財務入門 第4版』日本経済新聞社
大村敬一・俊野雅司著『証券投資理論入門』日本経済新聞社
金融広報中央委員会ホームページ『知るぽると』http://www.shiruporuto.jp/
グロービス・マネジメント・インスティテュート著『MBAファイナンス』ダイヤモンド社

### 平成24年度 第21問　解答：エ

　オプション取引の原資産価格と行使価格の関係に関する出題である。
　コール・オプションの買いの場合と、プット・オプションの買いの場合では、オプション料も考慮に入れると、損益図はそれぞれ以下の図21-1と図21-2のようになる。

(1) コール・オプションの買いの場合

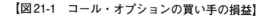

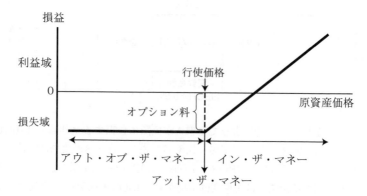

図21-1は、コール・オプションの買い手の権利行使日(権利決済日)の損益を表している。厳密に言えば、権利を行使する日である権利行使日を基準にした場合、行使が決定した権利を実際に決済する日である権利決済日は数営業日後(例：外国為替取引の場合は2営業日後)であるが、この解説では単純化するため、権利行使日と権利決済日が同日であると仮定する。

コール・オプションの買い手にとって、権利行使日における原資産価格が行使価格を上回ったときは、権利を行使するほうが市場価格で原資産を買うよりも安く買うことができ、利益を生じる。このときの原資産価格と行使価格の関係は、定義よりイン・ザ・マネーである。

コール・オプションの買い手にとって、権利行使日における原資産価格が行使価格を下回ったときは、権利を行使するよりも市場価格で買うほうが安くなり、権利を行使すると損失を生じるため、権利を行使せずに放棄する。このときの原資産価格と行使価格の関係は、定義よりアウト・オブ・ザ・マネーである。

コール・オプションの買い手にとって、権利行使日における原資産価格が行使価格と等しいときは、権利を行使した場合と権利を放棄して市場価格で買う場合とでは、有利不利がない。このときの原資産価格と行使価格の関係は、定義よりアット・ザ・マネーである。

(2) プット・オプションの買いの場合

【図21-2　プット・オプションの買い手の損益】

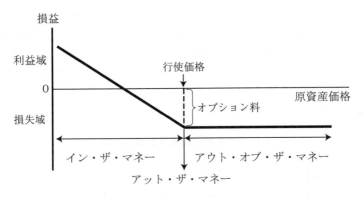

　図21-2は、プット・オプションの買い手の権利行使日の損益を表している。プット・オプションの買い手にとって、権利行使日における原資産価格が行使価格を下回ったときは、権利を行使するほうが市場価格で売るよりも高く売ることができ、利益を生じる。このときの原資産価格と行使価格の関係は、定義よりイン・ザ・マネーである。

　プット・オプションの買い手にとって、権利行使日における原資産価格が行使価格を上回ったときは、権利を行使するよりも市場価格で売るほうが高くなり、権利を行使すると損失を生じるため、権利を放棄する。このときの原資産価格と行使価格の関係は、定義よりアウト・オブ・ザ・マネーである。

　プット・オプションの買い手にとって、権利行使日における原資産価格が行使価格と等しいときは、権利を行使した場合と権利を放棄して市場価格で売る場合とでは、有利不利がない。このときの原資産価格と行使価格の関係は、定義よりアット・ザ・マネーである。

**ア：不適切である。**「コール・オプションの買いの場合」という条件に従えば、「イン・ザ・マネー」が正しい。

**イ：不適切である。**「コール・オプションの買いの場合」という条件に従えば、「アウト・オブ・ザ・マネー」が正しい。

**ウ：不適切である。**「プット・オプションの買いの場合」という条件に従えば、「アウト・オブ・ザ・マネー」が正しい。

**エ：適切である。**

◎参考文献

菊井髙昭・宮本順二朗著『企業ファイナンス入門』財団法人放送大学教育振興会

## 平成25年度 第19問　解答：ア

リスク回避者の無差別曲線に関する出題である。

複数のリスク回避者の無差別曲線がある場合、無差別曲線は左に位置するものほど効用が高くなる。リスク回避者は、リスクの高い投資案に対して高い収益率を期待するため、リスク回避者の無差別曲線が右上がりの形状になる。また、リスク回避者のリスク・プレミアムはプラスになるため、無差別曲線は右下に向かって凸になる。なお、無差別曲線が右上がりの形状がアだけであることに着目すると、スピード解法になる。

**【 リスク回避者の無差別曲線　ア 】**

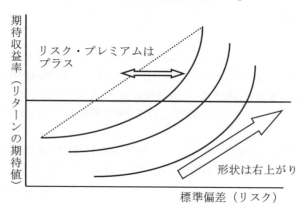

**ア：適切である。**

**イ：不適切である。** 右下がりで原点に対して凸の点がリスク回避者の無差別曲線とは異なる。

**ウ：不適切である。** リスク愛好者の無差別曲線である。

　複数のリスク愛好者の無差別曲線がある場合、無差別曲線は右に位置するものほど効用が高くなる。リスク愛好者は、リスクの高い投資案に対する収益率は低くても仕方がないと考えて収益率を期待するため、リスク愛好者の無差別曲線は、右下がりの形状になる。また、リスク愛好者のリスク・プレミアムはマイナスになるため、無差別曲線は原点に対して凹になる。

**【リスク愛好者の無差別曲線　ウ】**

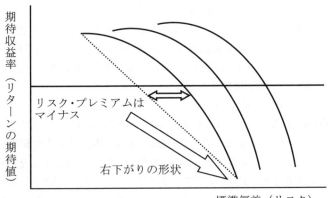

**エ：不適切である。**リスク中立者の無差別曲線である。

　無差別曲線は上方にいくほど効用が高くなる。リスク中立者は、リスクの大小を考慮せずに意思決定をするため、リスクは意思決定の要因にならない。そのため、リスク・プレミアムはゼロになる。

　リスク中立者の無差別曲線は、横軸に平行な直線になる。

**【リスク中立者の無差別曲線　エ】**

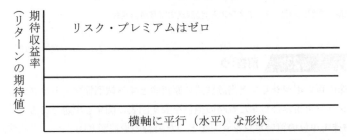

◎参考文献

齋藤正章・阿部圭司著『ファイナンス入門』放送大学教育振興会

| 平成**25**年度 | 第**21**問 | **解答：ア** |

　資本市場理論におけるベータ値に関する出題である。資本市場理論におけるベータ値とは、市場全体の変動に対して、個々の証券の収益率がどの程度変動するかの感応度を表す値である。資本資産評価モデル（CAPM）によると、証券iの期待収益率$R_i$、市場ポートフォリオの期待収益率$R_m$、安全資産の収益率$R_f$、証券iのベータ値$\beta_i$との間には、次の関係がある。

$$R_i = R_f + \beta_i \times (R_m - R_f) \cdots\cdots ①$$

**ア：不適切である。**証券の収益率は、個々の証券固有の要素に起因するアンシステマティックな要素と、すべての証券（市場全体）が共通して影響を受ける要素に起因するシステマティックな要素の合計として表され、それぞれにリスクが存在する。アンシステマティック・リスクは、分散投資によって回避できるが、システマティック・リスクは分散投資をしても回避できない。ベータ値は、分散投資によってアンシステマティック・リスクを回避したときに残る、システマティック・リスクを測定する値である。

**イ：適切である。**

**ウ：適切である。**市場ポートフォリオのリスク・プレミアムは①式の$(R_m - R_f)$であるため、市場ポートフォリオのベータ値は1になる。

**エ：適切である。**ベータ値は、市場ポートフォリオのリスクと個別証券のリスクとの相関関係を示すため、理論上はマイナスの値もとりうる。

◎参考文献

齋藤正章・阿部圭司著『ファイナンス入門』放送大学教育振興会

| 平成**25**年度 | 第**23**問 | **解答：ウ** |

　現物株の買いポジションと当該株式を原資産とする個別株プットオプションの買いポジションを組み合わせた戦略の損益を表す図表に関する出題である。

　「現物株1単位の買いポジションをとった場合の損益図（①）」と、「当該株式を原資産とする個別株プットオプション1単位の買いポジションをとった場合の損益図（②）」それぞれを正しく図示できるかがポイントである。横軸に株価、縦軸に損益をとると、損益図①および②はそれぞれ次のようになる。

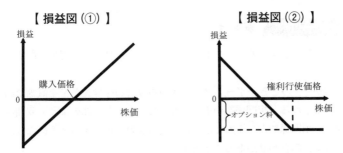

上記の２つの図では「株価の変化＝損益の変化」であり、傾きの角度は45度になる。

上記２つの損益図を合成することで、「現物株１株単位の買いポジションと当該株式を原資産とする個別株プットオプション１単位の買いポジションを組み合わせた戦略の損益図（③）」を求めることができる。なお、問題文に制約条件としての記載はないが、購入価格と行使価格をＸで同一とする。

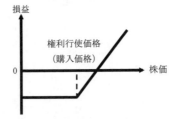

- **ア：不適切である。**「現物株１単位を原資産とするプットオプション１単位の売りポジション」、または「現物株１単位の買いポジションと、当該株式を原資産とする個別株コール・オプション１単位の売りポジションを組み合わせた場合」の損益図である。（購入価格とオプションの行使価格はＸ）
- **イ：不適切である。**「現物株１単位を原資産とするプットオプション１単位の買いポジション」、または「現物株１単位の売りポジションと、当該株式を原資産とする個別株コール・オプション１単位の買いポジションを組み合わせた場合」の損益図である。（売却価格とオプションの行使価格はＸ）
- **ウ：適切である。**
- **エ：不適切である。**「現物株１単位を原資産とするコール・オプション１単位の売りポジション」、または「現物株１単位の売りポジションと、当該株式を原資産とする個別株プットオプション１単位の売りポジションを組み合わせた場合」の損益図である。（売却価格とオプションの行使価格はＸ）

◎参考文献

齋藤正章・阿部圭司著『ファイナンス入門』放送大学教育振興会

令和**元**年度　第**17**問　　**解答：イ**

　2資産から構成されるポートフォリオのリターンとリスクの変化に関する出題である。

　相関係数が＋1のとき、ポートフォリオの組み合わせはXとYを直線で結んだ①のような軌跡となる。相関係数が小さくなるにつれ、②、③のように双曲線を描くようになる。相関係数が－1のとき、組み合わせの軌跡は④のようになり、リスクがゼロになる組み合わせがあることを示している。

　よって、正解はイである。

# 第13章 その他ファイナンスの知識

解答・解説

## Ⅰ タックス・シールド

平成**29**年度 第**15**問 **解答：ウ**

　タックス・シールドに関する出題である。税引後キャッシュフロー（以降では CFと記す）の計算では、タックス・シールドを考慮する必要があるため、次の式 を用いて金額を求める。

　CF＝(売上高－現金支出費用)×(1－税率)＋減価償却費×税率

　　新設備の稼動によって生じる各期のCFへの影響は、次のとおりである。

　　　売上高：変化なし

　　　現金支出費用：30百万円節約される

　　　税率：40％

　　　減価償却費：20百万円(購入価額100百万円÷耐用年数5年)

　　以上の情報を、CFの計算式に代入する。

　CF＝{0百万円－(－30百万円)}×(1－0.4)＋20百万円×0.4

　　　＝30百万円×0.6＋8百万円

　　　＝26百万円

## Ⅱ 正味現在価値とリスク

平成**27**年度 第**16**問

　正味現在価値法(NPV法)に基づく投資案評価に関する出題である。

### ［設問1］ 　**解答：オ**

　投資案②および投資案③のNPVを計算する問題である。

　●投資案②のNPV

　投資案②については、各期のキャッシュフローに複利現価係数を乗じて計算した 額から初期投資額を差し引いてNPVを計算する。

　投資案②のNPV＝－120＋(70×0.93)＋(60×0.86)＋(50×0.79)

　　　　　　　　　＝－120＋65.1＋51.6＋39.5

　　　　　　　　　＝36.2→36百万円

解説編　**569**

●投資案③のNPV

投資案③については、毎期一定のキャッシュフロー（80百万円）に年金現価係数を乗じて計算した額から初期投資額を差し引いてNPVを計算する。

投資案③のNPV ＝ －160＋(80×2.58)

$$= -160+206.4$$

$$= 46.4 \rightarrow 46百万円$$

よって、Aは「36百万円」、Bは「46百万円」となる。


【スピード解法】

上述したNPV計算のうち、投資案②のNPV計算は、複利現価係数を3期分使う必要があるため、電卓なしで行うことは難しい。そこで、投資案①のNPVが「33百万円」と与えられていることを利用する。

投資案①と投資案②は、初期投資額が－120百万円と同額で、毎期の割引前キャッシュフロー合計が180百万円と同額である。一方、両者の違いは、毎期の割引前キャッシュフローの発生の仕方である。この発生の仕方に注目すると、投資案②は、投資案①よりも、早い時期に多くのキャッシュフローを回収することになっている。具体的には、第2期までの回収状況を比較した段階で、投資案②のほうが有利であることがわかる。そのため、投資案②のNPVは、計算をしなくても「33百万円」よりも大きいことがわかる。ここまでで、選択肢はエかオに絞られる。また、選択肢エもオもAの金額が「36百万円」であるため、投資案②のNPVは「36百万円」であると推定できる。

投資案③のNPVは、年金現価係数を使い、上述のように平易な計算で「46百万円」と求められるため、正解は選択肢オとなる。


[設問2]　解答：ウ

採択すべき投資案の組み合わせを解答させる問題である。各選択肢に記載された投資案の組み合わせのうち実現可能であり、かつ、各投資案のNPV合計額が最も大きいものが解答となる。各投資案のNPVは、次のとおりである。

投資案①のNPV　33百万円

投資案②のNPV　36百万円

投資案③のNPV　46百万円

投資案④のNPV ＝ －120＋(40×2.58)

$$= -120+103.2$$

$$= -16.8 \rightarrow -17百万円$$

各選択肢に記載された投資案のNPV合計額と初期投資額は、次のとおりである。

ア　　NPV合計額：115百万円、初期投資額：400百万円

| **イ** | NPV合計額：52百万円、初期投資額：360百万円 |
| **ウ** | NPV合計額：82百万円、初期投資額：280百万円 |
| **エ** | NPV合計額：19百万円、初期投資額：240百万円 |
| **オ** | NPV合計額：29百万円、初期投資額：280百万円 |

選択肢アのNPV合計額が115百万円で最大となるが、初期投資額が上限（380百万円）を超えており、実現不可能である。そのため、NPV合計額が2番目に高く、初期投資額が上限を超えていない選択肢ウが正解となる。

【スピード解法】

設問文に「初期投資に使用されなかった残額からの追加キャッシュフローは生じない」との記載があるため、NPV＜0の投資案は採択すべきでないことがわかる。

投資案④は、毎期の割引前キャッシュフロー合計から初期投資額を差し引いた額が0となっており、詳細な計算を行わなくともNPVがマイナスになることがわかる。そのため、投資案④が含まれている選択肢イ、エ、オは解答の候補から外れる。また、選択肢アについては、上述のとおり初期投資額が上限を超えており、実現不可能であるため、解答の候補から外れる。よって、選択肢ウが正解となる。

◎参考文献

菊井髙昭・宮本順二朗著『ビジネス・ファイナンス』（一財）放送大学教育振興会

# Ⅲ　不確実性下の意思決定

### 平成**25**年度　第**17**問　解答：**エ**

投資プロジェクトの評価方法に関する出題である。

線形計画法とは、ある目的関数を最大（または最小）にする2つ以上の変数の組み合わせを一次不等式の制約条件のもとで選択するための数理的手法である。たとえば、使用量に制限のある2つの資源を用いて利益を最大化するため、製品XとYをどのくらいずつ生産すればよいかを計算する場合に用いる。

内部収益率法とは、正味現在価値がゼロになるときの割引率（内部収益率）と資本コストを比較し、投資の可否を判断する評価方法である。「内部収益率が資本コストを超えるならば投資し、内部収益率が資本コストを超えないならば投資しない」と判断する。

平均・分散モデルとは、ポートフォリオ理論において、投資対象のリターン（収益率の期待値：平均）とリスク（分散）の2つの変数に注目してポートフォリオ（分散投資の組み合わせ）を決定するモデルである。収益率の分布が正規分布であるか、

解説編　**571**

投資家が２次の効用関数を有する場合に適用可能となる。

　リアル・オプション・アプローチとは、将来の不確実性に対する柔軟性を意思決定にできるだけ組み込もうとする手法の１つである。類似した手法の１つにデシジョン・ツリーがある。ただし、リアル・オプションはデシジョン・ツリーよりも、将来発生するであろう複数のシナリオに対し、より現実的なオプションの判断を組み込む。具体的には、プロジェクトの投資時期を研究開発の結果が出るまで延期するオプションを追加したり、実行中のプロジェクトに生じるであろう環境変化に対し、それ以降のシナリオを見直すオプションを追加したりすることで、プロジェクトの縮小・拡大あるいは撤退などを考え、意思決定に柔軟性を組み込む。

　マーケット・アプローチとは、企業や事業の価値を評価する手法の一つであり、上場している同業他社や類似の取引事例など、類似する会社、事業や取引事例と比較することにより、価値を相対的に評価する。

　正味現在価値法とは、投資により得られる毎年のキャッシュ・フローを現在価値に割り引いた合計額から初期投資額を差し引いて正味現在価値を算出し、投資の可否を判断する方法である。正味現在価値がプラスならば投資し、正味現在価値がマイナスならば投資しないと判断する。

　回収期間法とは、「投資額を回収するのに何年かかるか」という観点から、「将来予想されるキャッシュ・フローの合計額が投資額に等しくなるために必要な期間（必要回収期間）」と目標回収期間とを比較し、投資の可否を判断する方法である。目標回収期間よりも必要回収期間が短ければ投資し、目標回収期間よりも必要回収期間が長ければ投資しないと判断する。

　会計的投資利益率法は、投資から得られると予想する毎年の利益の平均額を、毎年の投資額の平均値で除した投資利益率と、前もって決めた基準値の利益率とを比較し、投資の可否を判断する方法である。基準値の利益率を上回れば投資し、基準値の利益率を下回れば投資しないと判断する。

　よって、Aが内部収益率法、Bがリアル・オプション・アプローチとなる。

◎参考文献

　齋藤正章・阿部圭司著『ファイナンス入門』放送大学教育振興会

　葛山康典著『企業財務のための金融工学』朝倉書店

　大塚宗春著『意思決定会計講義ノート』税務経理協会

　『企業価値評価ガイドライン』公認会計士協会

**平成20年度　第25問　解答：ウ**

　意思決定と不確実性に関する出題である。期待値とは、将来の各事象の結果（ペイオフ）にその生起する確率を乗じて合計したものである。なお、期待値が最大と

なる行動を選択しようとする考え方を期待値最大化基準と呼ぶ。

本問をデシジョン・ツリーにより図解すると次のようになる。Pは第1年度における現在価値の発生確率とし、P'は、第2年度における現在価値の発生確率とする。

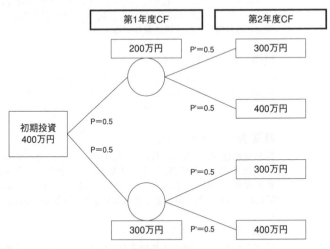

★解答プロセス

第1年度キャッシュ・フローの現在価値の期待値…………①
　　200万円×0.5＋300万円×0.5＝250万円

第2年度キャッシュ・フローの現在価値の期待値…………②
　　300万円×0.5×0.5＋400万円×0.5×0.5＋300万円×0.5×0.5
　　＋400万円×0.5×0.5
　　＝75万円＋100万円＋75万円＋100万円＝350万円

したがって、投資案全体の正味現在価値の期待値は、
－400万円＋(①250万円＋②350万円)＝200万円　となる。

**ア：不適切である。** 正味現在価値が100万円となるためには、初期投資額が400万円であることから、第1年度CF＋第2年度CF＝500万円とならなければならない。該当するケースは200万円＋300万円のシナリオしかなく、その確率は0.25である。

**イ：不適切である。** 正味現在価値が300万円となるためには、第1年度CF＋第2年度CF＝700万円とならなければならない。該当するケースは300万円＋400万円のシナリオしかなく、その確率は0.25である。

**ウ：適切である。**

**エ：不適切である。**

◎参考文献

大塚宗春著『意思決定会計講義ノート』税務経理協会

## ■ 編著者紹介

### 遠山　直幹（とおやま　なおみき）
㈱経営教育総合研究所主任研究員、中小企業診断士、1級ファイナンシャル・プランニング技能士。銀行、保険会社での豊富な経験をもとに、企業の資金繰り改善・銀行格付改善・適正な資金調達や、相続・事業承継対策の実行支援に取り組んでいる。

### 筑間　彰（ちくま　あきら）
㈱経営教育総合研究所主任研究員、中小企業診断士。17年間学習塾を経営。自身の経営経験をもとに、現在は「経営者の家庭教師」として、コンサルティングや補助金申請の支援を行っている。

### 渡邉　義一（わたなべ　よしかず）
㈱経営教育総合研究所主任研究員、中小企業診断士、社会保険労務士、1級販売士、日商簿記1級、東京販売士協会参与、産業能率大学兼任講師。システムエンジニアを経て独立し、情報システムの設計・開発からシステム活用による業務改善と労務管理を中心に活動する。

### 加藤　匠（かとう　たくみ）
㈱経営教育総合研究所主任研究員、中小企業診断士、税理士、中小企業診断士法定研修講師。公益財団法人にて産学官連携に対する支援、コンサルティング会社にて経営革新計画の策定支援などを経験。現在は、税理士法人にて税務申告業務、事業再生業務などを行う傍ら、中小企業診断士試験対策の受験指導に携わる。

### 井上　謙一（いのうえ　けんいち）
㈱経営教育総合研究所研究員、中小企業診断士。石油・天然ガス等エネルギー開発会社で主として建設関係に従事、現在は独立。


## ■ 執筆者紹介

### 鳥島　朗広（とりしま　あきひろ）
㈱経営教育総合研究所主任研究員、中小企業診断士。

### 大友　明弘（おおとも　あきひろ）
㈱経営教育総合研究所研究員、中小企業診断士。

## ■ 監修者紹介

### 山口　正浩 （やまぐち　まさひろ）

㈱経営教育総合研究所 代表取締役社長、㈱早稲田出版 代表取締役社長、中小企業診断士、経営学修士（MBA）、TBC受験研究会統括講師、中小企業診断士の法定研修（経済産業大臣登録）講師。

24歳で中小企業診断士試験に合格後、常に業界の第一線で活躍。2011年12月のNHK（Eテレ）の「資格☆はばたく」では、中小企業診断士の代表講師＆コンサルタントとして選抜され、4週間にわたる番組の司会進行役の講師とNHK出版のテキスト作成に携わる。

従業員1名から従業員10,000名以上の企業でコンサルティングや研修を担当し、負債3億円、欠損金1億円の企業を5年間で黒字企業へ事業再生した実績を持つ。日本政策金融公庫、日本たばこ産業株式会社などで教鞭をふるい、静岡銀行、東日本銀行（東日本倶楽部経営塾）では、経営者へ実践的な財務会計の研修を行う。

主な著書は「マーケティング・ベーシック・セレクション・シリーズ」（全12巻）同文館出版、販売士検定関連の書籍は「動画で合格（うか）る販売士3級テキスト＆問題集」早稲田出版など10冊、年度改訂の書籍を含めると350冊以上の監修・著書があり、日経MJ新聞「マーケティング・スキル（いまさら聞けない経営指標）毎週金曜日 全30回」や月刊誌数誌「商業界」「近代セールス」の連載も持つ。近年、若手コンサルタントのキャリアアップに注力し、執筆指導のほか、プレゼンテーション実践会を主催している。

---

2021年版　TBC中小企業診断士試験シリーズ

## 速修｜テキスト ❷ 財務・会計

2020年10月20日　　初版第1刷発行

編 著 者 ……………遠山直幹／筑間 彰／渡邉義一／加藤 匠／井上謙一
監 修 者 ……………山口正浩
発 行 者 ……………山口正浩
発 行 所 ……………株式会社 早稲田出版
　　　　　　　　　　〒130-0012 東京都墨田区太平1-11-4 ワイズビル4階
　　　　　　　　　　TEL：03-6284-1955　FAX：03-6284-1958
　　　　　　　　　　https://www.waseda-pub.com/
印刷・製本 ………新日本印刷株式会社

©Management Education Institute Co., Ltd, 2014, Printed in Japan
ISBN 978-4-89827-541-2 C0030
乱丁・落丁本は、ご面倒ですが小社営業部宛お送り下さい。
送料小社負担にてお取替えいたします。

# 書籍の正誤についてのお問い合わせ

万一、誤りと疑われる解説がございましたら、お手数ですが下記の方法にてご確認いただきますよう、お願いいたします。

書籍の正誤のお問い合わせ以外の書籍内容に関する解説や受験指導等は、一切行っておりません。そのようなお問い合わせにつきましては、お答え致しかねます。あらかじめご了承ください。

## 【1】書籍HPによる正誤表の確認

早稲田出版HP内の「書籍に関する正誤表」コーナーにて、正誤表をご確認ください。

**URL:http://waseda-pub.com/2021_seigohyou**

## 【2】書籍の正誤についてのお問い合わせ方法

上記、「書籍に関する正誤表」コーナーに正誤表がない場合、あるいは該当箇所が記載されていない場合には、書籍名、発行年月日、お客様のお名前、ご連絡先を明記の上、下記の方法でお問い合わせください。

お問い合わせの解答までに1週間前後を要する場合もございます。あらかじめご了承ください。

### ●FAXによるお問い合わせ

FAX番号：**03-6284-1958**

### ●e-mailによるお問い合わせ

お問い合わせアドレス：**infowaseda@waseda-pub.com**

**お電話でのお問い合わせは、お受けできません。**
**あらかじめ、ご了承ください。**